財務会計の思考法

Financial Accounting

田口聡志 ◆ 著
Taguchi Satoshi

中央経済社

まえがき：「自分の頭で考える」会計学を目指して

本書の特徴

　本書は，企業ビジネスの複雑化や会計基準の国際化などを背景に，ますます複雑で混沌とする現行の企業会計を読み解くために，その背後にある会計理論はなにかという点に焦点を置き，さまざまな考え方を相対化しつつ繙いていくことを目的としたものである。

　本書の特徴，ないし，基本コンセプトは，**「自分の頭で考える」**，**「仕訳で考える」**，**「行間を埋める」**という3つである。第1の**「自分の頭で考える」**について，本書は，会計制度の裏側にある「考え方」を重視する。複雑で混沌とする（そして変化の速い）会計制度と正しく向き合うには，それを無批判に受け入れる（条文や会計処理の丸暗記をする）のではなく，その背後にある「考え方」はなにかということを，自分の頭で，そして他の考え方との相対化のなかで捉える必要がある。本書は，そのような「考え方」を学ぶことを念頭に置いたものである。

　第2の**「仕訳で考える」**について，本書は，「考える」ツールとして，仕訳を重視する。会計基準等に示される設例や仕訳は，しばしば「会計の退屈さ」の元凶のように捉えられることがあるが，しかしこれは誤解である。仕訳は，実は会計理論を相対化し「考える」ために有益なツールである。特に会計理論（「考え方」）を相対化する際には，それらから導出される仕訳は何かを考え，そしてその仕訳を比較することで，理論に対するより深い理解が得られる（**図表**参照）。会計実務の世界では，会計基準には載っていないような問題に直面する。仕訳をつうじてものごとを根本から考え理解する**「地力（じりき）」**を養って

図表■「考え方」の相対化のためのツール：仕訳

```
考え方A　→仕訳A
                ↑
         [比較]→[より深い理解]
                ↓
考え方B　→仕訳B
```

おくと，想定外の問題に遭遇した際にも，本質を外さず対処することができる。本書は，このような視点から，仕訳を重視する。

第3の「行間を埋める」について，本書は，類書に比して若干分厚くなっているが，これは行間を埋める説明を心がけた結果である。たとえば，欧米の会計科目のテキストは得てして分厚いが，行間を埋めるような丁寧な解説がなされているのが特徴である。思えば，筆者が会計学を勉強し始めた頃，当時の日本語の「テキスト」も得てして分厚かった（たとえば，飯野利夫『財務会計論』同文舘出版や，岡本清『原価計算』国元書房などがその代表例として挙げられよう）。そしてその分厚い「テキスト」を，「ここはどうなっているのだろう？」とか「ここは資格試験受験には関係なさそうだが，面白いな」等々，いろいろと「対話」をしながら，考えたり悩んだりして読み進めたのを思い出す。**会計学の直観力**は，なにが根本的なことかを自己に問いかけ，それを考え理解することから生まれると筆者は考える。そして，そのような力は，あっちへいったり，こっちへいったり考え悩む「対話」プロセスで養われていく。もちろん時代は変わり，webで調べれば便利で手軽な情報は入手できる。しかし，読者には，本書と「対話」しながら，考え悩み，ゆっくりと読み進めてほしいし，かつそのことを意識して，本書は書かれている。

本書の全体像

上記のような特徴を前提に，本書は，以下のように3つのパートから構成されている。まず第1部では，**財務会計の原初形態**として，機能・構造・測定，そして制度といった財務会計の全体像を学習する。第2部では，**財務会計の個別論点**として，財務会計の個別具体的な論点を学習する。特に，企業の経済活動を，「運用」と「調達」の2面から捉え，かつ，前者を事業投資と金融投資という2つの企業資本運動から捉える点が特徴といえる。最後に第3部では，**財務会計の応用論点**として，外貨換算，企業結合，連結といった，応用的でありつつも，現代会計を捉えるうえで欠かせない重要論点を学習する。

対象読者と本書の位置づけ

本書の対象読者としては，会計学を学ぶ**高校生，大学生，大学院生，研究者**のほか，財務会計の基本的な「考え方」を理解し，その根本理念を業務に活かそうとする**ビジネスパーソン**，すでに会計学をひととおり学習している**公認会**

計士や税理士，証券アナリスト，もしくはそれらの資格取得を目指す**受験生**にも役立つように配慮している。また，「本書の全体像」で示したとおり，本書は，財務会計の基本論点を網羅的にカバーしており，かつ，筆者自身の大学での講義ノートを基礎としている。よって，大学における会計学講義，特に財務会計論や財務諸表論の講義において，教科書としても利用できるかもしれない。

そのような意味で，本書はいわゆる「**教科書**」や「**受験参考書**」としての要素も有するし，かつ，（理論や「考え方」を重視するという意味で）「**研究書**」としての要素も有する。筆者のねらいとしては，両者の間の「架け橋」となるような，そんな書籍になることを目指したものである。

本書を読む順番

本書を読む順番について，もちろん筆者としては，最初から最後まで順に通読することを念頭に置いて書いているが，各章ごとに独立して読んでも理解できるよう，十分に行間を埋める説明を心がけたつもりである。

● 一通り会計学の学習を済ませている実務家，研究者，大学生，大学院生，資格試験受験生

第1部「財務会計の原初形態」の全体をざっと読み，ご自身が財務会計の「木の幹」をどれくらい理解しているかを確認しよう。そのうえで，第2部・第3部の個別論点・応用論点に進み，特にご自身の理解を仕訳によって再整理していこう。

● 会計学の初学者，高校生

まずは第1部「財務会計の原初形態」の第1章〜第3章をじっくりと読み，企業会計の機能や計算構造を理解しよう。本書を通読するに当たり，初学者にとっては，仕訳が大きなハードルになるかもしれない。そこで第3章により，仕訳を用いる必然性（なぜ記録が必要とされるのか，また，なぜ単なる記録一般から複式簿記が求められるのか）をじっくり考えてみよう。そのうえで，第2部以降の個別論点・応用論点について，興味が湧くところから読み，必要に応じて第1部に戻るようにするとよいかもしれない。

本書はこのような書籍ではない

反対に，本書は「このような書籍ではない」という点にも触れておく。それは以下のとおりである。

1・会計基準に書かれていることを手っ取り早く知りたいというニーズに応えるものではない。本書の主眼は会計基準そのものではなく，その背後にある「考え方」にある。さらに，会計基準は常に変化する。このため，本書は，会計基準そのものの解説は，（もちろん学習に耐えうるだけの必要最小限はカバーしているが，しかし）あえて控えめにしている。細かな制度の条文等については，あわせて『会計法規集』（中央経済社）を手元に置いて，学習を進めてほしい。

2・検定試験・資格試験のための丸暗記の道具ではない。本書は，資格試験受験にも役立つような「考え方」の説明をしているが，しかし，それを丸暗記しては本末転倒である。むしろ，そのロジックを体感してほしい。

3・全くの初学者がサクサクと短時間で読み進めることができるものではない。本書では，入門的な内容も含めた丁寧な説明を心がけているが，「入門＝初心者向け」とは捉えていない。むしろ本書の難易度は比較的高めである。会計の初学者や，会計に不慣れな読者は，結論を急ぐことなく，ゆっくりと（迷い，悩み，考えながら）本書を読み進めてほしい。

4・財務諸表を用いたお手軽な投資の仕方を指南するものではない。本書の主眼は財務会計の背後にある「考え方」を理解することにあることから，証券投資のための財務諸表のお手軽な読み方を伝えるものではないし，投資の仕方を伝えるものでもない。もちろん，本書を読むことで，財務諸表の数字の背後にどのような考え方が潜んでいるのかを理解することはできる。しかし，それがそのまま証券投資に便利に使えるわけではない。財務諸表を用いた証券投資の基本的考え方については，本書とともに巻末の「読書案内」に示した文献をあわせて参照することで補完されたい（といっても，それは「お手軽な」投資方法などではないことは，言うまでもない）。

「わからない」を「宝物」に

　以上に留意しつつ，これから一緒に，財務会計の「深い深い森」の奥に，あえて迷い込んでいくことにしよう。道の途中で，「なにかしっくりこない」「ここはよくわからない」ということがあれば，それを安易に切り捨てずに，むしろそれを「宝物」にする姿勢が必要である。時には数歩戻りつつ，頭をやわらかにしつつ，気長にゆっくりと，「宝物」と向きあうことで，それがいつしか熟成して，「わかった」「理解できた」という知的刺激につながる。そして，

まえがき　v

そのプロセスで培った会計学の「土地勘」ないし「直観力」は，読者諸氏にとっ
て，きっとかけがえのない大きな強みになると思われる。

　そして，その題材として，各章の巻末には，じっくりと悩み考えてほしい（と
筆者が思う）問いを，「**対話：考えてみよう**」として挙げている。いずれも，各
章の内容や説明とは別視点の，いわば「斜め上から」の問いをあえて掲げてい
る。これは，筆者から読者諸氏への「挑戦状」（！）の意味を込めて作成され
たものであり，学術的にも明確な答えが定まっていないものもある。であるか
ら，読者諸氏は，各章の読了後に，もしくは各章を読む前に，こちらをご参照
頂き，是非とも本書と「対話」をして頂けたら幸いである。さらに，巻末には，
「**Readings**」として参考文献を掲げているので，必要に応じて本書とともに手
にとってほしい。

　会計学は，「知的刺激」の宝庫である。**本書との「対話」をつうじて，会計
学を，一緒に楽しもう！**

目　　次

まえがき　i

第1部　財務会計の原初形態

第1章　会計の意義と全体像 ——————————————————— 2

1　会計の意義／3

2　会計を取り巻く利害関係者：誰が会計を利用するのか？／6

3　言語と会計／8

4　財務諸表：会計のアウトプット／10

5　複式簿記：記録なくして説明なし／11

6　会計の社会性／12

第2章　財務会計の機能 ——————————————————— 16

1　株式会社制度と会計の社会的役割・計算課題：会計責任と処分
可能利益／17

　　1－1　所有と経営の分離／17

　　1－2　株式／18

　　1－3　情報の非対称性と会計責任／18

　　1－4　社会的役割と計算課題／20

2　会計責任の2つの意味：報告と管理／21

3　会計主体論と資本維持論／22

　　3－1　会計主体論／22

　　3－2　資本維持論／23

4　情報の非対称性と2つの経済的機能／26

5　モラル・ハザードと契約支援機能／27

6　アドバース・セレクションと意思決定支援機能／28

7　経済的機能と利益計算／31

　　補論2－1　会計責任の位置づけについて／32

II 目次

第3章 財務会計の構造 ———————————————————— 35

1 記録の意義／36

2 記録（Recordkeeping）から複式簿記（Bookkeeping）へ：
会計責任／39

3 複式簿記システムの2つの特質：情報集約と二面性／41

4 情報集約：人間の意思決定との関係／41

5 二面性／43

6 自動的な損益計算と在高計算／45

6-1 システムA：現金収支だけにかかわる勘定機構／46

6-2 システムB：運用側面だけにかかわる勘定機構／47

6-3 システムC：運用側面と調達側面との二面にかかわる勘定機構／49

6-4 小括／51

7 減算の加算化：複式簿記への道／51

第4章 財務会計の測定：利益計算の基本的考え方 —————— 56

1 利益計算の基本的考え方／56

2 会計公準／57

3 継続企業の公準と期間損益計算／59

3-1 期間損益計算／59

3-2 継続企業の公準の経済的・経営的背景／60

4 時間という概念と発生主義会計／63

5 発生主義と経済的実態／64

6 損益計算書と貸借対照表のつながり／67

7 発生主義会計の基本原則：発生・実現・対応／71

7-1 発生原則／71

7-2 実現原則／71

7-3 対応原則／73

補論4-1 会計情報と株価の関係：クリーン・サープラス関係から／74

第5章 財務会計の制度 ———————————————————— 78

1 会計ルール生成のプロセス：自生的秩序と設計的秩序／79

目次 III

2 2つの会計選択：社会的選択と私的選択／80

3 社会的選択の拠り所／80

4 財務会計の概念フレームワークの全体像／82

5 日本の会計制度／85

    5－1 3つの会計制度の比較／85

    5－2 日本基準と国際会計基準の関係／87

    5－3 企業会計原則／88

第2部 財務会計の個別論点

第6章 財務諸表：制度と理論の「地図」————94

1 財務諸表／95

2 貸借対照表と損益計算書の有機的な結合関係：資本と利益／96

3 貸借対照表：制度／97

    3－1 制度上の表示区分／97

    3－2 制度上の定義／100

4 損益計算書：制度／101

    4－1 制度上の表示区分／102

    4－2 総額主義／103

    4－3 収益・費用の定義／104

5 貸借対照表と損益計算書に関する理論的考え方の整理：
定義の順序／105

    5－1 制度上の定義の順序：再整理／105

    5－2 理論からみた定義の順序：いわゆる資産負債観と収益費用観／106

    5－3 定義の順序の違いがもたらすもの：包括利益／108

6 今後の議論に向けて／111

    補論6－1 キャッシュ・フロー計算書／112

    補論6－2 資産分類の理論的考え方／118

IV 目 次

第7章　収益認識の基本的考え方：事業投資と損益計算(1)——— 123

1　事業投資における損益計算と在高計算／124

2　営業循環と収益認識／125

3　収益認識の諸類型：実現主義の具体的適用／126

　　3－1　販売基準／126

　　3－2　期間損益計算への影響：設例での理解／127

4　収益認識のもう1つの視点：ストックから捉える収益／133

　　4－1　収益認識の2つの見解／133

　　4－2　現行の会計基準の考え方／135

第8章　棚卸資産と原価配分：事業投資と損益計算(2)————— 141

1　事業投資における原価配分（二面的損益計算）と在高計算／142

2　①事業投資の開始時点：棚卸資産の取得原価／142

3　②投資の回収時点：原価配分の原則と対応原則／144

　　3－1　先入先出法／148

　　3－2　後入先出法／149

　　3－3　平均原価法／150

4　③期末時点：棚卸減耗と評価損／151

第9章　設備資産と減価償却・減損：事業投資と損益計算(3)——— 156

1　事業投資における原価配分（二面的損益計算）と在高計算：
　　復習／156

2　①投資の開始時点：設備資産の取得原価／157

　　2－1　定義／157

　　2－2　設備資産の計上：取得原価／158

　　2－3　資本的支出と収益的支出／159

3　②投資の回収時点：減価償却／161

　　3－1　減価償却費の計算要素と計算方法／161

　　3－2　減価償却に関する変更／171

4　③期末時点：減損処理／176

　　4－1　ステップ1：減損の兆候の判定／177

　　　　4－2　ステップ2：減損損失の認識／178

　　　　4－3　ステップ3：減損損失の測定／178

　　　補論9－1　無形資産／181

　　　補論9－2　繰延資産／184

　　　補論9－3　リース会計／185

第10章　金融投資の在高計算と損益計算 ——————————— 192

　　1　金融投資の特質：事業投資との比較／193

　　2　金融資産の定義／196

　　3　認識と測定の基礎：設例と仕訳で考える／197

　　4　金融資産の認識／199

　　5　金融資産の測定：経済的特質と保有目的／201

　　6　測定属性：時価／202

　　7　各論1：有価証券／203

　　　　7－1　売買目的有価証券／204

　　　　7－2　満期保有目的の債券／206

　　　　7－3　その他有価証券／211

　　　　7－4　有価証券の強制時価処理／216

　　8　各論2：金銭債権／219

　　　　8－1　定義／219

　　　　8－2　貸倒懸念債権の会計処理／221

　　　　8－3　破綻更生債権等の会計処理／224

　　9　各論3：デリバティブとヘッジ会計／225

　　　　9－1　投機目的のデリバティブ／229

　　　　9－2　ヘッジ目的のデリバティブ：ヘッジ会計の適用／230

　　　補論10－1　税効果会計を適用した場合のその他有価証券の会計処理

　　　　　　　　（洗替法）／233

第11章　負債：調達源泉の会計⑴ ——————————— 238

　　1　負債の定義と区分／239

　　　　1－1　会計構造的背景：非均衡思考体系 vs. 均衡思考体系／239

　　　　1－2　法律的背景：法律的債務 vs. 非法律的債務／241

VI 目次

　　　　1－3　制度的背景：流動負債 vs. 固定負債／242
　　2　引当金の会計／242
　　　　2－1　引当金の意義と計上根拠／242
　　　　2－2　引当金の分類／245
　　　　2－3　引当金の測定／246
　　　　2－4　偶発債務の開示／248
　　3　退職給付会計／249
　　4　資産除去債務／255
　　5　金融負債／259
　　　　補論11－1　税効果会計／262

第12章　株主資本：調達源泉の会計(2) ———————————— 270

　　1　資本の会計の全体像：理論と制度／271
　　　　補論12－1　資本の計算構造（関係的定義）／273
　　　　補論12－2　負債と資本／274
　　2　資本と利益の区別／275
　　　　2－1　資本取引と損益取引の区別／275
　　　　2－2　株主資本の勘定分類／276
　　　　補論12－3　剰余金の配当と分配可能額／278
　　3　自己株式／279
　　4　新株予約権とストック・オプション／282
　　　　4－1　新株予約権／282
　　　　補論12－4　新株予約権付社債／284
　　　　4－2　ストック・オプション／286
　　5　株主資本等変動計算書／290

第3部　財務会計の応用論点

第13章　外貨換算の会計 ———————————————————— 296

　　1　外貨換算の意義／297
　　2　外貨換算の基本的な会計処理：一取引基準と二取引基準／298

目　次　VII

　3　期末時における換算／301

　4　為替予約の会計処理／305

　　4－1　為替予約とは／305

　　4－2　為替予約の会計処理：独立処理と振当処理／307

　5　在外事業体の財務諸表項目の換算／310

　　5－1　在外支店の財務諸表項目の換算／311

　　5－2　在外子会社の財務諸表項目の換算／315

第14章　企業結合と事業分離の会計 ——————————— 321

　1　企業結合と事業分離の会計的意味／322

　2　企業結合と事業分離の会計帳簿上の位置づけ／324

　3　企業結合の会計処理／325

　　3－1　経済的実態と会計処理の関係／325

　　3－2　現行の会計基準と具体的設例／327

　4　のれんの会計処理／330

　　4－1　買入のれんの計上／330

　　4－2　負ののれんが生じるケース／333

　　4－3　のれんの事後処理／334

　5　事業分離の会計処理／338

　　5－1　事業分離と会社分割／338

　　5－2　分離元企業に係る会計処理／339

　　補論14－1　株式交換と株式移転／343

第15章　連結会計 ————————————————————— 348

　1　連結会計の必要性：企業グループのビジネスと会計報告／349

　2　連結会計の基本構造：個別財務諸表の合算と連結修正仕訳／350

　3　連結の範囲／352

　4　単純合算と連結修正仕訳／354

　　4－1　投資と資本の相殺消去／355

　　4－2　債権債務，収益費用の相殺消去／357

　5　子会社 B/S の時価評価とのれん／360

　6　非支配株主持分／362

7　連結基礎概念：親会社説と経済的単一体説／364

　　8　親会社説と経済的単一体説の具体的比較／366

　　　　8－1　子会社利益の帰属／366

　　　　8－2　子会社の時価評価：非完全子会社の場合／369

　　　　8－3　のれんの会計処理／372

　　　　8－4　親子会社間取引における未実現の内部利益：アップ・ストリームの
　　　　　　　　場合／374

　　9　持分法／381

　　　　9－1　持分法の適用範囲／381

　　　　9－2　持分法の会計処理／383

読書案内：今後の学習のために　387

あとがきと謝辞　391

索　　引　395

IX

■法令・基準の略語一覧

法令・基準等	略語
会社法	会
金融商品取引法	金
財務諸表等規則	財規
企業会計原則	原則
企業会計原則注解	原則注解
外貨建取引等会計処理基準	外貨基準
固定資産の減損に係る会計基準	減損基準
税効果会計に関する会計基準	税効果基準
研究開発費等に係る会計基準	研究開発費基準
自己株式及び準備金の額の減少等に関する会計基準	自己株式等基準
貸借対照表の純資産の部の表示に関する会計基準	純資産基準
株主資本等変動計算書に関する会計基準	株主資本等変動計算書基準
事業分離等に関する会計基準	事業分離等基準
ストック・オプション等に関する会計基準	SOP 基準
棚卸資産の評価に関する会計基準	棚卸資産基準
金融商品に関する会計基準	金融商品基準
持分法に関する会計基準	持分法基準
セグメント情報等の開示に関する会計基準	セグメント基準
資産除去債務に関する会計基準	資産除去債務基準
企業結合に関する会計基準	企業結合基準
連結財務諸表に関する会計基準	連結基準
会計方針の開示，会計上の変更及び誤謬の訂正に関する会計基準	変更誤謬基準
包括利益の表示に関する会計基準	包括利益基準
退職給付に関する会計基準	退職給付基準
収益認識に関する会計基準	収益認識基準
時価の算定に関する会計基準	時価算定基準
リースに関する会計基準	リース基準
貸借対照表の純資産の部の表示に関する会計基準等の適用指針	純資産適用指針
税効果会計に係る会計基準の適用指針	税効果適用指針

第 1 部
財務会計の原初形態

全体像

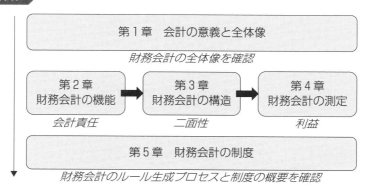

学習にあたって

　第1部では，財務会計の基本的な「骨格部分」（財務会計の「原初形態」）について学習する。特にここでは，第2章〜第4章のつながり（会計機能→会計構造→会計測定）に注目して学習を進めよう。

　そして，学習を終えた後に，「骨格部分」が，あとで学習する個別具体的な会計処理の議論に，どのようにつながっていくのか想像してみよう。

第 1 章 —— 会計の意義と全体像

Point

　本章では，会計の意義や基本的考え方を整理する。特に，企業やそれを取り巻く利害関係者との関係性を視野に入れて，財務会計の基礎を学習しよう。
1．**会計**は，経済主体の**経済活動**を，**複式簿記機構**により貨幣額で記録し，利害関係者に報告することで，体系的な**説明**をおこなう一連のプロセスないしシステムをいう。→【1】
2．本書では，株主等の外部利用者を想定した**財務会計**を取り扱う。→【2】
3．会計は言語に類似する。→【3】
4．**貸借対照表と損益計算書は基本財務諸表**とよばれ，これらは**利益**を介してつながっている。→【4】
5．**複式簿記**による記録があるからこそ，説得的な説明が可能となる。→【5】
6．株式会社の仕組みにより，会計は，**利害調整を果たし，かつ，株主の配当請求にも耐えうる説明が可能な利益**を計算する必要がある。またそこに一定の社会的な**ルール**が求められる。→【6】

Keywords
会計，説明，複式簿記，財務諸表，株式会社，社会性

Questions
1．会計とはなにか，定義せよ。
2．会計の利用者としては，どのような者が想定できるか。また，それらの利用者の具体的なニーズを考えてみよう。
3．基本財務諸表を2つ挙げるとともに，それらの関係性を説明しなさい。
4．「会計と言語の類似性」とは一体どういうことか，説明しなさい。
5．株式会社における有限責任制度からすると，会計の利用者のどのような利害対立が生じる可能性があるか説明しなさい。
6．上記5をふまえ，利用者の利害対立を解消するために，会計にはどのようなことが求められるか論じよ。
7．あなたが気になる企業を1つ挙げ，websiteから，**株主総会に関する資料**を探してみよう（もし経営者による決算説明会の動画等があれば，それも観てみよう）。企業の業績について，その中でどのような説明がなされているか確認するとともに，**なぜそのような説明が必要なのか**を考えてみよう。

1 ■ 会計の意義

会計（accounting）とは，経済主体の**経済活動**を，**複式簿記機構**により貨幣額で記録し，利害関係者に報告することで，体系的な**説明**をおこなう一連のプロセスないしシステムをいう（**図表1-1**）。

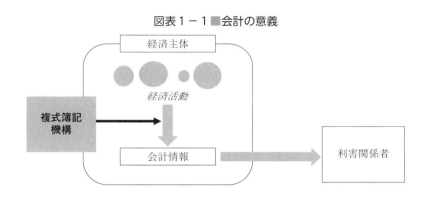

図表1-1 ■ 会計の意義

> **コラム1-1**　株主総会招集通知
>
> **株主総会**にあたり，株主に送付される**招集通知**の中には，さまざまな企業情報が綴られている。特に，企業に関する実に多くの重要事項が，数値化されて掲載されているのが特徴的といえる。そして，株主は，これらの数字を吟味して会社を評価し，また企業経営者も，これらの数字を羅針盤として企業経営をおこなう。

ここで，会計の定義におけるポイントは3つある。第1は，会計が**経済活動**を対象としたものであるということである。たとえば，企業であれば，株主や債権者から資金調達をして，それをもとに経済活動をおこなう（たとえば，自社の商品やサービスを顧客に販売・提供する）。ここで，どこから，どれだけの資金調達をして，またその資金をどのように，どれだけ増やしたのかを記録し計算するのが会計といえる。すなわち，経済活動は，それが「経済」活動である以上は，どんな組織であれ，なんらかの「総括」（当該活動の「振り返り」）が必要となる。たとえば，その効率性や経済性（どれくらいのコストをかけ，その対価としてどれくらいのベネフィットが得られたのかなど）を測っておくことは，

次に同じような経済活動をする際の指針ないし比較軸になるだろう（また，もしそのような「総括」がなしうるのであれば，経済活動をおこなう前に，事前にその「目標」をたて，その目標と結果との差異を分析することもできる）。このように考えると，経済活動には，それを測るなんらかの「ものさし」，ないし，評価の根拠がいわば必然的に求められることになるといえる。ここに，経済活動と会計との密接な関連性があるし，だからこそ，会計は，経済活動を対象としたものになる。

第2は，会計の原初的な目的が「**説明**」（account for）にある点である。たとえば，**コラム1-1**で登場した株主総会の招集通知には，会計数値による説明が数多く記載されている。このことから，企業経営者が株主に今期の業績を説明するために，会計数値を用いて説明をしていることがわかる（あわせて**コラム1-2**を参照）。このように，会計の本質は，ある経済主体（たとえば企業）が利害関係者（たとえば株主）に**説明する**ということにほかならない。

第3は，その説明の背後にあるのが，**複式簿記機構**（bookkeeping）という計算システムであるという点である。すなわち，一口に「説明する」といえども，さまざまな説明の仕方や，説明の根拠というものが考えられるが，ここでは，あくまで経済活動をある一定のルールや規則により記録し，その体系だった情報を報告するということが，「説明」の意味として重要になる。そして，この中心を担うのが複式簿記である。複式簿記とは，あとで説明するように，経済主体の経済活動をある一定のルールに基づいた体系的な情報に変換するシステムである。そして，このような体系的なシステムからアウトプットされる数値に裏づけられた説明であるからこそ，利害関係者はそれを信頼し，納得するのである。つまり，複式簿記（およびそれが有するシステムとしての体系性）は，**「説明」を根拠づけ，かつそれを利害関係者の「納得」に昇華させる**ために重要な意味を持っているといえる。

なお，会計がシステムないしプロセスであるという点からすると，会計は必然的に**技術的性格**（複式簿記という構造の制約を受けたものとなるということ）と**歴史的性格**（現実の経済社会の中でどのように用いられてきたか，また社会における他の「しくみ」とどのように関係してきたかということ）を帯びたものになる。よって，会計を知るためには，その技術的性格としての複式簿記について知らなければならないし，それと同時に，歴史的性格としての社会性についても知る必要があろう。これらについては，後の節で論じる。

［＊1］　経済活動と会計との密接不可分性は，換言すれば，「**会計なくして経済活動なし**」ともいえるし，究極的には，株式会社制度を体系だったものとして完結させる（活動の目標と結果を明らかにする計算をする）ために組み込まれた必然的な社会的しくみが，会計であると考えることができる。

［＊2］　上記の定義からすると，会計では，①どの主体を「主人公」とするかが重要となるし，また，会計には，②貨幣による説明であるという限定がある（逆にいえば，貨幣で捉えられないものは対象とならない）ことがわかる。さらには，③説明のための時間軸（これを**会計期間**という）をどのように設定するのかが重要になる。そして，これら①から③の詳細は，伝統的に**会計公準論**という領域で議論されている（①の議論は「企業実体の公準」，②の議論は「貨幣的評価の公準」，③の議論は「継続企業の公準」というかたちでなされる）。これらについては，第4章で改めて説明する。

［＊3］　また，会計が**情報**であると捉えるならば，この情報が，現実の経済活動や企業行動をどの程度の精度で捉えることができるのか，という「情報の精度」も重要な論点になる。また同時に，このような情報が，何らかの意図を持って歪められる可能性があるということも他方では重要になる。

［＊4］　なお，「会計」を英語で記すと「Accounting」であり，また，この語源は「**Account for**」（**説明する**）にあるとされる。このことからも，「**会計＝説明**」という関係性がみてとれる。ちなみに，公認会計士が会計情報を検証する「監査」を英語で記すと「Auditing」であり，また，この語源は「audio」（音声，聴くこと）（厳密には，ラテン語の「auditus」）にあるとされる。つまり，「説明する」（会計）と「聴く」（監査）とが対になっており，会計と監査の関係性の本質がみてとれる。

コラム1－2　株主総会における「説明」

　企業の株主総会では，経営者が自企業の決算の状況を株主に「**説明**」する。たとえば，どのような設備投資をして，どのような成果があったのか等，企業の経営活動とその成果が株主に説明される。そして，その説明の根拠ないし基礎となるのが，ほかでもない会計である。企業の経営活動の全体は，会計数値として集約される。その意味では，**経営を知るには会計を知る必要**がある。

　また，経営者は，**過去**の説明だけでなく，（過去の実績をもとにして）**将来**の経営計画についても「説明」する。将来の経営計画も，会計数値（ないし会計をベースにした指標）を用いたものが多い。たとえば，「売上高＊＊億円目標」「経常利益＊＊％増」「3年後のROE＊％達成」などである。このように，経営者の株主に対する説明は，「過去の実績」であれ，「将来の計画」であれ，会計数値を基礎にしたものとなる。そして，このような数値による説明がなされる限り，株主は企業の経営活動をより**深く理解**することができるし，また説明に対する**株主の納得感**も高くなるだろう。

6 | 第1部 財務会計の原初形態

2 ■ 会計を取り巻く利害関係者：誰が会計を利用するのか？

　次に考えたいのは，会計を取り巻く利害関係者，つまり，会計情報を誰が利用するのかということである。結論的には，それは大きく経済主体の**内部者**と**外部者**とに分けることができる。

　たとえば，企業を想定した場合に，その内部者としては，経営者や従業員などが挙げられる。企業の経営者は，企業の経営目標や中長期経営計画を策定するにあたり，現在の業績を把握し，自企業の強みは何かを把握するために，会計情報を利用する。また，製造部門の管理者は，コスト削減のために製造原価の内訳を必要とするし，財務担当者は，資金調達のタイミングを考えるために資金収支の記録を必要とする。さらに営業部門の管理者は，営業担当者の評価のために，担当者別の売上情報を必要とする。このように，企業内部の経営者や従業員は，経営上の種々の意思決定のニーズに応えるために会計情報を利用する。このように，企業内部において経営者や管理者が種々の判断や意思決定をおこなうための材料を提供するための会計を，**管理会計**（Managerial Accounting）とよぶ。なお，管理会計の具体的な形式や内容は，企業ごとに変化しうるものとなる。

　他方，外部者としては，たとえば，企業を想定した場合，株主や債権者などが挙げられる。株主にとっては，出資した企業の業績が，受け取る配当の額や，上場企業であれば株価とも大きく関係するため，売上や利益数値などの会計情報を必要とする。つまり，この先，株式を持ち続けるのがよいか，売却するのがよいかを見定めるためにも会計情報は必要不可欠となる。また，債権者は，自らの貸付金が期日までに返済されるかの見通しや，将来的な企業の安全性を検証するためにも，会計情報を必要とする。このように，企業外部の株主や債権者は，自らの意思決定のニーズに応えるために会計情報を利用する。そして，企業外部において株主や債権者が種々の判断や意思決定をおこなうための材料を提供するための会計を，**財務会計**（Financial Accounting）ないし，外部報告会計とよぶ。財務会計は外部報告を目的にしているので，株主や債権者にとっての他社との比較可能性の確保や，情報隠蔽等を防止する観点からフォーマットが法律によって決められている。本書では，会計の中でも，特にこの財務会計の領域を取り扱うことにする。

第1章　会計の意義と全体像　　7

[＊5]　なお，管理会計と財務会計の関係は，企業の「予算」との関係で考えると理解しやすい。すなわち，企業の実際のビジネスは，「**予算**」とよばれる枠組みに基づいてなされることが多い。予算とは，貨幣的に捉えた各部門の計画や行動目標であり，予算を各部門が達成することを目標に掲げて，実際のビジネスがなされる。そして，予算をどのように作成するか，またどのようにコントロールしていくかが管理会計の重要な論点の1つとなる。また，大企業などでは，月次ベースで各部門の損益の状況が把握され，予算との対比でビジネスの出来・不出来を検証することが多く，また，通常は，このような管理会計の数字の積み上げが財務会計の数字となる。その意味で，管理会計と財務会計とは，表裏一体の関係にあるといってよいだろう。

ただし，管理会計は，フォーマットが法的に決められたものではなく（もちろんオーソライズされた手法やツールはあるものの），基本的には企業が自由になし得るものである。これに対して，他方，財務会計は外部報告を目的にしているので，フォーマットが法律によって決められているという違いがある。

[＊6]　今日，ひとくちに会計といっても，その領域はきわめて広範囲にわたっている。会計の領域は，上記のように会計情報の利用者が外部か内部かという違いによる分類だけでなく，会計がどのような経済主体を前提とするかによって，たとえば**図表1－2**のように整理できる。

図表1－2■会計の領域：経済主体の違いによる分類

```
マクロ会計
ミクロ会計
    ①家計
    ②企業会計　←［本書の主な対象］
    ③非営利組織会計
```

マクロ会計とは，国全体を1つの経済主体としてみる会計であり，社会会計や国民経済計算ともよばれるものである。また近年は，国全体にとどまらず，水，森林，土地などの自然資源をめぐる地域を1つの経済主体として捉え，それらの持続可能な開発にかかわる自然資源会計（マクロ環境会計）とよばれる領域も，この体系に含まれることがある。

他方，**ミクロ会計**とは，国民経済を構成する各経済主体別におこなわれる会計であり，一般的に「会計」という場合は，ミクロ会計を指すことが多い。このミクロ会計には，①**家計**（個人または家が経済主体となる会計），②**企業会計**（株式会社などの企業が経済主体となる会計）さらには，③**非営利組織会計**（国や地方公共団体といった行政機関や社団法人・学校法人など非営利組織が経済主体となる会計）がある。これらのミクロ会計においては，会計を利用して経済主体における資金の保全や運用を効率的におこなうという共通の目的がある。

さらに，②企業会計においては，その対象たる企業が営利を目的としていることから，その営利活動の結果としての利益を明らかにすることも重要な目的の1つになる。このように，企業会計では利益を計算するという①や③にない目的を有しているため，

それらにはない多くの特徴を有することになる。本書は、この②企業会計を前提として、以下の議論を進める。なお、先の「管理会計」や「財務会計」は、主に②企業会計を前提としたものとなる。ただし、近年は、③非営利組織会計にも、財務会計や管理会計を用いようという流れもある。

3 ■ 言語と会計

会計を捉えるうえでは、言語を思い浮かべるとわかりやすいかもしれない（図表1-3）。たとえば、英語や日本語などの言語も、人間の思いや考えを、一定の文法やルールにより表現する体系的なシステムといえ、またそのようなシステムとしての体系性や安定性を具備しているからこそ、われわれは言語を用いることで、さまざまな相手と安心してコミュニケーションをとり、自分の考えを知ってもらうこと（または、相手の考えを知ること）が可能となる。

「**会計はビジネスの言語である**」とか、「**会計はビジネスのコミュニケーション手段である**」と表現されることがあるが、これらの表現からも、会計と言語との類似性がみてとれる。また、そのような類似性の根幹には、体系的なシステムの存在（からくる安定感）があるといえる。

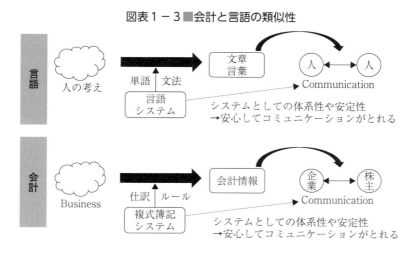

図表1-3■会計と言語の類似性

[＊7] 会計の言語性については、笠井（2000）などにくわしい。
[＊8] 現実世界において、日本語や英語などの言語は極めて重要な意味を持つ。このように考えると、ビジネスの世界において、会計という言語がいかに重要であるか、

会計を知ることがいかに重要であるかが理解できよう。
［＊9］　また，このように捉えると，ビジネスの言語たる会計が，ビジネスの中でどのように用いられるのかということもさることながら，発話者（企業やその経営者）がどのような意図を持ってその言語を用いるのか，対話の相手（利害関係者）がそれをどのように解釈するのかといった「言語と人間心理の関係性」も重要になることが理解できるだろう。

　　言語はときに，人々の心を揺るがすだけでなく，社会を変える力も持っている。ビジネスの言語たる会計も，もちろん，そのような側面を持っている。よって，「ビジネスの言語たる会計が，経済や社会にどのような影響を与えるのか」を考えることも重要であろう。以上のように，会計学は，「会計の中身」や「ビジネスの中での利用方法」だけでなく，「会計と人間心理の関係」や「会計が経済や社会に与える影響」をも広く含めてその射程とすべきであることが理解できよう。これらの点は，たとえば，田口（2015, 2020, 2025）や上枝（2022）などを参照。

　なお，言語学や記号論では，事物と記号，そして人間との関係は，語用論，構文論，意味論という3つの領域から整理されることがある（**図表1－4**）。すなわち，記号は，それぞれの指示対象（具体的な事物や事象）を有しており，記号と事物との関係は，**意味論**とよばれる。また，記号と記号が一定の規則のもとで配列され文章ができるが，この記号をつなぐ一定の配列規則は，**構文論**とよばれる。さらに，文章は，他者に伝達されることになるが，文章と人との関係は，**語用論**とよばれる。

図表1－4■語用論・構文論・意味論

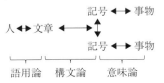

　そして，このような関係性は，実は会計を考えるうえでも有益といえる（**図表1－5**）。具体的には，複式簿記システムは，経済活動を仕訳で切り取るが，両者の関係は，上述の意味論と同じように捉えることができる（会計では，これを「**会計測定論**」とよぶ）。また，勘定と勘定が連なり集約されることで財務諸表が作成されるが，この関係性は，上述の構文論と同じように捉えることができる（これを「**会計構造論**」とよぶ）。そして，財務諸表の情報は人に伝達されるが，この両者の関係性は，上述の語用論と同じように捉えることができる（これを「**会計機能論**」とよぶ）。本書では，この3つ（会計機能論・会計構造論・

会計測定論）の視座を踏まえつつ、会計の全体像を考えることにしよう。

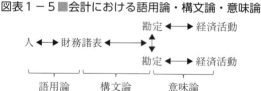

図表1－5■会計における語用論・構文論・意味論

4 ■財務諸表：会計のアウトプット

上記のように、会計は、ビジネスにおけるコミュニケーション手段であるが、ここで最終的に作成される報告書のことを、**財務諸表**（Financial Statements）という。

財務諸表のうち主要なものとしては、貸借対照表と損益計算書がある（**図表1－6**）。**貸借対照表**（Balance Sheet）とは、ある時点における経済主体の**財政状態**を表すものであり、資産・負債・資本の一覧表となる。**損益計算書**（Profit and Loss Statement, Income Statement）とは、ある一定期間における経済主体の**経営成績**（業績）を表すものであり、収益・費用・利益の一覧表となる。

上記2つの報告書ないし計算書が**基本財務諸表**であり、両者を語るうえでは、**利益**（earnings）が重要な鍵となる。なぜならば、利益を介して、2つの計算書がつながっているからである。この関係性は、**クリーン・サープラス関係**（Clean surplus）とよばれる。これらの議論は、第6章でくわしく論じる。

図表1－6■貸借対照表と損益計算書

また，財務諸表としては，これらの基本財務諸表のほかに，**キャッシュ・フロー計算書**や**株主資本等変動計算書**などが挙げられる。本書では，これらの財務諸表を対象に，それらを作成する方法と，その背後にある理論や規制について説明することにする。

> [＊10] 貸借対照表の「資本」は，現行の会計制度では，「**純資産**」(net asset) とよばれる。そして，このような用語の違いの背後には，実は，会計の計算構造をどのように捉えるかという違いがある。この点については，第12章で学ぶ。
> [＊11] 国際的なルール（第5章で学習する国際会計基準（国際財務報告基準））においては，貸借対照表は，**財政状態計算書**（Statement of Financial Position）とよばれる。また損益計算書についても，この「派生版」ともいえる**包括利益計算書**（Statement of Comprehensive Income）が存在する。包括利益計算書と損益計算書との関係性については，第6章で述べる。

5 ■ 複式簿記：記録なくして説明なし

なお，ここで注目しておきたいのは，貸借対照表と損益計算書は，いずれも情報が左と右に分かれて記載されている点である。これを「**T勘定**」や「**Tフォーム**」という（図表1－7）。

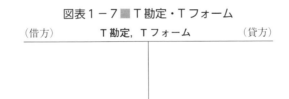

図表1－7■T勘定・Tフォーム

そして，このような財務諸表の特徴は，記録機構である**複式簿記**が，このようなT勘定（Tフォーム）に依拠したシステムになっているからにほかならない。複式簿記がこのような（少し癖のある）形式に依拠している理由は，実は利益を計算するために，**二面性**という特質を有しているからである。この二面性については，第3章で論じる。

ここで，**複式簿記**は，企業の経済活動を，一定のルールに基づき2つの側面から**仕訳**というかたちで集約していく計算システムであり，このシステムとしての体系性や安定性を具備しているからこそ，利害関係者は会計情報を信頼し，かつ会計による説明に納得することができる。つまり，複式簿記，および，そ

12 | 第1部 財務会計の原初形態

れが有するシステムとしての体系性は,「説明」を根拠づけ,かつ,「説明」を
利害関係者の「納得」に昇華させるために重要な意味を持っているといえる。
その意味では,「**複式簿記による記録があるからこそ,説得的な説明が可能と
なる**」ともいえよう。

6 ■ 会計の社会性

　ここまでの節で,われわれは,会計の概要を捉えてきたが,ここで,「そも
そもなぜ,財務会計が必要なのか?」や「なぜ『説明する』必要があるのか?」
といった素朴な疑問が湧いてくる。本節では,これらの問いに対して,**コラム
1－3**を踏まえ,「**利害対立**」という視点から整理してみよう。

> ### コラム1－3 　利益をめぐる利害対立
>
> 　企業の利益をめぐって,銀行等の債権者,投資家(現在株主,将来株主),企
> 業経営者の思惑を,それぞれのぞいてみよう。
> 　企業の株式をすでに有している投資家(現在株主)は,当期の利益から,でき
> る限り多くの配当をおこなってほしいと考えるだろう。反対に,これから株式を
> 買うかどうか迷っている投資家(将来株主)は,できるだけ現在の社外流出をひ
> かえ,将来に向けての事業投資を企業におこなってほしいと考えるかもしれない。
> 　他方で,企業経営者は,今期の業績を鑑みて,自らの経営者報酬を高めたいと
> 考えるかもしれない。さらに債権者(銀行等)は,企業には財務安全性を高め,
> 将来の返済が滞ることのないように,できるだけ配当などの社外流出を減らして
> ほしいと考えるだろう。
> 　このように,利害関係者の思惑はさまざまで,かつ,利益の分配をめぐり対立
> することがわかる。

　コラム1－3でも示されるとおり,企業の利益をめぐっては,利害関係者が,
実にさまざまな思惑を寄せていることが理解できる。そして,これらの関係性
や思惑を,もう少し抽象的に図示すると,**図表1－8**のようになる。
　図表1－8に示されるとおり,株式会社における関係者間の利害対立は,主
に利益をめぐるものであることが理解でき,かつ,大きく3つの利害対立があ
ると考えることができる。
　まず第1は,**債権者と現在株主の間の利害対立**である。ここでは,株式会社
の有する「**有限責任(limited liability)**」という特質がポイントとなる。すなわち,

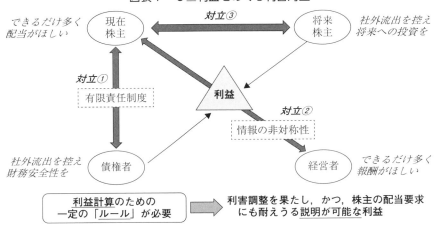

株式会社においては，投資家に安心感を与えることで制度の発展を促すために，実質的オーナーたる株主の責任を出資額までに限定する「有限責任制度」というしくみが設けられている。このもとでは，たとえ企業が倒産しても，株主は（出資額が手元に戻ってこないということはあるが，しかし）出資額以上の金銭的負担を負わない。これは，株主にとってみれば魅力的な制度であるが，しかし他方，債権者にとってみれば，このようなしくみは，もし仮に企業が倒産したとしても，貸し付けた資金を株主がカバーしてくれない（自らの貸付金が返済されないおそれがある）ということを意味する。このように債権者は，相対的に不利な状況にあり，特に株主に対する配当として会社財産が社外流出することは，（株主にとってはプラスであるが）債権者にとっては会社の債務弁済の担保が減少することになることから，どこまでの会社財産を配当として処分可能な利益とするのかは重要な問題となる。

　第2は，**現在株主と経営者間の利害対立**である。まず，株主と経営者の間には**情報の非対称性**（asymmetric of information）が存在する。これは要するに，企業情報を豊富に持つ経営者と，情報をそれほど有しない企業外部者の株主との間の情報の偏在をいうが，このことからすると，経営者が自身の私利私欲のために，株主の利害に反する行動をとる可能性がある。このような対立を解消させるには，説明される利益の中身としても，経営者個人の私利私欲追求の結果として株主の利益が損なわれるものではないことが重要になる。

また第3は、**現在株主と将来株主の間の利害対立**である。たとえば現在株主が、企業の継続性を損ねるような多額の配当を求めるのであれば、企業の持続可能な発展は損なわれる。企業が倒産することは、将来の株主（候補）にとっても、社会全体にとっても、必ずしも望ましいことではない。よって、このような現在株主の「近視眼的行動」を調整した利益が計算されることが望ましい。

以上のことから、そもそもなぜ、会計が必要なのか、またなぜ「説明する」必要があるのか、という問いに対しては、「有限責任制度や、情報の非対称性といった株式会社のしくみや特徴により、利益をめぐるさまざまな利害対立が生じるおそれがあるから」という答えを想定することができる。そして、このような利害対立のおそれを鑑みるに、**「利害調整を果たし、かつ、株主の配当要求にも耐えうる説明が可能な利益」**を計算することが、会計にとっての重要課題となるし、そのためにも、**利益計算のための一定の社会的な「ルール」が必要となる**ことが理解できる。つまり、会計利益をめぐっては、社会性（さまざまな思惑を寄せる利害関係者が、利益をめぐって対立すること）が存在するからこそ、会計の制度性（利益計算に係る一定の社会的ルール）が必要となる。そして、そのようなニーズのために、会計の記録機構として、二面性という特質を有する複式簿記を規定することで、「説明可能な利益」を算出することができる。このことを、先の図表1－3（会計と言語の類似性）と関連させて整理すると、**図表1－9**のようになる。

図表1－9 ■社会性に規定される会計利益

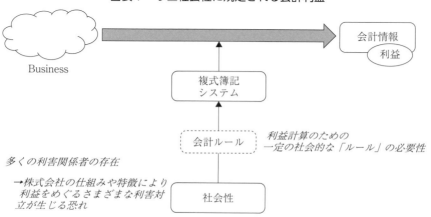

［＊12］　なお，ここでいう「ルール」や「制度」とは，明文化された法律だけでなく，自発的に社会の中で醸成される慣習や社会規範も含んだ広い概念である。この点に関連して，たとえば，経済学者のハイエク（Hayek）は，前者を**設計的秩序**（constructed order），後者を**自生的秩序**（spontaneous order）とよんで両者を区別している。

　会計は，そもそも商人の間で慣習として自発的に発展したものであり，その意味では，会計制度の根幹は，自発的な会計ルール（これを，「**一般に公正妥当と認められた会計原則**（GAAP：Generally Accepted Accounting Principles）」とよぶ）であるといえる。しかし，他方で，会計には，慣習として醸成されたものではなく設計的に構築されたルールも存在する。その最たる例は，国際財務報告基準（IFRS）である。この点については，第5章で論じる。

【対話：考えてみよう】

　近年，環境や社会に対する企業の取組みに関する「非財務情報」開示が注目されている。たとえば，温室効果ガスの排出量削減や，人的資本に対する投資や取組みなどのいわゆる ESG（Environment, Social, Governance）情報，ないしサステナブル情報の開示が，強制化されつつある。その中で，既存の会計情報の意味や役割をどう捉えたらよいだろうか。
・考え方A：そのような新たな情報ニーズの高まりからすると，既存の会計情報は不十分である。
・考え方B：その流れの中でも，財務諸表自体がなくなるわけではない。よって，やはり会計情報は重要であるし，財務・非財務情報の両者がセットで開示される意味を考えるべきである。

　あなたは，上記の考え方A・Bに対して，どのように考えるだろうか。また，別の考え方（考え方CやDなど）はあり得るだろうか。

■Readings：読書案内■

会計の言語性について興味がある読者へ

青柳文司編（1972）『会計情報の一般理論』中央経済社

笠井昭次（2000）『会計の論理』税務経理協会

会計の基礎概念とはなにかについて興味がある読者へ

斎藤静樹・徳賀芳弘編（2011）『体系現代会計学第1巻　企業会計の基礎概念』中央経済社

■参考文献■

笠井昭次（2000）『会計の論理』税務経理協会

田口聡志（2015）『実験制度会計論―未来の会計をデザインする』中央経済社

田口聡志（2020）『教養の会計学―ゲーム理論と実験でデザインする』ミネルヴァ書房

田口聡志（2025）『企業会計の本質を巡って―プロトタイプとデジタル社会』税務経理協会

上枝正幸（2022）『経済学で考える制度会計』中央経済社

16 第1部 財務会計の原初形態

第 2 章 —— 財務会計の機能

Point

本章では，財務会計が社会で存在する意義や，その役割について学ぶ。

1. 株式会社における所有と経営の分離というしくみのもとで，分離された株主の納得を得るために，経営者は会計による説明をおこなう必要があり，そのような会計の有する社会的役割を「**会計責任**」とよぶ。また，そのもとで，会計は「**処分可能利益**」の算定という計算課題を負う。→【1】
2. **会計責任**とは，対外的な**報告責任**の他に，対内的な**管理責任**も含んだ概念である。→【2】
3. 利益の意味内容を考えるうえでは，**会計主体論**と**資本維持論**が重要になる。→【3】
4. **情報の非対称性**を前提にした，情報の利用局面における会計の役割のことを「**財務会計の経済的機能**」という。→【4】
5. 経営者の行動に係る情報の非対称性が存在する場合，経営者は株主の利害に反して努力水準を下げるというモラル・ハザード問題が生じる。この解決のための会計情報の役割のことを，**契約支援機能**という。→【5】
6. 企業の品質に係る情報の非対称性が存在する場合，業績のよい企業が逆に市場から淘汰されてしまうというアドバース・セレクション問題が生じる。この解決のための会計情報の役割のことを，**意思決定支援機能**という。→【6】
7. 利益計算をめぐっては，「処分可能利益」算定をコアにしつつも，財務会計の経済的機能のバランスをいかに図るかが重要となる。→【7】

Keywords
株式会社制度，情報の非対称性，会計責任，処分可能利益，会計主体論，資本維持，契約支援機能，意思決定支援機能，モラルハザード，アドバース・セレクション

Questions

1. 財務会計の社会的役割と計算課題はなにか，説明しなさい。また，それらが株式会社制度のどのようなしくみと関連しているのかについても説明しなさい。
2. 情報の非対称性に着目した場合，非対称となる情報の性質により，財務会計の経済的機能はさらに2つに分けることができると考えられる。その2つの機能を挙げ，それぞれについて説明しなさい。

1 ■ 株式会社制度と会計の社会的役割・計算課題
：会計責任と処分可能利益

　第1章で「会計は説明である」（経済主体が，利害関係者に，複式簿記を用いて貨幣額でおこなう説明である）と述べたが，そこで問題となるのは，何のために説明するのかという点である。これについて，本章ではさらに踏み込んで考えてみよう。

　すなわち，何らかの説明をおこなうという場合，その説明の意味はなにか，また，何のために説明が必要なのかを整理することは重要である。そして，このような問いは，実は，財務会計の社会の中での役立ちや，財務会計が用いられる企業（株式会社）のしくみとも密接に関連している。特に，株式会社制度の特質に注目すると，結論的には，会計は**受託責任の解除**という社会的な役割を負い，利害関係者を納得させるための説明可能な**処分可能利益**を算定するという計算課題を負うことになる（**図表2-1**）。

図表2-1■財務会計の社会的役割と計算課題

	株式会社の特質	会計の社会的役割	計算課題
原初形態	所有と経営の分離 株式制度 有限責任制度	→	会計責任 （受託責任の解除） 【株主→経営者】 【経営者→株主】	→	処分可能利益の算定 （利害調整→説明に耐えうる利益）

「投下資本の運用と保全の状況に関する事後的な説明を，事前に約束」

　株式会社制度の特質として，特に会計との関連で重要なものは3つある。それは，所有と経営の分離，株式，有限責任制度である。有限責任制度については，すでに第1章で学習済みであるので，ここでは，残りの2つ（所有と経営の分離，および株式）に焦点を当てる。

1-1　所有と経営の分離

　株式会社においては，所有する者と経営する者とが，しくみとして切り離されている（**所有と経営の分離：Separation of ownership and management**）。これは，出資者と実際に経営に携わる者とが一致しなくてもよい状況を構築しておくことで，大規模資金調達の円滑化を可能にするためのしくみである。もし仮に，このようなしくみがなく（つまり，所有と経営を分離させてはならないとい

18 第1部 財務会計の原初形態

う状況で），経営に携わる者が必ず出資もしなければならない（また逆に，出資する者は必ず経営に関与しなければならない）とすると，経営上の優れたアイディアや手腕は有するが資金はないという個人が存在した場合，その者の有する経営上のアイディアや手腕が社会的に有効活用されないおそれがある。同様に，余剰資金を有するが経営のアイディアや手腕を持たない個人が存在した場合に，その者の有する資金が社会的に活用されないおそれもある。よって，このような「経営のアイディアや手腕」と「余剰資金」の社会的なマッチングを図るために，株式会社は，所有と経営の分離というしくみを有している。

1－2　株　　式

また，会社の所有が「**株式**」というしくみを介してなされるという点も重要である。すなわち，各個人が有する資金の多くは，必ずしも大口（多額）ではなく，むしろ小口（少額）である可能性が高い。よって，小口の資金を数多く束ねることができれば，経営を志す者にとっては大規模なビジネスを展開することも不可能ではない。そして，これを実現するのが株式である。ここで，**株式**とは，実質的な会社のオーナーとしての権利（具体的には，会社に対する**議決権**と**配当請求権**）を小口に分割したものである。これらを，数多くの出資者に付与することで，余剰資金を広く集めることが可能となり，所有と経営の分離のメリットを最大限利用することが可能となる。

1－3　情報の非対称性と会計責任

このように，株式会社では，所有と経営の分離，株式，（そして第1章で確認した）有限責任制度というしくみにより，大規模な資金調達が可能となる。しかし実際には，これらのしくみだけでは，多くの資金は集まらないかもしれない。なぜなら，所有と経営の分離により，株主は，経営の情報をタイムリーかつ詳細に知ることから遮断されてしまうからである。このように，ある情報に偏りが生じている状態を，**情報の非対称性（asymmetry of information）**とよぶ。

そして，このような状況下で，株主は，自らの資金を他人に委ね，かつ，出資に係る配当請求権を有しているため，自らが出資した資金が，経営上どのように運用され，またどのように保全されているのかを知りたいと思うのは当然である。さらに，そのような説明を受ける機会がなければ，そもそも株主は出資しようとは思わないだろう。よって，資金を集めた経営者は，株主から委託

された資金を適切に保全し，管理・運用するという（いわば当然の）管理・運用責任だけでなく，資金の委託を受けた（受託した）ことに対する説明責任というものも同時に果たす必要が生じる。経営者が負うこのような責任を，**受託責任（stewardship）**という。

そしてここで登場するのが財務会計である。すなわち，財務会計により，経営者は株主の投下した資金（投下資本）の管理と運用の状況を，貨幣数値により，そして，体系だった手法により記録・報告することで，株主に対しての責任を果たすことになる（**受託責任の解除**）。このように，株式会社においてしくみとして分離された所有者と経営者とを繋ぐのが財務会計の役割であり，株式会社において所有と経営の分離がなされているからこそ，その分離された株主の納得を得るために，会計による説明が必要となるのである。このような会計の有する**社会的役割**のことを広く「**会計責任（accountability）**」（の履行）ないし「**会計責任説**」という。

ここで，会計責任のもとでは，企業の経済活動の全体を，会計帳簿にすべて記録することが求められることには留意されたい。であるからこそ，会計報告がなされた際に，もし仮に報告を受けた株主において何か気になる点があった場合でも，記録に遡ることで，取引の概要を追跡することができるのである。単に企業の経済活動の良否を捉えることや，今後のビジネスの行く末を予測することだけが目的であれば，何も経済活動の全体を体系的に記録する必要はない（たとえば，統計的に一部の経済活動だけをサンプリングし，その傾向を捉え，予測に役立てればよい）。しかし，ここで企業経営者に求められているのは，体系だった記録に遡り，取引をあとから再確認することができるような責任なのである。このように，事後的な追跡可能性を有した報告をおこなうことが，事前に約束されていることが，会計責任の重要なポイントとなるという点には，くれぐれも留意されたい。

なお，このような責任を経営者が負うことを，株主だけでなく経営者も欲するという点も重要である。すなわち，経営者サイドとしても，そのような責任を負わなければ資金が多く集まらないところ，もしこのような責任を負うことにより資金がより多く集まるのであれば（つまり，責任を負うことが資金集めに有効であるならば），積極的にその責任を欲することになるだろう。このように考えると，会計は株主のためだけでなく，経営者のためにも存在することになるし，またこのような会計の役割が，主に事前的視点から求められる（投下資

20 | 第1部　財務会計の原初形態

金の管理と運用の状況に関する事後的な説明を，事前に約束する）という点が重要なポイントである。

コラム2－1　自己資本コスト削減と財務会計

　上述のように，「経営者も会計責任を自ら欲する」という点をもう少し具体的に掘り下げると，現実世界では，自己資本コストの削減と関係する。ここで**自己資本コスト**とは，株主が事前に要求する利回りをいう。これは，経営者からみれば，株式による資金調達にかかるコストになるため，経営者としては，このコストをできるだけ抑えて資金調達したいと考えることになる。
　そこで重要になるのが，会計情報の開示である。すなわち，情報開示により企業の経営状況が透明化されるならば，投資家からすると，投資の不確実性が減少することになり，その分だけ要求利回りを減少させてもよいということになる（逆にいえば，企業の経営状況が不透明で投資の不確実性が高い場合には，そのリスク分だけ要求利回りを高めに設定しないと投資できないということになる）。このように，情報開示の有無や程度によって自己資本コストが変わるのであれば，経営者からすれば，積極的に情報開示をすることで資金調達コストをできるだけ抑えたいというインセンティブが生まれる。よって，自己資本コスト削減という視点を踏まえると，「経営者も会計責任を自ら欲する」ということは，何ら不自然なことではないし，むしろ，自然なことであるといえる。

1－4　社会的役割と計算課題

　なお，会計責任（の履行）とは，企業経営者と資金提供者たる株主との間に一定の関係が存在するということを意味しているにすぎず，それだけでは，会計が具体的に何をすべきかという点までは定まらない。そこで，会計責任という社会的役割のために，会計が具体的になすべきことを規定する計算上の指針が必要となる。ここで，会計の社会的役割に規定されて導出される会計の計算上の課題ないし指針を，財務会計の**計算課題**という。結論的には，株式会社は，そもそも利潤追求のために組織されるものであるから，現実に生じた投資の全体を把握し，会社の実質的オーナーである株主のための**処分可能利益**を算定するという計算課題が必要となる。
　ここで，「処分可能」の意味について，第1章の図表1－8を思い出してみよう。第1章では，具体的には，株式会社の有する「**有限責任制度（limited liability）**」や情報の非対称性をカギとして，大きく3つの利害対立がある（現在株主 vs. 債権者，現在株主 vs. 経営者，現在株主 vs. 将来株主）として，そのよう

な利害対立に対して,「**利害調整を果たし,かつ,株主の配当要求にも耐えうる説明が可能な利益**」を計算することが,重要課題であると述べた。そして,この「説明が可能な利益」こそが,本節でいう「処分可能」利益の意味するところである。すなわち,株式会社における経営者・(現在/将来)株主・債権者の間の利害を調整したうえで,会社の実質的オーナーである株主の配当要求に耐えうる説明をおこなうことのできる利益を計算することが,財務会計には求められるのである。

2 ■ 会計責任の2つの意味:報告と管理

　前節では,会計の社会的役割と計算課題について述べた。ここではさらに,社会的役割たる会計責任の意味を,もう少し深掘りしてみよう。結論的には,会計責任という場合には,実は大きく2つの意味がある(**図表2-2**)。

　すなわち,図表2-2に示されるとおり,まず第1に,財務会計の対外的な役立ちとして,経営者は投下資本の運用・保全に関する**報告責任**を負う。これは前節で見た「投下資金の運用と保全の状況に関する事後的な説明を,事前に約束する」ということである。

　また,第2に,財務会計の対内的な役立ちとして,経営者は,資金の効率的運用という株主からの委託の趣旨に沿って,実際に資金の運用と保全がなされるように従業員の経済活動を管理するという「投下資本の運用に関する**管理責**

図表2-2■会計責任の2つの意味

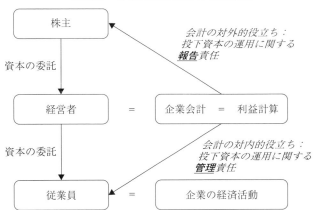

22 第1部 財務会計の原初形態

任」も同時に負うことになる。これはつまり，従業員の経済活動を適切に把握し管理しなければ，第1の責任はそもそも果たせなくなるということを意味する。このように，会計責任には，報告責任と管理責任が合わせ鏡のようにセットとなっており，それゆえ会計の計算課題となる「処分可能利益」にも，このような2つの責任に資する働きが求められることになる。

　なお，特に，第2の管理責任という側面からすると，財務会計は，経済活動の全体を余すところなく捉えるという重要な役割を内包する必要が生じ，それゆえ複式簿記のような体系的なシステムで経済活動を捉える必要が生じることになる。

　　［＊1］　図表2－2は，笠井（2000）p.81を参照。また，会計責任の2つの意味の詳細は，
　　笠井（2000）第2章をあわせて参照されたい。

3 ■ 会計主体論と資本維持論

　前節では，説明に耐えうる利益として処分可能利益という概念を提示した。これをうけて，処分可能利益の具体的内容がなにかを検討しよう。具体的には，①利益計算の主体は誰かという問題，そして，②計算される資本の性質はなにか，という問題を検討する。なお，①は**会計主体論**，②は**資本維持論**とよばれる問題である。先に議論の全体像を描くと，**図表2－3**のようになる。

図表2－3■処分可能利益の意味内容：会計主体論と資本維持論

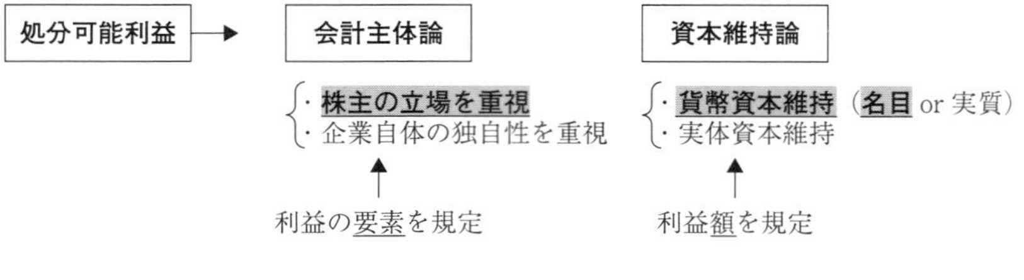

3－1　会計主体論

　会計主体論とは，どのような立場から企業の会計がなされるものと捉えるのかという問題である。そして，どのような立場に依拠するかによって，処分可能利益の要素が規定されることになる。

　ここで，考えられる立場としては，大きく2つある。第1は，資本主である

株主を重視する立場である（これを，「資本主理論」や「代理人理論」という）。第2は，企業自体の独自性を重視する立場である（これを，「企業主体理論」や「企業体理論」という）。これらの違いは，利益の要素を規定する。たとえば，前者の立場からすると，債権者に対する支払い利子と株主への配当は，性質の違うものとして取り扱われる。具体的には，利子は，他者に対する費用，配当は，自らに対する利益処分として，それぞれ計上される。これに対して，後者の立場からすると，利子と配当は，どちらも企業自体の独立した立場から，同じ性質のものとして取り扱われることになる。具体的には，たとえば，「企業主体理論」を採用すると，利子も配当も，どちらも企業以外の他者に対する費用となる。

　なお，現行の企業会計では，利子と配当とについて異なる扱いをしており，前者を採用し，利益の要素を規定しているものと考えられる。

> ［＊2］　なお，各立場が理論的に主張されるようになった「順番」は，厳密には以下のとおりである。まず，原初的な会計主体論として，個人事業主を想定した資本主理論が登場し，その後，所有と経営の分離を前提とした企業主体理論が登場した。しかし，企業主体理論の主張に対して，株主の立場をより重視した代理人理論が登場し，また企業の社会的責任などを強調するものとして，企業体理論が登場した，という流れである。よって，上記では便宜的に，「資本主理論」と「代理人理論」，「企業主体理論」と「企業体理論」とを，それぞれ同じ立場として紹介しているが，理論として登場した背景は，実は，微妙に異なっているということには，くれぐれも留意されたい。
>
> ［＊3］　なお，現行の会計が，「資本主である株主を重視する立場」を採用し利益の要素を規定しているからといって，現行会計が，現在株主の利害だけを重視しているということには必ずしもならない，ということにはくれぐれも留意されたい。第1章や本章でも論じたように，処分可能利益は，あくまで，現在株主と債権者，経営者，将来株主といった種々の利害関係者の利害が対立するもとで，これらの調整を説明する利益であることに変わりはない。

3−2　資本維持論

　資本維持論とは，企業は，どのような資本を維持する組織体かという問題である。ここで，**資本**とは，株主から出資された資金をいい，企業は営利組織体として，資本を維持しつつ事業をおこなっていく必要がある。よって，利益計算の問題は，どのような資本を維持すべきかという問題と表裏一体の関係にあるといえる。そして，どの考え方に依拠するかによって，処分可能利益の額が規定される。

24 | 第1部 財務会計の原初形態

　ここで，企業が，どのような資本を維持すべきかについては，大きく2つの考え方がある。第1は，**貨幣資本維持**（Financial capital maintenance concept）である。これは，維持すべき資本の本質を貨幣と捉える立場である。これはさらに，物価変動を考慮するかどうかで「**名目貨幣資本維持**」（物価変動を考慮せず，貨幣の名目的な購買力を維持）と「**実質貨幣資本維持**」（一般物価変動を考慮した貨幣の購買力を維持）という2つの考え方に細分化される。第2は，**実体資本維持**（Physical capital maintenance concept）である。これは維持すべき資本の本質を事物と捉える立場であり，個別価値変動部分も考慮した購買力を維持すべきという考え方である。

　これらの違いを考えるうえで，次のシンプルなケースを想定しよう。たとえば，株主から出資された資金100をもとに，企業が商品100を仕入れて，それを200で販売した（現金200を受領）というケースを想定する。ここでは，販売高からコストを差し引いた金額が，処分可能利益となる。そして，計算された利益は，全額が出資者たる株主に配当として還元される（社外流出する）ものと仮定する。ここでのポイントは，配当後に企業内に残された資金で，再度，同じ取引を継続できるか（再投資可能性，つまり，再度，同じ商品を仕入れて販売するという事業ができるか），またそれを可能とするために，どのような利益計算をおこなうべきかという点である。ここで，全体像を図示すると**図表2－4**のようになる。

　まず，「名目貨幣資本維持」の立場からすると，企業が維持すべきは，物価変動を考慮しない，貨幣の名目的な購買力である。よって，当初出資された資本の貨幣としての額面100が，利益計算・配当支払後に維持されていればよい。このことから，「販売高200－販売コスト100＝利益100」と利益を計算することで，企業内に，当初資本100と同額の資金100が維持され，これを再度，商品100の仕入に利用することができる（図表2－4ケース(a)）。

　次に，「実質貨幣資本維持」を考える（図表2－4ケース(b)）。ここでもし仮に，一般物価変動により，貨幣価値が10％上昇したと仮定しよう。この場合，当初購入した商品を再度購入するためには，利益計算・配当支払後に110（＝100×1.1）の資金を企業内に維持しなければならない。よって，図表2－4ケース(a)のように利益計算をしてしまっては，同じ商品を再度仕入れることができなくなる。つまり，この場合には，企業内に，当初出資された資本の一般物価水準考慮後の貨幣資本110と同額の資金110が社内に維持されるように，「販売高200

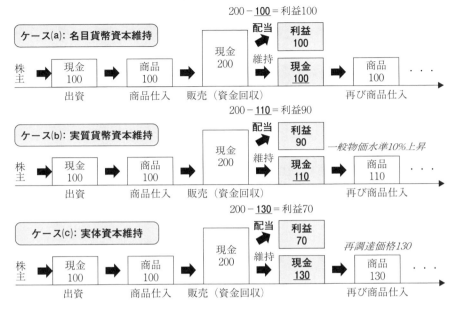

－販売コスト110＝利益90」と利益計算する必要が生じる。そしてこのような利益計算のあり方（資本維持のあり方）を，「実質貨幣資本維持」という。

最後に，「実体資本維持」を考える（図表2－4ケース(c)）。ここでもし仮に，個別価格が上昇し，**再調達価格**（当初購入したものと同じ商品を，再度購入するために必要な価格）が130であると仮定しよう。この場合，当初購入した商品を再度購入するためには，利益計算・配当支払後に130の資金を企業内に維持しなければならない。よって，図表2－4ケース(a)のように利益計算してしまっては，同じ商品を再度仕入れることができなくなる。つまり，この場合には，企業内に，当初出資された資本で購入した商品の個別価格上昇分を考慮した資金130が社内に維持されるように，「販売高200－販売コスト130＝利益70」と利益計算する必要が生じる。そしてこのような利益計算のあり方（資本維持のあり方）を，「実体資本維持」という。

現行の企業会計では，名目貨幣資本維持の考え方が採用され，利益計算においては，一般物価水準や個別価格変動部分を考慮しないものとされている。

4 ■情報の非対称性と2つの経済的機能

　本章の前半では，株式会社制度の特質から，財務会計は「会計責任」という社会的役割を担い，そして「処分可能利益の算定」という計算課題を有することを学習した。本節以降では，このことを，さらに「情報の利用」という側面から発展させ，会計のさらなる役立ちを考えてみよう（**図表2－5**）。第1の発展は，上述の利害調整のうち，主に株主と経営者の利害という点に特に着目するものである。また，第2の発展は，株式会社制度のさらなる発展としての証券市場に着目するものである。なお，このような情報の利用の局面における会計の役割を，「**財務会計の経済的機能**」とよぶ。

　前節までに述べたように，先ずもって重要なのは，投下資本の管理・運用の責任を，記録を辿ることにより証明するという会計責任の概念である。これは前述のとおり，株式会社制度における所有と経営の制度的分離等からの要請であり，このことから，複式簿記システムは二面性を内在し，投資とリターンの差額としての利益を計算するという仕組みになっている（処分可能利益の計算）。

　そして，これらを大前提としたうえで，現実世界において，利益が，証券市

図表2－5■情報の利用の側面からの議論の発展：財務会計の経済的機能

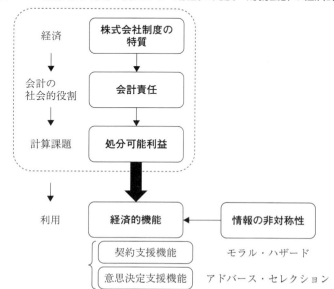

場や企業間契約において，具体的にどのような役立ちを有しているかを考えるのが，「**財務会計の経済的機能**」となる。

ここで鍵となるのは，先にも登場した「情報の非対称性」である。**情報の非対称性**とは，経済的な取引が行われるとき，取引の当事者全員に必要な情報が行き渡らず，ごく一部の当事者だけに情報が偏在する現象のことをいう。ここでは特に，どのような情報について，非対称性が生じているかが重要である。結論的には，非対称となる情報には2つのタイプがあり，それらに応じて，生じる問題や会計が果たすべき役割も変わってくる（**図表2－6**）。このことを，あとの節で確認していこう。

図表2－6■情報の非対称性と会計の2つの経済的機能

発展のポイント	非対称となる情報	生じる弊害	会計の経済的機能
株主と経営者の利害関係	経営者の行動	モラル・ハザード	契約支援機能
証券市場	財の品質	アドバース・セレクション	意思決定支援機能

　　[＊4]　なお，財務会計の経済的機能についてのより詳細な説明は，須田（2000）第1章・第2章が参考になる。

5 ■ モラル・ハザードと契約支援機能

まず，第1の点について，株主と経営者の利害，特に株主による経営者のコントロールという視点から財務会計を捉えると，以下のことがいえる。まず，所有と経営の分離による株主と経営者の委託・受託の関係を，**エイジェンシー契約**，ないし**エイジェンシー関係**とよぶ。そして，株主のように，意思決定権限（資金を管理・運用する権限）を委譲する立場を**プリンシパル**（principal）とよび，他方，経営者のように，権限委譲されプリンシパルの利益のために行動する立場を**エイジェント**（agent）とよぶ。

エイジェンシー関係のもとで，情報の非対称性が存在する場合は，プリンシパルは，エイジェントの行動を観察することができなくなる（**経営者の行動に関する情報の非対称性**）。この場合，エイジェントには，情報の非対称性を利用して自己の利益を優先させたいという誘因が生まれる。さらにエイジェントの行動は，観察することができないだけでなく，その努力水準の検証もできない

28 | 第1部　財務会計の原初形態

ため，その傾向はさらに顕著になる。このように，情報の非対称性のもとで，経営者が株主の意に反して努力水準を下げる，もしくは株主の利害を損なうかたちで自己の利益を優先させてしまう現象を，**モラル・ハザード**（moral hazard）とよぶ。

　モラル・ハザードを解消するためには，経営者の業績評価を目に見える指標で，しかも株主の利害と一致した指標でおこなうことが望ましいが，その指標がまさに会計利益になる。会計利益により経営者の業績評価をおこなうことに，株主と経営者の利害を一致させることができ，モラル・ハザード問題を解消することが可能となる。このように，会計情報が有するコントロール機能のことを，経営者の業績評価の一指標として会計がエイジェンシー契約を支えるという意味で財務会計の**契約支援機能**という。

> ［＊5］　ここでは，経営者の行動に関する情報の非対称性が存在するだけでなく，経営者の行動（特にその努力水準）自体が検証不可能であるという点も重要である。つまり，情報の非対称性だけが問題となるなら，それを解消する（たとえば，経営者の行動を逐一監視する）しくみを構築すれば，モラル・ハザード問題は解消しうる。しかし，もし仮に経営者の行動を逐一監視するしくみが構築できたとしても，経営者の行動が本当に株主のためのものかどうか，つまり経営者が株主のために本当に努力しているかどうかは判定不能（この「判定不能」ということを，エイジェンシー理論では「検証不可能」とよぶ）であるため，モラル・ハザード問題は解消し得ない。そこで目に見える指標たる会計情報が次善の策として（セカンド・ベストとして）利用されることになる。
>
> 　　会計利益は，経営環境など，経営者の努力とは直接関係のない不確実性からも影響を受けるため，経営者の努力とは完全には連動しないが，しかし経営者の努力とある程度の関連性があるし，かつ目に見える指標であるという意味では扱いやすい指標である。このようにモラル・ハザードの解消について，会計は完全な解決を図るものではないという点は，あとで考察するアドバース・セレクションの問題との比較で重要なポイントとなる。また，だからこそ，モラル・ハザード問題の解消には，会計利益だけでなく，ガバナンス機能の拡充などもあわせて必要になるのである。

6 ■ アドバース・セレクションと意思決定支援機能

　次に第2の発展として，証券市場に注目してみよう。株式会社制度の発展により企業の数が増え，また各企業の規模が拡大していくと，株式数と株主数が増加していくことになる。そうすると，株式を売買するための**証券市場**が生じ，また市場における**株価**が重要な意味を持つようになる。すなわち，株主側では，

企業に出資し配当という**インカム・ゲイン**を得ようとするよりはむしろ，もっぱら市場における株式の売買で儲けを得ようとする（株式を買った値段と売った値段との差額（**キャピタル・ゲイン**）を得ることを目的とする）いわゆる**投資家**ないし**投機家**とよばれる存在が発生することになる。また他方，経営者側においても，新規の資金調達とも関係するため，株価に関心をもつようになる。さらに，株式だけでなく，企業にとっての借入金が「社債」というかたちで小口化され，債券市場で流通するようになると，社債権者も社債の市場価格に関心をもつようになる。

　ここで，株価（や債券価格）は，一体どのように決定されるのであろうか。その要因としてはさまざまなものが考えられるが，基本的には市場における財の価格は，その財の需要と供給により決まる。そして株式という財を需要したい（供給したい）という期待は，企業の「品質」（よい会社かどうか，将来性はあるのか）に大きく依存する。

　しかし，このような情報は，企業と市場の間で非対称になる。つまり，企業側は，自身の品質を知っているものの，市場参加者側は知らないという「**財の品質に関する情報の非対称性**」が生じることになる。そして，この場合，情報の経済学の「レモン問題」（次頁の**コラム2－2**参照）からすると，**アドバース・セレクション**（逆選択：adverse selection）が生じることが明らかにされている。アドバース・セレクションとは，品質のよい財が淘汰され，品質の悪い財のみが市場に生き残ってしまうという逆転現象である。このような事態が生じてしまっては，品質のよい企業は資金調達ができなくなり，逆に品質の悪い企業のみが証券市場に生き残ってしまう（投資家は，品質の悪い企業しか投資対象にできない）という最悪の状況を招いてしまう。

　そこで，情報の非対称性を解消するために，財務会計は必要とされる。すなわち，企業の品質に関する指標として会計情報が開示されることにより，市場参加者は，適切な情報をもとに投資に関する意思決定をおこなうことができる。逆に，もし会計情報の開示がなされなければ，市場参加者は意思決定のための情報を入手し得なくなり，思い込みや根拠のない予想でしか株式売買をせざるを得なくなる。そうなってしまえば，市場参加者（潜在的な市場参加者も含む）は，そもそも株式の取引をしたいとは考えないだろう。

　このように，財務会計は，企業の品質に関する情報の非対称性を解消し，投資家の経済的な意思決定を事前に支援するという役立ちを有する。このような

役立ちのことを，財務会計の**意思決定支援機能**という。

[＊6]　ただし，企業の品質に関する情報を提供するといっても，会計情報は，あくまで計算構造（複式簿記）の制約を受けるという点には，注意が必要である。計算構造については，第3章で学習する。

コラム2-2　　「レモン問題」

　ノーベル経済学賞受賞者のアカロフ（Akerlof）は，中古車市場を例に，財の品質に関する情報の非対称性が生じる場合，アドバース・セレクション（逆選択）が生じることを明らかにしている（品質の悪い中古車は，英語で「レモン」とよばれ，この問題は，「レモン問題」ともよばれる）。

　財（中古車）には，2タイプあり（よい品質（Good）と，悪い品質（Bad）），売り手のみがこの情報を知っており，買い手はこの情報を知らないものとする。

　このもとで，売り手と買い手の行動は，次のようになる。まず，売り手は，情報の非対称性から，Bad の財についても Good の財と同じ高い値段をつけて，買い手を騙そうとする。

　他方で，財の品質についての情報を持たない買い手は，価格から品質を予測するしかないが，しかし，上述の（Bad も Good と同じ値段という）状況では，価格では品質を見抜けないため，「どうせ騙されるなら，高いものを買って大損するよりは，安いものを選ぼう」という「期待損失の最小化」原理により，値段の高いものを買い控える行動をとる。つまり，値段の高いものは売れなくなる。そうすると，価値の高い Good の財は，売ろうと思っても売れなくなってしまう。そして結局は，財市場には，Bad の財のみが残ってしまうことになる。

　このように，情報の非対称性が存在する場合に，悪い品質の財のみが市場で生き残ってしまうという逆転現象を，**アドバース・セレクション**（adverse selection）という。一般的なマーケットの「常識」からすると，「品質の良いものが市場で生き残る」ということになるが，情報の非対称性が生じてしまうと，そのようなマーケットの「常識」とは逆の現象が生じてしまうというのがここでのポイントになる。

[＊7]　意思決定支援機能に関連して，Beaver（1998）は，会計利益と株価との関係について，以下のような関係があるとしている。「**会計利益→＜時系列的特性＞→将来利益の予想→＜配当性向＞→将来配当の予想→＜割引現在価値＞→現在株価**」

　このようなフレームワークに依拠すると，会計利益は，現在株価を見定めるのに有用な情報ということができる。そして，このフレームワークの妥当性について，実際の株価や財務諸表のデータを用いた多くの実証研究（株式価値関連性研究）がなされている。そこでは特に，**EMH**（Efficient Market Hypothesis：効率的市場仮説）と，**CAPM**（Capital Asset Pricing Model：資本資産価格モデル）が重要になる。なお，意思決定支援機能をめぐる具体的研究については，たとえば，大日方（2013），薄井

第2章 財務会計の機能　31

（2015），および桜井（2023）などを参照。

7 ■ 経済的機能と利益計算

　最後に，財務会計の経済的機能と，そこから求められる利益の特質について
の関係を整理する。まず，第1節で確認したとおり，会計責任という概念から
すると，会計の計算課題として，処分可能利益の算定が求められる。ただし，
ここでの「処分可能」とは，「説明可能であるべし」という意味はあるものの，
抽象的な概念であることから，実際の利益計算においては，より具体的な場面
に即してその性質が決せられる必要がある。よって，この「処分可能利益」と
いうところから，抽象度を1段階下げたところで（具体化したところで），経済
的機能と会計利益との関係が論じられる必要がある。

　この点について，たとえば，意思決定支援機能のもとでは「柔らかい利益」が，
他方，契約支援機能のもとでは「硬い利益」が，それぞれ求められるという見
解がある。すなわち，前者のような証券市場での役立ちを考えるうえでは，利
益が将来の企業価値ひいては株価予測に役立ちさえすればよいので，必ずしも
資金的裏付けの強い利益である必要はなく，公正価値などある程度のボラティ
リティ（変動可能性）を許容したものであってよい。それに対して，契約にお
ける会計の役立ちを考えるうえでは，業績評価の厳格性を担保するためにも，
逆にそのようなボラティリティを排除した，取得原価をベースにした資金的裏
付けの強い利益が求められる。このように，「処分可能利益」の算定をコアと
しつつも，具体的に求められる経済的機能とのバランスの中で，利益の性質が
決まるともいえよう。

　　［＊8］　上述の「柔らかい利益」と「硬い利益」の議論については，たとえば，Scott
　　　　& O'Brien. (2020) Chapter 1を参照のこと。

　ただし，（上記は，一般論としていわれているものの）会計機能と利益計算との
関係は，あくまで緩やかにつながっているものと考えたほうがよい。なぜなら，
利益計算は，当然のことながら，その経済取引や経済対象の影響を受けるし，
また，会計の計算構造の影響も当然に受けることになるからである。つまり，
会計機能が，利益の測定原理を直接的に決するわけではなく，あくまで間接的
に影響する（それが「緩やかに」の意味である）という点には，くれぐれも留意

32 第1部 財務会計の原初形態

されたい。そして，この点については，第1章の図表1－5（会計における語
用論・構文論・意味論）を復習しよう。会計機能論は，会計測定論と直接つな
がっているのではなく，会計構造論を介してつながっている。このことからも，
会計機能と会計測定は，あくまで「緩やかに」（間接的に）関係することが理
解できる。

そして，会計の計算構造と利益の関係については，次の第3章で検討するこ
とにしよう。

補論2－1 　会計責任の位置づけについて

本書における会計責任の位置づけについては，井尻（1976）が参考になる。

> 「まずはじめに，会計システムではすべての取引が記録されているという事実に，
> とくに注目したい。かりに会計の目標が，意思決定者のために有用な情報を提供
> するということに限られるとしたら，会計実務ではなぜ，記録し報告すべき項目
> がもう少し選択的に限定されないのであろうか。」（p.48。下線は田口）

> 「すべての取引が克明に記録されるのは，彼がすべての取引について会計責任を
> 負っているからである。…（中略）…したがって，会計は，企業活動とその成果
> の記録と報告から出発し，会計責任の解除によって終わることになる。」（pp.48-
> 50）

> 「少なくとも現行実務を合理的に解釈しようとするかぎり，これが会計の基本的
> な性格であるといえる。…（中略）…もちろん，会計責任が会計の中心目的だと
> はみなさない人もいるであろう。われわれは，会計責任が会計の主要目的になる
> べきだとか，そうあるべきでないという政策論を述べているのではない。われわ
> れがここで強調しているのは，会計責任が会計の根底にある目的だと解釈すると，
> 現行の会計実務がよりよく理解できる，ということである。また，会計をこのよ
> うに見ないかぎり，現行実務の多くの部分が矛盾した不合理なものに見えるとい
> うことを，いいたいのである。」（pp.49-50）

このように，「会計責任を主要な目的とすべきかどうか」ではなく，「会計責
任を中心に会計を捉えることで，現行の会計実務がよりよく理解できる」とい
うのが，井尻（1976）の示唆するところである。そして本書も，基本的にこの
立場に立脚するものである。さらに，この意味での会計責任を大前提としたう

えで，経済学の視点から，情報の非対称性を鍵として，市場と契約における会計の役立ちを捉えようというのが，「財務会計の経済的機能」の議論になる。であるから，会計責任と経済的機能は，二律背反の概念ではなく，両立しうる概念であるというのが，本書の基本的立場である。

【対話：考えてみよう】

1．財務会計の経済的機能を考えるうえでは，「情報の非対称性」の存在が決定的に重要であった。ここで，もし仮に，（そう遠くないかもしれない）未来において，テクノロジーの進展等により，情報の非対称性が完全に解消される経済社会が到来したとしたら，もはや会計は不要ということになるのだろうか。

　　　　考え方A：情報の非対称性が解消するなら，財務会計はもはや不要である。
　　　　考え方B：情報の非対称性が解消するとしても，社会的に財務会計は生き残るだろう。

　　　ここでもし，考え方Bが成立しうるとしたら，その根拠や論理は何であろうか。またそもそも，情報の非対称性が解消される社会は，未来にやってくるだろうか。

2．会計責任の概念を捉えるうえでは，「株式会社の特質」が重要になった。他方で，現在，クラウド・ファンディングや，暗号通貨を使ったICO（Initial Coin Offering）など，ビジネスにおける資金調達は多様化し変化している。そうすると将来，株式会社制度そのものが変化する日，ひいては，株式会社制度がなくなる日も，いずれやってくるのだろうか。そして，もしそうなったとするなら，株式会社の特質を基礎にする会計責任の概念は変化ないし不要になるだろうか。

　　　　考え方A：会計責任の概念も，変化する（もしくは，株式会社制度がなくなると，会計責任の概念はなくなる）
　　　　考え方B：会計責任の概念は，変化しない（株式会社制度がなくなっても，会計責任の概念はなくならない）

　　　あなたは，考え方A・Bに対して，どのように考えるか。また，別の考え方CやDはあり得るだろうか。そもそも会計責任概念の根幹は何であろうか。

■**Readings**■

財務会計が有する経済的機能に興味がある読者へ

Scott, W. R. & P. C. O'Brien. (2020) *Financial accounting theory,* 8th edition. Pearson education. (太田康広・椎葉淳・西谷順平訳（2022）『新版・財務会計の理論と実証』中央経済社)

須田一幸（2000）『財務会計の機能―理論と実証』白桃書房

椎葉淳・高尾裕二・上枝正幸（2010）『会計ディスクロージャーの経済分析』同文舘出版

■**参考文献**■

Beaver, W. H. (1998) *Financial Reporting : An Accounting Revolution.* Third Edition. Prentice Hall.

（伊藤邦雄訳（2010）『財務報告革命（第3版）』白桃書房）

井尻雄士（1976）『会計測定の理論』東洋経済新報社

笠井昭次（2000）『会計の論理』税務経理協会

大日方隆（2013）『利益率の持続性と平均回帰』中央経済社

桜井久勝（2023）『利益調整―発生主義会計の光と影』中央経済社

Scott, W. R. & P. C. O'Brien. (2020) *Financial accounting theory,* 8th edition. Pearson education.（太田康広・椎葉淳・西谷順平訳（2022）『新版・財務会計の理論と実証』中央経済社）

須田一幸（2000）『財務会計の機能―理論と実証』白桃書房

薄井彰（2015）『会計制度の経済分析』中央経済社

第 **3** 章── 財務会計の構造

Point

　本章では，そもそも記録の意義とはなにかということから出発し，そこから複式簿記が必要とされる理由やその特徴について学習する。
1．記録は，経済社会における人々の信頼や互恵の醸成を促すものであり，特に経済規模やコミュニティサイズが拡大化・複雑化する場合に，その効果が発揮される。→【1】
2．株式会社制度における所有と経営の分離が，記録一般ではなく**複式簿記**が必要とされるトリガーとなる。→【2】
3．複式簿記の特質は，**情報集約**と**二面性**である。→【3】
4．情報集約には2つのレヴェルがあり，また，情報集約がなされることは，人の限定合理的な意思決定の特質にフィットするものである。→【4】
5．**二面性**には，「運用と調達の記録」という意味と，「**減算の加算化**」という意味がある。→【5】【7】
6．複式簿記の二面的な記録により，勘定を辿ることで自動的に，損益計算（損益計算書）と在高計算（貸借対照表）がなされる。→【6】【7】

Keywords

複式簿記，取引記録，情報の集約，二面性，運用と調達，減算の加算化

Questions

1．記録することのメリットはなにか，また，どのような条件下において，そのメリットが重要となるのか議論しなさい。
2．単純な記録一般ではなく，複式簿記が必要とされるのはなぜか，論じなさい。
3．複式簿記の特質を2つ挙げるとともに，それぞれについて説明しなさい。
4．「勘定を辿ることによる自動的な損益計算と在高計算」とは一体どういうことか，説明しなさい。
5．減算の加算化とはなにか，説明しなさい。

1 ■ 記録の意義

第1章・第2章では，財務会計においては複式簿記というシステムが存在し，かつ，その存在が，会計責任を果たし説明可能な利益（処分可能利益）を計算するうえで必要不可欠となることを確認した。それを踏まえて本章では，複式簿記の特質について学習することにする。

このあと説明するように，複式簿記という記録計算システムは，少し特殊な構造を有している。このことから，企業会計の枠組みも，この特殊な構造に緩やかに規定されるという側面がある。よって，企業会計を深く理解するためには，複式簿記というシステムの特質を知る必要がある。また，複式簿記は，会計の社会性とも密接に関連している。すなわち，企業会計は，社会の中で必要とされ，社会の中で成立していることから，会計を支えるシステムたる複式簿記も，社会性を踏まえたシステムになっている。よって，複式簿記を理解するためには，社会性との関係もあわせて理解する必要がある。

上記を念頭に置きつつ，本章の全体像を整理すると，**図表3－1**のようになる。

本節では，以下の準備作業として，複式簿記の前提となる記録それ自体の意義について考えてみる。まず，ごくプリミティブに考えて，ある経済主体が，自らの経済活動に係る記録をおこなうのは，端的には，記録をおこなうことに

図表3－1■本章の全体像

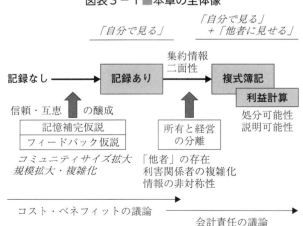

よるベネフィットが，そのコストを上回るからであると記述できる。

記録のベネフィット＞記録のコスト …（1式）

そしてこれを前提に（かつ，会計の枠組みをひとまず取り払ったうえで），そもそも記録からどのようなベネフィットないしコストが生じるのか，また，一体どのような場合に，ベネフィットがコストを上回るのか（上記の（1式）がみたされるのか）を考えてみる。

特にここでは，記録から得られるベネフィットに着目しよう。これに関して，バス（Basu）らの研究グループは，体系的な記録保存（systematic recordkeeping）が，人間の記憶を結晶化し，大規模な人間同士の協力に必要な信頼を促進するとして，以下の2つの仮説を提示する。

> （1） 記憶補完仮説：記録が記憶を補完する効果
> （2） フィードバック仮説：記録で振り返ることの効果

すなわち，(1)経済社会が発展し，見知らぬ人同士の複雑な交流がより盛んになると，他者との交流の記録（取引記録）が記憶を補完するように出現し，経済の発展をサポートするようになる。つまり，「記録が記憶を補完する」ことが社会に生じる。そして，これを「**記憶補完仮説**」とよぶ。さらに，(2)取引が活発になると，体系的な記録に基づく組織分業がなされ，利潤を増大させるようなフィードバック関係ができあがる。つまり，「記録で振り返る」ことが社会で重要になる。これを「**フィードバック仮説**」とよぶ。そして，両者が相まって，社会における人間同士の相互信頼を高めることになるのだが，これが記録の大きなベネフィットといえる。

なお，バスらの研究グループは，これらの仮説を，歴史データや経済実験で検証している。たとえば，メソポタミア文明における記録の歴史分析から，伝統的な狩猟採集民族集団の規模を超えて集団が拡大した場合，人々の分業による利潤増大を支援するのに記録が必要不可欠となることが示されている。特に，コミュニティ・サイズが約150とされる「**ダンバー数**」（Dunbar's number）を超える集団では，記録が必要不可欠となるという。また，経済実験では，「記録あり条件」（相手と経済取引をしながら，コンピュータ上にその記録を残し参照することができる条件）と「記録なし条件」（それができない条件）の比較がなさ

れ，複雑化する経済社会における記録の有用性が検証されている。特に「記録あり条件」では，経済取引に関する記録を随時おこなうことで，過去を踏まえた行動決定が可能となり，また同時に，人々が記録に基づく評判を気にしながら行動するようになるため，必然的に相手を裏切るような行動は控えられる。そして，記録の存在が，信頼性や互恵性のより高い経済環境を醸成し，結果として経済全体も発展していくということが，実験結果から示唆されている。

以上の研究からすると，「『記録する』ことのベネフィットやコストとは一体なにか？」という問いに対しては，特にベネフィットに関連して，「記憶補完仮説」と「フィードバック仮説」の観点から，記録が社会の信頼や互恵を醸成するということがいえる。また，他方，どんな場合に，（1式）がみたされるのかについては，経済規模やコミュニティ・サイズが拡大化・複雑化する場合に，その可能性が高くなるといえる（**図表3－2**）。

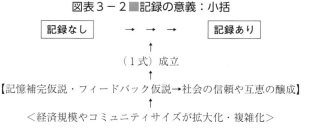

図表3－2■記録の意義：小括

［＊1］　バス（Basu）らのグループによる一連の研究について，仮説提示についてはBasu and Waymire (2006)，歴史分析についてはBasu et al. (2009a)，実験分析についてはBasu et al. (2009b) を参照。なお，特に実験分析については，田口（2015）第5章において，詳細な解説がなされている。
［＊2］　考古学者のシュマン・ベセラ（Schmandt-Besserat）は，「トークン」から文字が誕生したと主張する（Schmandt-Besserat 1996）。「トークン」とは，紀元前8000－1500年頃の地層から発掘されている数量を記録する粘土粒であり，それぞれ独自の意味を持つさまざまな種類のトークンが相互に関連し合って1つのまとまり（システム）を構築し，従来は達成し得なかった複雑なデータ処理を可能にしたという。そして，人間の記憶に頼らずとも，無数の財に関する無限の情報を正確に保存することが可能になったとされる。さらに，新石器時代のトークン・システムは，コミュニケーション手段として，その後の都市時代における楔形文字など絵文字の発明に役立ったとされ，そのような発明が，その後の社会の「権力」の誕生へと人類を導く第一歩となったとされる。このような会計の根幹にある記録の意味，そして権力とのつながりに興味を持たれた読者は，たとえば，工藤（2015）第1章もあわせて参照。

2 ■ 記録（Recordkeeping）から複式簿記（Bookkeeping）へ ：会計責任

　前節の議論から，記録（recordkeeping）自体の意義については理解できた。しかしながら，企業会計を支えるのは，記録そのものではなく，**複式簿記（Bookkeeping）** というシステムである。それでは，一体なぜ記録一般ではなく，複式簿記なのだろうか。

　これは実は，第1章・第2章で学習した株式会社の特質や会計責任の議論と密接に関係している。特に，企業経営に他者が関与すること（より具体的には，株式会社制度における「所有と経営の分離」）が，記録一般から複式簿記への移行の重要なトリガーとなる。

　すなわち，もしビジネスをおこなうとしても，組織の規模がごく小規模な段階で，かつ，ビジネスの出資者が自分だけであれば，経営者自らのビジネスを管理するための記録だけがあればよく，かつ，それは必ずしも複式簿記でなくてもよい（**図表3－3** Panel A）。つまり，「自分で見る」ことを前提とした，自分のための記録である。

　しかし，規模がある程度大きくなり，かつ所有と経営の分離がなされることで，経営者とは異なる株主が登場するようになると（他者が関与すると），ビジネスそのものの管理だけでなく，資金調達の状況も，同時並行的にパラレルに記録しておく必要が生じる（図表3－3 Panel B）。結論的には，これが二面的な記録体系である複式簿記であるが，誰からどれだけ出資や融資を受けたのか，ビジネスから儲けが生じた場合にそれをどのように分配するのか（借入返済にどれだけ回し，株主への配当にどれだけ回すのか，次期以降の事業拡大にどれだけ留保しておくのか等）を適切に記録し計算しておかなければならない。かつ，それを他者に報告することで，資金の委託を受けた責任を果たす必要がある。そしてこれが，第1章・第2章で学んだ会計責任である。つまり，会計責任からすると，「自分で見る」ことだけでなく，「他者に見せる」ことも前提とした，自分と他者のためのパラレルな記録体系が必要とされる。そして，これこそが複式簿記となる。

図表3-3 単なる「記録」から「複式簿記」へ

Panel A：他者の関与なし（所有と経営の分離がなされない場合）

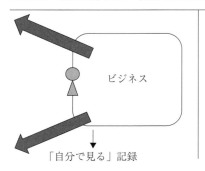

Panel B：他者の関与あり（所有と経営の分離がなされる場合）

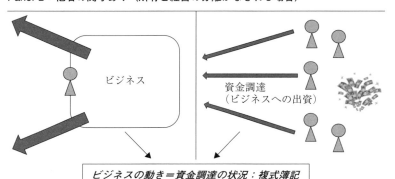

> **コラム3-1** 会計責任と記録機構

ここで，本章第1節・第2節の流れを，会計責任との関係性で整理するために，第2章補論2-1において取り上げた井尻（1976）をもう一度紐解いてみよう。

「かりにある人が自分の資金を投資して事業を始めたとしよう。この場合には，政府が要求しない限り，資金がどのように支出され，どのように収益を挙げたかを記録する必要性は必ずしもない。彼は，そのような記録から得られる情報の効用が記録の費用よりも大きいと考えた時だけ，記録することになる。…（中略）…ところが，他人の資金がこの事業に投資されたとしたら，事情は一変する。彼は，その資金がどのように支出され，どのように収益を得たのかを，釈明する（account for）契約上の（あるいは少なくとも道義上の）義務を負うことになるであろう。記録をつけるのは，必ずしもその情報が自分自身の意思決定のために役立つと考えられるからではなく，出資者の便益のために記録することが期待さ

れているからである。すべての取引が克明に記録されるのは，彼がすべての取引について会計責任を負っているからである。…（中略）…したがって，会計は，企業活動とその成果の記録と報告から出発し，会計責任の解除によって終わることになる。」（井尻1976，pp.48-50。但し，下線は田口）

3 ■ 複式簿記システムの2つの特質：情報集約と二面性

前節の議論を踏まえたうえで，複式簿記の特質を考えてみよう。ここでは大きく2つの特質に着目する。第1は，情報集約（企業の経済活動を集約情報に変換するシステムであること），第2は，二面性（duality）（企業の経済活動を複眼的に捉えること）である。前者を第4節で，後者を第5節で，それぞれ学習しよう。

> ［＊3］　第1章で述べた「会計を言語として考える」というスタンス（言語学における「語用論・構文論・意味論」というフレームワークを会計学に援用）からすると，本章での議論は，主に「構文論」に該当する（会計学では，これを「**会計構造論**」もしくは単に「構造論」とよぶ）。

4 ■ 情報集約：人間の意思決定との関係

第1の「**情報集約**」とは，複式簿記が，企業の経済活動をそのままのかたちで記録するのではなく，むしろ情報量を削ぎ落として記録する（経済活動のエッセンスをあぶり出す）ということである（**図表3－4**）。

すなわち，企業が取引をおこなう場合は，実に多くの情報が存在する。たとえば，ある企業が他企業に商品を販売した場合を想定してみると，販売する商品の内容や価格をはじめ，その納期や納品先，決済方法，相手企業との関係性，担当者など実に多くの情報が存在することがわかる。取引形態が複雑化すれば，それはなおさらである。しかしそのような大量の情報を，複式簿記は，「（借）売掛金10（貸）売上10」などのように，**仕訳**（journal）という技術で，2つの側面から切り取り集約していく。さらに，仕訳情報は，「転記」というプロセスにより，それぞれの**勘定科目**ごとに用意された「**T勘定**」ごとに分解され，金額の集計がなされていく。そして最終的には，それらが**試算表**（T/B: Trial Balance）により一定期間で集計され，そこから**財務諸表**が作成されることで，利益が記録を辿ることで自動的に計算される。このように複式簿記は，企業の

経済活動から生じる情報を,集約し統合していく一連の体系であるといえる。

なお,ここでさらに注目しておきたいのは,複式簿記の情報集約には,2つのレベルがあるという点である。すなわち,経済活動を仕訳に集約する段階(図表3-4「情報集約 Level 1」)と,各勘定科目(T勘定)を統合化し試算表に集約する段階(図表3-4「情報集約 Level 2」)という2つのレベルがあること,さらに,前者は「経済活動に係る情報を2面に圧縮する」という意味での集約であり,他方,後者は「個別勘定を試算表に統合化する」という意味での集約であるということには,くれぐれも留意されたい。

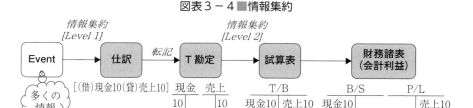

図表3-4■情報集約

コラム3-2　　情報集約と人間の限定合理性：行動経済学的視点から

情報集約は,はたしてよいことなのだろうか。一見すると,情報量が多ければ多いほど,よりよい意思決定ができそうであるから,情報量を削ぎ落とすことは,情報利用者にとっては望ましくないように思われる。たとえば,伝統的な経済学においては,人間を**合理的経済人**と位置づけて,経済活動において,完璧な情報収集・処理能力を有するとともに,自己利益のみに従って行動する存在であると仮定する。このような合理的経済人の仮定によれば,情報量が多ければ多いほど,よりよい意思決定が可能ということになる(これを「**ブラックウェルの定理**」という)ことから,情報集約は望ましいことではない。

これに対して他方,現実の人間は必ずしもそうではなく,情報が多いことで逆に選べなくなるなど,ブラックウェルの定理に反するような事態が生じることもある。行動経済学は,このような人間のある意味で人間臭い特質を「**限定合理性**」(bounded rationality)とよび,これを前提に,従来の理論を再構築しようと試みる。この点に関連して,行動経済学者のアイエンガー(Iyengar)らは,消費者行動の分析として,ジャムの試食コーナーにて,「24種類のジャムを用意した場合」と「6種類のジャムを用意した場合」の2つに分けてどちらがより売上が高まるか(消費者がどちらの場合によりジャムを買うか)実験をおこなった(Iyengar 2010)。結果は直感に反し,6種類に絞ったほうが24種類のジャムを並べたときよりも多く売れたという。つまり,選択肢が多ければ多いほど(情報量が多ければ多いほど),人は選べなくなるという結果が得られている。

このように，限定合理性からすると，情報量が削ぎ落とされることは，むしろよりよい意思決定をもたらす可能性がある。

　このように，複式簿記は，企業の多様で多量な経済活動に係る情報を絞り込んでいくシステムである。これは，一見すると，これは情報量が削ぎ落とされ望ましくないようにも思われるが，しかし実は**コラム３－２**でも確認できるように，人の限定合理的な情報認知と意思決定との関係に即したプロセスであるといえる。つまり，複式簿記は，人が意思決定しやすい情報量へとチューニングしてくれている計算システムであるといえるし，人間の限定合理的な意思決定の特質に調和した，実によくできたシステムであるといえる。複式簿記がこれほどまでに長い世界の歴史の中で，継続的に企業や組織に利用され続けているのは，このような理由が背後にあるからなのかもしれない。

> ［＊４］　複式簿記の起源には諸説あるが，13世紀ないし14世紀のイタリアがその起源とされることが多い。そして，1494年，**ルカ・パチオリ**（Luca Pacioli）による『**スムマ**』（Summa）とよばれる数学書にて紹介されたことで，複式簿記は世界に広まっていったと考えられる。複式簿記の歴史をめぐる議論については，渡邉（2017）や友岡（2018）などを参照。

5 ■ 二 面 性

　複式簿記の特徴の第２は，二面性（企業の経済活動を複眼的に捉えること）である。ここで，二面性といった場合には，実は以下の２つの意味がある。

> １．「運用形態」と「調達源泉」の２側面の記録→【５，６】
> ２．減算の加算化（マイナスを避ける）→【７】

　ここでは，まず前者の意味について考えてみる。結論的には，前者の意味での二面性があることで，利益を，記録を辿ることで自動的に計算しうることになるが，この意味を本節と次節で学習しよう。
　たとえば，「企業は，株主からの出資により，現金100を受け入れた」という取引は，複式簿記により，「（借）現金100　（貸）資本金100」という仕訳に変換される。そして，先に述べた情報集約のプロセスを経て，**図表３－５**のような貸借対照表が作成される。

44 第1部 財務会計の原初形態

図表3−5■作成される貸借対照表

(借)	貸借対照表	(貸)
現金 100 ［資産］		資本金 100 ［資本］
運用形態		調達源泉

　図表3−5に示されるように，貸借対照表には，「借方」に資産を表す「現金」が，他方，「貸方」に負債を表す「資本金」が，それぞれ計上される。ここで考えたいのは，なぜ，わざわざ「現金　100」だけでなく，「資本金　100」もパラレルに記録するのか，という点である。

　結論的にいうと，これがまさに，第2節で確認した**「所有と経営の分離→会計責任の履行→[ビジネスそのもの＋資金調達の状況の記録]の必要性」**という議論である。すなわち，このような複式簿記の特質は，株式会社の本質からくる要請，つまり，ただ単に「資金を稼ぐ」ではなく，「一定額や一定割合以上の資金を稼ぐ」という要請に即したものである。この例で具体的にいえば，「現金による株主からの出資が100あった」ことは，①現金という「資産」の増加だけでなく，②企業は，出資額を維持したうえで，これを適切に運用し，株主に配当を支払う義務を負うということを意味する。そして，これがまさに「資本金」の意味になり，このような資金の委託（出資）に対する義務ないし責任を貸方側で表現することができるのが，二面性の重要なポイントである。ここで株主は，出資をしたからには，適切に運用してほしいと思うのが当然であり，たとえば，出資に対して5％の配当を要求するかもしれない（ここでの株主の要求利回りのことを**「株主資本コスト」**（cost of shareholder's equity）という）。このように考えると，出資の場合，単に「100を使って資金を稼ぐ」のではなく，「100を使って，[100＋年利5％]以上の資金を稼ぐ」という明確なハードルを越えなければ，ビジネスが成功したとはいえない。その意味で，企業経営者は，資本金100に対する年利5％分を配当するという制約のもとで，手元資金を有効活用する経営戦略を考えなければならない。

　よって，企業の経済活動を描写するシステムである複式簿記は，単なる日記帳のような記録ではなく（そして，現金の出入りを記録するだけではなく），取引を2つの側面に落とし込む少し特殊な記録システムになっている。特に「貸方」がある意味での「予算制約」ないし「経営上越えるべきハードル」を表し（こ

の場合，貸方を特に「**調達源泉**」という），そのような制約の中で，「借方」でビジネスを展開する（この場合，借方を特に「**運用形態**」という）という関係になっていることが理解できる（**図表3－6**）。

図表3－6 ■ 2面性：運用形態と調達源泉の意味

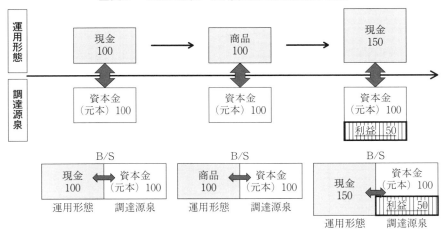

このように，二面性は，企業の経済活動の成果たる利益を，出資や借入原資（元本）部分と峻別したうえで，記録を辿ることで自動的に把握することのできるしくみということがいえる。

> [＊5]　なお，本節では，計算構造の背後にある思考として，「運用」と「調達」という二面性を基礎とした説明をしている。これは背後に，貸借対照表等式ないし試算表等式という「**均衡思考**」を前提としたものである。他方，これに対して，国際会計基準など近年の会計基準の背後にある思考は，資本等式など「**非均衡思考**」とよばれる体系であり，借方と貸方を，ここでの説明とはまた別の見方（正の財産，負の財産）で捉える。このような「非均衡思考」および「均衡思考」については，特に負債や資本の位置づけが大きく異なることから，第11章・第12章で詳述する。

6 ■ 自動的な損益計算と在高計算

さらにここでは，運用と調達の記録という意味での二面性が，企業の経営成績を記録から自動的に計算すること（「自動的な損益計算」）と，企業の財政状態を自動的に計算すること（「自動的な在高計算」）の両方を達成するうえで必

要不可欠のしくみとなっていることを確認しよう。

以下では，笠井（2000）をもとに，ある経済主体の経済活動を具体化した**設例3－1**を用いて，自己の経済活動を総合的に把握するという計算目的を達成するために，どのような計算システムが必要となるかを考える。

| **設例3－1** | **二面性への道** |

ある経済主体の1週間の経済生活
① 現金20の借入
② コメ等15の購入
③ コメ等10の消費
④ アルバイト代現金13の収入
＜経済主体の関心ごと（計算目的）＞
・自立した生活を行うために，自己の経済活動を総合的に把握すること
→具体的には，
　計算目的1：今週の自立の状況
　計算目的2：次週以降の自立の可能性
　の2点を把握すること

※笠井（2000），pp.330-339をもとに作成

ここでは，**図表3－7**に示される3つの計算システム，すなわち，①「システムA：現金収支だけにかかわる勘定機構」，②「システムB：運用側面だけにかかわる勘定機構」，および，③「システムC：運用側面と調達側面との二面にかかわる勘定機構」を想定し，これらの記録計算プロセスを辿ることで，運用と調達という二面性導入の意味を考える。

図表3－7■3つの計算システム

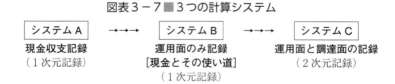

6－1　システムA：現金収支だけにかかわる勘定機構

まず，現金収支だけにかかわる勘定機構（システムA）を想定し，設例3－1により，総勘定合計表（さしあたりここでは「記録の一覧表」と捉えておこう）を作成すると，**図表3－8**のようになる。

第3章　財務会計の構造　47

図表3－8■システムAによる総勘定合計表

```
        総勘定合計表
現金　①　 20
　　　②△15
　　　③　 －
　　　④　 13　残高18
```

　図表3－8に示されるとおり，この体系では，記録そのものからは，「現金の残高が18である」ことしかわからない。もちろん，追加的に，実地調査や記録の再調査をすれば，経済主体の自立状況（アルバイト代13－食費10（＝買った分15－残部5）＝3）や財政状態（現金18＋コメ等5－借入金20＝3）は把握できるが，それらは当初の記録そのものから算出されたものでない。よって，必ずしも信頼性ある情報とはいえないし（たとえば，「自立状況3＝財産状態3」となっているのが，偶然か必然かが不明），タイムリーにその情報を知ることができない。

　以上のように，システムAのもとでは，記録からは現金残高しか判明せず，損益計算や在高計算といった計算目的を遂行するためには，追加的な実地調査や記録の再調査が必要となる（**図表3－9**）。

図表3－9■システムAの総括

```
◆記録だけからわかること：現金の残高
◆記録だけからはわからないこと（別途，再調査や再計算（拾い上げ計算）が必要なもの）
　・今週の自立状況（＝アルバイト代13－食費10＝3）
　・次週以降の自立可能性（＝財産状況：現金18＋コメ残り5－借入金20＝3）
```

　［＊6］　システムAは，一般的には「単式簿記」とよばれるものである。

6－2　システムB：運用側面だけにかかわる勘定機構

　次に，算出された数値の信頼性を確保し，かつ，記録から随時数値を導出するために，システムB，つまり，現金収支だけでなく，現金がどのように使われたかも含めて記録する機構（運用側面だけにかかわる記録機構）を想定しよう。設例3－1により，総勘定合計表を作成すると，**図表3－10**になる。

48　第1部　財務会計の原初形態

図表3－10■システムBによる総勘定合計表

```
       総勘定合計表
現金　①　20
　　　②△15
　　　④　13　残高18
コメ等②　15
　　　③△10　残高 5
食費　③　10　合計10
```

　図表3－10に示されるとおり，システムBは，現金収支以外にも，コメ等の出入りが把握されている点がシステムAと異なる。たとえば，②をみると，「現金」の15の減少だけでなく，コメ等が15だけ増加したことが記録されている。さらには，食費（コメの消費に係る記録）も同じ次元で記録されているところが重要なポイントである。たとえば，③をみると，コメ等の10の減少が記録されるとともに，食費として10が記録されている。このように，コメ等の実在物が費消されたという事実そのものを表現する勘定記録（「食費」）が用意され，しかもそれが運用形態の一要素として記録されている点が，システムAとの大きな違いである。

　このように，システムBは，システムAと比較すると，運用側面の全体に係る記録の導入により，コメ等の実地調査が不要となった点が改善されている。しかしながら，アルバイト代13や借入金20を知るためには，依然として記録外の再調査が不可欠であることが問題となる。つまり，この体系では，追加的に①と④の再調査をしなければ，自立状況（アルバイト代13－食費10＝3），および，財政状態（現金18＋コメ等5－借入金20＝3）が把握できない。つまり，運用側面という一面的な記録だけでは，記録を辿ることで1週間の経済活動を把握することは不可能となる。

　以上のように，システムBのもとでは，運用側面の全体に係る記録の導入により実地調査が不要となるが，運用側面という一面的な記録だけでは，記録を辿ることのみから，損益を把握することは不可能となる（**図表3－11**）。

第3章 財務会計の構造 | 49

図表3−11■システムBの総括

◆記録だけからわかること：現金の残高，コメの残高，食費合計
◆記録だけからはわからないこと（別途，再調査や再計算（拾い上げ計算）が必要なもの）
　・今週の自立状況（アルバイト代13−食費10＝3）
　・次週以降の自立可能性（＝財産状況：現金18＋コメ残り5−借入金20＝3）

　［＊7］　システムBも，一次元のみの記録システムという意味では，システムAと同
　　　　　様に「単式簿記」とよぶことができる。

6−3　システムC：運用側面と調達側面との二面にかかわる勘定機構

最後に，上記の問題点を克服するために，システムC，つまり，運用側面と

図表3−12■システムCによる総勘定合計表

経済活動①後の総勘定合計表

現金	①	20	借入金	①20

現金（20）≡借入金（20）

経済活動②後の総勘定合計表

現金		20	借入金	20
	②△15	残高 5		
コメ等				
	② 15	残高15		

現金（5）＋コメ等（15）≡借入金（20）

経済活動③後の総勘定合計表

現金		5	借入金	20
コメ等	15			
	③△10	残高5		
食費				
	③ 10	合計10		

現金（5）＋コメ等（5）＋食費（10）≡借入金（20）

経済活動④後の総勘定合計表

現金	5		借入金	20
	④13	残高18		
コメ等	5			
食費	10		アルバイト代	④13

現金（18）＋コメ等（5）＋食費（10）≡借入金（20）＋アルバイト代（13）

調達側面との二面にかかわる勘定機構を想定しよう。設例3－1のもとでの総勘定合計表を作成すると，**図表3－12**のようになる。

図表3－12に示されるとおり，システムCのもとでは，記録を辿ることのみから，今週の自立状況（アルバイト代13－食費10＝3）および，次週以降の自立可能性（現金18＋コメ等5－借入金20＝3）が自動的に把握可能となる。すなわち，運用側面と調達側面との二面に係る記録によりはじめて，記録だけから自動的に1週間の経済活動を把握することが可能となる。

そして，ここにこそ，運用形態と調達源泉の二面から記録することの意味がある。つまり，記録を辿ることにより，自動的に計算目的（計算目的1：今週の自立の状況（企業でいえば，ある一定期間の損益計算），計算目的2：次週以降の自立の可能性（企業でいえば，ある一時点の在高計算））を遂行することが可能になる。最終的な総勘定合計表を，貸借対照表と損益計算書に分割すると，**図表3－13**のようになる。

以上のように，二面的な計算システムであるシステムCのもとでは，記録だけから自動的に損益計算や在高計算といった計算目的を達成することが可能となる（**図表3－14**）。

図表3－13■二面性（システムC）から自動的に導かれる貸借対照表と損益計算書

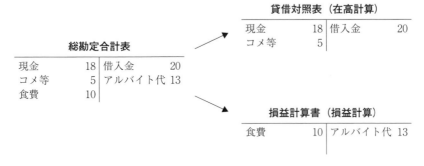

図表3－14■システムCの総括

記録だけから，自動的に(1)今週の自立状況（損益計算），(2)次週以降の自立可能性（在高計算）が把握可能

［＊8］　ここでのシステムCは，複式簿記の原初的な形態といえる。

6－4 小　括

　以上の議論をまとめると，**図表3－15**のようになる。ここで重要なポイントは，運用と調達という二面が備わった記録システムであるからこそ，勘定を辿ることで自動的に損益計算と在高計算をなしうる，ということである。換言すれば，場当たり的にその都度「拾い上げ計算」をしなくても，自動的に計算目的を達成できるからこそ，複式簿記は，種々の利害関係者の対立を調整するに耐えうる安定性や信頼性を有しているのである。

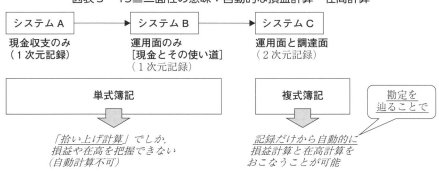

図表3－15■二面性の意味：自動的な損益計算・在高計算

7 ■減算の加算化：複式簿記への道

　上記の議論を踏まえて，本節では，**減算の加算化**について学ぶ。**減算の加算化**とは，ある数値のマイナス分を，プラス符号を用いることで記録計算することをいう。マイナスを避けて記録計算するという意味で，「**負数忌避**」ともよばれる。この性質は，複式簿記という計算システム特有の「癖」ともいえる。

　先の第6節で確認したシステムCにおける総勘定合計表（図表3－12）では，記録にマイナス記号が使われていた。たとえば，「現金」勘定をみると，経済活動②（現金の15減少）について，「△15」という記録がなされていた。

　そしてここで，図表3－12の総勘定合計表を前提に，各勘定ごとに独立した「勘定記録」（総勘定合計表における記録）を作成すると，**図表3－16**のようになる。さらに，そのような記録のもととなる「仕訳」を敢えておこなってみると，**図表3－17**のようになる。

52 | 第1部　財務会計の原初形態

図表3－16■マイナス記号をそのまま用いた「勘定記録」

現金		借入金	
① 20			① 20
② △15			
④ 13			

コメ等	
② 15	
③ △10	

食費		アルバイト代	
③ 10			④ 13

　このように，マイナス記号をそのまま用いる（減算を利用する）と，まず「勘定記録」においては，図表3－16に示されるとおり，運用形態の勘定はすべて借方側に，そして調達源泉の勘定はすべて貸方側に，それぞれ記録が集中することがわかる。とすると，そもそもTフォームを用いる意味があるのか，という疑問が生じる。また，「仕訳」については，図表3－17に示されるとおり，借方と貸方への複記（①④）だけでなく，借方同士の複記（②③）が混在してしまう。とすると，すべてを借方と貸方への複記というかたちに単純化できないのか，という疑問も生じる。

　そこで，以上の疑問を解消し，Tフォームや貸借複記の意義を最大限に活かすために，ここで**減算の加算化**をおこなう。具体的には，減算項目については，加算側とは反対側に記入することにする。このもとでの仕訳と勘定記録は，**図表3－18**のようになる（ここでは，説明の便宜のため，総勘定合計表および貸借対照表・損益計算書もあわせて記している）。

　そして，図表3－18に示される減算の加算化がなされた記録システムこそが，現行の財務会計において用いられている複式簿記ということになる。ここで，

図表3－17■マイナス記号をそのまま用いた「仕訳」

	借方	金額	貸方	金額
①	現金	20	借入金	20
②	現金 コメ等	△15 15	－	－
③	コメ等 食費	△10 10	－	－
④	現金	13	アルバイト代	13

図表3-18■複式簿記：減算の加算化を用いた仕訳と勘定記録

仕訳

	借方	金額	貸方	金額
①	現金	20	借入金	20
②	コメ等	15	現金	15
③	食費	10	コメ等	10
④	現金	13	アルバイト代	13

勘定記録（総勘定元帳）

```
      現金              借入金
① 20 │② 15              │① 20
④ 13 │
      コメ等           アルバイト代
② 15 │③ 10              │④ 13
      食費
③ 10 │
```

総勘定合計表

```
    総勘定合計表
現金   18 │借入金   20
コメ等  5 │アルバイト代 13
食費   10 │
```

自動的在高計算＆損益計算

```
    貸借対照表（在高計算）
現金   18 │借入金   20
コメ等  5 │

    損益計算書（損益計算）
食費   10 │アルバイト代 13
```

複式簿記における関係性をまとめると，以下のようになる。

資産＋費用≡負債＋資本＋収益　　　　　　　　　　　…（2式）

（2式）は，**試算表等式**とよばれる。詳細は負債・資本を論じる第11章・第12章で改めて確認するが，左辺は企業資本の「運用形態」を，右辺は企業資本の「調達源泉」を，それぞれ表現する。

このように，現行の複式簿記システムの大きな特徴の1つである二面性については，①調達と源泉という2次元を有すること（そしてこのことにより，1次元システムではなし得なかった自動的在高計算と自動的損益計算が実現すること），および，②減算の加算化によりTフォームや貸借複記の意義が最大限に活かされること，という2つが重要なポイントになる。

　［＊9］　ここでの説明は，主に笠井（1999）を参考にした。

54 第1部 財務会計の原初形態

> ### コラム3-3 収益と費用の位置づけ
>
> 　上記で確認したとおり，本書では，P/L 項目たる費用や収益も，資産・負債・資本の B/S 項目と同様に，運用形態と調達源泉を構成するものと位置づけている点には留意されたい。すなわち，一方，借方の資産と費用を同じ運用形態として捉えることにより，特に企業の生産過程における資産（たとえば「材料」）から費用（たとえば「材料費」）への価値移転プロセスを記録によって体系的に追跡することができる。
>
> 　他方，貸方の収益を，負債や資本と同じ調達源泉と捉えることにより，企業の経済活動のうち，企業資本の自己増殖部分を適切に描写することができる。たとえば，商品を販売したことによる売上を想定するならば，売上という収益は，それに見合う費用項目が差し引かれ，さらに配当等の社外流出分が差し引かれたうえで，その残部は，当初の払込資本にプラスして，次期に追加的に利用できる調達源泉となる。このため，収益は，負債・資本項目等と同様に，調達源泉の1構成要素として位置づけられる。
>
> 　これに対して，B/S 項目と P/L 項目とを分離し，B/S 項目を「実在勘定（実体勘定）」，P/L 項目（収益や費用）を「名目勘定」として，それぞれ峻別する見解もある。しかし，この立場によれば，上記のような説明は困難となる。なお，この用語法を用いるならば，本書は，B/S 項目と P/L 項目のすべてを「実在勘定」とする見解に立つ。
>
> 　なお，名目勘定と実在勘定についてのより詳細な議論は，安平（1994），笠井（1996），石川（2004）などを参照されたい。

【対話：考えてみよう】

　本章では，単なる記録一般から，調達と運用という二面を有する複式簿記への変遷を学んだが，素朴な疑問として，実務の中で，なぜこれがさらに三面や四面などに「発展」しなかったのだろうか。また，テクノロジーの進歩，とくにブロックチェーン技術の進展などにより，現在の複式簿記のあり方そのものが変化することはあり得るだろうか（三面や四面，もしくは全く異なる記録機構に変化することは考えられるか）。

　　考え方A：企業の自動的な在高計算と損益計算（資本と利益の区別）からすれば，二面で事足りるため，これ以上の「発展」は不要である。また将来的にもこれが変わることはないだろう。

　　考え方B：三面や四面に「発展」しなかったのは，偶然そうであっただけで，理論的には十分あり得るし，今後のテクノロジーの進展や情報ニーズの多様化により，財務会計の記録機構が，複式簿記でなくなる日も来るかもしれない。

　あなたは，上記の考え方AおよびBを，どのように理解するだろうか。また別の考え方（考え方CやDなど）はあり得るだろうか。

※ヒントとして，たとえば，井尻（1984）や岩崎編（2019）などをあわせて参照。

■Readings■

複式簿記の計算構造に興味がある読者へ

出口弘（2024）『会計システム理論』白桃書房

笠井昭次（2000）『会計の論理』税務経理協会

石川純治（2015）『複式簿記のサイエンス（増補改訂版）』税務経理協会

田口聡志（2005）『デリバティブ会計の論理』税務経理協会

田口聡志（2025）『企業会計の本質を巡って―プロトタイプとデジタル社会』税務経理協会

※本章の内容に興味を持った読者は，特に田口（2025）第2章・第4章をあわせて参照。より学術的な見地から，複式簿記のあり方を検討している。

■参考文献■

Basu, S. and G. B. Waymire（2006）Recordkeeping and Human Evolution. *Accounting Horizons* 20 (3)：201-229

Basu, S., M. Kirk, and G. B. Waymire（2009a）Memory, transaction records, and The Wealth of Nations. *Accounting, Organizations and Society* 34(8)：895-917

Basu, S., J. Dickhaut, G. Hecht, K. Towry, and G. B. Waymire（2009b）Recordkeeping alters economic history by promoting reciprocity. *Proceedings of the National Academy of Sciences of the United States of America* 106(4)：1009-1014

井尻雄士（1984）『三式簿記の研究―複式簿記の論理的拡張をめざして』中央経済社

石川純治（2004）『経営情報と簿記システム―簿記の伝統と革新（4訂版）』森山書店

岩崎勇編（2019）『AI時代に複式簿記は終焉するか』税務経理協会

Iyengar. S.（2010）*The Art of Choosing.* Grand Central Publishing.（櫻井祐子訳（2010）『選択の科学』文藝春秋）

笠井昭次（1996）『会計構造の論理（改訂版）』税務経理協会

笠井昭次（1999）「測定機構としての企業会計と二面性」『三田商学研究』41(6)：47-64

工藤栄一郎（2015）『会計記録の研究』中央経済社

Schmandt-Besserat.（1996）*How Writing Came About.* University of Texas Press.（小口好昭・中田一郎訳（2008）『文字はこうして生まれた』岩波書店）

田口聡志（2015）『実験制度会計論―未来の会計をデザインする』中央経済社

友岡賛（2018）『会計の歴史［改訂版］』税務経理協会

渡邉泉（2017）『会計学の誕生―複式簿記が変えた世界』岩波新書

安平昭二（1994）『会計システム論研究序説―簿記論的展開への試み』神戸商科大学研究叢書49

第 4 章 — 財務会計の測定：利益計算の基本的考え方

> **Point**
> 本章では，会計測定に係る基本的考え方を整理する。
> 1．利益計算の背後には，複式簿記の計算構造としての二面性があり，さらにその背後には，会計責任という概念が存在する。→【1】
> 2．会計公準とは，会計をおこなううえで，あらかじめ仮定される約束ごとをいい，利益計算を考えるうえでは，大きく3つの会計公準が重要となる。→【2】
> 3．継続企業の公準から，期間を区切って利益計算をおこなうという「期間損益計算」という概念が導出される。→【3】
> 4．期間損益計算のもとでは，発生主義という概念が重要になる。発生主義は，「時間を行き来する」というコンセプトのもと，現金収支を超えて経済実態に即して，収益や費用を認識しようとする考え方である。→【4，5】
> 5．期間損益計算のもとでは，損益計算書と貸借対照表との関係性をどのように捉えるかという点が重要になる。→【6】
> 6．発生主義会計の基本原則としては3つある（発生・実現・対応）。→【7】
>
> **Keywords** 会計公準，継続企業の公準，期間損益計算，発生主義会計，クリーン・サープラス，発生主義，対応原則，実現原則
>
> **Questions**
> 1．会計公準とはなにか，また3つの公準を挙げて具体的な内容をそれぞれ説明しなさい。
> 2．継続企業の公準と期間損益計算との関係について論じるとともに，それをもとに，発生主義会計の基本的考え方について説明せよ。
> 3．損益計算書と貸借対照表の関係をどのように捉えたらよいか説明しなさい。
> 4．発生主義会計の3つの基本原則を挙げ，それぞれについて説明しなさい。

1 ■ 利益計算の基本的考え方

　本章では，会計測定に係る基本的考え方を整理することにする。まず，会計

公準を出発点として，期間損益計算の考え方，そして，現行の体系である発生主義会計の基本的考え方を整理する。特に，利益を考えるうえでは，収益と費用の計算原理（認識原則，測定原則）を考える必要がある。収益の認識については，現行会計では，実現主義や発生主義が挙げられ，費用の認識については，発生主義や対応原則が挙げられる。本章後半では，これらを整理する。

まず，前章までに確認したとおり，会計機能と会計構造を踏まえて，会計測定（利益計算）に至る道筋を図示すると，**図表4－1**のようになる。

図表4－1■会計機能・構造・測定

つまり，利益計算の背後には，複式簿記の計算構造としての二面性があり（二面性があるから，勘定を辿って自動的に利益計算がなしうる），さらにその背後には，会計責任という概念が存在する（会計責任があるから，二面性が求められる）。そして，このような3つの流れは，より大枠で考えると，第1章で示した「会計機能論→会計構造論→会計測定論」という関係性を物語っている。このように，本章で議論する会計測定の諸論点は，会計機能論や会計構造論と，密接に関連していることがわかる。これらを関数系で表現すると，以下のようになる。

会計測定論＝f（会計機能論，会計構造論）　　　　　　　　…（1式）
会計利益＝f（会計責任，二面性）　　　　　　　　　　　　…（2式）

特に（2式）は，「会計利益測定関数」fが，「会計責任」という会計機能と，「二面性」という会計構造によって成立していることを示している。本章は，このような関係性を念頭に置きながら，議論を進めていくことにしよう。

2 ■ 会計公準

会計利益測定関数fを考えるうえでは，その基礎となる前提として，「**会計公準**」とよばれる概念が存在する。まず，**公準**とは「重要な約束ごと（基礎的前提）」，つまり，議論の出発点としておかれる仮定をいう。そして，**会計公準**（accounting postulates）とは，会計をおこなううえで，あらかじめ仮定される約束ごとをいう。1で述べたように，企業会計においては，会計利益を（2式）

58 | 第1部 財務会計の原初形態

のような関係性で決めていくが、その前段階として、そもそも利益を計算するために、会計の計算主体をどう捉えるのか（**企業実体の公準**）、どの範囲で計算するのか（**継続企業の公準**）、何を用いて計算するのか（**貨幣的評価の公準**）といった仮定を定めておく必要がある。そしてこれらを、形式的前提（前提の大枠）と実質的前提（会計測定の概念を考えるうえでの意味）とにそれぞれ区分すると、**図表4－2**のように整理できる。

図表4－2 ■ 3つの会計公準

(1) **継続企業の公準**（Going concern）

形式的前提：企業は半永久的に存続するものと考える 実質的前提：それゆえ会計期間を区切って計算する必要

(2) **企業実体の公準**（Business entity）

形式的前提：企業そのものが会計の主人公 実質的前提：企業の立場から計算し報告する

(3) **貨幣的評価の公準**（Monetary valuation）

形式的前提：貨幣価値を共通尺度として計算する 実質的前提：貨幣価値で企業経営の全体を映し出す

　まず、(1)**継続企業の公準**（Going concern）とは、企業は半永久的に存続するものであるという仮定・前提である。そして、そのような前提からすると、期間を区切って利益を計算する必要があるという会計測定上の考え方につながる。なお、ここで留意したいのは、公準とは、実際の企業がそうある゛べ゛し（半永久的に存続しなければならない）とか、実際の企業はそうで゛な゛い（倒産する企業もある）という議論とは次元が異なるものである、という点である。公準とは、あくまで、このような仮定ないし前提をおいて、会計を考えようという約束であるという点には、くれぐれも留意されたい。

　また、(2)**企業実体の公準**（Business entity）とは、企業そのものが会計の主人公であるという仮定・前提である。すなわち、ビジネスの場で実際に経済活動をおこなうのは、経営者や従業員などの人間であるが、そのような存在から別個独立した企業そのものを主体と捉えて会計を考えようという前提である。そして、そのような前提からすると、企業の立場から、利益を計算し報告するという会計測定上の考え方につながる。

　最後に、(3)**貨幣的評価の公準**（Monetary valuation）とは、貨幣価値を共通尺度として会計計算をおこなうという仮定・前提である。すなわち、企業のビジ

第4章 財務会計の測定：利益計算の基本的考え方 | 59

ネスにおける測定単位としては，その経済活動に伴い実にさまざまな尺度が考えられる（たとえば，製造業であれば，物量単位として，キログラムやメートル，個数などが挙げられよう）。しかし，会計では，経済活動の断片を捉えるのではなく，企業の経済活動の全体を捉える必要がある。このことから，経済活動の全体を捉えることのできる尺度として，貨幣価値を用いて計算することが前提となる。そして，この前提からすると，貨幣価値で企業経営の全体を映し出すような利益計算をおこなうという会計測定上の考え方に繋がる。

> ［＊1］　ここでの「形式的前提」，「実質的前提」という区分については，飯野（1993）第1章第7節を参考にしている。飯野（1993）によれば，会計公準は，一般に公正妥当と認められている現実の会計を観察して，帰納的に抽出されたものであるという。
> ［＊2］　なお，会計公準に興味を持った読者は，新井（1978）も参照されたい。新井（1978）では，会計公準を，その存在意義から「制度的公準」，「当為的公準」，「要請的公準」という3つに分類して整理している。特に最後の要請的公準は，帰納的に実務から抽出されたものではなく，演繹的に会計の枠組みを描くために置かれる前提であり，第5章で説明する「**財務会計の概念フレームワーク**」にもつながっていく。このため，本章で説明した会計公準とは，少し意味合いが異なっている。

3 ■ 継続企業の公準と期間損益計算

会計測定を考えるうえで特に重要となる(1)継続企業の公準に焦点を当て，さらに議論を深めていこう。ここで考えたいのは，なぜ継続企業の公準をおく必要があるのか（「第1の問い」とする），また，継続企業の公準をおくと，どんなことがいえるのか（「第2の問い」とする）ということである。結論的には，2つの問いは関連しており，特に，後述するビジネス形態の大きな変化と関係しているのだが，そのことを以下で説明する。

3－1　期間損益計算

まず先に，「第2の問い」（継続企業の公準をおくと，どんなことがいえるのか）について考える。結論的には，会計測定における重要概念である「**期間損益計算**」を導出することができる。ここで，**期間損益計算**とは，企業のビジネスが永続的になされることを前提として（継続企業の公準を基礎として），利益を一定期間に区切って計算しようという考え方のことであり，このような立場に立つからこそ，財務会計はビジネスの本質を捉えることができる（**図表4－3**参

照）。

図表 4 − 3 ■期間損益計算

企業のビジネス：永続的と仮定

↓

会計利益：一定期間に区切って計算

すなわち，企業のビジネスが全体として永続的になされることを基礎とすると，そのビジネスの良し悪し，つまり企業の経営成績は，当該企業が倒産する時まで（ビジネスに終わりが来るまで）わからないということになってしまう。そこで，人為的に企業の経済活動を一定期間に区切って，その期間（これを「**会計期間**」という）における利益を計算するという発想が求められる。そして，そうすることにより，企業は，一定期間ごとの経営成績を把握することが可能となる。これを期間損益計算という。

> ［＊3］　Kanodia and Lee（1998）は，資本市場に対する定期的な業績報告の存在が，市場価格が企業の選択（経済活動）に規律を課すことを可能にすることを，数理モデルにより明らかにしている。この意味でも，定期的に業績報告をさせる期間損益計算は重要な意味を持つといえる。

3 − 2　継続企業の公準の経済的・経営的背景

次に，「第 1 の問い」（なぜ継続企業の公準をおく必要があるのか）について述べる。結論的には，このような期間損益計算の発想が求められるようになったのは，ビジネス形態が，15世紀から17世紀半ばにかけての大航海時代における当座形態から，進化・発展したことによる。

すなわち，現代のような産業革命以後の株式会社を中心とする企業ビジネスに至る前の段階，つまり，中世の大航海時代に至るまでのビジネスは，スタート時点からすでに「終わりが予定されている」ものであり（たとえば，大航海に出る 2 年間だけでビジネスが完結する），かつ，1 回のみの短期プロジェクト（たとえば，異国の地に香辛料を取りに行き，その後，自国に帰って全て換金するというプロジェクト）であった。このようなビジネスを「**当座形態**」，もしくは，「**当座企業**」とよぶ。ここにおいて，利益は，最終的に手元に残った現金残高（プロジェクトの始めから終わりまでを対象にした現金収支差額）を計算すれば，特に問題になることはなかったと考えられる。

当座企業における利益＝手元に残った現金残高

**　　　　＝プロジェクト全体の現金収入－プロジェクト全体の現金支出**　　　…（3式）

　［＊4］　当座企業の議論については，友岡（2012）第4章第3節，友岡（2018a）第2章，
友岡（2018b）第5章が参考になる。

　そして，このような当座形態のビジネスが，進化・発展していくと，一体どうなるであろうか。すなわち，産業革命を契機に，複数のプロジェクトが束となり組織が形成され，そして，その組織が安定的・定住的なものとなる。さらには，永続的な発展を予定する株式会社形態が誕生し，ビジネスがなされるようになる。そして，このような企業組織を，「**継続企業**」とよぶ。

　そうすると，3－1で述べたような（倒産するまで業績がわからないという）問題が生じることになるため，「期間を区切る」という発想が求められるようになる。ここで，継続企業における利益計算は，当座企業における利益計算ほど簡単にはいかなくなる。たとえば，単に「現金収入－現金支出」で利益を計算しようとすると，まず，どの時間的範囲の現金収支をとればよいのかが問題となる。なぜなら，継続企業には，（もちろん，単一プロジェクトの開始と終了はあるが，しかし組織としての企業全体には）終わりが予定されていないため，企業が倒産等をしない限りは，利益を計算する段階では，常に「企業活動の途上の中途半端な現金収支」にならざるをえないからである。

　さらに，継続企業においては，たとえ期間を区切って「現金収入－現金支出」で現金収支計算をおこなったとしても，それがそのままビジネスの本質を捉える利益とはならない。なぜなら，ビジネスの進化・発展の中で，企業が大規模化・複雑化し，かつ安定的になり，取引も相手先との長期安定的な関係性の中でなされるようになると，さらに以下の2つのビジネス上の環境変化が生じてくるからである。

　第1に，代金決済の方法として，掛け取引や手形取引など，いわゆる**信用取引**が登場し，単なる「即時的な現金決済」とは異なる手法が登場する。よって，現金収支とは異なるタイミングで，経済取引がなされるようになるため，期間を区切って利益計算をする場合には，単に現金収支を追いかけるだけでは，企業の経営成績をとらえることができなくなる。

　また，第2に，ビジネス自体も変容し，時間をかけて財を生産するような形

態や，財ではなくサービスを継続的に提供するという形態も新たに登場する。このため，企業の経営成績たる利益は，一定期間の現金収支から離れて，これらの複雑な要素も加味したうえで，計算される必要が生じる。

このように，継続企業における「期間を区切った利益計算」は，上記2つのビジネス上の環境変化を踏まえると，単なる現金収支計算を超えた，新たな枠組みからなされる必要が生じることになる。

ここでは，特にタイムラグ等が発生する状況を勘案し，現金収支に「時間」の概念を組み込むことが重要な鍵となる。具体的には，一定期間の現金収入に時間的差異を調整したものを**収益**，一定期間の現金支出に時間的差異を調整したものを**費用**としてそれぞれ捉え，その差額として利益を計算するという新たな発想が必要とされる。そしてこれこそが，継続企業における利益計算の基本的な考え方となる。

継続企業における利益＝一定期間の収益－一定期間の費用　　　　　…（4式）

ここで次に問題となるのが，このような時間的差異を調整する判断基準とはなにかという点であるが，これこそが**発生主義**，ないし発生主義をベースとする**発生主義会計**である。次節では，この概要を捉えることにしよう。

> ［＊5］　会計期間といった場合には，現在のビジネス慣行や会計ルールでは「1年間」が想定される。他方で，1年毎に利益を計算していたのでは，タイムリーな情報が得られないとして，現行の会計基準のもとでは，（大枠の会計期間を1年としつつも）半年や四半期で決算をおこない情報開示をするという場合もある。これに係る制度的・実証的論点については，田口（2025）第9章を参照。

コラム4-1 ▶ 期間の区切りを設けた経営計画や経営目標

実際の企業の経済活動を考えるうえでも，「期間を区切って管理する」という視点は重要である。たとえば，企業の「中・長期経営計画」としては，3年や5年を1つのタイム・スパンとして，大きな視野での経営計画が立案される。さらに，そこからブレイクダウンして，1年ごと，半年ごと，4半期ごとの戦略や計画，予算が立案される。そして，それらに基づいて企業活動をおこない，年度末には，予算と決算の比較をすることで，予定どおりの事業ができたかが検証され，次年度以降の経営活動にフィードバックされていく。

このように，財務会計だけでなく，管理会計においても，事業計画やその経済活動を，期間を区切って管理するという点が極めて重要である。

4 ■ 時間という概念と発生主義会計

発生主義とは，収益と費用を，現金収支の事実によってではなく，それらの発生の事実，つまり，経済的実態に則して認識する考え方をいう。ここでは，「発生の事実」や「経済的実態に則して」とはなにかが重要であるが，たとえば，収益であれば，経営活動の成果が実際に得られたかどうか，他方，費用であれば，経済活動の成果に対する努力が実際になされたかどうかをいう。

なお，収益や費用を計上する場合には，大きくは2つのプロセスが存在する。第1は，収益や費用をいつ計上するかという問題である。これを「**認識**」とよぶ。また第2は，収益や費用をいくらで計上するかという問題である。これを「**測定**」とよぶ。これらのうち，発生主義は，主に認識に係る概念である。

発生主義の概念を，第3節で確認した「**時間**」という概念を用いて深掘りしてみよう。上述の当座企業の議論では，利益（「現金の最終的な手元残高」）を計算するために，時間という概念は特に想定していなかった（不要であった）。なぜなら，最初からビジネスに終わりがあるから（厳密には，「終わりが予定されているから」）である。このため，全期間通算で，現金の最終残高を出せばよい。そもそも，最終的な現金手元残高さえわかれば，途中段階での収支記録は不要，といえるかもしれない。

他方で，継続企業の議論では，「時間」という概念が重要になってくる。なぜなら，最初からビジネスに終わりを予定していないため，人為的に「時間」という概念を計算にとり入れることが必要になるからである。これがまさに，先に述べた「**会計期間**」という概念を構築する必要にもつながる。また，第3節で述べた信用取引やビジネスの継続的提供の登場等は，まさに「時間」という概念が，ビジネスにとり込まれたということにほかならず，そして，それが会計に影響を与えたと考えることができる（**図表4－4**）。

このように考えると，継続企業の枠組みにおける収益と費用は，この「時間」という観点を加味したうえで計算されることが求められる。そしてこれこそが，発生主義の基本理念である。つまり，「時間を行き来すること」（厳密には，「『会計期間』という人為的に区切った時間を基礎にして，その前後の項目も，枠を飛び越えて行き来すること」）が，利益計算の根幹にある発生主義のコア・コンセプトといえる。そして，このような発生主義をベースにした会計の大枠を，**発生主義会計**という。

64　第1部　財務会計の原初形態

図表4-4■「時間」概念の導入と発生主義会計

```
当座企業…現金の最終的な手元残高計算（ストック，静的）
　　↓
「時間」概念の導入
　　↓
継続企業…収益・費用の期間計算（フロー，動的）

│ 利益 │ ＝ │ 一定期間の収益 │ － │ 一定期間の費用 │　【期間損益計算】
　　↑　　　［現金収入＋/－発生項目］　［現金支出＋/－発生項目］
　発生主義をベースに計算
【発生主義会計】
```

5 ■ 発生主義と経済的実態

　ここで，発生主義の「時間を行き来する」際のメルクマールを考えよう。重要となるのは，経済的実態ないし経済取引の態様である。これは第4節における発生主義の定義において「経済的実態に則して認識すべき」という箇所で登場した概念である。たとえば，ある企業の設備投資を想定し，それをどのように会計処理するかを考えてみよう（設例4-1）。

> ■ 設例4-1 〉 設備投資
>
> 　製造業を営む企業Aは，T1期の最初に，設備投資（最先端の技術を盛り込んだ高性能の機械を備えた工場を建設するという経済活動）をおこない，100億円を支払った。
> 　なお，簡単化のため，すべて現金で支出したとする。また，向こう5年間で，工場稼働に伴う収益が，毎年30億円ずつ現金で獲得されると仮定する。

　ここで，T1期に全額の現金支出がある，ということで，この全額を当期の費用としてしまうのは（図表4-5　会計処理方法1），本当に経済活動の実態に則した処理といえるか疑問である。なぜなら，この設備投資は，そもそも将来の収益獲得を企図してなされたものだからである。にもかかわらず，会計処理1のように，T1期に100億円の支出をすべて費用にしてしまうと，T1期の利益は「△70」，そしてT2期以降の利益は（費用が一切計上されないため）「30」となる。そしてこれは，経営活動の成果（毎期30億円の収益が獲得されること）と努力（設備投資をした工場を毎期稼働させることで，収益獲得活動を毎期おこなっ

第4章　財務会計の測定：利益計算の基本的考え方　65

図表4-5■設例4-1の仕訳：設備投資に対する2つの会計処理方法

≪会計処理方法1：一括費用化≫　T1期にすべての現金支出→一括費用化

T1期初　（借）　設備投資費用　100億円　　（貸）　現金　100億円
T1期末　仕訳なし

＜時間軸での整理＞

	T1	T2	T3	T4	T5	Total
収益	30	30	30	30	30	150
費用	100	0	0	0	0	100
利益	△70	30	30	30	30	50

≪会計処理方法2：発生主義会計≫　T1期の現金支出を減価償却で配分

T1期初　（借）設備投資**資産**　100億円　　（貸）現金　　　　　　100億円
T1期末　（借）**減価償却費**　20億円　　（貸）設備投資資産　20億円

＜時間軸での整理＞

	T1	T2	T3	T4	T5	Total
収益	30	30	30	30	30	150
費用	**20**	20	20	20	20	100
利益	10	10	10	10	10	50

ていること）の対応づけが適切になされないことになってしまう。このように，「経済的実態に則して」考えてみる（経営者の投資の意図を汲み取って考えてみる）と，この会計処理方法1は，企業の経済的実態を適切に描写しているとは言い難い。

　よって，100億円の設備投資全額を一括で費用とせずに，いったん何らかのかたちで費用とするのをペンディングにして，将来の収益獲得に合わせて費用とするのが，企業の経済活動の実態に則しているといえそうである。そしてこれが，発生主義でいう「時間を行き来する」，つまり「経済的実態に則して」のイメージである。すなわち，100億円の投資をいったん資産に計上し（「費用とするのをペンディングにして」），将来の収益獲得に合わせて（向こう5年間で工場稼働に伴う収益が毎年30億円ずつ獲得されるという経済的実態にあわせて），少しずつ投資を「減価償却費」として配分処理すること（たとえば，定額法により20億円ずつ費用化する処理）が求められる（図表4-5　会計処理方法2）。

　以上から，（2式）として描いた会計利益測定関数fは，**図表4-6**のようにブラッシュアップして表現できよう。

　［＊6］　なお，会計処理方法2の減価償却については，第9章で学習する。

66　第1部　財務会計の原初形態

図表4－6■発生主義会計の特質を織り込んだ会計利益測定関数

$$\boxed{経済的実態}　（経済取引の態様）$$
$$↓ ＜時間＞$$

会計利益＝ f（会計責任，二面性，発生主義会計）
$$↑$$
$$\boxed{継続企業の公準}$$

> **コラム4－2**　　半発生主義会計

　図表4－5では，設備投資に対する2つの会計処理方法を考えたが，「会計処理1」が**現金主義会計**（現金収入と現金支出をもって利益計算を行う方法）の，「会計処理2」が**発生主義会計**の，それぞれ具体的な適用形態といえる。

　さらにここで，それらの中間形態ともいえる**半発生主義会計（権利義務確定主義会計）**にも触れておこう。これは，現金収支だけでなく債権債務の発生を基礎として利益計算をおこなう方法である。このような方法でも，法的な債権債務の確定を根拠に現金収支から離れた損益計算をおこなうことができるため，一見すると望ましい計算体系といえてしまいそうである。結論的にはそうではないのであるが，その点を，以下で確認しよう。

　そこで，先の設例4－1を改変し，100億円の設備投資を，初年度には（債務としてその支払義務は確定するものの）現金では一切支払わず，T2年度に現金で50億，T3年度に現金で50億円支出したとする。そのもとでの，現金主義会計による利益計算（会計処理1′），発生主義会計における利益計算（会計処理2′），さらには半発生主義会計における利益計算（処理3）を示すと，**図表4－7**のようになる。

図表4－7■3つの会計処理方法による期間利益の推移

【会計処理方法 1'：現金主義会計】

	T1	T2	T3	T4	T5	Total
収益	30	30	30	30	30	150
費用	0	50	50	0	0	100
利益	30	△20	△20	30	30	50

【会計処理方法 2'：発生主義会計】

	T1	T2	T3	T4	T5	Total
収益	30	30	30	30	30	150
費用	**20**	20	20	20	20	100
利益	10	10	10	10	10	50

【会計処理方法 3：半発生主義会計】

	T1	T2	T3	T4	T5	Total
収益	30	30	30	30	30	150
費用	100	0	0	0	0	100
利益	△70	30	30	30	30	50

　まず「会計処理方法 1'」（現金主義会計）では，先の設例 4 − 1 と同様に，企業の経済活動の努力と成果とが適切に対応しない（工場稼働による収益と設備投資とが適切に対応していない）だけでなく，現金支出のタイミングにより，利益計算が歪んでしまうことがわかる。特にこの体系では，現金支出のタイミングを経営者が恣意的に操作することで，利益操作も容易にできてしまう。

　また「会計処理方法 3」（半発生主義会計（権利義務確定主義会計））も，現金主義会計と同様の問題が生じることを確認しておこう。つまり，設備投資の支払義務が確定する T1 期に全額の費用が計上されるため，結局は，現金主義会計と同様，経営活動の成果とその努力の対応づけが適切におこなわれていない。恣意的な会計操作の余地は回避できることから，現金主義会計よりはましかもしれないが，しかし望ましい体系とは必ずしもいえないことがわかる。

　他方で，「会計処理方法 2」（発生主義会計）のもとでは，経営活動の努力と成果を適切に対応づけした利益計算が，安定して可能となることが理解できる。

6 ■ 損益計算書と貸借対照表のつながり

　発生主義会計を，前節で議論したように捉えると，発生主義会計では，利益について，「時間を行き来」しながら計算するだけでなく，それに付随して，資産（や負債）をどのように計上するかといった点も重要となることがわかる。たとえば，前述の設例 4 − 1 に係る「会計処理方法 1」（現金主義会計）では，資産は計上されないが，他方，「会計処理方法 2」（発生主義会計）では，T1 期に「設備投資資産」100 が計上され，それが少しずつ費用として配分されていく。つまり，**発生主義会計とは，損益計算（損益計算書）の論理だけでなく，資産・負債・資本に係る在高計算（貸借対照表）の論理をも含んだ体系である**ことが理解できるし，発生主義会計においては，貸借対照表と損益計算書が大きく関連しあって存在していることもあわせて理解できる。

　ここでさらに，両者の関係性をより深く考えてみよう。第 1 に，損益計算書項目が貸借対照表項目に与える影響を考える。特に，設例 4 − 1 の「会計処理方法 2」のように，期間損益計算の適正化のために，資産を計上する場合（損益計算書→貸借対照表）を前提にすると，貸借対照表項目は，基本的には，期

間損益計算を補助する役割，特に期間と期間をつなぐ役割を担っていると考えることができる。このような貸借対照表（の役割のこと）を「**期間損益計算の連結環**（れんけつかん）」という。

　他方で，貸借対照表そのものとしても，そのような資産・負債項目を無条件にすべて計上してしまっては，貸借対照表全体としての意味が損なわれてしまう可能性がある。たとえば，期間損益計算の結果として計上されるものの，資産・負債としての実態や財産性がないもの（このような項目を，「**計算擬制的項目**」という）が，無条件に貸借対照表に計上されてしまうと，資産・負債としての実態や財産性があるものとないものが，１つの計算書（貸借対照表）に混在してしまうことになる。そうすると，このときの「資産総額」や「負債総額」さらには「資本総額」（純資産総額）が，一体どのような意味を持つのかが不透明になるおそれがある。そしてそうであれば，このような計算擬制的項目を，無条件に貸借対照表に受け入れるのではなく，当該項目が，資産または負債として貸借対照表に計上してよいかというスクリーニングをする必要があるだろう（**図表４－８**の第１ルート）。

図表４－８■収益・費用と資産・負債・資本の関係性

第１ルート：損益計算（P/L）→在高計算（B/S）

収益・費用の計上【損益計算書】 　→関連する資産・負債項目の資産性・負債性のチェック 　　（特に，「計算擬制的項目」についてスクリーニング） 　→関連する資産・負債の計上【貸借対照表】

第２ルート：在高計算（B/S）→損益計算（P/L）

資産・負債の計上【貸借対照表】 　→関連する収益・費用項目の収益性・費用性のチェック（スクリーニング） 　→関連する収益・費用項目の計上【損益計算書】

　第２に，貸借対照表項目が損益計算書項目に与える影響を考える。資産・負債を計上する中で，収益や費用が生まれ，それが利益として計算される（期間損益計算に反映される）というルートも存在するだろう。もちろん，この「逆ルート」においても，当該項目が，収益または費用として損益計算書に計上してよいかというスクリーニングが求められる（図表４－８の第２ルート）。

　このように，資産・負債項目の認識測定と収益・費用項目の認識測定とは，互いに関係していることがわかるし，かつ，それぞれが，無条件に計上される

のではなく，ある種の「緊張関係」を持って関連していることがわかる。ここで，すべての項目が，図表4－8における第1・第2ルートそれぞれの「スクリーニング」を通過する場合，クリーン・サープラス関係が成立することになる。ここで，**クリーン・サープラス関係**とは，期首から期末にかけての貸借対照表の資本の増減（資本取引による増減を除く）と，損益計算書における利益とが一致する関係をいう（「包括利益基準」第21項脚注1）。

　他方で，もし仮に，「スクリーニング」を通過しない項目が生じた場合はどうなるだろうか。この点については，「第1ルート」のスクリーニングを通過しない場合の問題（貸借対照表能力に疑義がある場合（たとえば，繰延資産や引当金等））と，「第2ルート」のスクリーニングを通過しない場合の問題（貸借対照表能力はあるが，評価差額の収益・費用性に疑義がある場合（たとえば，その他包括利益等））とに，論点が分岐することになる。これらの詳細については，第6章において述べる。

[＊7]　なお，図表4－8における「資産・負債の計上」（つまり，資産性や負債性，ひいては貸借対照表能力）については，一体なにがその計算原理（認識測定の論理）となるのかが問題となる。つまり，より具体的には，これが発生主義会計に内包される概念か，それともそうではないのか（発生主義会計外の概念か）が問われることになる。そしてこれをどのように位置づけるかは，会計測定，ひいては財務会計の全体像を描くうえで極めて重要な分岐点となる。さらに，これらの議論と，第6章で確認する収益費用観（収益費用アプローチ）および資産負債観（資産負債アプローチ）との関係がどうなっているのか，という点も大きな論点となりうる。
　　一般的見解としては，資産・負債の認識測定の論理は，発生主義会計外の概念として位置づけられることが多い。そして全体としては，「P/Lの論理＝発生主義会計（収益費用観）」，「B/Sの論理＝資産負債観（「発生主義会計の外側」）」と位置づけられる（**図表4－9**の見解1）。
　　他方で，貸借対照表能力も含めて，発生主義会計の適用と捉える見解（つまり，資産性・負債性，貸借対照表能力も，発生主義会計に内包される概念と捉える見解）もありえよう。この発想によれば，発生主義会計の中に，収益・費用を重んじる捉え方と資産・負債を重んじる捉え方とが同時併存することになる（図表4－9の見解2）。
　　本書（筆者）は，これらのうち，後者の立場をとり，かつ，両者の併存の論理が試算表等式にあると考えている。本書では，テキストという性質から，これ以上詳細な議論を避けるが，この議論の詳細をより深く理解したいという読者は，たとえば，笠井（2005）などを参照。また，資産負債観・収益費用観については，第6章で改めて学習する。

70 第1部 財務会計の原初形態

図表4-9■貸借対照表の計算原理の位置づけ

見解1：発生主義会計とは別物と捉える見解

貸借対照表能力（資産性・負債性）＝資産負債観 【貸借対照表重視】
　　　↑
　　＜別物＞
　　　↓
発生主義会計＝収益費用観 【損益計算書重視】

見解2：発生主義会計に内包される概念と捉える見解［本書の立場］

発生主義会計 ⎰ 損益計算書における期間損益計算の重視→収益費用観
　　　　　　　⎱ 貸借対照表における在高計算の重視→資産負債観

> **コラム4-3** ▶ **動態論と静態論：貸借対照表の役割**

　本章第6節では，損益計算書と貸借対照表との関係性を捉えたが，これは，静態論から動態論へのシフトという会計の伝統的な議論ともつながる論点である。

　現行の財務会計の体系は，1929年の世界大恐慌を契機として，財産計算の体系たる**静態論**から，損益計算の体系たる**動態論**へ大きくシフトし成立したとされる。静態論とは，債権者保護のため，企業が清算した場合の債務弁済力を計算すること（財産計算）を目的とする会計の体系をいう。主に，一時点における棚卸を基礎にして，貸借対照表をいかに作成するかに主眼が置かれる。これに対して，動態論とは，継続企業を前提として，損益計算をおこなう会計の体系をいう。動態論は，継続的な会計帳簿の記録をもとにした計算（「**継続記録法**」「**誘導法**」という）がおこなわれる点で，静態論とは大きく異なる。また，動態論では，貸借対照表だけでなく，損益計算書と貸借対照表との関係性が重要な鍵となる。

　ここで，動態論をどのように解するかについては，さまざまな学説が提唱されてきた。この全体像をまとめると**図表4-10**のようになる。

　笠井（2000，pp.258-259）によれば，動態論は，広い意味で損益にかかわる計算体系の構造を論ずる領域であるが，これは大別すると，①貸借対照表も損益計算を遂行する体系（損益計算体系）と，②貸借対照表は在高計算に専念する体系（資本計算体系）という2つが識別できるという。これらの詳細は，本書のレベルを超えるので，これ以上の言及は避けるが，このように，貸借対照表の役割をどのように捉えるかという点は，［＊7］のように現代だけでなく，実は古くから学術的に議論されている。

　動態論や静態論について，より深く理解したいという読者は，たとえば，笠井（2000）のほか，岩田（1956），新田（1995），五十嵐（1996）などを参照されたい。

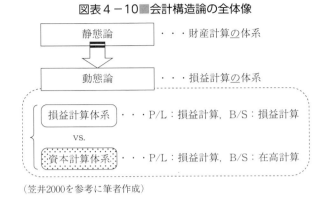

（笠井2000を参考に筆者作成）

7 ■ 発生主義会計の基本原則：発生・実現・対応

　最後に，発生主義会計を支える具体的な原則（収益・費用の認識原則）を整理しよう。ここでは，発生原則，実現原則，対応原則という3つが重要になる。

7 − 1　発生原則

　発生原則（accrual principle）は，発生主義会計を根幹で支える最も重要な認識ルールである。具体的には，収益と費用は，現金収支の事実によってではなく，それらの発生の事実，つまり，経済的な実態に則して認識すべきであるというルールを，発生原則という。このような収益や費用の認識の仕方は，まさに本章4で捉えた「時間を行き来する」の考え方に他ならない。

　　［*8］　なお，日本の会計基準においても，「**すべての費用及び収益は，…その発生した期間に正しく割り当てられるように処理しなければならない**」と定められており（「原則」第二・一・A），現実の日本の会計制度の根幹にも，この発生原則が横たわっているといえる。

7 − 2　実現原則

　他方で，すべての収益・費用の認識に際して発生原則だけを全面的に適用するわけではないということにも，くれぐれも留意されたい。なぜなら，特に収益について，発生原則の適用による認識には，不確実性や主観性などが介在す

72 第1部 財務会計の原初形態

るおそれがあるからである。たとえば具体例として，製造業の製品生産プロセスを考えてみよう。製品は，工場などで徐々に製造されていき，最終的には完成し販売に至ることになる。そして，もし発生原則を厳密に捉えるとするならば，製品の製造に伴い，徐々に価値が発生していく（収益が発生していく，そして同時にそれに見合う費用が発生していく）ということになるが，しかし，製造のつど収益を計上するとしたら，実際に製造が最後まで完了しても，製品販売に至るかどうかは不確実性があるし（収益計上の不確実性），また，製品の価値の大きさも，経営者の主観的な見積りが入るため，実際に販売されるまでは主観的な評価とならざるを得ない（収益計上金額の主観性ないし不確定性）。このように，特に財やサービスの販売・提供について，収益を発生原則で認識してしまうと，収益計上の不確実性および不確定性といった問題に直面してしまう。このことから，確実性があり（逆戻りせず），かつ，金額の確定性（客観性）を備えたかたちで収益を認識する原則を，別に用意しておく必要がある。

　そこで登場するのが**実現原則**（realization principle）である。すなわち，実現原則とは，収益を，その確実性や金額の確定性が見込まれるタイミングで計上すべきとする認識ルールをいう。ここで，確実性や確定性が見込まれる時期とは，通常は，財やサービスが市場で販売提供されるタイミングを指すことになる。そして，確実性は，顧客への財やサービスの移転をつうじて履行義務を充足したことにより担保され（支配の移転），また，金額の確定性は，その財やサービスと交換に対価を獲得することにより担保される。これら（確実性と確定性）を，実現原則の2要件という（**図表4－11**）。

図表4－11■実現原則の2要件

```
①　確実性（逆戻りしないこと）
②　確定性（金額が客観的に確定すること）
```

［＊9］　実現原則の要件については，さまざまな議論がある。さらに，本書第2部において議論するとおり，実現原則は，主に事業投資にのみ関連する認識原則である（金融投資には作用しない原則である）と本書では理解するが，これについても，さまざまな議論がある（たとえば，実現原則を拡張した「実現可能性原則」とよばれる認識原則を掲げ，金融投資の損益を認識する考え方もある）。このような議論について，さらに理解を深めたいという読者は，たとえば，藤井（2007）第4章や，安藤・新田編（2020）第14章を参照されたい。

［＊10］　日本の「討議資料・財務会計の概念フレームワーク」では，実現原則に代えて，

「**投資のリスクからの解放**」という概念で，収益の認識を説明しようと試みている。ただし，この点についても，多くの議論があるところである。さらに理解を深めたいという読者は，たとえば，米山・秋葉・浅見（2023）を参照されたい。

7 － 3 　対応原則

そして，このように，収益の一部を，発生原則でなく実現原則により，タイミングを修正して認識するならば，それに対応する費用の側も同様に，発生原則からタイミングを修正して認識することが求められる。そこで登場するのが，**対応原則**（matching principle）である（**図表 4 － 12**）。

図表 4 － 12■対応原則の位置づけ

```
収益：発生原則　→（一部）→実現原則で修正
                              ↓
費用：発生原則　→（一部）→対応原則で修正
```

そして，対応原則には，その対応の仕方によって 2 つのタイプが存在する。すなわち，売上に対する売上原価のように直接的な対応関係のもと同時期に費用の認識をおこなう「**個別的対応**」と，（その簡便法として）販売費・一般管理費や営業費用などのように個別的対応が難しい項目について会計期間を媒介として費用の認識をおこなう「**期間的対応**」という 2 つがある。

> ### コラム 4 － 4 　投資家サイドからみた期間損益計算
>
> 　期間損益計算の発想を，投資家サイドから見た場合には，期間を区切られた限定的情報から，全期間を通した企業価値をどのように推定するかという問題に置き換えられることになる。すなわち，配当割引モデルを前提にすると，投資家の思考プロセスは，**図表 4 － 13**のように描くことができる。
> 　このように，投資家サイドからすると，期間に区切った（期間に圧縮した）現在の利益計算から，将来の利益の時系列推移を予測し，そこから将来の配当流列，そして最終ゴールである企業の将来の全期間を通算したトータル・バリューともいえる企業価値を推定するという作業が求められる。
> 　つまり，投資家は，期間に圧縮した現在の利益から，圧縮される前の企業の将来像を推定しなければならないのである。

74 | 第1部　財務会計の原初形態

図表4－13■投資家の企業価値評価に向けての思考プロセス

将来の企業価値（企業の将来の全期間を通算したトータル・バリュー）の評価
　←〈配当割引モデル〉←将来の配当流列の予測
　←〈配当と利益の関係性〉←将来利益の時系列推移の予測
　←〈将来利益と現在利益の関係性〉←現在の利益情報の利用

コラム4－5　　発生主義の実証研究：会計発生高と利益マネジメント

　本章では，発生主義の概念について学んだが，実証研究の世界では，発生主義を定量的に捉えて，ルールの枠内の利益操作（「**利益マネジメント**」とよばれる）と関連させる研究が盛んになされている。利益マネジメントは，あとの章で学ぶ引当金など発生主義に関連した項目を利用してなされることが多いため，発生主義のいわば「正常部分」と「異常部分」を峻別することで，利益マネジメントがどのようになされているかを定量的に捉えることができる。

　より具体的には，発生主義の適用による利益の増加・減少部分を「会計発生高（Accruals）」とよぶ。ここで，会計発生高は，利益とキャッシュフローの関係性から，以下のように計算できると定義する。

Accruals（会計発生高）＝Earnings（利益）－Cashflow（キャッシュ・フロー）

　そのうえで，会計発生高には，正常な部分（「正常会計発生高（Normal Accruals）」とよぶ）と異常な部分（「異常会計発生高（Abnormal Accruals）」とよぶ）があると仮定する。そして，利益マネジメントは，これらのうち，特に異常会計発生高に関係しているとして，異常会計発生高が小さければ小さいほど，「**利益の質**」が高い（大きければ大きいほど，「利益の質」は低い）と捉える。そして，これらの関係性をもとに，現実の企業の財務諸表の数値から，異常会計発生高を計算し，利益の質と関係する要因はなにかについて，実証的に明らかにしようというのが，会計発生高にかかる実証研究の概要である。この点に興味を持った読者は，たとえば，須田・山本・乙政編（2007）や，山口（2021），首藤（2023），桜井（2023）を参照されたい。

補論4－1　　**会計情報と株価の関係：クリーン・サープラス関係から**

　本章では，発生主義会計の概念について学習した。補論では，このような体系から創出される会計情報と証券市場における株価との関係を，クリーン・サープラス関係を鍵にして考える。

　まず，議論の前提として，株式価値の評価にあたっては，「**配当割引モデル（DDM：Discounted Dividends Model）**」が出発点となる。そもそもある資産

の価値は，当該資産が生み出す将来の正味キャッシュ・フローの期待値を，投資者の要求利子率で割り引いた現在価値に等しい。ここで，株式価値の場合は配当が鍵になる。すなわち，配当は，株主が企業から受け取ることのできるキャッシュであるから，株式価値の評価にあたっては，将来にわたっての予想配当額を，株主資本コストで現在価値に割り引くことが必要となる。ゆえに，$t=0$ 期の株式価値は，以下の（5式）のように計算できる（いま，簡便化のために，期待値部分は考えないものとする）。そして，これを配当割引モデルという。

$$\text{株式価値} = \text{予想配当額の現在価値} = \Sigma_{t=1}^{\infty} \frac{\text{配当}}{(1+\text{株主資本コスト})^t} \qquad \cdots (5式)$$

> ［＊11］　**現在価値（割引現在価値）**とは，将来のある時点における価値を，割引率を用いて現時点の価値に割り戻した金額をいう。たとえば，「1年後に110の価値がある資産の現在価値」を計算すると（割引率を10％とすると），「110÷(1+0.1)=100」と計算できる。これは，逆にいえば，いま100の価値がある資産の1年後の価値（「1年後の将来価値」）は，金利水準を10％とすると，「100×(1+0.1)=110」と計算できることになる。

さらに，配当割引モデルに，「**クリーン・サープラス関係**（Clean Surplus Relation）」を加味することで，議論を発展させよう。「クリーン・サープラス関係」は，ある企業が増資・減資はおこなわないものと仮定したうえで，当該企業の t 期の純資産額（B/S の「資産－負債」の額）を B_t，当期利益を X_t，配当を D_t と表現すると，以下の（6式）のように表現できる。

$$B_t = B_{t-1} + X_t - D_t \qquad \cdots (6式)$$

ここで，（6式）を配当 D_t について解き，（5式）に代入しまとめると（さらに，当期利益 X_t および株主資本コストが毎期一定で，かつ当期利益がすべて配当に回されるという仮定をおくと），（7式）のように表現できる。

$$\text{株式価値} = B_0 + \Sigma_{t=1}^{\infty} \frac{X_t - \text{株主資本コスト} \times B_0}{(1+\text{株主資本コスト})^t} \qquad \cdots (7式)$$

ここで，（7式）第2項の分子部分の「$X_t - \text{株主資本コスト} \times B_0$」は，企業の利益額と株主が要求する利益水準の差分であり，残余利益とよばれる。これは，要するに，企業が株主の期待以上に稼いだ「プレミアム」部分ともいえる。このことから，（7式）は，「**残余利益モデル**」（RIM：Residual Income Model）

76 第1部 財務会計の原初形態

とよばれ，かつ，「株式価値は，B/S の純資産簿価と P/L の利益額（厳密には，残余利益）の現在価値総和から計算できる」ということを示している。イメージをあえて式で示すと，（8式）のようになる。

株式価値＝[B/S：純資産簿価]＋[P/L：（残余）利益の現在価値の総和] …（8式）

そして，多くの実証研究によって，残余利益モデルは，株式価値を予測するにあたって，他の予測モデルと比べてもその有用性が高いことが示されている。このことから，発生主義会計から生み出される会計情報は，投資意思決定に関しても大きな役立ちを有するといえるし，少なくとも株式価値算定のための「アンカー」になりうることが理解できる。なお，この点に興味を持った読者は，本書巻末の「読書案内」「4．財務諸表の読み方」の文献［11］などを，あわせて繙いてみよう。

【対話：考えてみよう】

本章では，発生主義会計について学んだが，「**利益は意見，キャッシュは事実**」という言葉があるとおり，利益よりもキャッシュのほうが実は投資家にとって有用な情報なのではないだろうか。また，発生主義が複雑であいまいな概念だからこそ，経営者による会計操作が頻発するのではないだろうか。

考え方A：EBITDA（Earnings Before Interest, Taxes, Depreciation, and Amortization. 金利・税金・償却計上前利益）の有用性からもわかるとおり，発生主義会計による利益よりも，キャッシュ・フロー情報のほうが有用である。また，会計操作を防止する意味でも，キャッシュ・フロー情報のほうが望ましい。

考え方B：発生主義会計のもとでの利益は，投資情報としても有用であり，企業価値評価の「アンカー」になり得る。また，現金授受のタイミングを操作することが容易なことからすると，キャッシュ・フロー情報は必ずしも「事実」とはいえない。

あなたは，考え方AおよびBを，どのように理解するだろうか。また，別の考え方（考え方CやDなど）はあり得るだろうか。

■Readings■

会計測定の基本的考え方に興味がある読者へ
福井義高（2008）『会計測定の再評価』中央経済社
期間損益計算に関連して，会計の歴史的な変遷に興味がある読者へ
友岡賛（2018）『会計の歴史（改訂版）』税務経理協会

会計利益の実証研究に興味がある読者へ

桜井久勝（2023）『利益調整—発生主義会計の光と影』中央経済社

薄井彰（2015）『会計制度の経済分析』中央経済社

山口朋泰（2021）『日本企業の利益マネジメント—実体的裁量行動の実証分析』中央経済社

■参考文献■

安藤英義・新田忠誓編（2020）『森田哲彌学説の研究— 一橋会計学の展開』中央経済社

新井清光（1978）『会計公準論（増補版）』中央経済社

藤井秀樹（2007）『制度変化の会計学—会計基準のコンバージェンスを見すえて』中央経済社

五十嵐邦正（1996）『静的貸借対照表論の研究』森山書店

飯野利夫（1993）『財務会計論（三訂版）』同文舘出版

岩田巌（1956）『利潤計算原理』同文舘出版

Kanodia, C., and Lee, D.（1998）Investment and disclosure : The disciplinary role of periodic performance reports. *Journal of accounting research* 36(1), 33-55.

笠井昭次（2000）『会計の論理』税務経理協会

笠井昭次（2005）『現代会計論』慶應義塾大学出版会

新田忠誓（1995）『動的貸借対照表論の原理と展開』白桃書房

桜井久勝（2023）『利益調整—発生主義会計の光と影』中央経済社

首藤昭信（2023）『日本の制度的要因が利益調整に与える影響』三菱経済研究所

須田一幸・山本達司・乙政正太編（2007）『会計操作—その実態と識別法，株価への影響』ダイヤモンド社

田口聡志（2025）『企業会計の本質を巡って—プロトタイプとデジタル社会』税務経理協会

友岡賛（2012）『会計学原理』税務経理協会

友岡賛（2018a）『会計の歴史（改訂版）』税務経理協会

友岡賛（2018b）『会計と会計学のレーゾン・デートル』慶應義塾大学出版会

米山正樹・秋葉賢一・浅見裕子（2023）『投資のリスクからの解放—純利益の特性を記述する概念の役割と限界』中央経済社

第1部 財務会計の原初形態

第 **5** 章 —— 財務会計の制度

Point

　本章では，財務会計を支える会計ルールについて，その理論的なあり方を学ぶ
とともに，現実の会計制度の概要を捉える。
1．会計ルール生成のプロセスには2つある（自生的秩序と設計的秩序）。→【1】
2．会計選択のプロセスは2つある（社会的選択と私的選択）。会計ルール設定
　の問題は，これらのうち社会的選択に該当する。→【2】
3．社会的選択の拠り所は，たとえば演繹的な設計的秩序を想定すると，理論と
　しての体系性にある。よって現在の基準設定では，「財務会計の概念フレーム
　ワーク」というものを作り，そこから個別具体的な会計基準を演繹することで，
　その体系性を保とうとしている。→【3】
4．「財務会計の概念フレームワーク」は，会計基準の憲法ともよばれるもので，
　国際的な会計基準設定や米国の会計基準設定の場で用いられている。→【4】
5．日本の会計制度は大きく3つあり（金融商品取引法会計，会社法会計，税法
　会計），それぞれ会計目的と適用対象が異なっている。→【5】

Keywords
　会計ルール，自生的秩序，社会的選択，財務会計の概念フレー
ムワーク，金融商品取引法

Questions

1．会計ルール生成のプロセスとして2つのタイプを挙げ，それぞれについて説
　明しなさい。
2．会計ルールを社会的に選択する際（社会的選択）に，その拠り所になるのは
　何か説明するとともに，たとえば，国際会計基準では，その社会的選択をどの
　ようなしくみでおこなっているか説明しなさい。
3．「財務会計の概念フレームワーク」とはなにか，またそこで想定されている
　財務報告の目的とは何かを説明しなさい。
4．日本の会計制度の法規制を3つ挙げるとともに，それぞれの制度趣旨と適用
　対象会社について説明しなさい。

1 ■ 会計ルール生成のプロセス：自生的秩序と設計的秩序

　会計ルール生成のプロセスには2つのパターンがある。第1は，実務の商慣習の中から，社会規範として帰納的に，徐々に生成されるというパターンである。このようなルールの生成のプロセスを**自生的秩序**（spontaneous order）という。たとえば，会計ルールは，「**GAAP**（Generally Accepted Accounting Principles）」，つまり「**一般に公正妥当と認められた会計原則**」であるとされるが，このようなよび方は，まさに，会計ルールが実務の中で徐々に社会規範として生成されるプロセスを物語っているといえる。

　第2は，基準設定主体が，演繹的にルールを設計するというパターンである。これはたとえば，国際財務報告基準（国際会計基準）に係る基準設定主体である IASB（International Accounting Standards Board）が，後述する「概念フレームワーク」をベースに，演繹的に個別具体的な会計基準を構築するというパターンである。このようなルール生成のプロセスを，**設計的秩序**（constructed order）という。

　会計ルールの生成は，古くは第1のプロセス（帰納的な自生的秩序）がメインであったものの，近年は第2のプロセス（演繹的な設計的秩序）がメインとなっている。そして，このように会計ルール生成プロセスが，社会の中で第1から第2のプロセスへと移行していった理由については，①第1のプロセスでは，「会計の政治化」が起こりやすいこと（会計基準が政治的理由で歪められやすいこと），および，②会計基準の国際的なコンバージェンス（収斂）の流れが，第2のプロセスとフィットして進んでいったことが挙げられるが，これらについては，**3** および **4** において述べる。

　　［＊1］　自生的秩序，および設計的秩序という用語は，経済学者のハイエク（Hayek）によるものである。たとえば，Hayek（1973）を参照。
　　［＊2］　なお，基準設定主体が，演繹的にルールを設計する設計的秩序においても，その基準設定主体がパブリックセクター（公的機関）なのか，それともプライベートセクター（私的機関）なのかによって，そのルールの性質も大きく異なるという点には留意されたい。一般的に，基準設定主体がプライベートセクターであれば，より柔軟で迅速な制度設計がなされる傾向にあり，他方で，パブリックセクターであれば，制度設計のスピードが遅く，比較的厳格なルールが設計される傾向にあるといえる。このような会計基準設定主体の違いが，基準自体のパフォーマンスに与える影響については，たとえば，田口（2015）第7章を参照。

2 ■ 2つの会計選択:社会的選択と私的選択

次に、ルール生成の議論を、人間ないし社会の選択行動と捉えて整理しよう。すなわち、財務会計を、人間もしくは社会の判断や意思決定の帰結と捉えるならば、その会計選択のプロセスは、大きく2つある（**図表5－1**）。

まず第1は、**社会的選択**である。これは、理論的に考えうる会計処理方法の集合の中から、社会がなにをルールとして認めるかという選択問題である。第2は、**私的選択**である。これは、会計ルールとして認められた会計処理方法の集合から、経営者が財務諸表作成にあたり、経理自由の原則のもとで、具体的にどれを適用するかという選択問題である。ここで、**経理自由の原則**とは、財務諸表の作成にあたりどの会計処理を適用するかという判断は、企業の経済実態に合わせ、経営者がなし得るという原則である。これは、財務諸表が企業の経済実態を適切に表現し得るように設けられた原則といえる。

これらのうち、会計ルール生成の問題は、そのプロセスが自生的であれ、設計的であれ、前者の社会的選択の問題といえる。

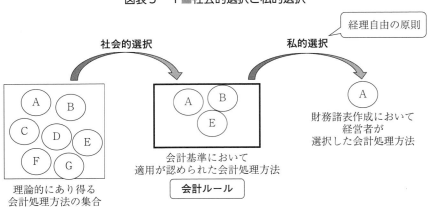

図表5－1■社会的選択と私的選択

3 ■ 社会的選択の拠り所

会計ルール選択を、社会的選択の問題と捉えた場合に、次に論点となるのは、社会は、一体なにを根拠に、その選択をおこなうのかということである。

純理論的に考えれば，ルールとして社会に選択された会計処理方法の集合が，全体として会計の大きな枠組みになることから，社会的選択は，その生成プロセスが自生的であれ，設計的であれ，理論としての体系性ないし首尾一貫性を保つかたちでなされることが望ましい。具体的には，第4章で説明した財務会計の理論的体系である発生主義会計の理念に基づいて，社会的選択がなされることが望ましいといえる。

　現行の会計制度設計の建て付けとしては，このような社会的選択の作業プロセスをより明確にするため，「**財務会計の概念フレームワーク**」という会計ルール設計の憲法というべき体系を明文化しておき，この「概念フレームワーク」から演繹することで，個別具体的な会計基準に係る社会的選択をおこなうかたちになっている。つまり，財務会計のルールは，設計的秩序のもとで，全体として，「概念フレームワーク」を頂点とする階層構造を有することになる（**図表5－2**）。そこで次節では，「概念フレームワーク」の全体像を整理する。

図表5－2■現行の制度設計の建て付け：社会的選択の拠り所＝概念フレームワーク

　[＊3] 現行の会計制度の設計は，暗黙のうちに，1でみた設計的秩序を前提にした議論になっている点には留意されたい。つまり，発生主義会計の理念や「概念フレームワーク」をもとに，それらの理論体系から個別具体的な会計基準を演繹的に導出するというプロセスは，まさに設計的秩序における会計ルール設計のかたちに他ならない。

> コラム5－1　**自生的秩序と「会計の政治化」**
>
> 　自生的秩序における会計ルール設計は，前述のとおり，現実の会計実務にフィットするものが社会に選択されていくことから，全体としての理論的体系性を意図したかたちで，ルール選択がなされるわけではない。その結果，個別具体的な会計基準が，特定の利害集団の間のパワーバランスによって決定してしまうといういわゆる「**会計の政治化**」（politicization of accounting）が生じやすいという問題がある。このような会計の政治化の具体例としては，米国のオイル＆ガス会計基準の問題などが挙げられる（詳細は，大石（2000, 2015）などを参照）。
> 　そして特に，米国において，1970－1990年代にかけて，政治イシューとして会

82 | 第1部　財務会計の原初形態

計基準が歪められる事態が生じ，「会計の政治化」が問題視されたことが，1で述べた「会計ルール生成が，自生的秩序から設計的秩序へ大きくシフトしたこと」の一要因といえる（なお，この変化のもう1つの要因は，**コラム5-2**で述べる「会計基準のコンバージェンス」である）。

　ただし，設計的秩序における会計ルール設計においても，「会計の政治化」が起こらないわけではない。たとえば，現実の国際会計基準をめぐる概念フレームワーク設定や，そこから演繹的に導出される（はずの）個別具体的な会計基準設定においても，米国やEUの思惑や，特定の利害集団によるパワー・バランスなどによってさまざまな「歪み」が見え隠れする。たとえば，リース会計基準の開発等は，その典型であるといわれている。

4 ■ 財務会計の概念フレームワークの全体像

　本節では，概念フレームワークの概要について述べる。先に述べたとおり，現行の制度設計の建て付けとしては，「財務会計の概念フレームワーク」という会計ルール設計の憲法ともいうべき基礎概念を明文化しておき，この概念フレームワークから演繹するかたちで，個別具体的な会計基準選択，つまり社会的選択をおこなうという体系になっている。

　現実の会計制度においては，たとえば，国際会計基準や米国基準，日本基準などでこのような体系が実際に採られている。以下では，国際会計基準における概念フレームワークを概観することにしよう。

| コラム5-2 | 国際会計基準をめぐるコンバージェンス |

　概念フレームワークの概要を学習する前に，議論の前提として，国際会計基準をめぐる世界の動向を簡単に整理しておくことにしよう。

　会計基準は，かつては，国ごとにそれぞれ異なっていた。もっとも，世界全体の中でも，会計基準の法体系は，「**大陸法アプローチ**」と「**英米法アプローチ**」という大きく2つの流れがあり，多くの国は，このいずれかを汲んだ会計基準の体系をとっていたが，その中でも，各国ごとに細かな基準は異なっていた。

　しかしながら，経済活動がグローバル化していくと，国ごとの会計基準の差異は，円滑な経済活動の妨げとなる。たとえば，投資活動がグローバル化し，国境を越えた投資のために，日本企業だけでなく海外企業も投資対象として比較検討したいとしても，それぞれの企業が異なる会計基準のもとで利益計算をおこなう結果，その比較可能性は損なわれてしまう（なお，ここでは，国ごとの会計基準の差異が，単なる使用言語のレベルを越えて，利益額そのものが異なるというレベルの差異であるという点に留意しておこう）。また，資金調達についても，たとえば日本企業が，自国の証券市場だけでなく，海外の証券市場で資金調達しよう

としても，日本基準で作った財務諸表の他に，海外の会計基準に従った財務諸表をもう１つ作らなければならないという問題に直面してしまう。

　そのような弊害を背景にして，1970年代に，国際的な会計基準の調和化（これを「**会計基準のコンバージェンス**」という）の流れが世界的に登場し，かつ，この流れは2000年代に入ると，米国やEUなど世界の経済大国・地域を中心とした，世界標準としての国際会計基準設計の作業へと進展していった。米国は，最初こそ中心的な存在であったものの，その後，この流れから離脱し独自路線を歩むのであるが，しかしEUを中心に会計基準の国際的調和化の流れが進んでいく。そして現在は，世界の多くの国が，国際会計基準を何らかのかたちで受け入れることとなり，その意味で，国際会計基準は，会計基準のグローバル・スタンダードとなりつつある。

　［＊４］　なお，コラム５−２のように，多くの国や利害関係者が複雑に関与する会計基準のコンバージェンスを推進していくためには，自生的秩序によるルール生成は上手くなじまない。さらに，設計的秩序によるとしても，暗黙的な理論体系をベースにルールを演繹するというやり方は，上手くなじまない。

　　これに対して，理論体系を明示的に文章化し，それをもとに個別具体的な基準を演繹するというやり方であれば，各国の利害を調整し，コンバージェンスの流れを上手くコントロールすることが可能となる。このように，国際会計基準をめぐるコンバージェンスが，設計的秩序（特に，基礎概念を概念フレームワークとして明文化しておき，ここから演繹するかたちで，個別具体的な会計基準を設計するプロセス）とうまくフィットして世界規模で展開されていったことが，１でみた「会計ルール生成が，自生的秩序から設計的秩序へ大きくシフトしたこと」の一因といえる。なお，この点の詳細な議論は，Sunder（2016）などを参照。

　国際会計基準における「**財務会計の概念フレームワーク**」は，全部で８つの章から構成される（**図表５−３**）。

図表５−３■財務会計の概念フレームワークの全体構成

```
第１章　一般目的財務報告の目的
第２章　有用な財務情報の質的特性
第３章　財務諸表及び報告企業
第４章　財務諸表の構成要素
第５章　認識及び認識の中止
第６章　測定
第７章　表示及び開示
第８章　資本及び資本維持の概念
```

　これらのうち本節では，主に概念フレームワークの第１章と第２章の概要を確認する。まず第１章について，概念フレームワークにおける財務報告の目的

は，現在および潜在的な投資者等（投資者，与信者およびその他の債権者）が，企業への資源提供に関する意思決定をおこなう際に，有用な財務情報を提供することにあるとされている。これは，会計情報の**意思決定有用性**，ないし，**意思決定有用性アプローチ**とよばれている。すなわち，証券市場を前提としたうえで，投資家の企業価値評価を支援する情報提供をすることが財務報告の目的であるとするのが，概念フレームワークが提示する大枠となる。

> ［＊5］　意思決定有用性アプローチの議論は，1966年に米国会計学会によって掲げられた **ASOBAT（A Statement of Basic Accounting Theory）** を端緒とする。これはその後，米国の概念フレームワークで採用されるなど，基準設定において大きな影響を及ぼすこととなった。日本における「討議資料・財務会計の概念フレームワーク」においても，このアプローチがベースとされている。
>
> ［＊6］　なお，ここでの意思決定有用性アプローチは，本書第2章で学習した財務会計の経済的機能のうち，アドバース・セレクション解消に係る「**意思決定支援機能**」に相当するといえる。

また，「概念フレームワーク」の第2章においては，有用な財務情報の質的特性が掲げられている。ここで，**質的特性（qualitative characteristics）** とは，財務情報が有用であるために兼ね備えなければならない特性をいい，**基本的な質的特性（fundamental qualitative characteristics）** と，それをサポートする**補強的な質的特性（enhancing qualitative characteristics）** とがある。具体的には，前者としては，情報が有用であるために不可欠な基本的特性として，**目的適合性（relevance）** と**忠実な表現（faithful representation）** という2つが挙げられている。また，後者としては，比較可能性，検証可能性，適時性，理解可能性という4つが挙げられている（**図表5－4**）。

図表5－4■意思決定有用性とそのための質的特性

目的	意思決定有用性
質的特性	基本：目的適合性，忠実な表現 補強：比較可能性，検証可能性，適時性，理解可能性

ここで，目的適合性のある財務情報とは，情報利用者の意思決定に影響をおよぼすことができる情報をいう。また，忠実な表現とは，財務諸表で報告される経済事象の実質を忠実に表現することを求めるものであり，完全で，中立的で，かつ不偏的である必要がある。

以上が，概念フレームワークの第1章・第2章の概要であり，これらを基礎にして，その後の章では，財務諸表の定義や資産・負債の定義，およびそれらの認識・測定，そして表示・開示などに係る諸論点が展開されていく。

［＊7］　なお，本章では，国際会計基準を絶対的なものとしては捉えず，あくまで制度の1つとして捉えて紹介している。つまり，本書の立場は，「制度≠理論」であるから，ここでの「財務会計の概念フレームワーク」も，あくまで現実の制度の1つにすぎないという立場をとる。よって，「概念フレームワーク」や，そこで示されている意思決定有用性アプローチを，本書の基礎概念の拠り所にするものではない。

5 ■ 日本の会計制度

最後に，日本の会計制度について，その概要を説明する。日本における財務会計の体系に関連した法規制は，大きく3つある。第1は**金融商品取引法**である。第2は**会社法**である。第3は**法人税法**である。これらの3つの会計制度は，法の制度趣旨や適用対象の違いから，目的がそれぞれ異なっているものの，お互いに影響し合い結びついている。このことから，日本の制度会計は，**トライアングル体制**とよばれることもある。

［＊8］　トライアングル体制については，前述した国際会計基準への対応の中で，その関係性が緩やかになりつつある。
［＊9］　なお，公共性の高い事業を営む企業（電気・ガス・通信・鉄道・建設・銀行など）については，これらの法規制の他に，特別の会計規制（たとえば，電気事業会計規則，ガス事業会計規則など）が存在する。
［＊10］　他方，法規制のない会計情報開示（企業が自主的・自発的におこなう開示）も存在することには留意が必要である。これには，たとえば **IR**（**Investor Relations**）が挙げられる。これは，企業が，主に機関投資家等を対象に，自発的に企業の財務・非財務情報を戦略的に開示するものである。IR は，法規制を受けるものではないため，情報開示の方法や内容については，企業の裁量に任せられている。
［＊11］　また，このほかに，企業の環境報告書や CSR 報告書，SDGs に係る統合報告書なども，従来は企業の自発的開示に任されてきたが，近年はこれらも法規制の対象として，かつ，公認会計士等によるなんらかの保証もおこなうという流れがある。

5－1　3つの会計制度の比較

ここでまず，3つの会計制度について，それぞれの制度趣旨を比較しよう（**図表5－5**）。

86　第1部　財務会計の原初形態

図表5－5■3つの会計制度の全体像

	①金融商品取引法会計	②会社法会計	③法人税法会計
制度趣旨	投資者保護	株主・債権者保護	課税所得算定
適用対象	いわゆる公開会社	すべての会社	内国法人，外国法人

　図表5－5に示されるとおり，3つの体系はそれぞれの制度趣旨や適用対象が異なっている。すなわち，①**金融商品取引法**による会計は，いわゆる公開会社を適用対象として，投資者保護を目的とする。②**会社法**による会計は，すべての会社を適用対象として，株主・債権者保護を目的とする。③**法人税法**による会計は，内国・外国法人を適用対象として，課税所得算定を目的とする。このように，それぞれの制度趣旨や適用対象会社が異なっていることから，その開示対象や求められる決算書類等のかたちもそれぞれ異なっている。

　特にここでは，財務会計を考えるうえで特に重要となる金融商品取引法の会計について，追加的に説明をしよう。**金融商品取引法**（Financial Instruments and Exchange Act）は，証券市場における会計規制である。金融商品取引法第1条では，その目的が，次のように規定されている。

　「この法律は，企業内容等の開示の制度を整備するとともに…（中略）…有価証券の発行及び金融商品等の取引等を公正にし，有価証券の流通を円滑にするほか，資本市場の機能の十全な発揮による金融商品等の公正な価格形成等を図り，もって<u>国民経済の健全な発展</u>及び<u>投資者の保護</u>に資することを目的とする。」（「金」第1条，下線は筆者）

　条文で掲げられているとおり，金融商品取引法は，「国民経済の健全な発展」と，「投資者の保護」を目的とするものであり，特に，会計との関係では，有価証券の発行市場と流通市場における企業内容の開示についての規定が重要となる。また，金融商品取引法が対象とするのは，企業の中でも，いわゆる「**公開会社**」，すなわち，株式・債券が証券取引所に上場されている会社，ないし不特定多数の人々に有価証券を発行して市場から資金調達をしようとする会社である。このような金融商品取引法のもとでおこなわれる企業の財務情報の開示制度は，**企業内容開示制度**，ないし**ディスクロージャー制度**ともよばれている。

　なお，金融商品取引法による会計といった場合，具体的には，「金融商品取引法」のほか，「金融商品取引法施行令」，「連結財務諸表の用語，様式及び作

成に関する法律」（連結財務諸表規則），「財務諸表等の用語，様式及び作成方法に関する規則」（財務諸表等規則）といった法規が関係する。

[＊12] 会社法は，会社の設立，組織，運営及び管理についての法律であり（「会」第1条），さまざまな会社形態が存在するが，特に株式会社については，第431条，第432条，および第435条において，以下のように会計に関する規定が定められている。

> 第431条　株式会社の会計は，一般に公正妥当と認められる企業会計の慣行に従うものとする。
> 第432条　株式会社は，法務省令で定めるところにより，適時に，正確な会計帳簿を作成しなければならない。
> 第435条　株式会社は，法務省令で定めるところにより，その成立の日における貸借対照表を作成しなければならない。
> 2　株式会社は，法務省令で定めるところにより，各事業年度に係る計算書類（貸借対照表，損益計算書その他株式会社の財産及び損益の状況を示すために必要かつ適当なものとして法務省令で定めるものをいう。以下この章において同じ。）及び事業報告並びにこれらの附属明細書を作成しなければならない。

5－2　日本基準と国際会計基準の関係

　上述のように，日本の公開会社は，金融商品取引法のもとで会計をおこなう必要がある（これをいま便宜的に「日本基準」とよぶ）。他方で，日本の公開会社は，自企業の資金調達ニーズに合わせて，**図表5－6**に示される4つの会計基準の中から1つを選択できるようなしくみになっている。

図表5－6■日本の公開会社が実際に採用できる会計基準

> 日本基準
> 米国会計基準
> 国際会計基準
> 修正国際基準

　ここでは，修正国際基準について説明しよう。**修正国際基準**（JMIS：Japan's Modified International Standards）とは，国際会計基準審議会（IASB）が作成，公表した会計基準（国際会計基準，国際財務報告基準）に，日本の会計実務を加味して一部を削除または修正をおこなった会計基準をいう。これは，会計基準のコンバージェンスの流れの中で，国際会計基準を適用したいが，しかし，日本基準との具体的な違い（たとえば，企業結合や連結会計などで生じる「のれん」の会計などが論点とされることが多い。これについては，第14章・第15章で学習する）

を懸念して，その採用をためらう企業に対して用意された会計基準である。

5 － 3　企業会計原則

5 － 1 で述べたように，日本の会計制度をめぐる法規制としては，目的や適用対象を異にして，大きく 3 つのものが存在しているが，その根幹を担ってきたのが，**「企業会計原則」**である。「企業会計原則」は，企業会計の実務の中に慣習として発達したもののなかから，一般に公正妥当と認められたところを要約したものであって，必ずしも法令によって強制されないまでも，すべての企業がその会計を処理するに当って従わなければならない基準（「企業会計原則の設定について」二 1 ）であり，また公認会計士が財務諸表の監査を行う場合においても従わなければならない基準となる（「企業会計原則の設定について」二 2 ）。具体的には，「一般原則」を基礎として，「損益計算書原則」や「貸借対照表原則」が規定されている。

> ［＊13］「企業会計原則」は，実務や会計慣行のなかから一般に認められたものを帰納法的に要約したものであり，本章 1 でいう自生的秩序としての会計ルールといえる。よって「企業会計原則」は，国際会計基準の制度生成プロセス（設計的秩序）と，本質的にその位置づけが異なっている。
>
> ［＊14］　企業会計原則は，日本の会計ルールの根幹を長きにわたり担ってきた重要な基準といえる。しかし，近年，日本では，国際会計基準へのコンバージェンスを見据え，演繹的アプローチでの会計制度の設計が進められているため，その位置づけが相対的に薄れてきている。特に，2006年には，企業会計基準委員会から日本版概念フレームワーク（討議資料『財務会計の概念フレームワーク』）が公表されており，財務報告の目的として意思決定有用性（具体的には，「投資家の意思決定に資するディスクロージャー制度の一環として，投資のポジションとその成果を測定して開示すること」）が掲げられている。

ここで，**一般原則**は，**図表 5 － 7** に示される 7 つの原則から成り立っている。

これらの詳細については，あとの章で個別具体的な会計処理方法を説明する際に，必要に応じて説明することにして，ここでは最も重要である**「真実性の原則」**についてのみ説明する。

真実性の原則とは，「企業会計は，企業の財政状態及び経営成績に関して，真実な報告を提供するものでなければならない」という原則であり，企業会計の最高規範ともよばれる。第 1 章・第 2 章で確認したとおり，企業にはさまざまな利害関係者がおり，それらが複雑に関係している。このことから，その意

図表 5 － 7 ■「企業会計原則」の一般原則

原　　則	内　　容
真実性の原則	企業会計は，企業の財政状態及び経営成績に関して，真実な報告を提供するものでなければならない。
正規の簿記の原則	企業会計は，すべての取引につき，正規の簿記の原則に従って，正確な会計帳簿を作成しなければならない。
資本取引・損益取引区分の原則	資本取引と損益取引とを明瞭に区別し，特に資本剰余金と利益剰余金とを混同してはならない。
明瞭性の原則	企業会計は，財務諸表によって，利害関係者に対し必要な会計事実を明瞭に表示し，企業の状況に関する判断を誤らせないようにしなければならない。
継続性の原則	企業会計は，その処理の原則及び手続を毎期継続して適用し，みだりにこれを変更してはならない。
保守主義の原則	企業の財政に不利な影響を及ぼす可能性がある場合には，これに備えて適当に健全な会計処理をしなければならない。
単一性の原則	株主総会提出のため，信用目的のため，租税目的のため等種々の目的のために異なる形式の財務諸表を作成する必要がある場合，それらの内容は，信頼しうる会計記録に基づいて作成されたものであって，政策の考慮のために事実の真実な表示をゆがめてはならない。

思決定の拠り所になる財務諸表は，真実なものであることが求められる。ただし，ここでいう「真実」とは，相対的な真実を意味するものである点には留意されたい。すなわち，企業の財務会計は，記録された事実と会計上の慣習，個人的判断からなる総合的表現であるから，そもそも多くの主観性が入ったものといえる。であるから，その場合の真実といえども，唯一絶対的な真実にはなりえず，あくまで，そのような主観も入り混じった相対的なものでしかない。この点からすると，財務諸表は，一見すると（数値で示されていることから）極めて客観性の高いものであるように捉えられるが，実はそうではない，ということがいえるだろう。このような性質に留意しながら，財務会計のあり方を考えることは，極めて重要であるといえる。

> ### コラム 5 － 3　原則主義と細則主義
>
> 　昨今の会計基準を考えるうえで重要なものとして，「原則主義」と「細則主義」という考え方がある。**原則主義**（Principle-Based standards）とは，細かな「枝葉」部分は明文化せずに，基本原則となるような点のみを明文化する方法をいう。そして，原則主義では，どのようなものを基本原則として据えるかが決定的に重

要となるが，たとえば，「形式よりも実質を優先すべし」という実質優先主義（substance over form）や，「財務諸表は企業の真実かつ公正な概観（true and fair view）を表示すべし」といった考え方が基本原則として挙げられる。なお，明文化されていないところは，経営者や監査人が，「実質」や「真実かつ公正な概観」をあらわすように，補って検討すべきであるというのが，原則主義のさらなるポイントである。しかし，「実質」とはなにか，「真実かつ公正な概観」とはなにかについては，さまざまな捉え方があるため，経営者や監査人の心理やインセンティブにより，その判断にブレが生じるおそれもある。

　他方，**細則主義**（Rule-Based standards）とは，細かな「枝葉」部分の多くを明文化し，判断の余地がないようにする方法をいう。細則主義によれば，ルールは明確な数値例が設けられ（「Bright line 化」という），かつ遵守すべき項目が列挙される（「Check-box 化」という）ことになる。さらに，細則主義のもとでは，経営者や監査人の判断や意思決定にブレが生じるおそれは少ないとされる。しかし，明確な数値基準が示されることが逆に，それを逸脱する行動を生んでしまうというおそれもあることが指摘される。これらに係る実験研究については，たとえば，田口（2025）第10章を参照。

【対話：考えてみよう】

　国際的な会計基準のコンバージェンスについては，以下のような意見がある。
　考え方Ａ：投資家保護の観点からすると，会計基準は国際的に統一化されることが望ましい。
　考え方Ｂ：会計基準の品質を保つためにも，会計基準間の競争がなされること（会計基準が統一化されないこと）が望ましい。
　これらの考え方の根拠はなんであり，また，あなたはこれらについてどのように考えるか。さらに，別の考え（考え方ＣやＤ）はあり得るだろうか。

■Readings■

ハイエク（Hayek）の思想に興味がある読者へ
森田雅憲（2009）『ハイエクの社会理論─自生的秩序論の構造』日本経済評論社

会計基準の理論的なあり方に興味がある読者へ
藤井秀樹（2007）『制度変化の会計学─会計基準のコンバージェンスを見すえて』中央経済社
斎藤静樹（2019）『会計基準の研究（新訂版）』中央経済社
米山正樹（2008）『会計基準の整合性分析─実証研究との接点を求めて』中央経済社

国際的な会計基準の設定プロセスに興味がある読者へ
小形健介（2023）『IASB の基準開発メカニズム─「組織存続の論理」からの究明』中央経済社

米国や日本における「会計の政治化」に興味がある読者へ
大石桂一（2015）『会計規制の研究』中央経済社
大日方隆（2023）『日本の会計基準Ⅰ／Ⅱ／Ⅲ』中央経済社.

国際的会計基準の中身そのものについて，学習を進めたい読者へ
橋本尚・山田善隆（2025）『IFRS 会計学基本テキスト（第8版）』中央経済社

山田辰己・あずさ監査法人（2019）『論点で学ぶ国際財務報告基準（IFRS）（ライブラリ論点で学ぶ会計学2）』新世社

■参考文献■

Hayek（1973）*Law, Legislation and Liberty, vol.I ; Rules and Order,* Routledge & Kegan Paul.（矢島鈞次・水吉俊彦訳（1987）『法と立法と自由 I ルールと秩序』ハイエク全集 第8巻, 春秋社）

大石桂一（2000）『アメリカ会計規制論』白桃書房

大石桂一（2015）『会計規制の研究』中央経済社

Sunder, S.（2016）Rethinking Financial Reporting : Standards, Norms and Institutions. Foundations and Trends® in Accounting 11(1-2): 1-118（徳賀芳弘・山地秀俊監訳（2021）『財務報告の再検討—基準・規範・制度』税務経理協会）

田口聡志（2015）『実験制度会計論—未来の会計をデザインする』中央経済社

田口聡志（2025）『企業会計の本質を巡って—プロトタイプとデジタル社会』税務経理協会

第 **2** 部

財務会計の個別論点

全体像

第6章　財務諸表：制度と理論の「地図」

財務諸表について，理論と制度の両方から概観

［運用形態］　　　　　　　　　試算表　　　　　　　　［調達源泉］

第7-9章　事業投資 （棚卸資産，設備資産）	第7，11-12章　調達源泉 （収益認識，負債，株主資本）
第10章　金融投資	

学習にあたって

　第2部では，個別論点について学ぶ。特に，第6章の「地図」を踏まえて，2つの関係性，つまり，①事業投資（第7－9章）と金融投資（第10章）の関係，②運用形態（第7－10章）と調達源泉（第7，11－12章）の関係に留意しながら，学習を進めよう。

　また第2部の学習を終えた後に，改めて第1部に立ち返り，会計の機能・構造・測定の諸論点と第2部の個別論点とをリンクさせて理解できるか，考えてみよう。

94 | 第2部　財務会計の個別論点

第 **6** 章 —— 財務諸表：
制度と理論の「地図」

Point

　本章では，このあとの個別論点に入る前の全体整理として，財務諸表を基礎として，その制度的・理論的な「地図」を作ることにする。
1．現行制度における財務諸表としては，貸借対照表，損益計算書，キャッシュ・フロー計算書，株主資本等変動計算書，包括利益計算書がある。また貸借対照表，損益計算書とは，基本財務諸表として，資本と利益を介して有機的につながっている。→【1，2】
2．現行制度における貸借対照表の表示区分は，流動性の観点からなされる。また，その区分の判断基準となるのは，正常営業循環基準と1年基準である。→【3】
3．現行制度における損益計算書の表示は，発生源泉別になされる。→【4】
4．貸借対照表と損益計算書の各項目の定義の背後にある理論的な考え方として，資産負債観と収益費用観とが存在する。→【5，6】

Keywords
基本財務諸表，財政状態，経営成績，資本と利益，資産負債観，収益費用観，クリーン・サープラス，ダーティー・サープラス，包括利益，主観のれん

Questions
1．基本財務諸表とはなにかを挙げるとともに，それがなぜ「基本」とされるのかを，他の計算書と比較し述べなさい。
2．現行制度の貸借対照表で採用される「流動性配列法」の流動項目と固定項目とを分ける分類基準について説明しなさい。
3．現行制度の損益計算書で採用される「発生源泉別区分」について，その根拠を述べるとともに，具体的な損益計算区分について説明しなさい。
4．貸借対照表と損益計算書の各項目の定義の仕方の背後にある理論的な考え方として，資産負債観と収益費用観とを比較し説明するとともに，それらとの関係性の中で，包括利益計算書の位置づけを説明しなさい。

1 ■ 財務諸表

　本章では，このあとの個別論点に入る前の全体整理として，財務諸表を基礎として，その制度的・理論的な「地図」を作ることにする。

　財務諸表について，現行制度では，大きく5つの**財務諸表**が求められる。それは，貸借対照表，損益計算書，キャッシュ・フロー計算書，株主資本等変動計算書，包括利益計算書（ただし，後述の「2計算書方式」を採用した場合）である（**図表6-1**）。

　図表6-1に示されるとおり，**貸借対照表**は，ある1時点の企業の財政状態を表す。**損益計算書**は，ある一定期間の企業の経営成績を表す。そしてこの2つの計算書は，複式簿記の仕訳から導出され，かつ，両者は（2で述べるように）資本と利益で有機的に結合していることから，貸借対照表と損益計算書は，**基本財務諸表**と位置づけることができる。

　キャッシュ・フロー計算書は，貸借対照表項目のうち現金勘定を中心とするキャッシュ項目の期中の変動をとらえる明細書で，「第3の財務諸表」とよばれることもある。**株主資本等変動計算書**は，貸借対照表項目のうち株主資本等の期中の変動を捉える明細書である。**包括利益計算書**は，包括利益の変動を捉える計算書で，損益計算書のいわば「派生版」といえる。

　［＊1］　キャッシュ・フロー計算書については本章補論6-1で，株主資本等変動計算

図表6-1■財務諸表の関係性

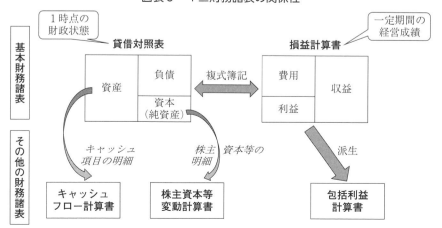

書については第12章で，それぞれ述べる。また，包括利益計算書については，貸借対照表と損益計算書の関係を理論的に考える中で，本章5でその位置づけを論じる。

[＊2]　なお，会計基準上は，キャッシュ・フロー計算書も，有用性の観点から，基本財務諸表に含めて「第3の基本財務諸表」とよぶこともある。

2 ■ 貸借対照表と損益計算書の有機的な結合関係：資本と利益

　ここで，貸借対照表と損益計算書の関係性を，もう少し立体的に捉えてみよう。貸借対照表と損益計算書は，第4章で学習した「**会計期間**」（たとえば4月1日開始，翌年3月31日終了の1年間であると仮定する）を基礎にして，**図表6－2**に示される関係を有する。

　貸借対照表は，ある一時点のストック情報（財政状態）を表し，損益計算書はある一定期間のフロー情報（経営成績）を表し，かつ，両者は，会計期間を基礎にして，資本と利益で有機的に結合する。すなわち，図表6－2では，4月1日の貸借対照表が，会計期間の始まり（「**期首**」という）における企業の財政状態を，そして3月31日の貸借対照表が，会計期間の終わり（「**期末**」という）における企業の財政状態を，それぞれ表している。ここで，4月1日の資本が100，3月31日の資本が120であったと仮定すると，会計期間の1年間で20（期末資本120－期首資本100）だけ資本が増加したことになる。

　そして，資本増加20は，（配当支払や増資・減資等がなければ）1会計期間における利益20と一致する。つまり，資本増加20の内訳を示すのが，1年間の経

図表6－2■貸借対照表と損益計算書の関係

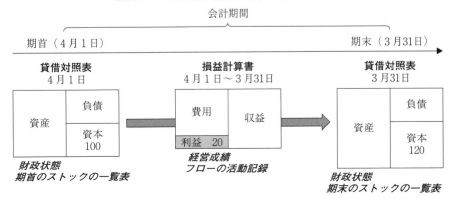

営成績を示す損益計算書であり，どのような経済活動によって，収益と費用が生まれ，そして，それらがどのように利益20（＝資本増加20）につながるかを説明するのが，損益計算書になる。このような資本と利益の関係性，ないしつながりこそが，「有機的な結合関係」という表現の意味するところである。

両者のこのような関係性を念頭においたうえで，以下では，貸借対照表と損益計算書に焦点を絞り，それらにおける制度上の取扱いと理論的な考え方を整理する。

3 ■ 貸借対照表：制度

貸借対照表（B/S：Balance Sheet）とは，ある時点における経済主体の**財政状態**（financial position），つまり，企業資本の運用形態とその調達源泉を表すものであり，具体的には資産・負債・資本項目の一覧表となる。そして，ここでは特に，資産や負債をどのように定義し，またそれらをどのように分類するかが大きなポイントとなる。それらの制度的な取扱いについては本節で，理論的な考え方については本章5で，それぞれ概要を確認する。

まず，第5章で確認した「企業会計原則」においては，貸借対照表は，次のように定義されている。すなわち，「**貸借対照表**は，企業の**財政状態**を明らかにするため，貸借対照表日におけるすべての資産，負債及び資本を記載し，株主，債権者その他の利害関係者にこれを正しく表示するものでなければならない」（「原則」第三　貸借対照表原則一）。

[＊3]　財政状態については，日本の「討議資料　財務会計の概念フレームワーク」第1章　2では，「**投資のポジション**」という用語で説明されている（これは，「企業投資がなされている現在の状態」と理解できる）。また，そのような用語を用いた理由として，「概念フレームワーク」は，「『投資のポジション』に類似する用語としては，従来，『財政状態』という用語が用いられてきた。しかし，この用語は，多義的に用いられているため，新たに抽象的な概念レベルで使用する用語として，『投資のポジション』を用いた」と説明している。

3－1　制度上の表示区分

ここで，制度上の表示区分について，ある仮想的な企業の貸借対照表を，要約したかたちで示すと，**図表6－3**のようになる。

98 第2部　財務会計の個別論点

図表6－3■貸借対照表　（単位：百万円）

（資産の部）	（負債の部）
流動資産合計　2,020,375	流動負債合計　526,331
固定資産・繰延資産合計	固定負債合計　45,973
426,543	負債合計　572,304
資産合計　　2,446,918	（純資産の部）
	株主資本　1,861,582
	その他　　　13,032
	純資産合計　1,874,614

　図表6－3に示されるとおり，貸借対照表には，資産，負債，純資産という3つの区分があり，資産は，流動資産，固定資産，および繰延資産に分類され，負債は，流動負債と固定負債に区分して表示される（「原則」第三　二）。このように，現行制度においては，資産や負債を，**流動性**の観点から区分して，財務諸表利用者が，企業の財務安全性を判断できるようにしている。また，現行の会計制度においては，「資本」が，「純資産」とよばれることにも注意しよう（この点については，第12章で学習する）。

　このように流動項目と固定項目とを分類し，かつ，「流動項目→固定項目」という順番で表示する方法を，**「流動性配列法」**とよぶ（「原則」第三　三，「財規」13条）。逆に，「固定項目→流動項目」という順番で表示する方法を**「固定性配列法」**とよぶ。流動性配列法は，流動項目が先頭に来ることで，企業の支払能力（特に，流動資産で流動負債を支払う能力）を強調することができるため，多くの企業で採用されている。他方，固定資産の割合が極めて高い企業（たとえば電力会社等）では，固定性配列法が採用されることが多い。

　なお，「企業会計原則」と「財務諸表規則」は，貸借対照表の区分と配列について，具体的に以下のように記述している（ただし，下線は筆者（田口））。

　企業会計原則第三　　貸借対照表原則
　　二　貸借対照表の区分　貸借対照表は，資産の部，負債の部及び資本の部の三区分に分ち，さらに資産の部を**流動資産，固定資産及び繰延資産**に，負債の部を**流動負債及び固定負債**に区分しなければならない。
　　三　貸借対照表の配列　資産及び負債の項目の配列は，原則として，**流動性配列法**によるものとする。
　財務諸表規則　　**第13条**　資産及び負債の科目の記載の配列は，**流動性配列法**によるものとする。

３－１－１　営業循環基準と１年基準

このように資産や負債を流動性の観点から区分するためのメルクマールとなるのは，正常営業循環基準と１年基準である（「原則」注解16）。

正常営業循環基準とは，正常な営業循環のサイクル（仕入・製造から販売，代金回収までの一連のビジネスプロセス）に入っている項目かどうかで流動・固定を分類する方法をいう（過程内なら流動項目，過程外なら固定項目と判定する）。

１年基準とは，決算日の翌日から起算して１年以内に回収もしくは決済がなされるかどうか，もしくは，何らかのかたちですぐに別勘定に変容しうる可能性があるかで流動・固定を分類する方法をいう（より具体的には，１年以内に履行期の到来する債権債務，および１年以内に費用ないし収益となる資産や負債であれば流動項目，１年を超える場合は固定項目とする）。

これらは要するに，メインビジネスの「レギュラー項目」か否か，そして会計期間内に何らかのアクションがあるか（滞留するような項目でないか）といった判定基準であるが，これらのスクリーニングを通して資産と負債を分類することで，企業のビジネスが滞りなく回っているのかどうかを判断することができる。そしてこれが，「財務安全性」の意味である。すなわち，これらの基準を用いて資産と負債を分類表示することで，企業の安全性や安定性を「見える化」しようというのが，この制度的な資産・負債分類の基本的な考え方である。これらの正常営業循環基準と１年基準の適用関係を図示すると，**図表６－４**のようになる。

図表６－４■正常営業循環基準と１年基準の適用関係

［Step 1］

正常営業循環基準　→過程内：流動項目
　　　　　　　　　→過程外→→［Step 2］

　　　　　　　　　　　　１年基準　→１年以内：流動項目
　　　　　　　　　　　　　　　　　→１　年　超：固定項目

３－１－２　総額主義

貸借対照表においては，総額によって記載することを原則として，相殺することによって，その全部または一部を貸借対照表から除去してはならないと定められている（「原則」第三 一Ｂ）。これを，**総額主義**という。ここでもし仮に，相殺表示をおこなってしまえば，資産や負債の構成割合や，資金の運用と調達

100 第2部 財務会計の個別論点

の関係が適切に表現されないおそれがある。このため，貸借対照表においては総額主義が求められる。

[＊4] ただし金額的重要性が乏しい項目に関しては，相殺表示が認められる場合もある。また，貸借対照表の概観性を高めるために，売掛金と貸倒引当金の相殺や，固定資産の取得原価と減価償却累計額の相殺等が認められることもある（「原則注解」注17）。

[＊5] 貸借対照表の全体としての表示形式には，「勘定式」と「報告式」という2つがある。勘定式の貸借対照表は，複式簿記の原理に従って資産と負債・純資産を左右に対照表示するものである。他方，報告式の貸借対照表は，上から下へ，順に資産・負債・純資産を配列して記載するものである。簿記の原理に従ったいわば本則といえるのが勘定式で，他方，利用者にとっての見やすさに配慮し並べ替えたものが報告式といえる。特に金融商品取引法では，見やすさを重視して，後者の報告式が採用されている（「財規」第11条）。

3－2 制度上の定義

現行の会計制度における資産・負債・純資産の定義は，**図表6－5**に示される。

図表6－5■制度における資産・負債・純資産の定義

日本「討議資料 財務会計の概念フレームワーク」第3章 財務諸表の構成要素
4 **資産**とは，過去の取引または事象の結果として，報告主体が支配している**経済的資源**をいう。
5 **負債**とは，過去の取引または事象の結果として，報告主体が支配している**経済的資源**を放棄もしくは引き渡す**義務**，またはその同等物をいう。
6 **純資産**とは，資産と負債の**差額**をいう。
（脚注） **支配**とは，所有権の有無にかかわらず，報告主体が経済的資源を利用し，そこから生み出される便益を享受できる状態をいう。**経済的資源**とは，キャッシュの獲得に貢献する便益の源泉をいい，実物財に限らず，金融資産及びそれらとの同等物を含む。経済的資源は市場での処分可能性を有する場合もあれば，そうでない場合もある。

国際会計基準「Conceptual Framework for Financial Reporting」（財務報告に関する概念フレームワーク）
「資産とは，過去の事象の結果として企業が支配している現在の**経済的資源**（economic resource）をいう。経済的資源とは，経済的便益を生み出す潜在能力を有する権利である。」(4.3, 4.4)
「負債とは，過去の事象の結果として経済的資源を移転しなければならないという企業の**現在の義務**（obligation）である。(4.26)」
「資本（equity）とは，企業の資産からすべての負債を差し引いた**残余請求権**（residual interest）である。」(4.63)

※下線は筆者

第6章　財務諸表：制度と理論の「地図」 101

　ここでは，主に，資産を**経済的資源**（キャッシュの獲得に貢献する便益の源泉で，「経済的便益」ともよばれる）として定義し，負債をその反対概念（義務）として捉え，かつ，純資産をそれらの差額として定義している点が大きな特徴といえる。これらの関係性は，**図表6－6**に示される。

図表6－6■制度における貸借対照表項目の定義の順序

資産の定義（経済的資源）
↓
負債の定義（資産の反対概念（義務））
↓
純資産の定義（資産と負債の差額）

　　[＊6]　現行制度では，純資産を，資産と負債との差額概念として捉えていることから，会計構造的には，**資本等式**（純資産等式）が前提となっている。なお，この点については，第12章で学習する。
　　[＊7]　国際会計基準においては，貸借対照表は，**財政状態計算書**（Statement of financial position）とよばれている。

4 ■損益計算書：制度

　損益計算書（P/L：Profit and Loss Statement, I/S：Income Statement）とは，ある一定期間における経済主体の**経営成績**（業績）を表すものであり，収益・費用・利益といった項目の一覧表となる。ここでは，貸借対照表の場合と同様に，収益や費用をどのように定義し，またそれらをどのように分類するかが大きなポイントとなる。それらの制度的な取扱いについては本節で，理論的な考え方については5で，それぞれ確認する。

　まず，制度的には，損益計算書とは，次のように定義されている。「損益計算書は，企業の**経営成績**を明らかにするため，一会計期間に属するすべての収益とこれに対応するすべての費用とを記載して経常利益を表示し，これに特別損益に属する項目を加減して当期純利益を表示しなければならない」（「原則」第二　損益計算書原則一）。

　　[＊8]　「経営成績」については，日本の『討議資料　財務会計の概念フレームワーク』では，**「投資の成果」**という用語で説明されている（『討議資料　財務会計の概念フレームワーク』第1章2などを参照）。

102 | 第 2 部　財務会計の個別論点

4 － 1　制度上の表示区分

　損益計算書では，収益と費用が計上され，それらを差し引きして利益が計算される基本構造となっている（「収益 － 費用 ＝ 利益」）が，制度的には，これが，**発生源泉別**になされている点が特徴である（**図表 6 － 7**）。

図表 6 － 7 ■損益計算書の発生源泉別区分

企業活動		損益計算書	損益計算区分
メインとなる事業活動	営業循環に直接的に関連する活動	1　売上高 2　売上原価 　　　**売上総利益**	営業損益計算
	経営管理活動	3　販売費及び一般管理費 　　　**営業利益**	
金融活動		4　営業外収益 5　営業外費用 　　　**経常利益**	経常損益計算
臨時的・偶発的な活動		6　特別利益 7　特別損失 　　　**税引前当期純利益** 8　法人税等 　　　**税引後当期純利益**	純損益計算

　図表 6 － 7 に示されるとおり，具体的には，利益計算が，営業利益を計算する**営業損益計算**，経常利益を計算する**経常損益計算**，最終的な税引後当期純利益を計算する**純損益計算**という 3 段階からなされる。このような区分表示をおこなう理由は，利益の金額だけではなく，その利益がどのように生じたかを発生源泉別に明らかにすることで，企業の経営成績をより適切かつ詳細に表示するためである。たとえば，企業の利益がメインのビジネス活動から生じたのか，それとも遊休資産を売却するなど特別な事情から生じたのかを明らかにすることは，利益の質，ひいては企業の経営成績を深く理解するためにも必要不可欠である。企業会計原則においても，「損益計算書には，**営業損益計算**，**経常損益計算**及び**純損益計算**の区分を設けなければならない」旨の記述がある（「原則」第二　損益計算書原則二）。

　次に，これらの具体的な中身を確認する。これは，企業の経済活動に大きく依存する。すなわち，まず企業の経済活動は，メインとなる事業活動とそれに付随する金融活動に大きく分けることができる。前者をとらえたものが「**営業**

損益計算」の区分である。そして後者も含めた損益計算が「**経常損益計算**」の区分となる。

　メインの事業活動を表す「営業損益計算」では，さらに，仕入・販売・代金回収など営業循環に直接的に関連する活動と，それをサポートする経営管理活動とに細分化することができる。このため，この区分の中で，さらに「**売上総利益**」と「**営業利益**」という2段階の利益を計算することで，これらの違いを表現する。

　また，「経常損益計算」の区分では，営業利益に金融活動から生じる収益や費用（営業外収益・費用）を加減算し，「**経常利益**」を計算する。この経常利益は，企業の正常な活動から規則的・反復的に生じた収益と費用により算定されるものであるため，当期の企業の基本的な収益力を表す業績指標とされる。たとえば，企業の経営目標や業績管理においても，この経常利益が重視されることが多い。

　さらに，企業の経済活動は，企業の正常な活動（規則的・反復的な活動）以外にも，臨時的・偶発的な活動（たとえば，本来は売却する予定のない大型設備資産を何らかの臨時的理由で売却するなど）も存在する。そして，これらに係る損益項目をまとめたものが「**純損益計算**」の区分である。ここでは，経常利益に臨時的・偶発的な活動から生じる項目（特別利益・特別損失）を加減算し，「**税引前当期純利益**」を計算する。そして，そこからさらに，法人税等を控除して「**税引後当期純利益**」を計算する。これは，当期中の株主資本の増殖分となる。

　　　[＊9]　伝統的には，いずれの損益計算が重要かについて，経常損益計算区分が重要であるとする説（「**当期業績主義**」という）と，純損益計算区分が重要であるとする説（「**包括主義**」という）が存在する。なお，損益計算書の表示原則としては，企業会計原則の一般原則にある**明瞭性の原則**が遵守される必要があるが，その具現化が，ここでの損益計算の発生源泉別区分であるともいえる。
　　　[＊10]　国際財務報告基準では，2024年に IFRS 第18号「**財務諸表における表示および開示（Presentation and Disclosure in Financial Statements）**」が公表され，損益計算書における新たな3区分（営業・投資・財務）の導入や，経営者が定義した業績指標（MPMs：Management-defined Performance Measures）の透明性の向上などが示されている。

4－2　総額主義

　このような区分表示のほか，表示上は，総額主義が重要になる。**総額主義**と

104 | 第 2 部　財務会計の個別論点

は，収益と費用を相殺し差額のみを記載する（「**純額主義**」）のではなく，収益項目と費用項目の金額を，それぞれ総額で記載する方法をいう。

　ここで，もし仮に純額主義で損益計算書が作成されてしまえば，利益の金額が相殺されたかたちでのみしか表示されない。このため，どのような規模の収益や費用から利益が計算されたのか，また収益を上げるための費用はどれくらいかかったのかといった経営効率性などを知ることができなくなる。よって，経営成績を十分に明らかにするためにも，損益計算書は総額主義で作成される必要がある。

> ［＊11］　ただし企業にとって重要性が乏しい活動については，重要性の原則から純額主義が用いられることがある。たとえば，金額的に僅少な備品等を売却した際の売却代金と資産帳簿価額を直接相殺して，売却損益だけを表示するということは，重要性の観点からはあり得る。

4 － 3　収益・費用の定義

　また，制度における収益・費用・（純）利益の定義は，**図表 6 － 8** に示される。

図表 6 － 8 ■制度における収益・費用・（純）利益の定義

討議資料　財務会計の概念フレームワーク　第 3 章　財務諸表の構成要素
9　**純利益**とは，特定期間の期末までに生じた**純資産の変動額**（報告主体の所有者である株主，子会社の少数株主，及び前項にいうオプションの所有者との直接的な取引による部分を除く。）のうち，その期間中に**リスクから解放された投資の成果**であって，報告主体の所有者に帰属する部分をいう。
13　**収益**とは，**純利益または非支配株主損益を増加させる項目**であり，特定期間の期末までに生じた資産の増加や負債の減少に見合う額のうち，**投資のリスクから解放された部分**である。
15　**費用**とは，**純利益または非支配株主損益を減少させる項目**であり，特定期間の期末までに生じた資産の減少や負債の増加に見合う額のうち，**投資のリスクから解放された部分**である。

国際会計基準「Conceptual Framework for Financial Reporting」（財務報告に関する概念フレームワーク）
「収益とは，資産の増加もしくは負債の減少であり，資本を増加させる項目である（持分請求権の所有者からの拠出に関するものを除く）。」(4.68)
「費用とは，資産の減少または負債の増加であり，資本を減少させる項目である（持分請求権の所有者への分配に関するものを除く）。」(4.69)

※下線は筆者。現行基準にあわせて「少数株主損益」と記載されている文言を「非支配株主損益」に修正している。

第6章　財務諸表：制度と理論の「地図」　105

　日本の概念フレームワークでは，貸借対照表項目を出発点として純資産を定義して，その変動差額として純利益を定義する。さらに，その増減理由として収益と費用を定義している。このような定義の順序は，制度における大きな特徴といえる（なお，国際会計基準における概念フレームワークにおいては，収益や費用は，資産や負債の変動と紐づけて定義されている。利益を介した定義ではない点で，日本の定義の仕方とは若干異なっている）。ここで特に，日本の概念フレームワークによる定義の仕方を整理すると，**図表6－9**のようになる。

図表6－9■制度における損益計算書項目の定義の順序

貸借対照表項目の定義（資産→負債→純資産）
　　↓
純利益の定義（純資産の期間変動のうちリスクから解放された部分）
　　↓
収益・費用の定義（純利益の増加・減少）

　［＊12］　なお，連結会計で重要になる「報告主体の所有者に帰属する部分」か否かという議論は，本章ではひとまず考えないものとする。連結会計については，第15章で学習する。

　このような定義の順序は，利益を収益と費用の差額と捉える立場（収益費用が出発点となり，そこから利益が導出されると捉える立場）からすると，少し奇妙な定義の仕方である。この詳細は，**5**で述べる。

5 ■貸借対照表と損益計算書に関する理論的考え方の整理：定義の順序

　3および**4**では，貸借対照表と損益計算書における制度上の区分表示の方法や各項目における定義を確認した。他方，理論的には，貸借対照表項目・損益計算書項目の定義をどうするか，また，これらの分類や区分をどうするか，さらには，借方と貸方の関係性をどう捉えるかが大きな論点となる。そこで本節では，これらの概要を述べる。特に定義の順序の問題をより深く考えてみよう。

5－1　制度上の定義の順序：再整理

　現行制度上は，前述のとおり，貸借対照表項目をまず先に定義して，そのあ

とに損益計算書項目を定義する流れが採用されている。具体的には，**図表6－10**に示される。

すなわち，最初に資産を経済的便益として定義し，次に負債を資産の反対概念として定義し，資産と負債の差額として純資産を定義する。そして，貸借対照表項目の定義を前提に，次に損益計算書項目を定義する。特に，純資産の変動の一部分として純利益を定義し（厳密には，純資産の変動として**包括利益**を定義し，かつ，包括利益のうち，リスクから解放された部分として，純利益を導出し），純利益の定義から，収益と費用を定義するという順番である。

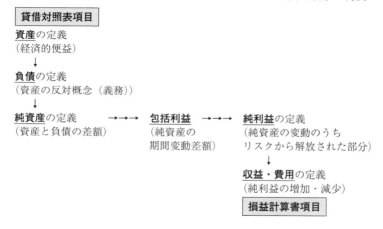

図表6－10■貸借対照表項目・損益計算書項目の定義の順序：制度

5－2　理論からみた定義の順序：いわゆる資産負債観と収益費用観

図表6－10に示された制度の取扱いは，理論的には，いわゆる**資産負債観**の立場を暗黙のうちに前提としていると捉えることができる。ここで**資産負債観**とは，ひとまず「資産と負債を会計の基本概念とみる考え方」と捉えておこう。そして，資産負債観における基本財務諸表項目の定義の順序を整理すると，**図表6－11**に示される。ここでは，制度における順序である図表6－10と同じ流れになっている点に留意されたい。

図表6－11■資産負債観における基本財務諸表項目の定義の順序：理論

資産→負債→純資産→利益→収益・費用
＜貸借対照表項目＞　　＜損益計算書項目＞

他方で，いわゆる**収益費用観**の立場からすると，定義の順序は逆になる。ここで，**収益費用観**とは，ひとまず「収益と費用を会計の基本概念とみる考え方」と捉えておこう。収益費用観における基本財務諸表項目の定義の順序を整理すると，**図表 6 − 12**に示される。

図表 6 − 12■収益費用観における基本財務諸表項目の定義の順序：理論

<u>＜損益計算書項目＞</u>　　＜<u>貸借対照表項目＞</u>
収益・費用　　→→→　資産・負債・資本
　　↓　　　　　　　　（収益費用の変動，「連結環」）
　　利益
（収益と費用の差額）

収益費用観では，まず収益と費用が定義され（たとえば，「収益とは，企業の経済的成果」や「費用とは，企業の経済的犠牲」等と定義される），その差額として利益が定義される。次に，収益や費用の変動の相手勘定として，または，会計期間を超えて収益や費用が見越し・繰り延べられる場合の期間損益計算の「連結環」として，貸借対照表項目が定義される（なお，資本をどのように定義するかは，貸借対照表項目における会計構造（基本的等式）が**貸借対照表等式**か，資本等式かによって異なる。この点は，第12章で確認する）。なお，損益計算書と貸借対照表のこのような関係性については，第 4 章第 6 節でも議論しているので，あわせて復習しておこう。

いずれにせよ，収益費用観による定義の順序（図表 6 - 12）は，資産負債観における順序（図表 6 - 11）とは，反対の流れになっている点を，ここでは確認しておきたい。なお，本章 **4** の最後で，「このような定義の順序は，<u>利益を収益費用の差額と捉える立場（収益費用が出発点となり，そこから利益が導出されると捉える立場）からすると，少し奇妙な定義の仕方である</u>」（下線追加）と述べたが，これは，収益費用観（利益は収益と費用の差額概念で，かつ，収益と費用が決まった後に決まるという考え方）からみると，資産負債観の考え方，つまり，利益が先に（純資産との関係で）決まり，そのあとに収益と費用が決まるという考え方に違和感がある，という意味の記述であり，両者の利益の捉え方の違いを如実に表している。

　　［＊13］　収益費用観と資産負債観の歴史的変遷としては，一般論としては，先に収益費用観があり（厳密には，これまで伝統的になされていた損益計算重視の会計の考え方が，後から「収益費用観」とラベリングされ），そこから資産負債観の考え方が徐々

に浸透していったとされる。具体的には，米国財務会計基準審議会（FASB）の1976年討議資料などで，資産負債観が，収益費用観のカウンター・パートとして提起され，それを端緒として，両者をどう捉えるかという議論が，理論的にも実務的にもなされるようになった。このような歴史的変遷については，たとえば，藤井（2021）第10章などを参照。

5－3　定義の順序の違いがもたらすもの：包括利益

ここで，これらの順序の違いは，一体どのような意味を持つのだろうか。結論的には，この違いは，単なる形式の問題を超えて，どういった項目を財務諸表に認識するか，またどのように測定するかという会計における実質面を定める議論へと発展していく可能性がある。そして，その詳細を，以下のような2つのケースをつうじて考えてみよう。

まず，「ケース1」として，資産負債観で捉える資産と負債（そして，収益と費用）と，収益費用観で捉える収益と費用（そして資産と負債）の中身が完全に重なり合う（会計期間で一致する）場合を想定してみよう。そうすると，両者の違いは，単なる形式上の違いとなる。よって，資産負債観で捉える利益（純資産（資産と負債の差額）の期間変動額。これをいま便宜的に「利益A」とよぶ）と，収益費用観で捉える利益（収益と費用の差額。これをいま便宜的に「利益B」とよぶ）とが一致することになる。たとえば，「利益A」と「利益B」をそれぞれ計算した結果，両者が100で一致するような場合である。この場合の両者の関係を図示すると，**図表6－13**のようになる。また，このような関係性を，「**クリーン・サープラス関係（clean surplus）**」とよぶ。

図表6－13■資産負債観と収益費用観の関係（ケース1）：クリーン・サープラス関係

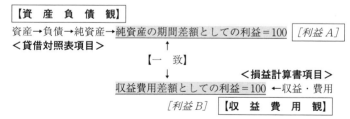

他方，「ケース2」として，資産負債観で捉える資産と負債（そして，収益と費用）と，収益費用観で捉える収益と費用（そして，資産と負債）の中身が完全

には重なり合わない（会計期間で一致しない）場合を想定しよう。たとえば，収益費用観の立場からすると，期間損益計算の適正化の観点から「繰延資産」や「引当金」という項目が資産・負債として正当化されるが，資産負債観の立場からすると，これらは，経済的便益たる資産やその反対概念としての負債の定義を満たさない可能性があり，貸借対照表に計上されない可能性が生じる。

　[＊14]　繰延資産については第9章で，引当金については第11章で，それぞれ学習する。

　そして，このように，片方の立場からすると計上しうるが，他方からすると計上すべきでないという項目が生じると，両者の違いは単なる形式上の違いを超え，実質的な差異を生じさせる。たとえば，「利益A」と「利益B」をそれぞれ計算した結果，「利益A＝100」であるのにもかかわらず，「利益B＝80」となるような場合である。このように，資産負債観で捉える利益（純資産（資産と負債の差額）の期間変動額）と，収益費用観で捉える利益（収益と費用の差額）が一致しないような関係性を，「**ダーティ・サープラス関係（dirty surplus）**」とよぶ。図示すると，**図表6－14**のようになる。

図表6－14■資産負債観と収益費用観の関係（ケース2）：ダーティ・サープラス関係

【資　産　負　債　観】
資産→負債→純資産→純資産の期間差額としての利益＝100 ［利益A］
＜貸借対照表項目＞
　　　　　　　　　　　　　↑
　　　　　　【一　致　し　な　い】
　　　　　　　　　　　　　　　　　　　＜損益計算書項目＞
　　　　　収益費用差額としての利益＝80 ←収益・費用
　　　　　　　［利益B］　【収　益　費　用　観】

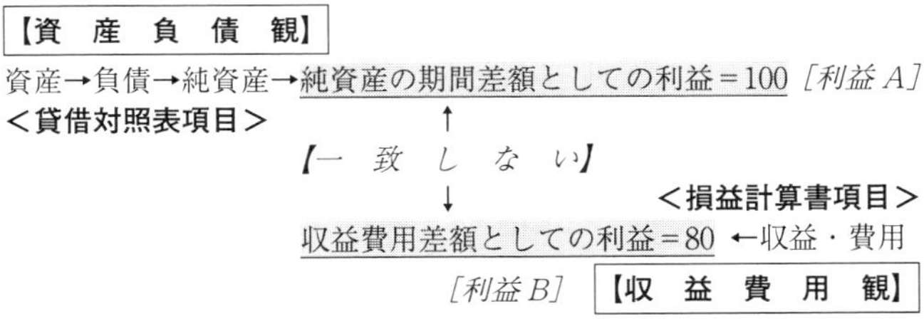

　そして，資産負債観から導出される「純資産の期間差額としての利益」（「利益A」）と，収益費用観から導出される「収益費用差額としての利益」（「利益B」）が一致しないことになると，貸借対照表と損益計算書との閉じた関係が崩れてしまう。このように，基本財務諸表同士がうまく接続（連携）しないことは，企業会計が閉じたシステムにより構築されていることからすると（閉じたシステムとして構築されることを目指すものとすると），望ましいことではない。

　よって，この解決のためには，(1)「利益A」と「利益B」のいずれかを利益とはよばないか，もしくは，(2)「利益A」と「利益B」の名前を変えておき，別概念であることを明示するか，いずれかの方向が必要になる。かつ，（(1)と

110 第2部　財務会計の個別論点

⑵のいずれにせよ）「利益 A」と「利益 B」との違いを収容する別の計算書が求められることになる。

　そして，現行の制度や理論の立場からは，特に⑵の立場が採られ（「利益 A」を包括利益，「利益 B」を純利益として，それぞれ違う概念で捉える），かつ，その違いを収容する計算書として「**包括利益計算書**」が求められる（**図表6－15**）。

図表6－15■資産負債観・収益費用観の連携と包括利益計算書

【 資 産 負 債 観 】
資産→負債→純資産→純資産の期間差額としての利益
<貸借対照表項目>　　　【包括利益】
　　　　　　　　　　　　　↑
　　　　　包括利益計算書
　　　【両者の違いを包摂＆説明】
　　　　　　　　　　　　　↓
　　　　　　【純利益】　<損益計算書項目>
　　　収益費用差額としての利益←収益・費用
　　　　　【 収 益 費 用 観 】

　［＊15］　上述の説明に対して，必ずしも基本財務諸表同士がうまく接続していなくてもよい（それぞれ独立したものとして表示すればそれでよい）という立場もないわけではない。そしてこのような立場を「**非連携**」とよび，貸借対照表と損益計算書の連携を前提とする立場（資産負債観と収益費用観）と区別することがある。ただし，この「非連携」の立場を採る場合には，貸借対照表と損益計算書が体系的に接続しない計算書となるため，それらをあわせて基本財務諸表という概念で包含してよいか，検討の余地がある。

　コラム6－1　　包括利益計算書

　包括利益計算書について，さらなる論点となるのは，以下の2つである。第1に，計算書のフォーマットである。具体的には，①「**1計算書方式**」（損益計算書の中に包括利益を入れて，純利益と包括利益とを1つの計算書内で併存させる立場）か，それとも「**2計算書方式**」（損益計算書とは別建てとして包括利益計算書を位置づける（純利益と包括利益とを次元の異なる別物と捉える）立場）かという選択問題である。

　また，第2に，包括利益の**リサイクリング（再分類調整）**の有無である。リサイクリングとは，「包括利益かつ非純利益」となる項目を，後で純利益に振り替える処理をいう。具体的には，①「リサイクリングあり」（包括利益と純利益の関係を，（たとえば実現原則とその拡張たる実現可能性原則との違いのように）単なる認識タイミングの違いとする立場）か，それとも，②「リサイクリングなし」

（包括利益と純利益の関係を，単なる認識タイミングの違いを超えた質的違いと捉える（たとえば，事業投資からの利益と金融投資からの利益の峻別と捉えるなど）か）に関する選択問題である。

　第1・第2の論点ともに，包括利益と純利益との関係をどのように捉えるか（認識タイミングだけの違いと捉えるか，それとも質的に別次元のものと捉えるか）が大きな鍵となる。そして，もし仮に，5－3後半のように，両者を異質な利益とすると，第1の論点については「2計算書方式」（純利益と包括利益とを次元の異なる別物と捉える立場），そして，第2の論点については「リサイクリングなし」（包括利益と純利益の関係を，単なる認識タイミングの違いを超えた別次元のものと捉える立場）がそれぞれ妥当すると考えられる。

　ただし，現行の日本の会計制度では，第1の論点については，「1計算書方式」と「2計算書方式」の併存（選択適用），第2の論点については「リサイクリングあり」が，それぞれ採用されている。そこで，これらについての理論的な位置づけと現実の制度設計との関係性をより深く考えていく必要がある。これらの議論の詳細は，たとえば，石川（2000）や渡邉（2021）等を参照されたい。

コラム6－2 ▶　資産負債観・収益費用観の再検討の道筋

　なお，コラム6－1の説明に対して，そもそも両者（資産負債観と収益費用観）の齟齬（特に定義から出発しつつも，認識と測定の問題に派生し，それらにずれが生じること）が生じる前の段階で，問題の発生を回避することができないか，という素朴な疑問もないわけでない。つまり，わざわざ包括利益計算書を登場させることなく，両者がうまく調和した体系を構築できないか，という発想である。

　この点を考えるにあたっては，一般的に論じられる資産負債観が，会計構造としては，純資産等式（純資産を，資産と負債の差額と捉える非均衡体系）をアプリオリの前提にしていることに，特に注目する必要がある。換言すれば，これ（純資産等式）を前提にしない体系を想定することが，解決の鍵となる可能性があると筆者は考えている（具体的には，損益計算書と貸借対照表とを基本的等式の内部に同一次元で包摂する「試算表等式」を前提とする体系が，解決の糸口となる可能性があると考えている）。これらの議論は，本書のテキストとしての水準を超えるため，これ以上の言及は避けるが，この点をすでにダイナミックに論じている文献として，たとえば，笠井（2005）などを参照されたい。

---

6 ■ 今後の議論に向けて

　本章では，前半の3および4で，基本財務諸表たる貸借対照表と損益計算書の各項目について，表示区分や定義に関する制度的な取扱いを整理した。また，後半の5では，基本財務諸表の背後にある制度的・理論的な考え方として，資産負債観と収益費用観との関係性を整理した。

112 第2部 財務会計の個別論点

　ここでは，本書の水準を超えるため，さまざまな理論的な考え方を紹介するにとどめ，これらを比較検討する作業はおこなわない。しかし，いずれにせよ，ここで重要なのは，以下の3点である。すなわち，①制度の表面的な議論だけに終始しないこと（制度を単なる「暗記」の対象としてみないこと），②制度の背後にあるさまざまな理論を見据えること，そして，③理論としても，1つだけ（制度で採用されている理論だけ）を前提とせずに，さまざまな考え方や学説を相対化して理解することである。

　このような思考を有したうえで，次章から，いよいよ各論に入ることにする。

補論6−1　キャッシュ・フロー計算書

(1) キャッシュ・フロー計算書の意義

　ここで，図表6−1で示した財務諸表のうち，キャッシュ・フロー計算書について補足する。**キャッシュ・フロー計算書**とは，企業の1会計期間におけるキャッシュ・フローの状況を報告するための財務諸表をいう。第4章で学んだとおり，今日の財務会計は，発生主義をベースとした発生主義会計であるが，そのもとで計算される利益は，実際の現金収支と乖離する可能性がある。たとえば，商品を掛けで売上げた場合，それは当期の収益として利益に対してプラスの効果がある。しかしながら，実際の現金の入りはないため，（売掛金が回収されるまでは）現金収支としては，プラスの効果はない（**図表6−16**）。

図表6−16■利益とキャッシュ

```
商品の掛売上　→収益計上　→【利益の増加】
                    ↓
【現金収支なし】
```

　このように，現行の発生主義会計のもとでは，利益とキャッシュとが，必ずしも連動しないことがある。そして，実務の世界では，利益は黒字であるのにもかかわらず，資金繰りに詰まって経営破たんしてしまうといういわゆる「黒字倒産」が頻発した時代もあった。このような点から，キャッシュ・フローに関する情報ニーズが高まり，キャッシュ・フロー計算書が，「第3の財務諸表」として位置づけられることになった。

第6章　財務諸表：制度と理論の「地図」　113

　キャッシュ・フロー計算書が対象とするキャッシュの範囲は，実際の現金のほか現金同等物も含むことになる（**図表6−17**）。

図表6−17■キャッシュの範囲

1　現金→手許現金，要求払預金
2　現金同等物（容易に換金可能で，かつ，価格変動に関し僅少なリスクしか負わない　　　短期投資）　　　　→預入期間3ヵ月以内の定期預金や譲渡性預金，CPなど

⑵　キャッシュ・フロー計算書の表示区分

　また，キャッシュ・フロー計算書は，その源泉ごとに，3つに区分される（**図表6−18**）。

図表6−18■キャッシュ・フロー計算書における3つの表示区分

①　営業活動によるキャッシュ・フロー（直接法，間接法）
②　投資活動によるキャッシュ・フロー
③　財務活動によるキャッシュ・フロー

　「**営業活動によるキャッシュ・フロー**」の区分には，営業損益計算の対象となった取引のほか，投資活動および財務活動以外の取引によるキャッシュ・フローが記載される。

　　［＊16］　なお，投資活動および財務活動以外の取引によるキャッシュ・フローは，以下
　　　に述べる直接法または間接法のいずれを採用するとしても，「営業活動によるキャッ
　　　シュ・フロー」の区分に設けられる小欄より下に掲記されることになる。

　「営業活動によるキャッシュ・フロー」の表示方法には2つある。まず第1の方法は，**直接法**である。これは，文字どおり，主要な取引ごとに収入・支出を直接記入する方法である。たとえば，売上に関する収入は「営業収入」，仕入に関する支出は「原材料又は商品の仕入支出」等として，それぞれキャッシュ・フローを総額表示していく。これは，営業活動による収入と支出をダイレクトに表示することから，営業活動の規模がわかりやすいというメリットがあるが，実務的には，作成の手間がかかるという点がデメリットとなる。これに対して，第2の方法は，**間接法**である。これは，税引前当期純利益を出発点

とし，調整項目を加減算していく方法である。これは，利益とキャッシュ・フローの対応関係がわかりやすく，将来キャッシュ・フローを予測するうえで有用であるというメリットや，実務上，作成しやすいというメリットを有している。なお，日本の制度上は，直接法と間接法は，企業の任意で選択適用できるが，実務上は，多くの企業が，上記メリットから間接法を利用している。他方で，国際会計基準IAS第7号においては，直接法が推奨されている。

「投資活動によるキャッシュ・フロー」 は，将来の収益獲得および資金運用のために，どれくらいのキャッシュを支出し，また回収したかを示す区分である。

[＊17]　具体的には，以下の項目を，投資活動によるキャッシュ・フローに計上する。

- ・有形固定資産および無形固定資産の取得による支出
- ・有形固定資産および無形固定資産の売却による収入
- ・有価証券（現金同等物に含まれるものを除く）および投資有価証券の取得による支出
- ・有価証券（現金同等物に含まれるものを除く）および投資有価証券の売却による収入
- ・貸付金による支出
- ・貸付金の回収による収入

「財務活動によるキャッシュ・フロー」 は，営業活動および投資活動を維持していくために，どれくらいの資金調達や資金返済をおこなったかを示す区分である。

[＊18]　具体的には，以下の項目を，財務活動によるキャッシュ・フローに計上する。

- ・株式の発行による収入
- ・自己株式の取得による支出
- ・配当金の支払
- ・社債の発行および借入れによる収入
- ・社債の償還および借入金の返済による支出

(3)　設例によるキャッシュ・フロー計算書の理解

ここで，**設例6－1** を用いて，キャッシュ・フロー計算書のうち，「営業活動によるキャッシュ・フロー」の間接法を想定することで，利益とキャッシュ・フローとの関係を整理しておこう。

第6章　財務諸表：制度と理論の「地図」　115

設例 6 − 1　キャッシュ・フロー計算書の構造：営業活動によるキャッシュ・フロー

次の資料に基づいてキャッシュ・フロー計算書（営業活動によるキャッシュ・フローのみ）を作成せよ。なお，受取配当金と支払利息は，「営業活動によるキャッシュ・フロー」に含めるものとする。

（資料）

貸借対照表（X1年3月期）　　　　単位：千円

借方	期首	期末	貸方	期首	期末
現金	3,000	1,600	買掛金	4,000	5,520
売掛金	5,000	7,000	借入金	3,600	4,400
有価証券	—	3,000	未払利息	—	400
商品	3,000	5,000	未払法人税等	1,000	1,000
設備	8,000	8,000	資本金	7,000	7,000
減価償却累計額	△2,400	△4,080	利益剰余金	1,000	2,200
	16,600	20,520		16,600	20,520

損益計算書
（X0年4月1日〜X1年3月31日）単位：千円

売上高		18,000
売上原価		12,000
売　上　総　利　益		6,000
販売費及び一般管理費		
給料	900	
広告宣伝費	700	
減価償却費	1,680	3,280
営　業　利　益		2,720
営業外収益		
受取配当金		80
営業外費用		
支払利息		600
税引前当期純利益		2,200
法人税等		1,000
当期純利益		1,200

≪解答≫

キャッシュ・フロー計算書（営業活動によるキャッシュ・フローまで）

Ⅰ営業活動によるキャッシュ・フロー	
税引前当期純利益	2,200
減価償却費	1,680
受取配当金	△80

支払利息	600
売上債権の増減額	△2,000
棚卸資産の増減額	△2,000
仕入債務の増減額	1,520
小計	**1,920**
利息及び配当金の受取額	80
利息の支払額	△200
法人税等の支払額	△1,000
営業活動によるキャッシュ・フロー	800

　間接法における出発点となるのは，発生主義会計のもとで計算された「税引前当期純利益」であり，これに調整項目を加減算して，「営業活動によるキャッシュ・フロー」に行き着くことになる。具体的な調整項目としては，①「利益とキャッシュへの影響度が異なる項目」および，②「利益を営業ベースに調整するための項目」が挙げられる。

　①「利益とキャッシュへの影響度が異なる項目」の代表的なものとしては，たとえば非現金支出費用たる減価償却費が挙げられる。これは第9章で学習するが，減価償却費は，現金支出がないものの費用とされる項目である。よって，利益からキャッシュを求めるには，まず減価償却費を利益にプラスする必要がある。

　また，①として，営業活動にかかる資産負債項目の増減も調整する必要がある。ここでは，売上債権（設例6－1では，売掛金が該当する）の増減を考える（**図表6－19**）。

図表6－19■売掛金勘定の増減

売掛金勘定（単位：千円）

期首残高 5,000	当期現金回収高
当期掛売上高	期末残高 7,000

利益に←影響　　　　　　　　　　→キャッシュに影響

※売掛金残高→＋2,000の増加

　ここで，当期の売掛金増加額は，当期の掛け売上高であり，これは利益にプラスの影響を及ぼす（利益の増加）。これに対して，当期の売掛金減少額は，（貸倒れなどにより直接売掛金残高を減少させることがなければ）当期の現金回収高で

あり，これはキャッシュにプラスの影響を及ぼす（キャッシュの増加）。

　これらを前提としたうえで，売掛金残高の増減を確認する。設例6－1の貸借対照表より，売掛金は，2,000千円増加している。ここで，売掛金が2,000千円増加したということは，図表6－19の関係性からすると，「当期掛け売上高で計上した金額」より，「当期現金で回収した金額」が2,000千円少なかったことを意味する。よって，利益を調整してキャッシュ・フローを算定するうえでは，売掛金の増加2,000千円は，利益から減算する必要がある。以上から，キャッシュ・フロー計算書（間接法）では，売上債権の増加は，利益からマイナスされる。

　また，棚卸資産（商品）についても，同様の考えから，当期の棚卸資産勘定の増加額2,000千円（＝棚卸資産の期末残高5,000千円－期首残高3,000千円）を，キャッシュ・フロー計算書（間接法）において利益からマイナスする。

　他方，仕入債務（本設例では買掛金）の増減を考えると，**図表6－20**のようになる。

図表6－20▦買掛金の増減

買掛金勘定（単位：千円）

キャッシュに← 影響	当期 決済高	期首残高 　　　4,000	
	期末残高 　　5,520	当期 掛仕入高	→利益に 影響

※買掛金残高→＋1,520の増加

　これは，結論的には，売掛金の「逆」として考える。当期の買掛金増加額は，当期の掛け仕入高を意味するため，これは売上原価として利益にマイナスの影響を及ぼす（利益の減少）。これに対して，当期の買掛金減少額は，当期の決済高（現金支出高）となるので，これはキャッシュにマイナスの影響を及ぼす（キャッシュ減少）。これらを前提として，買掛金残高の増減を確認する。設例6－1の貸借対照表より，買掛金は，1,520千円増加しているが，これは，「当期掛け仕入高」より，「当期決済高」が1,520千円少なかったということを意味する。よって，利益を調整してキャッシュ・フローを算定するうえでは，買掛金の増加1,520千円は，利益に加算する必要がある。以上から，キャッシュ・フロー計算書（間接法）では，仕入債務の増加は，利益にプラスされることに

118 | 第2部 財務会計の個別論点

なる。

　次に，②「利益を営業ベースに調整するための項目」を考える。設例6－1では，「受取配当金」と「支払利息」を戻し入れる必要がある。つまり，間接法の出発点は，「税引前当期純利益」で，すでに営業外損益項目である支払利息や受取配当金などが差し引かれてしまっている。そこで，損益計算書上の支払利息600千円および受取配当金80千円を戻し入れることで，利益を営業ベースに調整することが必要となる。具体的には，支払利息は費用として減算しているので，プラスすることで戻し入れる。他方，受取配当金は収益として加算しているので，マイナスすることで戻し入れる。

　以上の調整を終えた段階で，営業活動によるキャッシュ・フローの小計をすると，1,920千円になる（これが，純粋な意味での営業活動によるキャッシュ・フローの金額となる）。

　そして，さらにこのもとで，「投資活動及び財務活動以外の取引によるキャッシュ・フロー」を計算する。先に述べたとおり，「営業活動によるキャッシュ・フロー」の区分には，営業損益計算の対象となった取引のほか，投資活動および財務活動以外の取引によるキャッシュ・フローが記載される。この「以外」の項目が，最後に計算される。まず，「利息及び配当金の受取額」としては，損益計算書の受取配当金の金額80千円が該当する。「利息の支払額」は，損益計算書の「支払利息」600千円から，貸借対照表の「未払利息」400千円を差し引いた金額の200千円が該当する。最後に，「法人税等の支払額」は，期首の「未払法人税等」1,000千円に，損益計算書の「法人税等」1,000千円を加算し，期末の「未払法人税等」1,000千円を差し引くことで，1,000千円と算定される。以上より，営業活動によるキャッシュ・フローの金額は，800千円と計算される。

補論6－2　資産分類の理論的考え方

　補論として，特に貸借対照表項目のうち，資産に注目し，その分類に係る理論的考え方を概観する。3では，貸借対照表項目の制度上の表示区分について確認したが，理論的にも，貸借対照表における資産分類は重要な論点といえる。そして，この点については，あとの章で具体的にみるように，さまざまな考え方がある。ここでは大きく3つの考え方に焦点を当て，議論の概要を整理してみたい。

(1) 貨幣性資産・費用性資産2分類論

　これは主に，取得原価主義会計や収益の**実現主義**の説明などで用いられる資産分類論である。ここで**貨幣性資産**とは，売掛金や受取手形のように，販売を経て事業投資の回収過程にある項目，および余剰資金の運用としての保有株式や貸付金など最終的に収入となって貨幣を増加させる資産をいう。他方，**費用性資産**とは，機械や商品のように，生産や販売を経て最終的に費用となる項目をいう。

　そして，資産をこのように2つに分類することで，収益の実現主義の理論的説明が可能となる。具体的には，「費用性資産に投下された資金が，実際の販売等によって貨幣性資産に転化したときに，収益を認識するというのが実現主義である」といった説明である。逆に，貨幣性資産に転化するまでは，費用性資産は取得原価のままであり続けるべきであるという**取得原価主義会計**の説明にもつながるのがこの分類の特徴である。また，このように取得原価主義と実現主義を表裏一体のものとして捉えることで，貨幣性資産の裏づけがある配当に耐えうる利益計算が可能となると説明される。

> [＊19]　なお，この立場では，主に有価証券等の金融資産の時価評価をどのように位置づけるかということが1つの大きな鍵となる。たとえば，金融資産を費用性資産とした上で，実現概念を何らかの形で拡張して時価評価を説明するのか，もしくは貨幣性資産として時価評価を説明するのか，さまざまな議論がなされている。また，特にこの立場からの有価証券等の時価評価の説明は，「**拡張の論理**」とよばれる。そしてこのような説明に対する議論については，たとえば，石川（2000）や笠井（2005）等を参照。

(2) 事業投資・金融投資2分類論

　これは，日本の「討議資料　財務会計の概念フレームワーク」で採用されている立場であり，特に現行の貸借対照表項目の**混合的測定**（ある資産は公正価値評価，ある資産は取得原価と，資産分類により測定が異なる体系）と関連づけられて説明される考え方である。ここでは，主に企業のビジネス活動の態様に着目して，企業の投資が，主に生産や販売など本来のビジネス活動（事業活動）に関連しているか（事業投資），それとも余剰資金の運用として投資されているか（金融投資）によって，資産を事業資産と金融資産とに2分類して，前者は取得原価で，後者は時価で，それぞれ評価される。

　これは上記の貨幣性資産・費用性資産二分類にも，形式的には少し似たとこ

120 | 第2部 財務会計の個別論点

ろがあるが，根本的に違うのは，このような測定の違い（混合測定）の説明の根拠である。結論的には，この立場の資産分類および測定の違いの根拠を支えるのは，「**主観のれん**」の有無であり，具体的には以下のとおりである。まず，金融資産の大きな特徴は，誰にとっても市場価値に等しい価値を有しており，事業の遂行に影響することなく市場価格での容易な売却が可能であること（および，売却以外に投資の目的を達成する方法がないこと）である。このような金融資産の特徴を，「『主観のれん』がない」という。このように，主観のれんがない場合には，（他の測定がそもそも考えられないため）市場価格を中心とした時価評価がなされることが合理的といえる。

他方，事業資産の大きな特徴は，その価値は誰がどのような目的で投資するかによって大きく異なり，さらにはそのような価値を見込んで企業が投資をしたとしても，そのような価値の見込みは企業の将来の期待にすぎず，必ずしもその期待がうまく達成されるわけではないということである。このような事業資産の特徴を，「『主観のれん』がある」という。そして，主観のれんがある場合には，実際にその資産を利用して生産や販売が実際になされ，企業が意図したかたちで価値が実現するまでは，取得原価で評価しておくのが合理的であると考えられる。

なお，上記の主観のれんの議論を支えているのは，「**投資のリスクからの解放**」という概念である。これは投資の目的に照らして不可逆な成果が得られた状態をいう（『討議資料　財務会計の概念フレームワーク』財務諸表における認識と測定　第58項）。この概念からすると，金融資産は，事業活動に影響することなくいつでも売却可能であるから，その運用成果は常に投資のリスクから解放されていると考えて，時価評価差額を損益計算書に計上することになる。他方，事業資産は，財・サービスの販売を通じて事業投資のリスクから解放されることになるので，それまでは取得原価で評価することになる（実際の販売によって初めて損益計算書にその収益を計上することになる）。

[*20]　主観のれんを用いた学説そのものについては，斎藤（2016, 2018），ないし米山・秋葉・浅見（2023）を参照。さらに，この立場に関する批判的吟味については，たとえば，笠井（2005）を参照。

(3)　資産3分類論（試算表等式説）

企業のビジネス活動の態様に着目して，事業投資と金融投資とに企業の投資

形態を分けたうえで，さらに「現金」をこれらと別区分として，全体として資産を３つのカテゴリーに分類するという考え方もある。

これは一見すると，(2)の事業資産・金融資産２分類にも，形式的には少し似たところがあるが，根本的に違うのは，事業投資と金融投資（と現金）とを分ける根拠である。具体的には，この立場では，主に損益計算に着目して，①損益計算が犠牲と成果の対応計算として二面的になされるのか（事業投資），それとも，②損益計算が（犠牲と成果の対応計算とは質的に異なり），もっぱら時価評価差額たる時間的報酬（投資の価値増加・減少）として一面的になされるのか（金融投資），さらには，③それらの損益計算を支えるが，それ自体からは損益が発生しない項目か（現金）という違いによって，資産が３つに分類されることになる。

[＊21]　この立場は少数説ともいえるが，たとえば，笠井（2005）や田口（2005）を参照。

[＊22]　なお，これら３つの学説は，本章5で述べた収益費用観や資産負債観の議論とも関連していることには留意されたい。たとえば，貨幣性資産・費用性資産２分類論は，もっぱら収益費用観に依拠し，その拡張で時価評価などの議論がなされる。また，事業投資・金融投資２分類論は，全体として資産負債観に依拠しているとされる（ただし，「配分」と「評価」という２つの枠組みから説明する中で，収益費用観を意識しているとも考えられる）。資産３分類論は，収益費用観と資産負債観とを制度における位置づけとは異なるかたちで位置づけ，かつ，両者の併存から現行会計を説明しようという立場である。これらの詳細は，本書のレベルを超えるので，これ以上の議論は避けるが，いずれにせよ，現行会計の説明理論を考えるうえでは，資産負債観・収益費用観をどう位置づけるかという点は，重要な鍵になる。

[＊23]　ここではいずれも資産分類に着目している学説を取り上げたが，負債の区分は理論的にはどうなるのかということも，素朴な疑問として挙げられる。たとえば，貨幣性資産・費用性資産２分類論の立場では，負債の議論は別問題（２分類論の枠外の問題）となる。また事業投資・金融投資２分類論では，負債もその目的に伴い「事業負債」と「金融負債」に分類される（しかし，必ずしも「主観のれん」との関係性では議論されていない）。資産３分類論では，会計の基本構造として，借方と貸方とを試算表等式（運用形態と調達源泉）を前提にした全体像を有しているため，負債は調達源泉ということになる（事業負債や金融負債といった分類区分には必ずしもならない）。これらの議論は，負債を論じる第11章で述べる。

122 | 第2部 財務会計の個別論点

【対話：考えてみよう】

　本章では，財務諸表の理論的捉え方として，**資産負債観**と**収益費用観**について学習したが，これらの関係性をどのように捉えたらよいのだろうか。

　考え方Ａ：資産負債観・収益費用観は，認識や測定原則にも作用しうる，会計の根本を決する概念であり，二律背反（どちらかを採用したら，どちらかを排除しなければならない性質）の概念である。

　考え方Ｂ：資産負債観・収益費用観は，単にB/S項目やP/L項目の定義の順序にのみ作用する概念であり，理論的にも両立しうる。

　それぞれの考え方の根拠は一体なにか，さらに別の考え方（考え方ＣやＤなど）はあり得るだろうか。

■Readings■

本書で確認した特に資産負債観や収益費用観の会計基準上の変遷や理論的考え方に興味がある読者へ

藤井秀樹（2021）『入門財務会計（第4版）』中央経済社

石川純治（2020）『楕円の思考と現代会計―会計の世界で何が起きているか』日本評論社

「財務会計の概念フレームワーク」をめぐる議論について，国際的な動向や日本の動向に興味がある読者へ

辻山栄子編（2015）『IFRSの会計思考―過去・現在そして未来への展望』中央経済社

藤井秀樹編（2013）『国際財務報告の基礎概念』中央経済社

斎藤静樹編（2007）『詳解討議資料・財務会計の概念フレームワーク（第2版）』中央経済社

キャッシュフロー計算書の意義や構造に興味がある読者へ

染谷恭次郎（1960）『資金会計論（増補版）』中央経済社

石川純治（2005）『キャッシュ・フロー簿記会計論（3訂版）構造と形態』森山書店

鎌田信夫（2006）『キャッシュ・フロー会計の原理』税務経理協会

■参考文献■

藤井秀樹（2021）『入門財務会計（第4版）』中央経済社

石川純治（2000）『時価会計の基本問題』中央経済社

笠井昭次（2005）『現代会計論』慶應義塾大学出版会

斎藤静樹（2016）『企業会計入門（改訂増補版）』有斐閣

斎藤静樹（2018）『会計基準の研究（増補改訂版）』中央経済社

田口聡志（2005）『デリバティブ会計の論理』税務経理協会

渡邉宏美（2021）『企業会計における評価差額の認識―純利益と包括利益の境界線』中央経済社

米山正樹・秋葉賢一・浅見裕子（2023）『投資のリスクからの解放―純利益の特性を記述する概念の役割と限界』中央経済社

第 7 章 —— 収益認識の基本的考え方 : 事業投資と損益計算(1)

Point

　本章では，事業投資における収益認識に係る基本的考え方について学ぶ。
1．事業投資における損益計算と在高計算の関係性は，損益計算がまず先にあり，それに追従するかたちで在高計算がなされるという関係にある（つまり，[フロー計算→ストック計算] という関係になっている）。→【1】
2．営業循環とは，ビジネスにおける経済活動や取引の一連のプロセスをいい，たとえば，「仕入活動→生産活動→販売活動→代金回収活動→…」といった一連のサイクルが想定しうる。→【2】
3．営業循環のうち，どのタイミングで実現の要件が充たされるか（収益が認識されるか）について，原理原則となるのは「販売基準」である。他方，企業ビジネスの実態によって，「生産基準」や「回収基準」といった方法も考えられる。これらを比較すると，損益計算のタイミングの違いだけでなく，在高計算の違いも浮き彫りになる。→【3】
4．事業投資における収益認識の基本的な考え方（[フロー計算→ストック計算] という関係）に対して，資産負債観を背景に，ストックから収益認識を捉える考え方もある。そして，現行の収益認識基準では，この考え方がベースとなっている。→【4】

Keywords

　二面的損益計算，実現主義，営業循環，販売基準，生産基準，回収基準，フロー，ストック，履行義務

Questions

1．事業投資における損益計算と在高計算の関係性について説明しなさい。
2．営業循環とはなにかを説明するとともに，もしその各段階で収益が実現する場合に，どのような仕訳がなされるのかについて説明しなさい。
3．通常の [フロー計算→ストック計算] とは異なる収益認識の考え方とはなにか，そのエッセンスについて説明しなさい。

1 ■事業投資における損益計算と在高計算

　第4章では，損益計算の基本的な考え方を学習したが，より詳細な損益計算のあり方は，個別具体的な経済対象の特性に則して異なる。そこで，本章以降では，個別論点として，企業の経済活動をいくつかのカテゴリーに分類したうえで，それぞれにおける損益計算の具体的なあり方について学ぶことにする。そして（これも第1部で確認したように），P/Lにおける損益計算のあり方は，同時にB/Sにおける在高計算のあり方とも相互関連していることから，両者をあわせて学習する。

　特に第7章〜第9章では，事業投資における損益計算と在高計算について考える。ここで，**事業投資**とは，企業の資金運用形態のうち，企業のメイン事業に係る投資（たとえば，製造業であれば，商品の製造や販売，さらにはそれに係る設備投資など）を広く指す。そこでまず，その特徴について確認すると**図表7-1**のようになる。

　事業投資における損益計算と在高計算の特徴は2つある。まず第1に，事業投資における損益計算については，**犠牲と成果の二面的損益計算**がなされるという点である。これは，第10章で扱う金融投資との比較で重要となるが，企業のメインビジネスとなる事業投資においては，交換取引を中心に，成果獲得のための努力ないし犠牲（原価）と，それに見合う成果（収益）とが対になって

図表7-1■事業投資における損益計算と在高計算

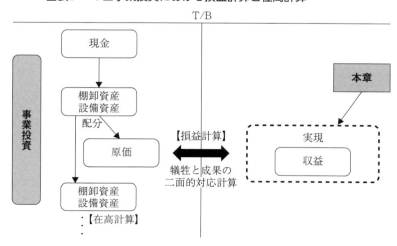

損益計算がなされる。たとえば，商品（仮に原価100とする）を販売することで，売上収益（仮に200とする）が得られたとする。この場合には，成果獲得のための努力（100）と，それに対する成果（200）とを同一タイミングで捉えて，収益と費用の差額，つまり「収益（投資の成果）200－費用（投資による成果獲得のための犠牲）100＝100」として期間利益を計算する。

第2に，事業投資における在高計算については，原価配分のプロセスと関係してなされるという点である。つまり，第1の点で述べた損益計算（これを「**フロー計算**」とよぶ）がまず基礎となり，収益に対応する原価の配分がなされ，それを前提に在高計算（これを「**ストック計算**」とよぶ）がなされる。たとえば，商品販売の例で考えよう（仮に商品の仕入原価＝100とする）。ここで，商品のすべてではなく，全体の4分の1だけが販売されたものとし，その売上収益を50と仮定する。この場合は，収益50に対応する原価を，（原価総額100の4分の1で）25とまず計算し（当該原価25は当期の損益計算に算入され，期間利益は，「収益50－費用25＝25」と計算される），そしてその残余部分（100－25＝75）が，資産計上のベースとなる。つまり当該残余75が，資産75として，そして必要に応じた評価処理が加えられて，在高計算に算入される。このように，事業投資においては，あくまで，フロー計算が先で，ストック計算がそれに追従する（つまり，[フロー計算→ストック計算]という関係になっている）点が重要なポイントとなる。これは，あとの金融投資（第10章でみるように，[ストック計算→フロー計算]という関係になっている）との比較で重要なポイントとなる。

そして，本章2および3では，この［フロー計算→ストック計算］という関係を前提にして，かつ，収益認識の考え方に焦点を当てて検討する。なお，収益は，「試算表等式」では調達源泉として位置づけられる（第3章第7節参照）ことから，本章では，事業投資に係る運用形態サイドのみならず，対となる調達源泉サイドも学習することになる。続く4では，（近年，国際会計基準などで資産負債観を背景に提起され，かつ現行の日本基準にも影響を与えている）それとは異なる収益認識の考え方について，学習することにする。

2 ■ 営業循環と収益認識

本節では，収益認識の基本的考え方を学習する。具体的には企業におけるビジネスの一連のプロセス（これを，**営業循環（operating cycle）**という）において，

どのタイミングで，またいくらで，収益（や費用）を認識するか，という点が重要である。また，そのような収益（や費用）の認識や測定と関連して，貸借対照表項目をどのように捉えるかも重要となる。

ここで，**営業循環**とは，ビジネスにおける経済活動や取引の一連のプロセスをいう。たとえば，製造業であれば，**図表7－2**のようなプロセスが挙げられる。

図表7－2■営業循環

特にここで，収益認識との関係で留意しておきたいのは，営業循環における経済活動のうち，企業において大きなリスクが伴う決定的な事象，つまり，第4章で述べた**実現原則**の2要件たる**確実性**（逆戻りしないこと）と**確定性**（金額が客観的に確定すること）を充たすのは，一体どの場面かということである。この点を意識しながら，次節では，収益認識の問題を考える。

3 ■収益認識の諸類型：実現主義の具体的適用

3－1　販売基準

本節では，図表7－2で確認した営業循環のうち，一体どのタイミングで収益を認識すべきかを考える。つまり，**実現原則**の具体的な適用タイミングはどこかという問題である。

結論的には，「**販売基準**」が収益認識の原則となる。ここで，**販売基準**とは，営業循環のうち，特に販売活動において収益を認識する方法をいう。そしてこれが，収益認識の原則となる理由は2つある。第1は，事業投資における企業の主眼が，交換取引により投資以上のリターンを得ることにあること，そして交換取引の成立とは，通常の場合，販売プロセスを想定していることである。第2は，多くの企業にとって，販売活動こそが営業循環のうち最も重要なプロセスであることである。すなわち，企業ビジネスの成否は，通常の場合，販売活動の巧拙で決まるといえ，その意味でも，企業は販売活動に大きなリスクを

負っている（売れるか売れないかでビジネスの成否が分かれる）といえる。そして特に，**実現原則**の概念からすると，収益は，その確実性（逆戻りしないこと）や金額の確定性が見込まれるタイミングに計上すべきこととなるが，通常，両条件が揃うのは，販売時である。このように考えると，販売のタイミングで収益を認識するのが，企業の経済活動の実態やリスクとの兼ね合いから最も合理的といえる（**図表７－３**）。

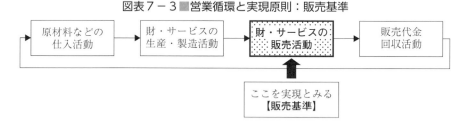

ただし，ビジネスの形態によっては，生産活動や代金回収活動が（販売活動以上に）重要なプロセスといえるケースもあるかもしれない。たとえば，農業においては，野菜など農作物を生産するプロセスが最も重要で，買取り制度などの存在により（上手く作りさえすれば）販売は制度的に確証されている，ということもあるかもしれない。また，販売代金の回収プロセスが長期にわたる場合などは，回収活動こそがビジネスの肝となるかもしれない。

ここで，生産活動の段階で収益を計上することを**収穫基準（生産基準）**，また，回収活動で収益を計上することを**回収基準**と，それぞれよぶことにして，以下では，具体的な設例を用いて，これらの違いを考えることにする。

[＊１] 実現主義の中にこれら３つが入るのか，それとも「実現主義＝販売基準」，「発生主義＝生産基準」，「現金主義＝回収基準」と捉えるかは，議論が分かれるところである。本書では，前者の立場を採り，実現原則という大きな枠組みの中の下位基準として，販売基準，生産基準，回収基準が存在すると理解する。なお，現金主義については，第４章５（主に，設例４－１）を復習しよう。

3－2 期間損益計算への影響：設例での理解

ここでは，**設例７－１**のもと，生産基準，販売基準，回収基準で収益認識した場合の利益をそれぞれ算定してみよう。つまり，営業循環のどの段階で，実

現原則の2要件を充たすのかについて，生産段階で充たすとする考え方（生産基準），販売段階で充たすとする考え方（販売基準），代金回収段階で充たすとする考え方（回収基準）という3つの考え方における損益計算や在高計算の態様を比べることにする。

なぜ，これらの比較が重要となるのだろうか。結論的には，損益計算や在高計算のあり方が，それぞれ異なるからである。すなわち，このあと設例7－1でみるとおり，全期間通算した場合の損益は，実はどの方法でも変わりはない。しかし，期間を区切ってみると，各期の損益は，どの方法を採るかで大きく異なる。さらに，貸借対照表における在高計算も大きく異なる。そして，このような違いは，期間を人為的に区切るという期間損益計算の存在が大きく影響している。よって，設例とともに，第4章3の**期間損益計算**の説明も，あわせて復習しておこう。

設例7－1　収益認識基準の違いによる期間損益の違い

製造業のS社は，以下のように製品の製造をおこなうとともに，販売・代金回収活動をおこなった。そこで，①生産基準による仕訳，②販売基準による仕訳，③回収基準による仕訳をそれぞれ示し，かつ，それぞれにおけるP/LとB/Sを作成しなさい。

T0期　製品の製造開始
T1期　製品の製造：全体の50％が完成，今期製造コスト100（現金支出），販売予定額300
T2期　すべての製造が完了，今期製造コスト100（現金支出），完成製品総原価＝200
T3期　上記製品の販売，販売額300（掛け売上）
T4期　上記代金の回収（現金で回収）

図表7－4■【設例7－1】のタイムスケジュール

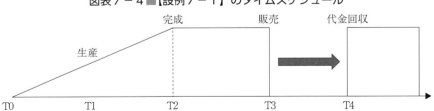

第7章　収益認識の基本的考え方：事業投資と損益計算(1)　129

≪仕訳≫

① 生産基準

期	内　容	借　方	貸　方
T1	製品の製造 ＝即時に売上＆原価	将来対価受取権　150 ^(※1) 製造原価　　　　100	売上　　150 現金　　100
T2	製品の製造 ＝即時に売上＆原価	将来対価受取権　150 ^(※1) 製造原価　　　　100	売上　　150 現金　　100
T3	将来対価受取権が 実際の売掛金へ	売掛金　　　　　300	将来対価受取権　300 ^(※2)
T4	売掛金の回収	現金　　　　　　300	売掛金　　　　　300

② 販売基準

期	内　容	借　方	貸　方
T1	製品の製造	仕掛品　　100	現金　　　100
T2	製品の製造 製品の完成	仕掛品　　100 製品　　　200	現金　　　100 仕掛品　　200
T3	販売＝収益の計上 売上原価の計上	売掛金　　300 売上原価　200	売上　　　300 製品　　　200
T4	売掛金の回収	現金　　　300	売掛金　　300

③ 回収基準

期	内　容	借　方	貸　方
T1	製品の製造	仕掛品　　　100	現金　　　　100
T2	製品の製造 製品の完成	仕掛品　　　100 製品　　　　200	現金　　　　100 仕掛品　　　200
T3	製品の販売（しかし収 益・原価は計上せず）	売掛金　　　300 将来売上原価　200 ^(※3)	将来売上　　300 ^(※3) 製品　　　　200
T4	売掛金の回収 収益の計上 売上原価の計上	現金　　　　300 将来売上　　300 ^(※4) 売上原価　　200	売掛金　　　300 売上　　　　300 将来売上原価　200 ^(※4)

（※1）　生産段階ですでに売上債権が確定していれば，［(借) 売掛金150 (貸) 売上150］という仕訳がなされるが，通常は，生産段階では債権が確定せず，販売時点で売上債権が確定すると考えられる。このことから，いったん便宜的に，現在は未確定であるが将来的には売掛金に変化するという意味で，「将来対価受取権」勘定（債権が確定していないが，将来時点において債権が確定するという意味合いの資産勘定）を想定し，これを借方に計上することにする。

（※2）　（※1）を前提にしているので，売上債権が確定する販売時点で，「将来対価受取権」から通常の「売掛金」へと振り替える仕訳をおこなっている。

（※3）　T3期には販売活動がなされているため，売掛債権が発生し，かつ製品が会社から出ていったという事実が存在する。よって，これらの事実を記録で残しておくために（一般的には，［仕訳なし］となるが，ここではあえて），売掛金を計上し，その反対勘定に，「将来売上」勘定（前受収益のように，将来的に売上となるがいまは実現していない収益を表す負債勘定）を計上する。かつ，製品残高を減少させ，その反対勘定で，「将来売上原価」勘定（ある種の繰延費用のように，将来的に原価になる資産勘定）を計上するものとする。

130 | 第2部　財務会計の個別論点

（※4）　一般的には，T3期での［仕訳なし］をうけて，このタイミングで［（借方）現金300　（貸方）売上300］，［（借方）売上原価200　（貸方）製品200］という仕訳がなされる。しかしここでは，（※3）を前提にして，「将来売上」を売上勘定に，「将来売上原価」を売上原価勘定に，それぞれ振り替える仕訳をおこなう（そしてそのことにより，このタイミングで収益と費用が計上される）。

　ここでは，最も標準的な②販売基準の仕訳を基礎にして，他の2つを見比べるとわかりやすい。なお，説明の便宜から，①生産基準や③回収基準では，通常では見慣れない（そして現行の会計基準では計上されない）「**将来対価受取権**」（債権が確定していないが，将来時点において債権が確定するという意味合いの資産勘定）や，「**将来売上**」（前受収益のように将来的に売上となるが，いまは実現していない収益を表す負債勘定），「**将来売上原価**」（ある種の繰延費用のように，将来的に原価になる資産勘定）という勘定を用いている（これらの詳細は，仕訳下部の（※1）から（※4）を参照）。

　②販売基準の仕訳を確認すると，T3期の販売時点が重要な鍵となる。まず，T0からT1期，そしてT2期にかけて，製品の製造が行われるため，それにともない，仕掛品が資産として計上されていく（「（借）仕掛品100（貸）現金100」）。そしてT2期で製品が完成した際に，仕掛品から製品への振替がなされる（「（借）製品200（貸）仕掛品200」）。T3期で，それが販売されるタイミングで，売上が計上され（「（借）売掛金300（貸）売上300」），かつ，それに対応して売上原価も計上される（「（借）売上原価200（貸）製品200」）。最後にT4期で，代金回収がなされる（「（借）現金300（貸）売掛金300」）。

　そしてこれを基礎にすると，①生産基準は，T1・T2期の製造時点で随時，売上を計上していく体系であり，③回収基準は，T4期の代金回収時点ではじめて売上を計上する体系といえる。このため，それ以外の期では，資産・負債の動きはある（在高計算への影響がある）ものの，損益計算への影響はないことになる。

　以上の仕訳をもとに，各基準によるP/Lを描くと，**図表7－5**のようになる。

　ここで，各基準におけるポイントは2つある。第1は，営業循環の全期間を通算した損益は，どの手法を採用したとしても変わらない（300－200＝100）ということである。また，それは全期間での収支差額と一致するという点にも留意しよう。

　第2は，期間損益については，どの方法をとるかで大きく異なることである。たとえば，②販売基準では，T3期（販売活動）ではじめて収益300が計上され

第7章　収益認識の基本的考え方：事業投資と損益計算(1)　131

図表7－5■生産・販売・回収基準における各期の損益計算書

	①生産基準 P/L	②販売基準 P/L	③回収基準 P/L
T1	製造原価100／売上150 利益50		
T2	製造原価100／売上150 利益50		
T3		売上原価200／売上300 利益100	
T4			売上原価200／売上300 利益100
全期間	全体利益＝300－200＝100	全体利益＝300－200＝100	全体利益＝300－200＝100

るのに対して，①生産基準では，生産の段階で収益が認識され，T1期および
T2期で，150（＝300×50％）ずつ収益が計上される。他方，③回収基準では，
T4期（回収活動）になってはじめて収益300が計上される。

　さらにここでは，期間損益計算の違いを反映して，計上される貸借対照表項
目もそれぞれ異なることを確認しよう。そのために，各基準における仕訳をも
とに作成される貸借対照表は，次頁の**図表7－6**に示される。

　図表7－6で確認すべき点は2つある。第1は，期間損益計算の違いを反映
して，計上される貸借対照表項目もそれぞれ異なることである。たとえば，①
生産基準のもとでは，T1・T2期に，売上計上の反対勘定として「将来対価受
取権」が計上される。これは，T1・T2期に収益を計上することを可能とする
ために，未確定ながら計上されるいわば「未確定売掛金」ともいえる資産勘定
である。②販売基準において，T1・T2期では，原価のもととなる「仕掛品」
や「製品」といった資産勘定が計上されていることと比べると，その違いが明
確になるだろう。また，③回収基準のもとでは，T3期の販売活動において，
商品を手元から手放したものの，未だ売上（およびそれに対応する売上原価）を
計上しないため，売掛金の反対勘定として一種の繰延収益である「将来売上」
という負債が計上され，かつ，製品の反対勘定として一種の繰延費用である「将

図表7-6 ■生産・販売・回収基準における各期の貸借対照表

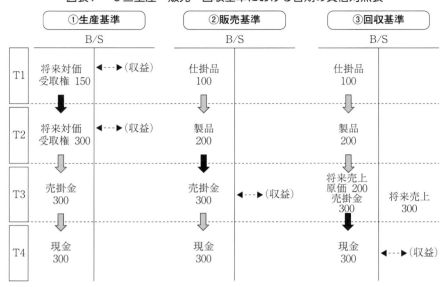

来売上原価」という資産が計上される。この点も，②販売基準において，T3期では，（収益や費用の繰延べをする必要がないため）単純に売掛金だけが計上されていることと比べると，その違いが理解できる。

　第2は，現行制度を前提とするならば，生産基準や回収基準の会計処理については，資産・負債の計上に疑義が生じることである。すなわち，便宜的に計上した①生産基準の「将来対価受取権」や，③回収基準の「将来売上」と「将来売上原価」は，本来は将来時点に計上すべきものを，もっぱら損益計算の観点から無理に計上しているものである。このことから，現行の会計基準を前提にすると，その資産性や負債性に疑義が生じる。だからこそ，実現基準の適用としては，「販売基準」が原理原則となるものと理解することができる。また，もし仮に生産基準や回収基準を採用するとしても，仕訳では（これらの資産や負債を計上せずに）簡便的な方法（たとえば「仕訳なし」とするなど）が採用されるのである。

　このように，どの基準を採用するかにより，全体損益は変わらないものの，期間損益計算（P/L），ひいては在高計算（B/S）は大きく異なるということを，ここで理解しておこう。

［＊2］　なお，このようにB/Sも捉える必要があるとの視点は，笠井（2005）第5章（pp.201-204）を参考にしている。

4 ■収益認識のもう1つの視点：ストックから捉える収益

4－1　収益認識の2つの見解

　収益の認識については，上述のように，収益そのものがいつ計上されるかを直接的に考える見方（便宜的に「見解1」とよぶ）が重要であるが，実はこのほかに，収益に付随する資産や負債の変動が，どのタイミングであるのかを先に捉えて収益を考える見方（便宜的に「見解2」とよぶ）もある。ここで，前者は収益というフローそのものを捉える見解，後者は収益をストックから考える見解であるといえる。またその背後には，第6章で確認した収益費用観と資産負債観による損益計算の捉え方の違いがあるといえる（**図表7－7**）。

　さらに，「見解2」のように収益をストックから捉えるとしても，その考え方は，さらに2つに細分化できる。すなわち，対価となる現金や売上債権など資産の増加から収益を考える見解（「見解2-1」とする），および，負債の消滅（減少）から収益を捉える見解（「見解2-2」とする）である（**図表7－8**）。

　次頁の図表7－8に示されるとおり，「見解2-1」は，ストックとして，「（借）資産100（貸）収益100」という仕訳の借方の対価部分（現金や売上債権等の資産）を捉えて収益を考える見解である。これは，（もちろん，フローかストックかという視点は異なるが）「見解1」と少なくとも仕訳の形式は同じなので，理解しやすいかもしれない。

　これに対して，「見解2-2」は，収益認識に際して，**契約**を中心に捉えよう

図表7－7■収益の捉え方の違い(1)：フロー vs. ストック

図表7−8 ■収益の捉え方の違い(2)：資産の増加 vs. 負債の消滅

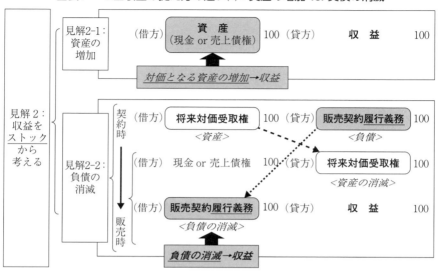

という視点である。これは「見解1」とは大きく異なる前提といえる。すなわち，図表7−8に示されるとおり，「見解2−2」では，契約を中心に収益を捉えるために，契約時にもいったん，「（借）将来対価受取権 100（貸）販売契約履行義務 100」という仕訳をおこなう（図表7−8下部「見解2−2：負債の消滅」の「契約時」の仕訳）。これは，将来時点における対価受取りの権利（売上債権となる前段階の資産）を表す「将来対価受取権」を資産として，他方，将来における販売契約の履行義務（具体的には財・サービスを引き渡す義務）を表す「販売契約履行義務」を負債として，それぞれ計上することで，将来において販売活動をおこなう契約ないし約束（権利と履行義務）が存在することを表現する。

そして，これを前提に，実際の販売時には，「将来対価受取権」を販売対価（現金や売上債権）に振り替える仕訳をおこなうとともに（「販売時」の仕訳の1つ目「（借）現金 or 売上債権 100（貸）将来対価受取権 100」），財・サービスを引き渡す義務を履行したという意味で，「販売契約履行義務」という負債を減少させ，その反対勘定で収益を認識する（「販売時」の仕訳の2つ目「（借）販売契約履行義務 100（貸）収益 100」）。

このように，一口に収益の認識といえども，そもそもフローを直接捉えるの

か，ストックから捉えるのかで見解が大きく分かれ（図表7－7），さらに後者としても，資産の増加から収益を捉えるか，負債の消滅から収益を捉えるかで，見解がさらに細分化されるのである（図表7－8）。

［＊3］　図表7－8の「見解2-2」は，実は「**契約会計**」といわれる考え方をその理論的な背景とするものである。ここで，契約会計とは，認識時点を，現在の財の受領時点から，**契約時点に拡張**することにより，未履行契約を認識する考え方をいう（Ijiri 1980）。そもそも財・サービスの販売契約は，次の2つのタイミングに分けることができる。すなわち，①財・サービスの引き渡し前の「**未履行時点**」（契約のいずれの当事者も契約上の権利の行使および義務の履行を完全には行っていない状態をいい，さらに**完全未履行契約**（契約の締結以降いかなる権利の行使も義務の履行も行われていない状態）と**一部未履行契約**（一部の権利の行使または義務の履行は行われているが，いずれの当事者も完全には権利の行使または義務の履行を行っていない状態）とに分類しうる）と，②それらの引き渡しが完了した「**履行時点**」（約束や義務を，その内容に従って実施・実行すること）である。そして，通常は，「②履行時点」が，会計上の認識の中心となるが，これを「①未履行時点」にまで拡張しようというのが，契約会計の大きなポイントとなる。

　　契約会計の詳細は，本書の範疇を超えるので，これ以上の説明は控えるが，たとえば見解2-2の契約時点における仕訳「(借) 将来対価受取権100（貸) 販売契約履行義務100」は，まさに契約としては①未履行時点にあるものを，資産と負債としてオンバランスするものである。この意味で，「見解2-2」は，実は，従来の企業会計の考え方を大きく飛び越えた理論体系を基礎にしたものであるということには，くれぐれも留意されたい。

4－2　現行の会計基準の考え方

そして，見解2-2を具現化したものが，現行の収益認識に係る会計基準（IFRS 15号「Revenue from Contracts with Customers」，および，日本の「収益認識に関する会計基準」（以下，「収益認識基準」））である。

［＊4］　厳密には，国際会計基準における収益認識に係る公開草案では，見解2-2が強く支持されていたものの，最終的な IFRS15号では，見解1への配慮も踏まえた会計処理が採用されたとされる（日本基準も，基本的には IFRS15号をフォローした基準となっている）。たとえば，上記［＊3］でみたように，契約会計そのものの考え方からすると，未履行の段階でも「(借) 将来対価受取権 100（貸) 販売契約履行義務 100」という仕訳がなされるが，会計基準では，（このような考え方が背後にはあるものの）未履行時点での仕訳は求められていない。これらの基準の変遷については，たとえば，井上編（2022）第8章第3節などをあわせて参照。

136 | 第2部　財務会計の個別論点

　現行の日本の会計基準は，国際的な会計基準の考え方に従い，収益の認識を，**図表7－9**に示される5つのステップに区分して規定している（「収益認識基準」第16・17項）。

図表7－9■収益認識の5ステップ

ステップ1：顧客との契約を識別
ステップ2：契約における履行義務を識別
ステップ3：取引価格を算定
ステップ4：契約における履行義務に取引価格を配分
ステップ5：履行義務を充足した時に，または充足するにつれて収益を認識

　ここで，**契約**とは，法的な強制力のある権利および義務を生じさせる複数の当事者間における取決めをいう（「収益認識基準」第5項）。**履行義務**とは，顧客との契約において，(1)別個の財・サービス，または，(2)一連の（特性が実質的に同じであり，顧客への移転パターンが同じ）別個の財・サービスのいずれかを顧客に移転する約束をいう（「収益認識基準」第6項）。さらに，**履行義務の充足**とは，約束した財またはサービスに係る支配を顧客に移転することをいう（「収益認識基準」第35項）。ここで，**支配**とは，当該資産の使用を指図し，当該資産からの残りの便益のほとんどすべてを享受する能力をいう（「収益認識基準」第37項）。

　これらの5つのステップについて，**設例7－2**をもとに順を追って説明する。

┃設例7－2 ＞　現行基準における収益認識

　当社（A社）は，顧客であるB社と標準的な商品Xの販売と2年間の保守サービスを提供する1つの契約を締結した。A社は，T1年度期首に商品XをB社に引き渡し，T1年度期首から翌年のT2年度期末まで保守サービスをおこなう。ここで，契約書に記載された対価の額は1,200である（対価は，T1年度期首に現金で全額受け取ると仮定する）。

　なお，独立価格について，商品Xの販売だけを行う場合の取引価格は1,000，2年間の保守サービスだけを提供する場合の取引価格は500である。

≪仕訳≫

	借　方		貸　方	
T1年度期首	現金	1,200	売上 契約負債	800 400
T1年度期末	契約負債	200	役務収益	200
T2年度期末	契約負債	200	役務収益	200

※なお，商品原価や保守サービス原価に関する仕訳は省略する。

図表７－10■設例７－２と「５ステップ」との関係

	ステップ	設例７－２への当てはめ
1	顧客との契約を識別	顧客B社との契約（商品Xの販売＆２年間の保守サービス提供）
2	契約における履行義務を識別	商品Xの販売に係る履行義務 保守サービス提供に係る履行義務
3	取引価格を算定	契約対価1,200
4	契約における履行義務に取引価格を配分	独立価格…[Xの販売：保守サービス提供＝1,000：500] ∴ 1,200 →商品X販売[1000]＝1,200×(1,000/1,500) ＝ 800 →２年の保守サービス[500]＝1,200×(500/1,500) ＝ 400
5	履行義務を充足した時に，または充足するにつれて収益を認識	商品X販売→T1期首に履行義務充足（収益認識800） ２年の保守サービス→T1・T2期の各期ごとに履行義務充足 →収益認識：T1期200，T2期200

　まず，設例７－２と５ステップとの関連性については，**図表７－10**に示されるとおりである。特に，ステップ４「契約における履行義務に取引価格を配分」に注目しよう。設例７－２のとおり，B社との契約は１つであるものの，実質的には，「標準的な商品Xの販売」と「２年間の保守サービス」という２つの履行義務が含まれている。よって，契約金額1,200を，これらに配分する必要がある。配分基準は，独立価格（それ単体で価値提供をした場合の価格）である。すなわち，設例７－２では，「商品Xの販売だけを行う場合の取引価格＝1,000」，「２年間の保守サービスだけを提供する場合の取引価格＝500」とされている。ゆえに，商品X販売の履行義務への配分額は，「1,200×(1,000/1,500)＝**800**」と計算され，２年間の保守サービスへの配分額は，「1,200×(500/1,500)＝**400**」と計算される。

　また，仕訳について，特に，T1年度期首に注目しよう。制度上の仕訳とし

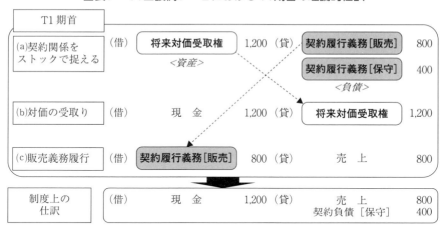

図表7-11■設例7-2におけるT1期首の理論的仕訳

ては,「(借)現金1,200 (貸) 売上800, 契約負債400」となるが, これは, 理論的には, 3つの仕訳から構成されると考えることができる(**図表7-11**)。

すなわち, 第1は, 契約関係をストックで捉える仕訳「(借) 将来対価受取権 1,200 (貸) 契約履行義務 [販売] 800, 契約履行義務 [保守] 400」である(図表7-11(a))。ここが先の図表7-8で説明した「見解2-2」である。すなわち, 対価を受け取る権利を資産計上するとともに, 2つの履行義務(商品販売に係る履行義務800と保守サービスに係る履行義務400)を分割して計上する。この履行義務の金額配分は, 5ステップのうち「ステップ4」によるものである。第2は, 現金の受取りを示す仕訳「(借) 現金1,200 (貸) 将来対価受取権1,200」である(図表7-11(b))。ここでは, 第1の仕訳で計上した「将来対価受取権」が, 現金の受取りにより消滅する。第3は, 商品販売に係る履行義務の消滅に係る仕訳「(借) 契約履行義務 [販売] 800 (貸) 商品売上 800」である(図表7-11(c))。ここで, 商品販売に係る履行義務が充足される(義務が消滅する)ため, それにあわせて商品販売の収益が計上される。以上の3つの仕訳を1つにしたのが,「制度上の仕訳」ということになる。なお,「制度上の仕訳」では, 契約履行義務のうち, このタイミングで充足されなかった保守サービスに係る「契約履行義務 [保守]」が,「契約負債」勘定として計上されている点には留意されたい。よって, T1期末とT2期末に, これに係る履行義務が充足されていくにつれて,「契約負債(契約履行義務 [保守])」が消滅し, かつ, その相手勘定

として，収益（「役務収益」勘定）が計上されることになる。

[＊5] 設例7－2にも示されるとおり，履行義務の充足には2つのパターンがあることが理解できる。すなわち，商品販売のように一時点で充足される場合と，保守サービスのように一定期間にわたって充足されていく場合である。後者の場合には，充足の進捗度を見積もって，これに基づいて収益を一定の期間にわたり認識する必要がある（「収益認識基準」第41項）。設例7－2のように，単純に契約期間で把握できるものであればよいが，そうでない場合は，顧客に移転した価値をベースに進捗度を計算する方法（これを「**アウトプット法**」という）や，もしくは，顧客に価値を移転するために要したインプット（コストや労働時間等）をベースに進捗度を計算する方法（これを「**インプット法**」という）などを利用して，適切な進捗度を見積もる必要がある。

【対話：考えてみよう】

　本章では，現行の新しい「収益認識基準」の背後にある理論的考え方，特に「**履行義務の充足**」がなされたかどうかが収益認識の重要な鍵となることを学習した。他方で，伝統的には，収益認識は**実現原則**によっておこなわれるものとされてきたことから，両者の関係性が問題となる。

　　考え方Ａ：「収益認識基準」における「履行義務の充足」という考え方は，従来の実現原則とはまったく異質な考え方である。
　　考え方Ｂ：「収益認識基準」における「履行義務の充足」という考え方は，名前が変わっただけで，結局は従来の実現原則とまったく同じ考え方である。
　　あなたは，両者の考え方について，どのように考えるか。また，これら以外の考え方（考え方ＣやＤ）はあり得るだろうか。

■Readings■

実現主義の考え方や歴史的な変遷について興味をもった読者へ

藤井秀樹（2007）『制度変化の会計学—会計基準のコンバージェンスを見すえて』中央経済社（主に第4章）

収益認識の考え方と日本の「概念フレームワーク」における「投資のリスクからの解放」との関係に興味をもった読者へ

米山正樹・秋葉賢一・浅見裕子（2023）『投資のリスクからの解放—純利益の特性を記述する概念の役割と限界』中央経済社

■参考文献■

Ijiri, Y. (1980) Recognition of contractual rights and obligations: an exploratory study of conceptual issues. *Financial Accounting Standards Board of the Financial Accounting Foundation Research Report*. Norwalk, CT: FASB

井上良二編（2022）『新版　財務会計論（4訂版）』税務経理協会
笠井昭次（2005）『現代会計論』慶應義塾大学出版会

第 **8** 章 ―― 棚卸資産と原価配分： 事業投資と損益計算(2)

Point

　本章では，事業投資における棚卸資産について，①投資の開始時点，②投資の回収時点（収益の認識時点），③期末時点という流れで，その損益計算と在高計算について学習する。
1．事業投資における損益計算においては，犠牲と成果の二面的計算が重要になる。→【1】
2．事業投資における在高計算は，原価配分のプロセスと密接に関連している。→【1】
3．棚卸資産の取得原価は，支払対価主義のもと決定される。→【2】
4．棚卸資産の原価配分のプロセスにおいては，収益・原価対応原則が重要な鍵となる。→【3】
5．棚卸資産の仕入単価が変動し，かつ商品入出庫の個別追跡ができない場合には，ある一定の仮定をおいて，払出単価の計算をおこなう必要がある。→【3】
6．棚卸資産の期末評価では，棚卸減耗と評価損の処理が必要となる。→【4】

Keywords
　二面的損益計算，取得原価，支払対価主義，原価配分，収益・原価対応原則，先入先出法，棚卸減耗，評価損，低価基準，条件付き保守主義，残留有効原価

Questions
1．事業投資における犠牲と成果の二面的損益計算とはなにかを説明しなさい。
2．「事業投資における在高計算は，原価配分のプロセスと密接に関連している」とはどういうことか，説明しなさい。
3．棚卸資産の取得原価は，どのように決定されるか説明しなさい。
4．収益・原価対応原則とはなにかを説明したうえで，なぜそのような原則が求められるのか説明しなさい。
5．棚卸資産の原価配分のプロセスにおいて，棚卸資産の仕入単価が変動し，かつ商品入出庫の個別追跡ができない場合には，どのように払出単価を計算したらよいだろうか。その際に置かれる「仮定」について，いくつか挙げ，それらを説明しなさい。

6．棚卸資産の期末評価の方法について説明しなさい。

1 ■ 事業投資における原価配分（二面的損益計算）と在高計算

　第7章では，事業投資における収益認識の基本的な考え方を学習した。続く本章では，特にメイン・ビジネスに係る棚卸資産を念頭において，収益に対応する原価側の論点，および，損益計算に追従する在高計算の論点について学ぶ。

　ここでのポイントは，事業に投入された資金が，一体どのタイミングで原価となり（損益計算），また資産となるのか（在高計算）という点である。結論的には，前者については原価配分の考え方が，後者については棚卸減耗や商品評価といった論点が，それぞれ重要となる。

　そして，これらの論点は，時間軸を追って，①**投資の開始時点**，②**投資の回収時点（収益の認識時点）**，③**期末時点**といった流れで考えるのが有益である（**図表8－1**）。よって，これらの時間軸を念頭におき，それぞれの論点を確認することにしよう。

図表8－1 ■本章の3ステップ：時間軸の中で考える棚卸資産

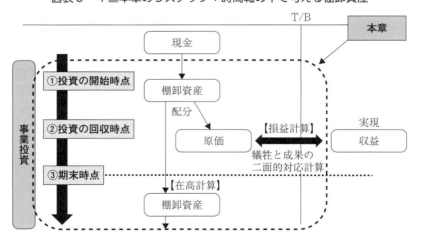

2 ■ ①事業投資の開始時点：棚卸資産の取得原価

　棚卸資産とは，商品や製品など，事業投資において収益を得るために払い出

第8章　棚卸資産と原価配分：事業投資と損益計算(2)　143

すことを予定し保有する資産で，短期のうちに数量的に減少するものをいう。具体的には，以下の4項目が挙げられる。(イ)通常の営業過程において販売するために保有する財貨又は用役（商品，製品等），(ロ)販売を目的として現に製造中の財貨又は用役（仕掛品，半製品等），(ハ)販売目的の財貨又は用役を生産するために短期間に消費されるべき財貨（原材料等），および，(ニ)販売活動および一般管理活動において短期間に消費されるべき財貨（貯蔵品等）である（「連続意見書第四　棚卸資産の評価について」第一・七参照）。

　これらの定義を前提に，本節では，図表8−1の「①投資の開始時点」を考えてみよう。ここでは，棚卸資産の資産計上がなされ，特にいくらで計上するのかが大きな論点となるが，結論的には，**取得原価**で計上する。以下では**設例8−1**により，そのことを確認しよう。

■ 設例8−1 ▷　①投資の開始時点：棚卸資産の取得原価

(1)　当社は，商品の購入代価として現金100を支払い，商品を受け取った。
(2)　当社は，商品の購入対価として現金100を支払うとともに，購入手数料15を現金で支払い，商品を受け取った。

≪仕訳≫

	借方	金額	貸方	金額
(1)	商品	100	現金	100
(2)	商品	115	現金	115

　［＊1］　なお，あとで述べる理由から，本書では，商品仕入・売買に係る正則的な方法として，**売上原価対立法**を前提に仕訳をおこなう（一般的に用いられることの多い三分法は，あくまで簡便法と理解する）。

　(1)のように，投資の開始時点では，棚卸資産（ここでは「商品」）の認識とともに，その支払対価100を取得原価として，資産計上価額を決定する。このように，支払対価を取得原価とする考え方を，**「支払対価主義」**という。

　ここでさらに問題になるのは，商品等の支払対価のうち，どの範囲までを資産の取得原価とするのかということである。これが(2)であるが，単に棚卸資産の購入といっても，購入対価そのものの部分のほかに，それに付随する手数料等（これを**付随費用**という）がかかる場合がある。そして，付随費用を資産の取得原価に含めて資産計上をするのか，それとも，その部分は切り離して当期

144 | 第2部 財務会計の個別論点

の費用とするのかが大きな論点となる。結論的には，付随費用を包含して取得原価とするのが妥当となる（「原則」第三・五・A）。よって，(2)では，購入手数料を含めた115を取得原価とすることになる。

そして，このように取得原価を広く捉える理由は，原価と収益とをより適切に対応させるためである。すなわち，(2)で取得原価に算入された（資産計上された）購入手数料15は，このあとで述べる原価配分プロセスにより，収益実現と同じタイミングで，それに対応する原価として，事後的に期間損益計算に算入されることになる。ここで，購入対価100だけでなく購入手数料15も，資産取得のために必要不可欠な原価であることを踏まえると，両者をセットとして収益と対応させることは，犠牲と成果を適切に捉えた損益計算をおこなううえで望ましい。逆に，もし仮に購入手数料15を資産計上せず，そのまま支払時に費用計上してしまうと，原価と収益の適切な対応がなされないおそれがある。たとえば，当該商品の販売が次期になされるとすると，購入手数料15は，収益認識のタイミングとは異なる期間の損益計算に算入されてしまうため，望ましい会計処理とは言い難い。

　　[＊2]　なお，完成された商品を仕入れるのではなく，製品を自社生産する場合には，その取得原価は，原価計算のプロセスをつうじて計算される。原価計算の詳細については，たとえば，岡本（2000）等にくわしい。さらに，梶原（2022）は，最新の原価計算の考え方を示しており，あわせて参考になる。

3 ■②投資の回収時点：原価配分の原則と対応原則

次に本節では，図表8－1の「②投資の回収時点」，つまり，購入した商品が無事に販売できた場合を考えてみよう。販売にあたっての収益の会計処理方法については，すでに第7章で学んだとおりである。ここでは，それに対応する売上原価を，どのように計上するかについて考えてみよう。結論的には，収益に対応する商品の原価部分を，売上原価（損益計算書項目）に振り替えることになる。このような考え方ないしプロセスを，**「原価配分の原則」**ないし**「原価配分」**という。ここでは，設例をつうじて，原価配分の考え方を，以下の3つのケースで確認する。

ケース1：商品のすべてが売れた場合

第8章　棚卸資産と原価配分：事業投資と損益計算(2) | 145

ケース2：商品の一部が売れた場合
ケース3：商品の一部が売れ，かつ，商品の仕入単価が変動していた場合

[＊3]　なお，「原価配分」とよぶか，それとも「費用配分」とよぶかは，考え方が分かれるところではあるが，本書では，事業投資に係る原価を配分する，という意味を重視して，「原価配分」とよぶことにする。

設例8－2 ▷ 原価配分の考え方（ケース1とケース2）

ケース1：当社は，100で購入した商品のすべてをB社に対して200で販売した。代金は掛けとした。
ケース2：当社は，購入した商品10個（単価10）のうち，B社に対して5個を，1つ20で販売した。代金は掛けとした。

≪仕訳≫

		借方	金額	貸方	金額
ケース1	(a)　収益	売掛金	200	売上	200
	(b)　売上原価	売上原価	100	商品	100
ケース2	(a)　収益	売掛金	100	売上	100 (※1)
	(b)　売上原価	売上原価	50 (※2)	商品	50

（※1）　売上高＝@20×5個＝100，（※2）　売上原価＝@10×5個＝50

売上原価の計上は，対応する収益が計上されるタイミングでなされる。2で学習した商品の取得原価は，ここで売上原価に振り替えられることに注意しよう。なお，ケース2のように，商品の一部のみ販売された場合には，販売分と在庫分とを峻別し処理することになる（**図表8－2**）。これらの仕訳を前提にした損益計算書を簡易的に作ると，**図表8－3**のようになる（ケース2では，貸借対照表もあわせて作成）。

図表8－2■ケース1とケース2の原価配分のプロセス

Panel A.　ケース1

商品（資産）		売上原価	
取得原価	100 →		100

Panel B.　ケース2

商品（資産）		売上原価	
			50
取得原価	100	在庫（資産）	
			50

146 第2部 財務会計の個別論点

図表8-3■ケース1とケース2の損益計算書と貸借対照表

損益計算書（ケース1）	
売上	200
売上原価	100
売上総利益	100

損益計算書（ケース2）	
売上	100
売上原価	50
売上総利益	50

貸借対照表（ケース2）	
・・・	・・・
商品50	
・・・	

　このように，収益を計上したタイミングで，それに対応した原価を計上するのが，損益計算における基本的な考え方であり，これを，**収益・原価対応原則 (matching principle)** という（単に，「**対応原則**」とよぶこともある）。対応原則は，損益計算における成果（収益）と努力（費用）とを対応させ，同じタイミングで計上することで，適切な期間損益計算がなし得るようにするものである。

　逆に，収益を計上した時点と異なるタイミングで原価を計上してしまうと，期間損益計算は適切になされない。たとえば，収益を認識する前の期に原価を計上したり，収益を認識した次の期に原価を計上したりすると，成果と犠牲が適切に対応した期間損益計算がなされなくなってしまう。よって関連する収益が計上されるのと同じタイミングで，原価を計上する必要がある。

　次に，原価の測定について考えてみよう。最も単純には，先に述べたとおり，棚卸資産の計上金額が取得原価主義（かつ支払対価主義）により決定されるので，取得原価で資産計上された金額のうち，販売に供した物量分を，そのまま売上原価として計上すればよい。

　次に，これらを前提に，先に示したケース3「商品の一部が売れ，かつ，商品の仕入単価が変動していた場合」を考えよう。ここで「仕入単価が変動していた場合」とは，たとえば，同じ商品であるにもかかわらず，仕入時期や数量の違いにより，単価が10であったり，15であったりと，変動するような場合を指す。

　まずいえることは，このような場合でも，もし個別に商品の出入庫を記録しているのであれば（これを「**個別法**」とよぶ），ケース2と何ら変わらないということである。つまり，個別の出入庫記録を前提に，その売上原価を計算し，かつ収益と同じタイミングで原価を計上すればよい。

　ただし厄介なのは，そのような個別管理ができない場合である。たとえば，コンビニエンス・ストアなどのように，商品の種類や数が多く，個別に仕入単価を辿っていけない場合もある。このような場合には，どのように売上原価を

第8章　棚卸資産と原価配分：事業投資と損益計算(2)　147

計算したらよいだろうか。

　結論的には，そのような場合には，商品の出入庫に関する一定の仮定をおいて，商品の払出単価と数量を決定する必要がある（なお，「単価×数量」が，売上原価や在庫金額となる）。以下では，**設例8－3**を用いて，一体どのような仮定をおくのか，またその仮定のもと，どのような計算や仕訳をするのかを考えることにしよう。

■ **設例8－3**　　**原価配分の考え方（ケース3）**

　当社の商品の増減は以下のとおりであった（便宜上すべて現金取引とする）。

　4/1　前期繰越100個@100
　5/10　仕入300個@120円
　5/20　売上200個（販売単価@300）
　5/21　仕入10個@150

（商品の流れの整理）

		商　　品	
4/1　前期繰越　100個　@100			
5/10　仕入　　　300個　@120	5/20　売上　　　200個　原価@？		
5/21　仕入　　　10個　@150			

　4/1時点の貸借対照表
　商品　10,000 |

≪仕訳≫

		借方	金額	貸方	金額
5/10		商品	36,000	現金	36,000 (※1)
5/20	収益	現金	60,000	売上	60,000 (※2)
	売上原価	**売上原価**	？	**商品**	？
5/21		商品	1,500	現金	1,500 (※3)

（※1）　商品の取得原価＝@120円×300個＝36,000，　（※2）　売上高＝販売単価@300×200個＝60,000
（※3）　商品の取得原価＝@150円×10個＝1,500

　ここでは，設例8－3の仕訳のうち，売上原価の仕訳がポイントとなる。すなわち，［(借) 売上原価 ？ (貸) 商品 ？ ］の「 ？ 」部分に，どのような金額が計上されるかが重要なポイントとなる。ここでは，払出単価決定に関する代表的な仮定のうち，以下の3つを取り上げる。

(1)　先入先出法

(2) 後入先出法
(3) 平均原価法

> [＊4] 現行の会計基準（「棚卸資産基準」第6－2項）によれば，払出単価の決定方法としては，個別法，先入先出法，平均原価法，売価還元法のみが認められている。

3－1　先入先出法

先入先出法とは，商品が先に入庫したものから順に払い出されると仮定して，払出単価を計算しようという方法である。この方法は，一般的なものの流れに則した方法であるといえる。また，商品の仕入単価が上昇傾向にある場合は，売上原価の金額が，現在の商品単価水準と比較して乖離するというデメリットがある反面，在庫となる資産の貸借対照表価額が，現在の商品単価水準と比較的近似するというメリットがある点が，この方法の特徴といえる。

そして，先入先出法による場合の設例8－3の原価配分プロセスと損益計算書（および，貸借対照表）は，**図表8－4**と**図表8－5**のようになる。

図表8－4■先入先出法による場合の原価配分

（※1）　売上原価＝＠100円×100個＋＠120円×100個＝22,000
（※2）　在庫＝47,500－22,000＝25,500

図表8－5■ケース3：先入先出法採用時の損益計算書と貸借対照表

損益計算書（ケース3）		貸借対照表（ケース3）	
売上	60,000	商品	25,500
売上原価	22,000		
売上総利益	38,000		

図表8－4に示されるとおり，先入先出法のもとでは，先に入庫したものから順に払い出されると仮定するため，売上時に払い出された商品は，単価100の商品100個と，単価120の商品100個の合計額と計算される。よって，売上原価計上の仕訳は，以下のようになる。

（借）　売上原価　　22,000　　（貸）　商　　品　　22,000

3－2　後入先出法

後入先出法とは，商品が後に入庫したものから順に払い出されると仮定して，払出単価を計算しようという方法である。この方法は，先入先出法と正反対の特徴を有する。すなわち，商品の単価が上昇傾向にある場合は，売上原価の金額が現在の単価水準と近似するため，現在の状況に合致した期間損益計算をなし得るというメリットがある。しかし，反面で，そのような場合における商品の貸借対照表価額は，実際に現場に置かれる商品単価と乖離してしまうというデメリットもある。

> ［＊5］　国際会計基準においては，後入先出法の使用が禁止されている。なぜなら，上述のデメリットは，資産負債観の立場に反するため（貸借対照表価額が企業の現在の実態と乖離することは望ましくないため）である。これをうけて，日本における「棚卸資産基準」においても，後入先出法の採用は認められていない。

後入先出法による場合の設例8－3の原価配分プロセスと損益計算書（および，貸借対照表）は，**図表8－6**と**図表8－7**のようになる。

図表8－6 ■ 後入先出法による場合の原価配分

（※1）　売上原価＝＠150円×10個＋＠120円×190個＝24,300円
（※2）　在庫＝47,500－24,300＝23,200円

図表8－7 ■ ケース3：後入先出法の損益計算書と貸借対照表

損益計算書（ケース3）		貸借対照表（ケース3）	
売上	60,000	商品	23,200
売上原価	24,300		
売上総利益	35,700		

　図表8－6に示されるとおり，後入先出法のもとでは，後に入庫したものから順に払い出されると仮定するため，売上時に払い出された商品は，単価150

の商品10個と単価120の商品190個の合計額と計算される。よって，売上原価計上の仕訳は，以下のようになる。

（借）売上原価　24,300　（貸）商　品　24,300

ここで，先入先出法と比較すると，売上原価の金額は，後入先出法のほうが大きくなっている点には，留意されたい。また，図表8－7に示されているとおり，その分だけ，利益額は小さくなり，かつ貸借対照表価額も小さくなっている。

3－3　平均原価法

平均原価法とは，商品の入庫単価の何らかの平均値を計算することで，売上原価を計算しようという方法である。平均値の計算の仕方により，「移動平均法」や「総平均法」など，いくつかのバリエーションが考えられる。そして，この方法（の中でも，その都度，平均値を算定する「移動平均法」）による場合の設例8－3の原価配分プロセスと損益計算書（および，貸借対照表）は，**図表8－8**と**図表8－9**のようになる。

図表8－8■平均原価法（移動平均法）による場合の原価配分

（※1）　移動平均単価＝(@100×100個＋@120×300個)÷(100＋300)個＝@115
　　　　売上原価＝移動平均単価@115×200個＝23,000
（※2）　在庫＝47,500－23,000＝24,500

図表8－9■ケース3：平均原価法の損益計算書と貸借対照表

損益計算書（ケース3）		貸借対照表（ケース3）	
売上	60,000	商品 24,500	
売上原価	23,000		
売上総利益	37,000		

図表8－8に示されるとおり，平均原価法（移動平均法）のもとでは，その都度，平均値を算定し払出単価を計算するため，売上時に払い出された商品は，移動平均単価115の商品が200個と計算される。よって，売上原価計上の仕訳は，

以下のようになる。

　　　（借）　売上原価　23,000　（貸）　商　　品　23,000

　ここで，先入先出法や後入先出法と比較すると，売上原価の金額が異なっている点には，留意されたい。また，その違いに即して，図表8－9に示されているとおり，利益額や貸借対照表価額も異なっている。

4 ■③期末時点：棚卸減耗と評価損

　最後に本節では，図表8－1の「③期末時点」を考えてみよう。期末段階で商品が売れ残り，在庫として存在する場合には，どのような会計処理が必要であろうか。

　ここで，商品の期末残高は，商品ごとに「**商品単価×商品数量**」によって表現される。そのうえで，日々の経済活動の中で記録された単価や数量に対して，期末に実際の状況を確認してみると，もしかすると，以下のような状況が存在するかもしれない。すなわち，(a)紛失や盗難などにより，商品の実際数量が記録上の数量より減少している可能性がある（**棚卸減耗**）。また，(b)品質劣化等による時価の下落により，実際の商品単価が記録上の単価より下落している可能性もある（**商品評価損**）。そこで，期末時には，適切な資産帳簿価額を次期に繰り越すことで，次期以降の損益計算を適切におこなうことができるようにするため，これらの要素を加味した資産評価をおこなう必要がある。

　まず，実際数量と記録上の数量との差異を，**棚卸減耗**という。そして，このような数量の減少による期末商品棚卸高の減少額は，「棚卸減耗費」勘定により，当期の費用として処理する。すなわち，そもそも数量の管理の方法は，**継続記録法**（商品の入庫と払い出しの都度，数量を継続的に記録する方法）と**棚卸計算法**（簡便的に継続的な記録をおこなわず，期末等のある一時点で実際の棚卸数量をカウントし，そこから逆算して払出数量を計算する方法）とがある。そして特に，前者の継続記録法を用いる場合には，「あるべき期末在庫数量」が記録から導出できる。この「あるべき期末在庫数量」と「実際の期末在庫数量」（実際に棚卸などによって在庫数量をカウントした結果，判明する数量）とを比べて，あるべき数量に対して実際の数量が不足している場合には，その不足数量部分が棚卸減耗費となる。

152 | 第2部 財務会計の個別論点

　　［＊6］　なお，棚卸減耗について，損益計算書上は，**原価性がある場合**（毎期経常的に発生する場合）は，「売上原価」の内訳項目もしくは「販売費」として，他方，**原価性がない場合**（非経常的な場合）は，「特別損失」もしくは「営業外費用」として，それぞれ計上される。

　また，商品単価における記帳上の金額と実際と金額との差異を，**商品評価損**という。これには，品質の物的劣化（物質的な単価の減少。たとえば，生鮮品の商品を想定したとして，日数が経過することにより，その品質が物的に劣化することなど），品質の経済的劣化（たとえば，衣料品などを想定したとして，時期やブームがすぎてしまうことにより，商品が経済的に陳腐化することなど），市場の需給変化に起因する売価低下といった要因が考えられる。

　このような評価損について，理論上は，時価の下落を反映させない方法（**原価基準**）と，時価の下落を反映させる方法（**低価基準**）との2つの会計処理が考えられる。

　この点について，国際会計基準や，日本における会計基準は，低価基準を原則としている（「棚卸資産基準」第7項）。すなわち，期末における**正味売却価額**（実際の時価）が取得原価（記録上の単価）よりも下落している場合には，棚卸資産の収益性が低下していると捉えられるので，当該正味売却価額をもって貸借対照表価額とし，評価損を売上原価もしくは製造原価とすることが望ましい（なお，簿価切下額が臨時の事象に起因し，かつ多額である場合は特別損失に計上する）。

　　［＊7］　なお，評価損の処理方法としては，会計基準上は，**洗替え法**（いったん評価損を計上するものの，次期に戻入処理をおこない，改めて次期に評価損を検討する方法）と**切放し法**（いったん評価損を計上したあとは，戻入をおこなわない方法）の2つがある。

　以上について，**設例8－4**により，具体的な会計処理を確認しよう。

▌設例8－4 〉　商品の期末評価：棚卸減耗と商品評価損

　当社における期末の商品の状況は，以下のとおりであった。商品の棚卸減耗と評価損を計上する。なお，低価法は「切放し法」による。
　期末商品の数量：帳簿上＝150個，実際＝142個
　期末商品の単価：原価＝＠80円，時価＝＠75円

≪仕訳≫

	借方	金額	貸方	金額
棚卸減耗	棚卸減耗費	640(※1)	商品	640
評価損	商品評価損	710(※2)	商品	710

(※1)(※2)　棚卸減耗と評価損の金額の算定

　ここで，このような低価基準を採用する理論的な根拠はどこにあるのだろうか。それは大きく2つある。

　第1の根拠は，**保守主義**によるものである。たとえば，企業会計原則は，保守主義について，「企業の財政に不利な影響を及ぼす可能性がある場合には，これに備えて適当に健全な会計処理をしなければならない」と規定する（「原則」第一・一般原則六）。なお，これは近年の実証研究において，**無条件保守主義**（研究開発支出の一括費用化など，将来の不確実性の事後的な結果如何にかかわらず，利益が控えめに計上されるような会計処理のこと）と，**条件付き保守主義**（低価基準の適用など，将来の不確実性の事後的な結果に応じて，利益が控えめに計上されるような会計処理が選択されること（ただし，有利な結果が得られたからといって，利益を多めに計上するような処理は選択されないことが約束されていること））とに峻別されるが，低価基準は，これらのうち，条件付き保守主義に該当する。

　　[*8]　保守主義に関する実証的な研究については，髙田（2021）を参照。また，保守主義の歴史的経緯を踏まえて，その本質を経済モデルで分析するものとして，西谷（2016）などがある。

　また，第2の根拠は，**残留有効原価**という考え方である。すなわち，棚卸資産などの貸借対照表項目が期間損益計算の連結環として機能していると考えると，資産の次期繰越額としては，次期以降において，適切な将来収益を獲得する能力を持った部分（これを「**残留有効原価**」という）のみが適切に繰り越され

154 第2部 財務会計の個別論点

る必要がある。そのことによって，次の期の期間損益計算が適正化される。よって，もしこのような残留有効原価が，現在の帳簿価額を下回っているのであれば，帳簿価額を残留有効原価まで減額することが望ましい。そして，その減額のプロセスが，ここでの低価基準にほかならないことになる。

[＊9]　なお，会計基準上は，低価法における貸借対照表価額として，「正味売却価額」を用いることとされている。ただし，これは収入額系統の金額であるという点には留意されたい。すなわち，本章1で確認したとおり，事業投資に係る棚卸資産は，将来において成果に対する犠牲（取得原価→売上原価）となることが予定されているから，本来的には支出額系統の金額で測定する必要がある（たとえば，2で学習した「支払対価主義」を思い出してみよう）。よって理論上は，低価法における貸借対照表価額としては，収入額系統の「正味売却価額」ではなく，支出額系統の時価（たとえば「**再調達原価**」）を用いることが望ましいといえる。

　本章を締めくくるに当たり，事業投資たる棚卸資産の配分と評価の関係性について，「損益計算→在高計算→損益計算→…」という連続的な関係性になっている点にも注意しよう。すなわち，期間損益計算の結果として，資産計上がなされ（損益計算→在高計算），また当該資産の帳簿価額を修正し精緻化することで，次期以降の損益計算がより精緻化される（在高計算→損益計算）。このように，事業投資についての損益計算と在高計算は，スタート地点としては「損益計算」が先には来るものの，しかし両者は密接に関係しているということには，くれぐれも留意されたい。

【対話：考えてみよう】

　本章では，棚卸資産の原価配分の「仮定」として，先入先出法や後入先出法などを学習したが，どの方法を採用するかで売上原価ひいては利益額が異なることから，これが経営者による利益操作に用いられてしまうおそれが懸念される。

　考え方A：このようなリスクから，原価配分の「仮定」選択を経営者の判断に委ねるのは望ましくなく，どれか1つの方法に絞り込むことが望ましい。

　考え方B：経営環境の多様性などを勘案すると，このようなリスクを承知したうえでも，やはり原価配分方法を経営者の判断に委ねることには一定の意義がある。

　両者の考え方について，あなたが①投資家の立場であった場合，②監査人の立場であった場合，③経営者の立場であった場合，それぞれどのように考えるか。また，別の考え方はあり得るか。

第8章 棚卸資産と原価配分：事業投資と損益計算⑵ 155

■Readings■

棚卸資産の会計の裏側にある理論について興味を持った読者へ

番場嘉一郎（1963）『棚卸資産会計』国元書房

原価計算のプロセスや理論について興味を持った読者へ

小林啓孝・伊藤嘉博・清水孝・長谷川惠一（2017）『スタンダード管理会計（第2版）』東洋経済新報社

■参考文献■

岡本清（2000）『原価計算（六訂版）』国元書房

梶原武久（2022）『戦略的コストマネジメント』中央経済社

西谷順平（2016）『保守主義のジレンマ―会計基礎概念の内部化』中央経済社

髙田知実（2021）『保守主義会計―実態と経済的機能の実証分析』中央経済社

156 | 第2部 財務会計の個別論点

第9章 —— 設備資産と減価償却・減損：事業投資と損益計算(3)

Point
　本章では，事業投資における設備資産の損益計算と在高計算について，①投資の開始時点，②投資の回収時点，③期末時点という流れで学習する。
1．設備資産の取得原価は，支払対価主義のもとで決定される。→【1，2】
2．設備投資にかかる資本的支出と収益的支出とを峻別して会計処理する必要がある。→【2】
3．設備資産の原価配分のプロセスは減価償却とよばれ，いくつかの方法がある。→【3】
4．減価償却に係る変更については，プロスペクティブ方式を採用する。→【3】
5．設備資産の期末評価においては，減損の判定が必要となる。→【4】

Keywords
二面的損益計算，取得原価，支払対価主義，資本的支出，減価償却，プロスペクティブ方式，減損処理

Questions
1．設備資産の取得原価は，どのように決定されるか説明しなさい。
2．設備投資にかかる資本的支出と収益的支出とはなにかを定義したうえで，それらの会計処理方法について説明しなさい。
3．設備資産の減価償却とはなにかを説明したうえで，それらに係る方法について説明しなさい。
4．設備資産の期末評価の方法について説明しなさい。

1 ■ 事業投資における原価配分（二面的損益計算）と在高計算：復習

　本章では，事業投資における設備資産の会計について，損益計算（収益に対応する原価側の論点）および，収益と費用の二面的損益計算に追従する在高計算（資産計上に係る論点）について学ぶ。

設備資産の損益計算と在高計算の構造は，基本的には第 8 章の棚卸資産と同じであるが，その手続や名称が少し異なる。設備資産における原価配分は，**減価償却**とよばれ，また，在高計算については，**減損処理**が重要になる。以下では，棚卸資産の場合と同じように，時系列で会計処理を確認する（**図表 9 − 1**）。具体的には，①**投資の開始時点（取得原価）**，②**投資の回収時点（減価償却）**，③**期末時点（減損処理）**の 3 つに分けて確認することにする。

図表 9 − 1 ■本章の 3 ステップ：時間軸の中で考える設備資産

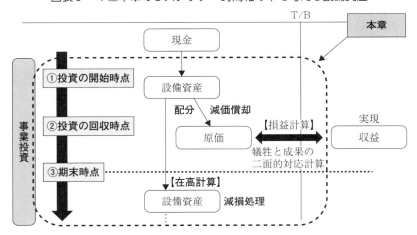

［＊1］　なお，②の減価償却については，実際の会計処理では期末になされるが，本来的には，収益の計上に対応するように随時計算することが望ましく，必ずしも期末処理と一義的に紐づくわけではない。よって，本書でも（期末の在高計算としての減損処理と分ける意味も含めて），②の減価償却を③期末時点の処理とはいったん切り離して説明することにする。

2 ■ ①投資の開始時点：設備資産の取得原価

2 − 1　定　義

具体的な論点に入る前に，設備資産を定義しておく。**設備資産**とは，事業投資における収益獲得活動において，長期に利用されることを想定した資産をいい，たとえば，建物，工場，器具備品，車両運搬具などの有形のものや，特許

158 第2部 財務会計の個別論点

権などの無形のものなどが挙げられる。つまり，棚卸資産などのように，それ自体が販売等に供され直接的に収益獲得に貢献するものではないが，利用というかたちで，間接的に収益獲得活動に貢献する点が，設備資産の特徴である。

なお，設備資産は，制度上は，「固定資産」の区分として，貸借対照表に計上される（第6章参照）。具体的には，その形態的な特徴に従い，**「有形固定資産」**（たとえば，建物等），**「無形固定資産」**（たとえば，特許権等），将来の収益獲得に貢献する**「繰延資産」**に区分され，貸借対照表に計上される（「原則」第三・四㈠B，「財規」第14条）。無形資産や繰延資産については，**補論9－1**と**補論9－2**で別途議論する。

> ［＊2］　有形の設備資産には，より詳細には，**償却資産**（建物や機械装置のように，使用や時の経過により価値が減少する資産），**減耗性資産**（鉱山や山林などのように，採取によって数量的な減少が生じる資産），**非償却資産**（土地等のように通常は価値の減少が生じない資産），**建設仮勘定**（建設中の固定資産）といったものが含まれる。ここでは，基本的には，原価配分の対象となる償却資産を前提に議論する。
> 　なお，通常のテキストでは，本章で扱う内容は「固定資産の会計」として取り扱われることが多いが，固定資産という名称は，すでに第6章で学習した「流動・固定分類」という表示上の区分を前提としたものであり，その本質を捉えた名称とはいえない。このことから，本章では，あえて「設備資産」という名称を用いることにする。

2－2　設備資産の計上：取得原価

上記の定義を前提に，まず①事業投資の開始時点を考えてみよう。なお，以下の議論は，基本的には有形の設備資産を念頭に置いて検討するが，無形の設備資産についても，大きな骨格自体は変わることはない（ただし，一部異なる部分もあるので，その点については，補論9－1で議論する）。

ここでは，設備資産をいくらで貸借対照表に計上するかが鍵となるが，結論的には，棚卸資産の場合と同様に，**取得原価**，つまり**支払対価主義**で計上することになる。これは，設備資産が，後の②原価配分において収益獲得に対する努力（犠牲）として費用計上されることが想定されていることから，①では，それと首尾一貫するよう支出額系統の帳簿価額としておくことが求められるからである。よって，特に購入の場合を想定すると，棚卸資産の場合と同様に，支払対価主義の考え方に沿って，**購入対価に付随費用を加算**して取得原価を決定することになる（「原則」第三・五・D）。

第9章　設備資産と減価償却・減損：事業投資と損益計算(3)　159

［＊3］　設備資産の付随費用には，外部付随費用（引取り運賃や購入手数料など）と，内部付随費用（備付費や試運転費用等，資産を使用可能な状態にするまでに企業内部で発生する費用）とがある。

［＊4］　減価償却の実施以降の期における期末および期首時点では，取得原価から減価償却累計額を控除した金額で貸借対照表に計上される（「原則」第三・五・D）。

［＊5］　なお，設備資産の取得については，購入の他にも，自家建設，現物出資，交換，贈与などの形態が考えられる。これらに係る取得原価の考え方は以下のようになる。

取得の種類	内　　容	取得原価の考え方
自家建設	自社で設備資産を製造し，利用する場合	適正な原価計算基準に準拠して算定された製造原価を取得原価とする
現物出資	株主からの現物出資で設備資産を受け入れる場合	受入資産の公正な評価額と，出資者に対価として交付した株式の公正な評価額のうち，いずれかより高い信頼性をもって測定可能な金額を取得原価とする（「SOP基準」第15項）
交換	他の経済主体との交換によって設備資産を受け入れる場合	譲渡資産の適正な簿価をもって取得原価とする（『連続意見書第三』）
贈与	他の経済主体から贈与その他無償で設備資産を受け入れる場合	公正な評価額をもって取得原価とする（「原則」第三・五・F）

［＊6］　設備資産の中には，取得した資産の除去が，法令等により法律的な義務として要求されるものがある（たとえば，原子力発電設備など）。このような資産については，将来の除去の際に必要となる支出額を見積もり，割引現在価値として，資産の取得に要する付随費用に準ずるものとして，当該資産の取得原価に加算する必要がある（「資産除去債務基準」第42項）。これについては，本書第11章（負債の会計）で別途論じる。

2－3　資本的支出と収益的支出

なお，棚卸資産の会計にはなかった論点としては，**資本的支出と収益的支出の峻別**という論点がある。特に，既存の設備資産を前提に，それに係る増築や修繕，補修といった追加的な投資・支出があった場合，それらをどのように取り扱うかという点が問題となる。具体的には，**図表9－2**に示されるとおり，設備投資に関して行われる支出には，資産価値を増加させる「**資本的支出**」と，単なる修繕や補修に該当する「**収益的支出**」とがある。

そして，これらの会計処理が問題となるが，結論的には，これらは性質が異なるため，別々に取り扱い，資本的支出は資産計上し，収益的支出は当期の費用とする。

図表9－2 ■資本的支出と収益的支出

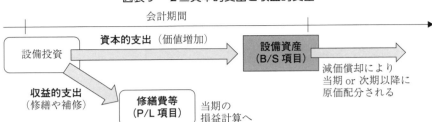

　すなわち，まず資本的支出としては，たとえば，建物の増築や拡張，用途変更のための模様替えなどの支出が挙げられ，これは，資産の耐用年数を延長させる効果を有し，資産価値を増加させるものであるから，設備資産の取得原価に算入され，貸借対照表に計上される。そして，減価償却により，当期もしくは次期以降に原価配分される。

　他方，収益的支出は，定期的な修繕や補修，部品交換等のための支出であり，その効果は短期的であるため，設備資産の取得原価とせず，修繕費として支出年度の費用として計上される。

　なお，基本的ルールは上記のようになるが，しかし現実には，設備投資の中に，両方の要素が混ざり合っていることもある。この場合は，耐用年数の延長等を勘案し，両要素を切り分けた会計処理が必要になる。以下では，このことを**設例9－1**で確認しよう。

設例9－1　資本的支出と収益的支出

　建物（当期首における残存耐用年数：3年）について，当期首に大規模修繕をおこなった（現金100を支払った）。その結果，当該建物の使用可能年数は以下のように延長されたため，延長期間に対応する金額を資本的支出と判定し，残りを収益的支出とした。
大規模修繕後の使用可能年数：当期首から10年

≪仕訳≫

借方	金額	貸方	金額
建物	70(※1)	現金	100
修繕費	30(※2)		

（※1）　使用可能年数の延長 = 10 − 3 = 7年
　　　　∴資本的支出 = 支出額100 × (7/10) = 70
（※2）　収益的支出 = 支出額100 − 資本的支出70 = 30

第9章　設備資産と減価償却・減損：事業投資と損益計算(3)　161

　　［＊7］　なお，実務上は，重要性の原則により，一定額以下の支出は，一律に収益的支
　　　　　出として取り扱われることが多い。

3 ■ ②投資の回収時点：減価償却

　本節では，設備資産の原価配分である**減価償却**について説明する。設備資産
は，使用に伴って収益の獲得に貢献するとともに，その価値が減少していくと
考えられる。またその価値は，使用可能期間（これを**耐用年数**という）が経過
した時点で，**残存価額**（耐用年数経過後に設備資産が有する価値）まで低下する
と考えられる。このことから，設備資産についても，その利用に伴い獲得され
た収益に対応するかたちで，原価配分をおこなう必要があると考えられる。

　ただし，物理的に数量が減少する（そして交換取引により，直接的に他者に引
渡しがなされる）棚卸資産と異なり，設備資産の場合は，外見上は，物的数量
の減少を観察することはできない。そこで企業会計では，設備資産については，
以下に述べる一定の計算上の仮定をおいて，原価配分の手続をおこなう。そし
てこのような設備資産における原価配分の手続を，**減価償却**（depreciation）
という（「原則」第三・五）。以下では，具体的な減価償却の仮定や計算方法を
学習しよう。

　　［＊8］　毎期継続して規則的に行われる減価償却は，「**正規の減価償却**」とよばれる。
　　　　　そしてこれは，税法上の特別償却等と区別される。
　　［＊9］　設備資産の会計，なかでも減価償却は，近代会計ないし発生主義会計の成立に
　　　　　おいて重要な役割を果たしたとされる。たとえば，19世紀の英国の鉄道会社において
　　　　　は，膨大な設備資産取替の資金準備のために減価償却が重要視された。このような減
　　　　　価償却をめぐる歴史的な考え方については，たとえば，友岡（2018）等を参照。
　　　　　　また，減価償却をどう捉えるかは，昔だけでなく現代においても，特に設備資産を
　　　　　膨大に有する業界（たとえば電力会社など）の会計実務を捉えるうえで重要な意義を
　　　　　持っている。この点については，北浦（2014）等を参照。

3－1　減価償却費の計算要素と計算方法

　減価償却費を計算するにあたっては，**取得原価，残存価額**（資産の使用可能
期間が経過して処分するときの売却価格や利用価値），**原価配分基準**（耐用年数や
利用度）が必要となる。これらを，**「減価償却の3要素」**とよぶ（図表9－3）。
　また，減価償却の具体的な計算方法としては，耐用年数を原価配分基準とす

図表9－3 ■減価償却の3要素

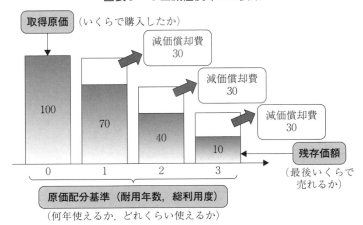

る方法と，利用度を原価配分基準とする方法とがある。それらの具体的な方法は，**図表9－4**に示されるとおりである（「原則注解」注20）。なお，このようにさまざまな方法が用意されているのは，企業の経営環境や投資形態がさまざまであることから，それらに見合った方法を企業が選択し，そして，そのことにより，企業の実態に即した損益計算や在高計算を可能とするためである。

なお，以下の説明のために，ここで用語をいくつか定義しておこう。

減価償却費＝[各方法の仮定のもと計算された1期間の原価配分額]
減価償却累計額＝[過去の減価償却費の合計額]
未償却残高＝[取得原価]－[減価償却累計額]

図表9－4 ■減価償却の計算方法

耐用年数を配分基準とする方法
  定額法：資産の耐用年数中，毎期均等額の減価償却費を計上する方法
  定率法：資産の耐用年数中，毎期期首未償却残高に一定率を乗じた減価償却費を計上する方法
  級数法：資産の耐用期間中，毎期一定の額を算術級数的に逓減した減価償却費を計上する方法
利用度を配分基準とする方法
  生産高比例法：資産の耐用期間中，毎期当該資産による生産又は用役の提供の度合に比例した減価償却費を計上する方法

第9章　設備資産と減価償却・減損：事業投資と損益計算(3)　163

　まず，**減価償却費**は，図表9－4に示される各方法の仮定のもと計算された1期間（あるいは一定期間）の原価配分額をいう。これは，損益計算書に計上されることとなる。また，減価償却の過去の合計金額を，**減価償却累計額**といい，取得原価から減価償却累計額を控除した残額を，**未償却残高**という。

　　［＊10］　企業が実際に採用した減価償却方法は，重要な会計方針の1つとして財務諸表
　　　　　　に注記する必要がある（「原則注解」注1－2）。
　　［＊11］　無形資産の償却については，基本的には定額法でおこなうことになる。詳細は，
　　　　　　本章補論9－1を参照。

3－1－1　定 額 法

　定額法は，資産の耐用年数にわたり毎期一定額ずつ減価償却をおこなう方法である。各期の減価償却費は以下のように計算される。

　減価償却費＝(取得原価－残存価額)÷耐用年数

　ここで，残存価額を0とする（実務上は，備忘価額の1円を簿価とすることが多い）場合は，減価償却費の計算は，単に「減価償却＝取得原価÷耐用年数」でなされる。

　以上を前提に，定額法の具体例を**設例9－2**で確認しよう。

┃**設例9－2**〉　**定額法**

備品　取得原価100，残存価額0，耐用年数4年，X1年度期首に購入
　X1年度期末の減価償却の仕訳を示しなさい。なお，定額法で減価償却費を計算する。

≪仕訳≫

	借　方	金額	貸　方	金額
X1年度期末	減価償却費	25(※1)	備品減価償却累計額	25

（※1）　減価償却費の計算：ここでは，残存価額を0とする場合の計算式「減価償却＝取得原
　　　　価÷耐用年数」に当てはめて計算する。減価償却費＝取得原価100÷耐用年数4年＝25

164 | 第2部　財務会計の個別論点

図表9−5■設例9−2の貸借対照表・損益計算書（間接法）

貸借対照表 （X1年度期末）				損益計算書 （X1年度）	
備品	100	備品減価償却累計額	25	減価償却費	25

　なお，設例9−2の仕訳は，資産を直接減額せず，「減価償却累計額」という勘定科目を用いて処理する**「間接法」**という方法を前提にしたものである。それに対して，資産を直接的に減額する**「直接法」**という処理方法もある。この場合は，「（借）減価償却費 25（貸）**備品** 25」という仕訳になる。直接法を採用した場合の貸借対照表・損益計算書は**図表9−6**のようになる。ここでは，「備品」の金額が75となる点に注意されたい。

図表9−6■設例9−2の貸借対照表・損益計算書（直接法）

貸借対照表 （X1年度期末）		損益計算書 （X1年度）	
備品	75	減価償却費	25

3−1−2　定　率　法

　定率法は，資産の耐用年数にわたり毎期一定率ずつ減価償却をおこなう方法である。各期の減価償却費は，基本的には以下のように計算される。

減価償却費＝未償却残高×一定の償却率

　現行制度（特に税法ルール）のもとでは，産業政策上，定率法によって企業がより多くの償却をおこなうことで，減価償却の自己金融作用（[＊13]を参照）のメリットを享受できるようにするため，上記で計算される減価償却費を一部修正し，以下のように計算することと規定されている。また，同様の観点から，償却率も以下のように計算される。

減価償却費＝Max（[未償却残高×償却率]，[未償却残高÷残存耐用年数]）

※未償却残高に償却率を乗じたものと，未償却残高を残存耐用年数で除したものとを比較して，どちらか大きいほうが減価償却費

償却率＝[１÷耐用年数]×所定倍数

　[＊12]　所定倍数は，税法により，2012年4月以降に取得し使用する資産については，

第9章　設備資産と減価償却・減損：事業投資と損益計算(3)　165

２倍とされている。そして，この所定倍数＝２とする定率法を，「**200％定率法**」と呼ぶ。

［＊13］　減価償却は，資金の流出を伴わない費用項目であるから，減価償却費の計上により，企業内にはそれに対応する額の資金が留保されることになる。このことを**減価償却の自己金融作用**という。上記のように，現行制度が，定率法による減価償却費を，「未償却残高に償却率を乗じたものと，未償却残高を残存耐用年数で除したものとを比較して，どちらか大きいほう」として，より大きな額を費用計上できるようにしているのは，この自己金融作用のメリットを企業が享受し，加速的に償却を促すことで，企業が設備投資の更新を早めることができるようにするためである。

　ここでは，設例９−２と同じ数値を用いて，定率法の処理方法を確認しよう（**設例９−３**）。

■ 設例９−３〉　**定率法**（数値等は，設例９−２と同様）

備品　取得原価100，残存価額０，耐用年数４年，X1年度期首に購入
　X1年度期末〜X4年度期末の減価償却の仕訳を示しなさい。なお，「200％定率法」で減価償却費を計算する。

≪仕訳≫

	借　方	金額	貸　方	金額
X1年度期末	減価償却費	50	備品減価償却累計額	50
X2年度期末	減価償却費	25	備品減価償却累計額	25
X3年度期末	減価償却費	12.5	備品減価償却累計額	12.5
X4年度期末	減価償却費	12.5	備品減価償却累計額	12.5

　定率法による各期の減価償却費の計算について，まず償却率を求める。ここでは，［＊12］で示した現行の税法ルールに従い，所定倍数＝２として（「200％定率法」として）計算しよう。すると，償却率は，「［１÷４年］×２＝0.5」と計算できる。

　よって，各期の期首・期末の未償却残高と減価償却費の金額の推移は，**図表９−７**のようになる（なお，ここでは，現行の税法ルールに従い，「減価償却費＝Max（［未償却残高×償却率］，［未償却残高÷残存耐用年数］）」として計算する）。

　ここでは，特にＡとＢの大小関係に注意して計算する。すなわち，より大きいほうが，当期の減価償却費となる点に留意されたい。なお，X1年度末における貸借対照表と損益計算書は，**図表９−８**に示される。定額法採用時の図表９−５と比べると，定率法採用時は，初年度の減価償却費が，25から50へと大きくなっていることが理解できる。

図表9－7■設例9－3の各年度期首・期末の未償却残高，減価償却費の推移

	期首未償却残高 (B/S)	A：未償却残高×償却率	B：未償却残高÷残存耐用年数	減価償却費 (P/L) [Max (A, B)]	期末未償却残高 (B/S)
X1年度	100 (取得原価)	100×0.5＝50	100÷4年＝25	50	期首未償却残高100－減価償却費50＝50
X2年度	50	50×0.5＝25	50÷3＝16.66	25	50－25＝25
X3年度	25	25×0.5＝12.5	25÷2＝12.5	12.5	25－12.5＝12.5
X4年度	12.5	12.5×0.5＝6.25	12.5÷1＝12.5	12.5	12.5－12.5＝0

図表9－8■設例9－3の貸借対照表・損益計算書（間接法）

貸借対照表（X1年度期末）　　　　　　　損益計算書（X1年度）

備品　　　100　　備品減価償却累計額　　50　　　減価償却費　　50

3－1－3　級 数 法

級数法とは，対応年数に基づいて計算した「算術級数」を利用する減価償却方法である。ここでの減価償却費は，**図表9－9**に示されるブロックのようなかたちで算定される。

ここでは，設例9－2と同じ数値を用いて，級数法の処理方法を確認しよう（**設例9－4**）。

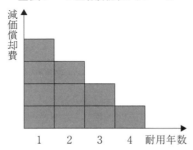

図表9－9■級数法のイメージ

第9章　設備資産と減価償却・減損：事業投資と損益計算(3) | 167

設例9－4 　級数法

備品　取得原価100，残存価額0，耐用年数4年，X1年度期首に購入
　X1年度期末～X4年度期末の減価償却の仕訳を示しなさい。なお，級数法で減価償却費を計算する。

≪仕訳≫

	借　方	金額	貸　方	金額
1年度末	減価償却費	40	備品減価償却累計額	40
2年度末	減価償却費	30	備品減価償却累計額	30
3年度末	減価償却費	20	備品減価償却累計額	20
4年度末	減価償却費	10	備品減価償却累計額	10

　級数法による各期の減価償却費の計算は，以下のようになる。まず，図表9－9にある「ブロック全体の個数」を求める。これは，耐用年数4年の場合は，10個（＝4＋3＋2＋1）となる（なお，この個数は，耐用年数をn年とすると，初項n，公差1，公数n，末項1の等差数列の和となるから，「n(n＋1)/2」としても計算できる）。

　次に，「ブロック1つ当たりの減価償却額」は，全期間通算しての減価償却費総額を，ブロック総数10で割ることで計算できる。いま，減価償却費総額は（残存価額が0であるため），取得原価100に一致するため，以下のように計算できる。

「ブロック1つ当たりの減価償却額」＝100÷10＝10

　そして，級数法のもとでの各年度の減価償却費は，各年度の「ブロックの数」で表現され，「ブロック1つ当たりの減価償却額」にブロックの数を乗じることで計算できる（**図表9－10**）。

　なお，X1年度末における貸借対照表と損益計算書は，**図表9－11**に示される。

図表9－10■級数法の減価償却費の計算

年	ブロックの数	減価償却費	期末未償却残高
1	4	@10×4＝40	100－40＝60
2	3	@10×3＝30	60－30＝30
3	2	@10×2＝20	30－20＝10
4	1	@10×1＝10	10－10＝0

168 | 第2部　財務会計の個別論点

図表9-11■設例9-4の貸借対照表・損益計算書（間接法）

貸借対照表 （X1年度期末）				損益計算書 （X1年度）	
備品	100	備品減価償却累計額	40	減価償却費	40

3-1-4　生産高比例法

生産高比例法とは，資産の利用度に応じて原価配分をおこなう減価償却方法である。この方法では，資産の総使用可能量が推定できることが前提となる。そして，総使用可能量に対する今期の実際利用量の割合に従って減価償却の金額が決まる。よって，残存価額を0とすると，減価償却費は，以下のように計算できる。

減価償却費＝取得原価×（当期実際利用量÷総利用可能量）

ここでは，**設例9-5**を用いて会計処理を確認しよう。

設例9-5 ＞　生産高比例法

車両運搬具　取得原価100，残存価額0，総使用可能量（総走行距離）10万キロ
X1年度期首に購入，X1年度の実際利用量（実際走行距離）：1万キロ
　X1年度期末の減価償却の仕訳を示しなさい。なお，生産高比例法で減価償却費を計算する。

≪仕訳≫

	借方	金額	貸方	金額
X1年度末	減価償却費	10	車両運搬具減価償却累計額	10

　生産高比例法における減価償却費は，総使用可能量に対する今期の実際利用量の割合に従って決定される。具体的には，「取得原価100×（［当期実際利用量：1万キロ］÷［総利用可能量：10万キロ］）＝10」と計算される。なお，X1年度末における貸借対照表と損益計算書は，**図表9-12**に示される。

図表9-12■設例9-5の貸借対照表・損益計算書（間接法）

貸借対照表（X1年度期末）				損益計算書（X1年度）	
車両運搬具	100	車両運搬具減価償却累計額	10	減価償却費	10

3-1-5　各方法の比較

上記の説明や設例をもとに，減価償却方法のイメージを比較し整理すると，**図表9-13**になる。

まず，図表9-13左上に示される定額法について，その未償却残高は，時の経過に伴い右肩下がりに直線的に減少していく。このことから，定額法は，「直線法」ともよばれる。

他方で，図表9-13右上の定率法や，図表9-13左下の級数法における未償却残高は，初期において急速に減少し，それが次第に緩やかになっていくという特徴を持つ。このことから，定率法と級数法は，「加速償却法」ともよばれる。

図表9-13■減価償却方法のイメージ比較

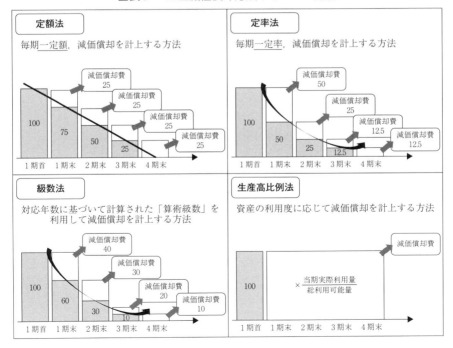

170 | 第2部　財務会計の個別論点

　さらにここでは，定額法と定率法に注目して，両者の期間利益が異なること
を確認する。このため，設例9－2に追加条件を加えた**設例9－6**を考えてみ
よう。

■ 設例9－6 〉 定額法と定率法の比較（設例9－2の条件追加）

企業Aの所有する設備資産
備品　取得原価100，残存価額0，耐用年数4年
　なお，企業Aは毎年30の売上を計上すると仮定する（説明の便宜上，ほかの
収益や，減価償却費以外の費用は考えないものとする）。
　このもとで，①定額法を採用した場合と，②定率法を採用した場合の，企業
Aの期間利益は，それぞれどうなるかを検討する。

≪① 定額法採用時の損益計算書≫

	初年度	2年目	3年目	4年目	Total
収益	30	30	30	30	120
費用	25	25	25	25	100
利益	5	5	5	5	20

≪② 定率法採用時の損益計算書≫

	初年度	2年目	3年目	4年目	Total
収益	30	30	30	30	120
費用	50	25	12.5	12.5	100
利益	－20	5	17.5	17.5	20

　設例9－6における各減価償却方法のもとでの利益の推移をみると，①定額
法を採用した場合と，②定率法を採用した場合とでは，大きく異なることがわ
かる。特に，初年度の利益額を比較すると，①定額法のもとでは黒字（利益＝5）
であるのに対して，②定率法のもとでは赤字（利益＝**－20**）になることがわかる。
ここでのポイントは，全体利益は同じ（どちらの場合も20）であるにもかかわ
らず，減価償却方法の違いにより，期間利益の推移が大きく異なるということ
である。
　このように，減価償却方法の違いにより，期間利益の推移が異なることから，
実際の企業経営者は，どのような方法によれば，自企業に「有利」になるか（「自
企業」をよりよく「見せる」ことができるか）を考えて減価償却方法を選択する
おそれがある。よって，減価償却におけるさまざまな仮定をどう見積るか，ま

第9章　設備資産と減価償却・減損：事業投資と損益計算(3)　171

た，どの方法を選択するかということは，理論だけでなく実践面でも極めて重要な論点といえよう。

そこで，次節では，（意図的か，それとも非意図的かということは，いったんおいておくとして）減価償却に係る種々の変更に関する論点を確認しよう。

[＊14]　これらの減価償却による原価配分のほかにも，取替資産に関する**取替法**という原価配分方法もある。取替資産とは，たとえば，電力会社の電柱など，同種の物品が多数集まって1つの全体を構成し，老朽品の部分的取替えを繰り返すことにより全体が維持されるような設備資産をいう。そして，取替法とは，実際に資産の取替が生じた時点で，そのコストを当該期間の費用として処理する方法である（「原則注解」注20）。

[＊15]　なお，減価償却は，ここまでに確認したとおり，きわめて会計的なプロセス，つまり，発生主義会計を理解するうえで重要な会計処理といえる。特に，経済学でいう**「固定資本減耗**（財のストックとしての価値の減少）」とは，視点が異なる点を理解しておこう。

3－2　減価償却に関する変更

以上のように，減価償却に関する計算の前提や計算方法には，さまざまな見積りや判断の要素が介入している。よって事後的に，これらの修正や変更が生じる場合がある。具体的には，耐用年数・残存価額の変更や，減価償却方法の変更があり，これらの本質をどのように捉え，かつ，どのように修正処理するかが問題となる。以下では，変更の本質や修正の具体的方法について考えてみよう。

まず，議論の前提として，修正方法から確認する。これには，過去に遡って修正計算するかどうかによって，大きく2つの方法がある（**図表9－14**）。

まず，**キャッチアップ方式**とは，過去に遡ってやり直す方法であり，変更後の仮定を最初から適用していたとして再計算する方法である。具体的には，新たな仮定のもとで減価償却費を再計算し，新たな仮定のもとでの未償却残高を求め，それと旧仮定に基づいた未償却残高と比較し，その差額を過年度の減価償却修正分として特別損益に計上する（その後は，新しい仮定に従って償却計算を継続する）方法である。

他方，**プロスペクティブ方式**とは，過去に遡ってやり直さない方法であり，過年度の償却計算を修正することなく，変更の影響を変更後の会計期間の減価償却計算に吸収させる方法である。

図表9－14■減価償却に関する変更：キャッチアップ方式とプロスペクティブ方式

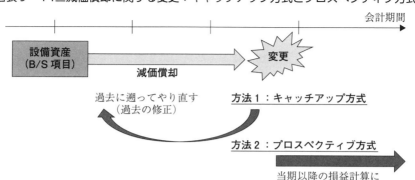

そして,「耐用年数・残存価額の変更」と「減価償却方法の変更」に係る修正方法について整理すると，**図表9－15**のようになる。

図表9－15■減価償却に関する変更と採用される修正方法

変更対象	変更の性質	現行制度による修正方法
①耐用年数・残存価額の変更	会計上の見積りの変更	プロスペクティブ方式
②減価償却方法の変更	会計方針の変更 or 資産の減少パターンに関する会計上の見積りの変更	プロスペクティブ方式

結論的には，現行制度(「変更誤謬基準」)では，どちらの場合もプロスペクティブ方式で会計処理をする。この理由については，以下のとおりである。

まず，①耐用年数・残存価額の変更は，設備資産の継続利用の中での環境変化によって必要となったものであり，当初の見積り時点では，そのような環境変化は存在しなかったといえる。つまり，当初の見積りが特に誤っていたわけではなく，当初時点における環境要因からすると，合理的な見積りであったと考えることができる。よって，当初時点の見積りと新たな見積りとを別物として考え，(過去の償却計算をさかのぼって修正するのではなく) 環境変化により見積りが変更される時点からリスタートを図ったものとして，会計処理を行うほうが実態に即しているといえる。よって，プロスペクティブ方式を採用することが望ましいといえる (「変更誤謬基準」第17項)。

また，②減価償却方法の変更については，環境変化による会計方針の変更と

第9章　設備資産と減価償却・減損：事業投資と損益計算(3)　173

捉えることもできるし，もしくは，資産の減少パターンに関する会計上の見積りの変更とも捉えることができる。そして，現実には，この両要素が入り混じっており，どちらに該当するかの区別は困難であるから，①耐用年数・残存価額の変更の場合（プロスペクティブ方式を採用）に準じて処理をすることとする（「変更誤謬基準」第19・20項）。

[＊16]　減価償却方法の変更については，金額的にも重要性が高い場合が多く，財務諸表利用者の比較可能性を確保する観点から，変更内容，変更をおこなった正当な理由，変更の影響をそれぞれ注記する必要がある（「変更誤謬基準」第19項）。

以下では，**設例9－7**と**設例9－8**により，これらを理解することにしよう。

▌設例9－7　減価償却に関する変更(1)：耐用年数の変更

　機械（X1年度期首に購入，取得原価 100）を，耐用年数 5年，残存価額 0と見積り，定額法で2年間償却してきたが，しかしX3年度期首において，技術進歩により当該機械が残り2年しか使用できないことが判明した。X3年度末における仕訳を示しなさい。なお，現行制度では，プロスペクティブ方式が採用されているが，説明の便宜から，以下では両方の仕訳を確認することにする。

≪X3年度末の仕訳≫

		キャッチアップ方式		プロスペクティブ方式	
		借方	貸方	借方	貸方
①	過年度修正	過年度損益修正損　10(※1)	機械減価償却累計額　　10	仕訳なし(※3)	
②	減価償却	減価償却費　25(※2)	機械減価償却累計額　　25	減価償却費　30(※4)	機械減価償却累計額　　30

　まず「キャッチアップ方式」のもとでは，**図表9－16**のように変更前の償却計算と変更後の償却計算を行い，両者のもとでの「未償却残高の差額」を過年度損益修正として特別損益に計上する。ここで，「未償却残高の差額」は，以下のように計算できる。

・変更前（耐用年数5年）の減価償却計算：各期の減価償却費＝100÷5年＝20

　∴2年償却後（3年目期首）の未償却残高＝100－（20×2）＝60　　　　…(A)

・変更後（耐用年数4年）の減価償却計算：各期の減価償却費＝100÷4年＝25

　∴2年償却後（3年目期首）の未償却残高＝100－（25×2）＝50　　　　…(B)

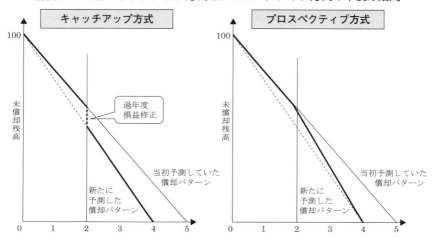

図表9-16■キャッチアップ方式とプロスペクティブ方式の未償却残高

よって,「未償却残高の差額」は以下のように計算できる。

未償却残高の差額＝(A)－(B)＝60－50＝10　　　　　　…【過年度損益修正損】

そして,キャッチアップ方式では,この差額を「過年度損益修正損」として計上する仕訳をおこなう(仕訳①(※1)参照。相手勘定は,通常の減価償却の場合と同じく「減価償却累計額」を用いる)。

そのうえで,減価償却としては,新たな見積りのもとでの金額を計上する。変更後の減価償却費(耐用年数4年)は,上記で計算したとおり25(＝100÷4年)となるため,これを減価償却費として計上する仕訳をおこなう(仕訳②(※2)参照)。

他方,図表9-16のように,プロスペクティブ方式のもとでは,キャッチアップ方式とは異なり,これまでの未償却残高60をそのまま受け継ぐ(よって,「過年度修正」の仕訳はおこなわない。仕訳①(※3)参照)。かつ,残りの耐用年数(2年)をもとに,減価償却計算をおこなう。具体的には,「変更後の減価償却費＝[2年償却後(3年目期首)の未償却残高60]÷[残りの耐用年数2年]＝30」となる(仕訳②(※4)参照)。

第9章　設備資産と減価償却・減損：事業投資と損益計算(3)　175

設例9－8　　減価償却に関する変更(2)：減価償却方法の変更

備品（X1年度期首に購入，取得原価100），残存価額0，耐用年数5年
　当該資産について，200%定率法で1年間償却したが，しかし2年目からは，定額法で減価償却費を計算することとした。X2年度末における仕訳を示しなさい。なお，現行制度では，プロスペクティブ方式が採用されているが，説明の便宜から，以下では両方の仕訳を確認することにする。

≪X2年度末の仕訳≫

	キャッチアップ方式		プロスペクティブ方式	
	借　方	貸　方	借　方	貸　方
①過年度修正	機械減価償却累計額　　20	過年度損益修正益　　20(※1)	仕訳なし(※3)	
②減価償却	減価償却費　　20(※2)	機械減価償却累計額　　20	減価償却費　　15(※4)	機械減価償却累計額　　15

　まず，キャッチアップ方式のもとでは，変更前の償却計算と変更後の償却計算のもとでのそれぞれの未償却残高を計算し，それらの差額を過年度損益修正として特別損益に計上する。そのうえで，新たな仮定のもとで減価償却費を計算する。

　まず，変更前後のX1年度末の未償却残高を計算しよう。最初に，変更前の定率法による償却率を求める。ここでは税法ルールに従い，所定倍数＝2（「200%定率法」）とすると，「償却率＝［1÷5年］×2＝0.4」と計算できる。よって，1年目の減価償却費とX1年度期末の未償却残高は以下のように計算できる。

　　定率法による1年目の減価償却費
　　＝max（未償却残高×償却率，未償却残高÷残存耐用年数）＝max（40, 20）＝40
　　∴定率法による1年目期末の未償却残高＝取得原価100－減価償却費40＝60

　　　　　　　　　　　　　　　　　　　　　　　　　　　　　　　　　　　…(A)

　次に，変更後の定額法を考えよう。定額法のもとでの各期の減価償却費は「100÷5年＝20」と計算できる。よって，X1年度末の未償却残高を計算すると，以下のようになる。

　　定額法による1年目期末の未償却残高＝100－（20×1）＝80　　　　　…(B)

176 | 第 2 部 財務会計の個別論点

よって，過年度損益修正損益は，以下のように計算できる。

過年度損益修正損益＝未償却残高の差額

$= (A) - (B) = 60 - 80 = -20$ …【過年度損益修正益】

この場合は，定率法による 1 年目の減価償却費のほうが大きい（定率法による未償却残高のほうが小さい）ため，定額法からすると，過剰になっていた減価償却累計額を，20だけ戻し入れるかたちになる（仕訳①（※ 1 ）参照。相手勘定は，減価償却の戻入として「減価償却累計額」を用いる）。

また，それをうけて，新たな仮定のもとでの減価償却費を計上する。変更後（定額法）の減価償却費は，上記で計算したとおり20（＝100÷ 5 年）となるため，これを減価償却費として計上する（仕訳②（※ 2 ）参照）。

他方，プロスペクティブ方式のもとでは，キャッチアップ方式とは異なり，これまでの未償却残高をそのまま受け継ぐ（よって，「過年度修正」の仕訳はおこなわない。仕訳①（※ 3 ）参照）。かつ，残りの耐用年数をもとに，減価償却計算をおこなう。具体的には，変更後（定額法）の減価償却費は，「［ 1 年償却後（ 2 年目期首）の定率法のもとでの未償却残高60]÷[残りの耐用年数 4 年]＝15」と計算される（仕訳②（※ 4 ）参照）。

4 ■ ③期末時点：減損処理

次に，設備資産の期末時点の会計処理について述べる。ここで棚卸資産の場合を思い出してみよう。第 8 章で述べたとおり，棚卸資産の場合，期中の原価配分の結果として残された期末の残存部分について，改めて在高計算の観点から，棚卸減耗と商品評価損の計上を検討した。そして本章での設備資産についても，原価配分方法たる減価償却の結果として残された期末の残存部分（未償却残高）について，改めて在高計算の観点からその評価をおこなう必要がある。結論的には，以下に述べる**減損**という会計処理方法をおこなうかどうかの判定が必要となる。

すなわち，事業投資における設備資産については，当該事業から回収される収益が，投資額を上回ることを期待して購入されている（設備投資されている）ものであるが，当初のそのような企業の予想に反して，現実には，その後の技術革新や経済環境の変化によって，設備資産の収益性が悪化することがある。

このように，設備資産の収益性が低下することによって，投資額の完全な回収が見込めなくなる状態を**減損**（impairment）とよぶ。そしてこのような場合には，設備資産からの回収可能価額の低下を反映させるように，その帳簿価額を減額する処理をおこなう必要があり，これを**減損処理**という。

減損処理の方法については，日本基準（後述する「減損基準」），米国基準，国際会計基準ごとに異なるところがあるが，以下では特に，日本基準を念頭に置いて説明をおこなう。

ここで，減損処理のプロセスは，**図表9－17**に示される3つのステップに表現することができる。

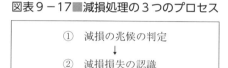

図表9－17■減損処理の3つのプロセス

4－1　ステップ1：減損の兆候の判定

まず第1のステップとして，資産または資産グループに減損が生じている可能性を示す事象（これを「**減損の兆候**」という）があるかどうかを検討する。減損の兆候としては，例えば，**図表9－18**のような事象が考えられる（「減損基準」二，1）。これらの事象が観察される場合には，次のステップ2に進むことになる。

[＊17]　なお，上記の説明で「資産または資産グ・ル・ー・プ・」としているとおり，減損の認識や測定をどの単位で考えるかが重要なポイントとなる。結論的には，「**キャッシュ・フロー生成単位**」（他の資産から独立してキャッシュ・フローを生み出すことができるか否か）という考え方が重要になり，この単位ごとに減損を考えていくことになる。これは，単独の資産からなることもあれば，複数の資産からなる場合もある（「減損基準」二 6(1)）。
　　また，複数の資産または資産グループにまたがり将来キャッシュ・フロー生成に寄与するものとしては，**のれん**や**共用資産**がある。これらについては複数の資産グループを合体させ，より大きな判定単位を形成するのが原則である。ただし，のれんや共用資産の帳簿価額を，各グループに配分しても考えてもよい（「減損基準」二 7・8）。

178 | 第2部　財務会計の個別論点

図表9－18■減損の兆候の4つの具体例

1　利益やキャッシュ・フローのマイナス：
資産または資産グループが使用されている営業活動から生ずる損益又はキャッシュ・フローが，継続してマイナスとなっているか，あるいは，継続してマイナスとなる見込みであること
2　事業廃止・再編成，用途変更，遊休化など回収可能価額を著しく低下させる変化：
資産または資産グループが使用されている範囲又は方法について，当該資産又は資産グループの回収可能価額を著しく低下させる変化が生じたか，あるいは，生ずる見込みであること
3　経営環境の著しい悪化：
資産または資産グループが使用されている事業に関連して，経営環境が著しく悪化したか，あるいは，悪化する見込みであること
4　市場価格の著しい下落：
資産または資産グループの市場価格が著しく下落したこと

4－2　ステップ2：減損損失の認識

　ステップ1において減損の兆候がある場合には，続く第2のステップとして，減損損失を認識するかどうかの判定をおこなう。具体的には，以下の場合に，減損損失を認識する（「減損基準」二，2）。

[割引前将来キャッシュ・フローの合計額]＜[資産（グループ）の帳簿価額]

　上記を満たす場合とは，設備資産の収益性が低下し（将来獲得しうるキャッシュ・フローの合計額が低下してしまい），投資額の完全な回収が見込めなくなっている（帳簿価額を下回っている）状況である。左辺で割引前のキャッシュ・フローを使うことで，その金額は（割引後のキャッシュ・フローよりも）大きくなるが，それがさらに資産の帳簿価額を下回っているということは，減損の発生が相当程度に確実な場合であるということができる。よって，この具体的判定では，割引前の将来キャッシュ・フローを用いる。

4－3　ステップ3：減損損失の測定

　上記のステップ2において，減損損失の認識が必要であると判定された場合には，当該資産（グループ）の帳簿価額を回収可能価額まで減額し，その減額分を減損損失として当期の特別損失に計上する（「減損基準」四，2）。

第9章　設備資産と減価償却・減損：事業投資と損益計算(3)　179

[減損損失]＝[帳簿価額]－[回収可能価額]

ここで，回収可能価額は，以下のようになる。

[回収可能価額]＝Max（正味売却価額，使用価値）

　回収可能価額は，上述のように，正味売却価額と使用価値とを比較して，いずれか大きいほうとなる。ここで，上記のような比較をしているのは，以下の理由による。すなわち，まず設備資産の投資額は，売却もしくは継続使用によって回収されることが予定され，かつ企業はいずれか有利な方法を選択するはずである。つまり，もし企業が経済合理的に行動すると仮定するならば，企業の意思決定としては，売却するか（正味売却価額），もしくは使い続けるか（使用価値），どちらか価値が高くなるほうを選択することになる。よって，測定値としても，正味売却価額か，もしくは，使用価値（割引後キャッシュ・フロー）か，どちらか高いほうの金額（回収可能価額）を採用し，それと帳簿価額との差額を減損損失として計上することになる。

　ここで，上記の3つのステップの流れを，**設例9－9**で確認しよう。

■ **設例9－9**　減損損失の会計処理

　以下の条件より，賃貸用建物に関して当期に計上すべき減損損失の金額を求め，かつ仕訳を示しなさい。
（条件）
　当社は，賃貸用建物を保有している（取得原価 220,000）。これまで，耐用年数30年，残存価額を取得原価の10％として，定額法によって減価償却をおこなってきた。決算日時点の経過年数は25年である。
　当該賃貸建物については，経営環境の悪化や周辺地域の地価下落などの影響により，減損の兆候が見られる。なお，この建物の決算日時点の正味売却価値は，38,000である。これと使用価値を比較し，大きいほうの金額と帳簿価額との差額（帳簿価額超過額）を減損損失とした。
　この建物の賃貸によって，今後5年間，年10,000の家賃収入（年度末に受け取る）が見込まれ，その現在価値の合計額を使用価値とした。なお，計算に必要な現価係数は以下の表のとおりである。

割引率5％	1年後	2年後	3年後	4年後	5年後
現価係数	0.95	0.92	0.86	0.82	0.78

180 | 第2部 財務会計の個別論点

≪仕訳≫

借方	金額	貸方	金額
減損損失	11,700	建物	11,700

　減損損失に係る3つのステップについて，順を追って確認する。第1のステップは，減損の兆候の判定である。会計実務では，この判定が難しいところであるが，設例9－9では，便宜的に，問題中で「減損の兆候が見られる」旨の記述があるため，これに従う。次に第2のステップは，減損損失の認識である。これは要するに，減損をするかしないかという判定であり，具体的には，対象となる資産（ないし資産グループ全体）の帳簿価額とその資産（ないし資産グループ全体）の割引前キャッシュ・フローとを比較して，前者のほうが後者を上回っているならば，減損損失を認識することになる。まず，帳簿価額は，以下のように計算できる。

帳簿価額＝［取得原価220,000］－［決算時までの減価償却累計額165,000
　　　　　（＝取得原価220,000×90％×(25年/30年))]＝55,000

　次に，割引前キャッシュ・フローは，以下のように計算できる。

割引前キャッシュ・フロー＝年10,000×5年＝50,000

　よって，これらの大小関係をチェックすると，「帳簿価額55,000＞割引前キャッシュ・フロー50,000」となるため，減損損失を認識することになる。

　最後に第3のステップは，減損損失の測定である。もし企業が経済合理的に行動すると仮定するならば，企業の意思決定としては，売却するか（正味売却価額），もしくは使い続けるか（使用価値），どちらか価値が高くなるほうを選択することになるので，測定値としても，正味売却価額か，もしくは，使用価値（割引後キャッシュ・フロー）か，どちらか高いほうの金額（回収可能価額）を採用し，それと帳簿価額との差額を減損損失として計上することになる。ここで，正味売却価額は，設例の条件より，38,000となる。他方，使用価値は，以下のように計算できる。

使用価値＝10,000×0.95＋10,000×0.92＋10,000×0.86＋10,000×0.82＋10,000×0.78
　　　　＝43,300

よって，「使用価値43,300＞正味売却価額38,000」より，減損後の帳簿価額（回収可能価額）としては，使用価値43,300が採用される。そして，これと現在時点の帳簿価額55,000との差額が減損損失の金額となる。つまり，減損損失は，以下のように算定できる。

減損損失＝帳簿価額55,000－回収可能価額（ここでは使用価値）43,300＝11,700

[＊18]　なお，複数の資産からなるグループで認識された減損損失の金額は，合理的基準（たとえば，資産の帳簿価額の比率など）によって配分され，各資産の帳簿価額から減額されることになる。なお，もし当該グループにのれんが含まれている場合には，のれんに優先的に減損損失を配分する（「減損基準」二，6(2)・8）。その理由は，のれんは超過収益力を反映したものであるが，減損の発生はその喪失を意味するからである。

[＊19]　減損処理後は，新しい帳簿価額を前提に，その後の減価償却を規則的に実施する。また，減損処理後に，回収可能価額が回復したとしても，減損損失の戻入れはおこなわない（「減損基準」三，1・2）。なお，国際会計基準のもとでは，減損損失の戻入れがおこなわれるため，この点，日本基準と国際会計基準との間に会計処理の違いが見られる。

補論 9 ― 1　　無形資産

補論 9 ― 1 では，無形資産について，その定義や原価配分方法について整理することにする。本章2の2―1で確認したとおり，設備資産は，制度上は，固定資産として貸借対照表に計上され，その形態的な特徴に従い，「**有形固定資産**」，「**無形固定資産**」，「**繰延資産**」に区分される。

ここで，**無形資産**（intangibles）（制度でいう「無形固定資産」）とは，物理的形態は持たないが，長期にわたり収益獲得に貢献するものをいう。これには，①特許権など法律上の権利（特許権，実用新案権，意匠権，商標権，借地権，鉱業権，漁業権など），②コンピューターのソフトウェア制作投資，③収益性の高い他企業の買収に伴って計上される「のれん」がある（**図表 9 ―19**）。以下では，これらの会計上の取扱いについて説明する。

182 | 第2部 財務会計の個別論点

図表9－19■無形資産の分類

| ① 特許権など法律上の権利 |
| ② ソフトウェア制作投資 |
| ③ のれん |

(1) ①特許権など法律上の権利

まず①特許権など法律上の権利（特許権，実用新案権，意匠権，商標権，借地権，鉱業権，漁業権など）について述べる。このタイプの無形資産に係る会計処理は，基本的には，有形の設備資産と同じように考えることができる。まず，取得原価については，購入等の取得の形態に応じて，支払対価主義で決する。たとえば，特許権などを購入により取得した場合には，その対価と付随費用を取得原価とする。

また，原価配分についても，定額法を基本として，償却計算をおこなう（なお，無形資産の場合は，「減価償却」とはよばず，単に「**償却**」とよぶ）。

[＊20]　なお，法律上の権利のうち，借地権は非償却資産となるため，償却計算はおこなわない。また，鉱業権は，税法上では，定額法のほか，生産高比例法も利用できる。
[＊21]　償却計算の仕訳は，資産を直接減額する「直接法」が用いられ，かつ，貸借対照表の表示上も，取得原価から償却累計額を差し引いた残額のみを資産計上することになる点は，有形の設備資産との比較で注意が必要である。

(2) ②ソフトウェア制作投資

次に②コンピューターのソフトウェア制作投資について述べる。このタイプについては，ソフトウェアの制作に要した支出額のうち，その目的と内容に応じて，資産計上されるものと，**研究開発費**として費用処理されるものとがある。制度上は，**図表9－20**のように，その制作目的に従って，3つに区分して考える（「研究開発費基準」四）。

図表9－20に示されるとおり，大きくは，(a)研究開発目的，(b)販売目的，(c)自社利用目的と分類され，かなり限定的な場合に限って，無形資産として計上されることになる。

また，償却計算については，市場販売目的のソフトウェアと自社利用のソフトウェアでは，その性質に応じて具体的計算が異なる（**図表9－21**）。

第9章　設備資産と減価償却・減損：事業投資と損益計算(3)　183

図表9－20■ソフトウェア制作投資の会計処理方法

(a)　**研究開発目的の制作費**…「研究開発費」として一括費用処理
(b)　**販売目的のソフトウェアの制作費**
　・受注制作の場合…工事契約に準じて棚卸資産計上
　・市場販売の場合

具　体　的　内　容	会計処理
最初に製品化された製品マスター（ver.0）<u>完成まで</u>の制作費	「研究開発費」として一括費用処理
製品マスター・購入したソフトウェアの機能の<u>著しい改良・強化</u>を行う制作活動のための費用	
バグ取り等，機能維持に要した費用	発生時の費用（「研究開発費」では<u>ない</u>）
最初に製品化された製品マスター（ver.0）<u>完成以降</u>の制作費	**無形固定資産に計上し毎期償却**
製品マスター・購入したソフトウェアの機能の改良・強化を行う制作活動のための費用	

(c)　**自社利用目的のソフトウェアの制作費**

具　体　的　内　容	会計処理
将来の収益獲得や費用削減が<u>確実な場合</u>の購入費や制作費	**無形固定資産に計上し毎期償却**
将来の収益獲得や費用削減が<u>不確実または不明な場合</u>の制作費や外注費	発生時の費用

図表9－21■ソフトウェアの償却計算

制作目的	償　却　方　法
市場販売目的無形資産	見込販売数量または見込販売収益に基づく方法（ただし，見込販売数量または見込販売収益に基づく方法により計算した額と，残存有効期間に基づく均等配分額とのいずれか大きい額（有効期間は，原則3年以内））
自社利用無形資産	原則として5年以内の定額法

(3)　③のれん

　最後に，③のれんについて述べる。**のれん**（goodwill）とは，他企業を合併・買収する場合に受入純資産以上の対価を払った場合の当該超過額をいい，主に，被合併・買収企業の超過収益力を表す。よって，のれんの取得原価は，合併・買収で交付した対価から，継承した純資産額を控除した金額となる。このこと

184 | 第2部 財務会計の個別論点

を具体的な**設例9−10**で考えてみよう。なお，のれんの位置づけの詳細については，企業結合を扱う第14章と，連結会計を扱う第15章において，改めて議論することにする。

■ 設例9−10 〉 のれんの会計処理

　以下のように示される企業Aを，対価2,000で買収した（便宜的に対価は現金とする）。
　　企業Aの資産合計 3,200，負債合計 1,700

≪仕訳≫

借方	金額	貸方	金額
諸資産	3,200	諸負債	1,700
のれん	500	現金	2,000

　のれんの金額は，買収対価と継承した純資産との差額で計算される。
　［合併・買収で交付した対価2,000］−［継承した純資産額1,500（＝諸資産3,200−諸負債1,700)］＝500

> ［＊22］　なお，合併・買収の対価は当事者間の交渉で決定されるが，その際の評価方法
> としては，取得原価や取替原価など支出系統の金額をベースとする**コストアプローチ**，
> 将来の収益やキャッシュ・フローなど収入系統の金額をベースとする**インカムアプ
> ローチ**，さらには株式市場での評価をベースとする**マーケットアプローチ**などがある。

　のれんの償却について，のれんが表す超過収益力は，企業の競争により徐々に消滅すると考えることができることから，制度上は，のれんを20年以内のその効果が及ぶ期間に渡って，定額法その他の合理的な方法により規則的に償却するものとされている（「企業結合基準」第32項）。

> ［＊23］　なお，国際会計基準では，のれんは償却せず，価値低下時に減損処理をするよ
> う定めている（IFRS第3号B63）。これは，超過収益力の持続期間に不確実性が伴う
> ことによるものである。詳細は，本書第14章4−3で学習する。

補論9−2　繰延資産

　補論9−2では，繰延資産について，その定義や原価配分方法について整理することにする。**繰延資産**とは，以下に示される3要件を充たす「将来の期間

に影響する特定の費用」について、効果が及ぶ会計期間に合理的に配分するために資産計上される項目をいう（「原則」第三・一・D・「注解」注15）。3要件とは、①対価の支払いが確定（または、支払い義務が確定）していること、②これに対応する役務提供を受けていること、そして③効果が将来にわたって発現するものと期待されることである。

このような支出は、期間損益計算の観点からすると、将来の収益獲得に貢献するものであるから、収益・原価対応原則を適用し、一括費用化するのではなく、いったん資産として繰り延べ、徐々に費用化していくことが望ましい。

しかし他方、繰延資産は、換金価値があるような資産ではない（このような資産を「**擬制資産**」とよぶ）。このため、在高計算の観点からすると、無制限にこの貸借対照表計上を認めるのではなく、上述の3要件を厳格に適用し、限定的に計上することが望ましい。

現行制度（実務対応報告第19号『繰延資産の会計処理に関する当面の取扱い』）では、このようなトレードオフに鑑み、繰延資産として計上できる項目は、5つの項目（創立費、開業費、株式交付費、社債発行費、開発費）のみに限定されており、かつ、これらの項目については、規則的な償却を促すよう法定償却期間が定められている。

[＊24] なお、繰延資産の会計処理は、強制規定ではなく、あくまで容認規定であることから（一括費用処理することもできる）、企業は繰延資産について適用した処理方法を、重要な会計方針の1つとして注記しなければならない。

[＊25] 繰延資産には該当しないものの、現行制度では、天災等による臨時的な巨額の損失（「臨時巨額の損失」）を、ある一定の要件を充たした場合に限り、経過的に資産計上し、繰延べ処理することを認めている（「原則注解」15）。これは、**臨時巨額の損失の繰延べ**とよばれ、その具体的要件としては、①天災等により固定資産又は企業の営業活動に必須の手段たる資産の上に生じた損失であり、②その期の純利益又は当期未処分利益から当期の処分予定額を控除した金額をもって負担しえない程度に巨額であって、③特に法令をもって認められること、という3つが定められている。

ただし、これは、理論的に資産計上すべきという項目ではなく、もっぱら異常事態に対する政策上の特例措置として限定的に（法令で定める範囲内で）許容されるものにすぎない点には、くれぐれも留意されたい。

補論9－3　リース会計

補論9－3では、リース会計の概要を説明する。企業は、設備資産を自社で

186 | 第2部　財務会計の個別論点

購入するだけでなく，リース会社から借りることで資産を利用することもある。たとえば，航空会社などは，飛行機を購入せずにリースで利用することがある。ただし，リース契約の形態によっては，リスクやコストの大部分を借手側が負うなど，購入するのとほとんど変わらない場合もある。よって，そのような経済実態を重視するならば，リースであっても，あたかも資産を購入したように会計処理することが望ましい場合もある。以下では，どのような場合に，そのような会計処理が必要となるか，またその根拠はなにかを確認する。

　ここで，**リース**とは，原資産を使用する権利を一定期間にわたり対価と交換に移転する契約，または契約の一部分をいう（「リース基準」第6項）。また，「**原資産**」とは，リースの対象となる資産で，貸手によって借手に当該資産を使用する権利が移転されているものをいう（「リース基準」第9項）。

　そして，特に借り手であるレッシーの会計処理に注目すると，**オフバランス処理**（リース料をその都度，損益計算書の費用として計上する方法。賃貸借処理方法ともいう）をするのか，それとも**オンバランス処理**（リース資産をあたかも購入したかのように貸借対照表に計上し，かつ見合いの負債を両建て計上する売買処理方法や，リースの使用権とそれに係る負債を貸借対照表に計上する使用権処理方法）をするのかが問題となる。純理論的には，**図表9－22**に示されるとおり，どのような考え方に依拠するかで，会計処理方法が異なることになる。

図表9－22■リース会計の基本的考え方

考え方	説　明	借り手の会計処理
法的形式重視説	リースは法的には賃貸借契約 →すべて賃貸借処理が望ましい	すべてのリース取引 →賃貸借処理方法
割賦購入説（経済的実質優先1）	リースのうち，リスクと経済価値が実質的に移転しているものは，資産の売買取引（割賦購入）と同じ →そのような契約に限り，オンバランスすべき	ファイナンス・リース →売買処理方法 オペレーティング・リース →賃貸借処理方法
使用権説（経済的実質優先2）	リース契約の本質は使用権 →すべての契約について，使用権をオンバランスすべき	すべてのリース取引をオンバランス（使用権処理方法）

　ここでは，経済的実質に注目した「割賦購入説」と「使用権説」について，その概要を説明する。

(1) 割賦購入説：ファイナンス・リースとオペレーティング・リース

割賦購入説は，リースのうち，リスクと経済価値が実質的に移転しているものは，資産の売買取引（割賦購入）と同じであるから，そのような契約に限り，オンバランスすべきとする考え方である。そして，「リスクと経済価値が実質的に移転しているもの」を「**ファイナンス・リース**」，そうでないものを「**オペレーティング・リース**」として，リース取引を，2タイプに分類する（**図表9－23**）。

図表9－23 リース取引の2つの形態：割賦購入説

<u>1：ファイナンス・リース取引</u>→売買処理

> ノンキャンセラブル（期間中途で契約解除不可）とフルペイアウト（経済的利益を実質的に享受し，かつ使用コストを実質的に負担）を条件とする取引

・所有権移転ファイナンス・リース
・所有権移転外ファイナンス・リース取引

<u>2：オペレーティング・リース取引</u>（上記以外）→賃貸借処理

ファイナンス・リースか否かの判定基準（つまり，「リスクと経済価値が実質的に移転している」か否かの具体的判定基準）としては，**ノンキャンセラブル**（期間中途で契約解除不可）と**フルペイアウト**（経済的利益を実質的に享受し，かつ使用コストを実質的に負担）という2つが挙げられる。つまり，途中解約ができず，かつコストとベネフィットを借り手企業が負担もしくは享受するのであれば，設備資産を割賦で購入するのと実質的には変わりがないと考えることができる。このため，これらの条件を充たすファイナンス・リース取引については，売買処理（**図表9－24**）をおこなうことが望ましい。

他方，ファイナンス・リース以外の取引をオペレーティング・リース取引とよび，これについては，通常の賃貸借と変わりがないと捉えることができる。このことから，賃貸借処理をおこなうことが望ましい。

図表9－24 ファイナンス・リースの会計処理：売買処理方法

両建でオンバランス化

減価償却で費用化 ← リース資産［設備資産］ | リース負債 → <u>リース料支払とともに切崩し，支払利息計上</u>

(2) 使用権説：すべての契約をオンバランス化

使用権説は，リース契約の本質を使用権（リース期間をつうじて原資産（underlying asset）たる設備資産を使用する権利）の取引と捉える考え方である。この立場からすると，すべての契約について使用権が存在する以上は，経済的実質を重視し，使用権をオンバランスすることが望ましい。

その会計処理は，**図表9−25**に示されるとおり，特に借方で「**使用権**」という資産を計上することが重要なポイントである。つまり，割賦購入説（図表9−23）と比較すると，割賦購入説で計上されるリース資産の本質は，あくまで「設備資産」という物件そのもの（たとえば，機械のリースであれば，機械そのもの）であった。これに対して，使用権説で計上される資産の本質は，「使用権」（たとえば，機械のリースであれば，機械という原資産をリース期間にわたり使用する権利）である。このように，オンバランス化を図る方法であるものの，計上される資産の本質が，割賦購入説とは根本的に異なる点には留意されたい。また，先の割賦購入説では，図表9−23のとおり，ファイナンス・リースとオペレーティング・リースとの区分が重要であった（そして，前者のみがオンバランス化される）。しかし，使用権説では，そのような区分はなく，基本的にはすべてのリース契約を，一律オンバランス化する。

図表9−25■使用権説の会計処理：すべてのリース契約をオンバランス化

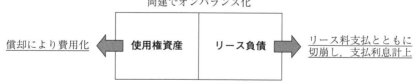

なお，会計基準の変遷をたどると，国際会計基準では，従来は割賦購入説の立場が採られていた（IAS第17号）。しかし，企業の「ファイナンス・リース回避行動」（オンバランス回避行動）を踏まえて，2016年に公表されたIFRS16号では，使用権説が採用されるに至った。ここで「ファイナンス・リース回避行動」とは，借り手企業が，ファイナンス・リースを回避しうるような契約をあえて締結することで，オンバランス化を避けるような事態である。つまり，リース契約をオンバランス化すると，そうでない場合に比べ，特にリース債務の計上により，負債比率など主要な財務比率が悪化してしまう。このため，ファイ

第9章　設備資産と減価償却・減損：事業投資と損益計算(3)　189

ナンス・リースとオペレーティング・リースを分ける会計基準の存在が，オンバランス化を避ける企業行動を誘発し，大きな問題となっていたのである（なお，このような興味深い経営者行動を，心理実験により検証した研究については，田口（2025）第10章で整理されている。あわせて参照されたい）。

　日本の会計基準でも同様に，かつては，割賦購入説の立場が採られていたが，長い議論を経て，2024年9月に，使用権説に依拠した会計処理方法を採用する新しい会計基準（「リース基準」）が公表されるに至った。

　ここで，**設例9－11**により，使用権説の基本的な考え方を確認しよう。

■ 設例9－11　リースの借り手の会計処理：使用権説

　A社は，リース会社と以下のリース契約を締結した。借り手であるA社の仕訳をおこなう。
リース資産：機械装置
リース期間：3年（リース開始日：T1期首，終了日：T3期末とする）
リース契約にかかる支払対価総額：300（毎年度末にリース料100を現金で支払う）
リース対価総額の割引現在価値＝249（金利10%）として計算する

≪仕訳≫

期	内　容	借方	金額	貸方	金額
T1期首	契約開始	使用権	249[※1]	リース負債	249
T1期末	権利の償却	使用権償却	83[※2]	使用権	83
	リース負債の金利計上	支払利息	25[※3]	リース負債	25
	リース料支払	リース負債	100	現金	100
T2期末	権利の償却	使用権償却	83[※2]	使用権	83
	リース負債の金利計上	支払利息	17[※4]	リース負債	17
	リース料支払	リース負債	100	現金	100
T3期末	権利の償却	使用権償却	83[※2]	使用権	83
	リース負債の金利計上	支払利息	9[※5]	リース負債	9
	リース料支払	リース負債	100	現金	100

（※1）　リース料総額の割引現在価値＝249を計上
（※2）　使用権計上額249÷3年＝83
（※3）　リース負債簿価249×10%＝24.9≒25
（※4）　リース負債簿価174×10%＝17.4≒17
（※5）　リース負債簿価91×10%＝9

　使用権説のもとでは，「使用権」資産と「リース負債」を，リース契約にかかる支払対価総額の割引現在価値249により両建計上する（T1期首「契約開始」

の仕訳）。そして使用権は，無形資産としてリース期間にわたり償却計算をおこなう（仕訳「権利の償却」）。他方，負債は，いったん「リース負債簿価×金利」で負債の支払利息分を計上したうえで（各期の「リース負債の金利計上」の仕訳），リース料支払により負債が毎期100ずつ減少するかたちで仕訳がなされる（リース負債の簿価については，**図表9－26**を参照）。そして，リース期間が満了するT3期末には，使用権も，リース負債も残高が0となる。

図表9－26■リース負債の簿価

	期首簿価	金利分増加 （期首×10%）	リース料 支払	期末簿価
T1	249	25	100	174
T2	174	17	100	91
T3	91	9	100	0

【対話：考えてみよう】

　本章では，減損の会計処理について学んだが，［＊19］にて示したとおり，国際会計基準のもとでは，減損損失を計上した後に，それを翌期以降において戻入れることが可能となっている。この点は戻入れが禁止されている日本基準や米国基準と大きく異なっている。そうであれば，国際会計基準のもとで計算される利益の質と，日本基準のもとで計算される利益の質は根本的に異なるのではないだろうか。

　　考え方Ａ：戻入れの有無からすると，両者の質は，大きく異なるし，どちらも
　　　　　　　「意思決定有用性」を会計目的に掲げているにもかかわらず，その
　　　　　　　ような差異が生じるのは望ましくない。

　　考え方Ｂ：P/Lの利益だけをみるとそうなるかもしれないが，しかしB/Sの
　　　　　　　リアリティを回復する資産負債観の観点からすると（資産負債を重
　　　　　　　視する立場からすると），それは仕方がない（さして問題にならな
　　　　　　　い）ことである。

　あなたは，考え方ＡとＢをどのように理解するだろうか。また，これら以外の考え方（考え方ＣやＤ）はあり得るだろうか。

■**Readings**■

減損会計の本質とはなにかに興味を持った読者へ

米山正樹（2003）『減損会計―配分と評価（増補版）』森山書店

のれんをはじめとする無形資産の会計に興味を持った読者へ

梅原秀継（2000）『のれん会計の理論と制度―無形資産および企業結合会計基準の国際比較』白桃書房

リース会計の理論や実践に興味を持った読者へ

佐藤信彦・角ヶ谷典幸編（2009）『リース会計基準の論理』税務経理協会

佐藤行弘・河﨑照行・角ヶ谷典幸・加賀谷哲之・古賀裕也編（2018）『リース会計制度の経済分析』中央経済社

■参考文献■

北浦貴士（2014）『企業統治と会計行動―電力社会における利害調整メカニズムの歴史的展開』東京大学出版会

友岡賛（2018）『会計の歴史（改訂版）』税務経理協会

田口聡志（2025）『企業会計の本質を巡って―プロトタイプとデジタル社会』税務経理協会

192 | 第2部 財務会計の個別論点

第10章 —— 金融投資の在高計算と損益計算

Point

　本章では，事業投資の会計との違いを意識しながら，金融投資の会計について，その在高計算と損益計算について学習する。
1. 金融投資における在高計算と損益計算は，在高計算（どのような評価をおこなうか）の結果として，損益計算（時間的利得の発生）をおこなうという関係にある。→【1，2】
2. 金融資産の認識については，約定日基準でなされる。→【3，4】
3. 金融資産の認識中止（消滅の認識）については，財務構成要素アプローチが採用される。→【4】
4. 金融資産の測定については，割引現在価値を基礎とする収入額系列の評価額を前提にしつつ，当該資産の経済的特性に合わせていくつかのタイプの評価がなされる。→【3，5，6，7，8】
5. 金融投資の中には，将来のリスクに対処する意味をもった投資もある。そして，そのような特殊な投資については，ヘッジ会計という特殊な会計処理を適用する。→【9】

Keywords
金融資産，時間的利得，認識，消滅の認識，約定日基準，財務構成要素アプローチ，有価証券，金銭債権，デリバティブ，割引現在価値，時価，償却原価法，包括利益，ヘッジ会計

Questions
1. 金融資産の認識と認識中止について，その基本的な考え方を説明しなさい。
2. 時価を定義し，3つのレベルに分けて，それぞれ説明しなさい。
3. 有価証券の分類方法について，なにを基準に，どのように分類するのかを説明しなさい。
4. 売買目的有価証券の会計処理と満期保有目的の債券の会計処理について，それぞれ説明したうえで，両者の異同について述べなさい。
5. その他有価証券の期末処理について説明しなさい。
6. 金銭債権の評価について説明しなさい。
7. ヘッジ会計とはなにかを説明し，具体的な会計処理について述べなさい。

1 ■ 金融投資の特質：事業投資との比較

　本章では，金融投資における損益計算と在高計算の特徴について考えることにする。企業は，経済活動として，メイン・ビジネスのほかにも，実にさまざまな活動をおこなっている。たとえば余剰資金があれば，それを運用し増やすため，もしくは，それを用いて他社との資本関係を構築するために，金融投資活動をおこなう。いま，このような投資活動において生じる金融商品に係る資産や負債のことを，金融資産・金融負債とよぼう。金融資産と金融負債は，経済的実質としては表裏の関係にあるが，しかし会計上は，資産と負債というかたちで異なる意味を持つため，ひとまず本章では，金融資産にのみ焦点を絞り検討する（金融負債については，第11章を参照されたい）。

　まず，金融資産に関する損益計算と在高計算の基本的考え方を図示すると，**図表10－1**のようになる。

　金融投資の特質は，大きく2つある。第1は，金融投資は，資本を自分で増やすのではなく，**他者に預ける**ことで，その預けた時間とリスクに応じた利得を得る活動であるという点である。ここで，「他者に資本を預けること」（で利得を得る行為）を，本書では，企業資本の**派遣**とよぶ。すなわち，金融投資は，（もちろん，最初にどこに投資するか（株式であれば，どの企業の株を買うか）という

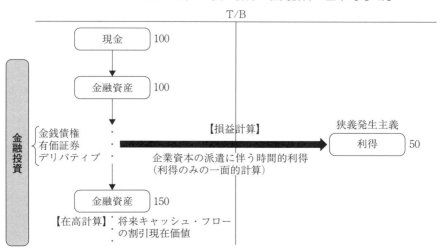

図表10－1 ■金融資産に関する損益計算と在高計算の基本的考え方

194 | 第2部　財務会計の個別論点

選択は必要であるが，ひとたびその選択をしたあとは）自企業の努力によってその価値を増加させるのではなく，他者に資本を預ける（たとえば株式であれば，証券市場を通じて他企業に資金を預ける）ことで，その預けた時間やリスクに応じた利得を得る活動といえる。たとえば株式を想定すると，投資した企業は，その価格変動リスクを負うが，そのリスクに見合う（そのリスクに一定時間耐えるという）時間的な報酬を得る。よって，金融投資の本質は，**企業資本の派遣**（による時間的利得の享受）という点にある。

　金融投資の特質の第2は，そこに価格しか存在しない，という点である。すなわち，金融投資は，将来のキャッシュ・フローをやりとりする契約であり，物的実体はない。そこには，価格（具体的には，将来キャッシュ・フローの割引現在価値）しか存在しない。また，その価格がリスクや時間に応じて随時変動する。

　そして，このような特質を踏まえて，金融資産の①**損益計算と在高計算の関係性**，②**損益計算**，③**在高計算**という3つについて整理すると，以下のようになる。すなわち，まず①**損益計算と在高計算の関係性**については，先に在高計算（B/Sの資産評価）が決まり，その期間差額として損益計算がなされるという関係にある。たとえば，図表10－1において，現金100を金融資産に投資し，それが，時間の経過に伴い150になったと仮定する。この場合，まず150という資産評価が先に決まったうえで，150と100との二期間差額で，50という利得が計算される，という関係にある。

　次に，②**損益計算**について，金融資産の損益は，企業資本の派遣に伴う時間的利得であるといえる。すなわち，上述のとおり，企業資本を自分で増やすのではなく，他者に委ねる（派遣する）ことで，時間の経過に伴って，金融資産が増加ないし減少する（たとえば，図表10－1では，金融資産が100から150に増加している）。そしてその増加ないし減少に伴い，利得もしくは損失が生じる（図表10－1では，150と100の差額で50という利得が生じている）ことから，このような損益を，発生主義ベースで随時認識するのが金融投資の実態を捉えるうえで望ましいといえる。なお，本書では，この「発生主義ベース」の認識を，金融投資の損益認識にのみ適用される狭義の発生主義という意味で（事業投資などその他の場面で適用される発生主義と峻別するために，少し特殊な用語法であるが），「**狭義発生主義**」とよぶ。このように，金融資産の場合は，事業投資（第7章－第9章参照）における（収益と（資産から配分された）原価のが対応という）「二

面的損益計算」とは異なり，資産の増減から利得（もしくは損失）のみが生じるという意味で，「一面的損益計算」というべき損益計算がなされるのが，大きなポイントといえる。

最後に，③**在高計算**については，金融資産を（将来キャッシュ・インフローの割引現在価値を基礎とする）収入額系統で評価することが重要となる。たとえば，図表10－1での資産価額150は，金融投資の「出口価格」（契約から生じる将来キャッシュ・インフローの割引現在価値）をもとに評価されたものである。よって会計上も，金融資産を収入額系統で評価することがポイントといえる。

以上のことを，前章までに確認した事業投資と比較して図示すると，**図表10－2**のようになる。

図表10－2■事業投資と金融投資の比較

	事業投資（事業資産）	金融投資（金融資産）
①損益計算と 在高計算の関係性	「損益計算→在高計算」	「在高計算→損益計算」
②損益計算	犠牲と成果の二面的対応計算 （収益原価対応原則）	時間経過に伴う一面的損益計算
③在高計算	支出額系統（COF：Cash out flow） の評価（資産→原価）	収入額系統（CIF：Cash in flow） の評価

図表10－2に示されるとおり，前章までに学習した事業投資では，①「損益計算→在高計算」，つまり，損益計算がまずあって，その残存部分について在高計算の観点から評価すること，②損益計算については，特に犠牲と成果の二面的対応計算という観点から，主にその原価部分が資産と関連していたことが重要であった。よって，③在高計算としても，将来的に原価になることが予定された測定として，資産を支出額系統で評価することが重要であった。

これに対して，金融資産では，①「在高計算→損益計算」，つまり，在高計算がまずあって，その時間的な期間差額として損益計算がなされること，よって，③在高計算としては，資産を（将来キャッシュ・インフローの割引現在価値を基礎とする）収入額系統で評価することが重要であり，②損益計算は，そのような在高計算の結果として一面的な損益計算がなされるという点が重要になる。

以上の違いに注目したうえで，以下では，金融資産の定義，そして認識と測定について検討する。具体的には，定義を2で確認した後，3で基本的な仕訳を追いかける。さらに，4で認識について，5と6で測定の基礎的な考え方に

触れる。そのうえで，7以降で，個々の金融資産に焦点を絞り検討を進める。なお，これらの会計処理は，特に経営者の保有・投資意図（経営者がどのような意図でそれを保有しているのかということ）や，金融商品自体の特質（どのようなタイプの金融商品なのか）によって決せられることになるが，以下では，このことを念頭に置きつつ，順を追って説明しよう。

| コラム10－1 | 金融投資の「価格」 |

1では，金融投資の特質として「そこに価格しか存在しない」と述べた。それでは，その価格はどのように決まるのかが問題となる。たとえば，株式であれば，株価決定の基本メカニズムとしては，「**配当割引モデル**（Dividend Discount Model：DDM）」などが挙げられる。これは，将来の予想配当流列の割引現在価値により，株価が決定されるというモデルである。他の金融投資も，その価値は，将来キャッシュ・フローの割引現在価値で決まるとされる。

このような株価決定のメカニズムに興味がある読者は，第4章補論とあわせて，たとえば，Penman（2013）を参照。

---

2 ■ 金融資産の定義

次に，金融商品の定義を確認する。**金融商品**とは，①一方の企業に金融資産を生じさせ他の企業に金融負債を生じさせる**契約**（たとえば，貸付金と借入金），および，②一方の企業に持分の請求権を生じさせ，他の企業にこれに対する義務を生じさせる**契約**（株式その他の出資証券に化体表章される契約）をいう。

つまり，**金融商品とは，「契約」である**ということに留意しよう。そして「契約」としての性質を有する金融商品であるから，会計上もその性質を踏まえた取扱いが必要になる。つまり，前章までにみた事業投資のように犠牲と成果を対応させた損益計算や資産評価をおこなうのではなく，契約としての価値が増減することを踏まえた一面的な損益計算や資産評価をおこなうのが金融投資の会計処理の大きな特徴である。

［＊1］　金融商品の定義の②の例として，株式を考える。株式への投資側は，株式という金融資産を有することになり（定義のうち「一方の企業に持分の請求権を生じさせ…」の部分），他方，発行側は，株主に対して配当や議決権行使を認めるという義務を負い（定義の「他の企業にこれに対する義務を生じさせる…」の部分），これが貸方側の資本となる。

第10章　金融投資の在高計算と損益計算 | 197

　また，金融資産の具体的範囲としては，現金預金，金銭債権，有価証券，デリバティブ取引により生じる正味の債権等が挙げられる（「金融商品基準」第4項）。

　　[＊2]　なお，実際の会計基準における金融資産は，上記のように現金も含めたかたちで定義されることが多い。しかし，現金は，ビジネスにおける出発点であり，かつゴールでもある（つまり，企業のさまざまな経済活動の基礎となるものである）ことから，会計理論的には，いったんこれを金融投資とは別物と考えたほうがよいと考えられる。そこで，（制度上は，現金を金融資産に含めるものの）本書では，以下の説明で金融資産といった場合には，現金をひとまず峻別して考えることにする。

3 ■認識と測定の基礎：設例と仕訳で考える

　次に，以下の設例をもとに，金融資産の認識と測定の基礎を仕訳で考えてみよう。ここでは，最もわかりやすい例として，投機を目的とした有価証券（これを「**売買目的有価証券**」という）の約定時，期末時，決済時の会計処理を想定する。

設例10－1　売買目的有価証券

①　約定時：X1年4月1日　企業は，市場での時価評価差額をねらう投機目的で，金融資産（売買目的有価証券）を時価100で取得する約定を交わした（便宜上，即時に現金で決済したと仮定する）。

②　期末時：X2年3月31日　期末現在，上記金融資産を保有し続けており，その時価は150である（50値上がり）。

③　決済時：X2年5月1日　期中に上記金融資産を市場で売却した（便宜上，現金で決済したと仮定）。その際の時価は200であった。なお，説明の便宜上，決済直前（の時価評価）の仕訳と，決済の仕訳を分けておこなうものとする。

≪仕訳≫

	借方	金額	貸方	金額
①約定時	売買目的有価証券	100	現金	100
②期末時	売買目的有価証券	50	有価証券評価損益	50
③決済時1 （決済直前）	売買目的有価証券	50	有価証券評価損益	50
③決済時2 （決済）	現金	200	売買目的有価証券	200

198 | 第2部　財務会計の個別論点

≪財務諸表≫

①約定時	②期末時	③決済時1（決済直前）
B/S	B/S	B/S
売買目的 有価証券　100 →	売買目的 有価証券　150 →	売買目的 有価証券　200
	P/L	P/L
	有価証券 評価損益　　50	有価証券 評価損益　　50

≪期間損益の推移≫

	X1年度	X2年度	合計
損益	50	50	100
計算根拠	②期末時の時価150 －①取得時の時価100 ＜保有損益＞	③決済時の時価200 －②期末時の時価150 ＜保有損益＞	－

　　まず，設例10－1①約定時には，金融資産をどのタイミングで，またいくら
で計上するかがポイントになる（**当初認識・測定の論点**）。さらには，企業がど
のような目的で金融投資をおこなうかも，あわせて重要となる。ここでの時価
は100であり，当該時価で有価証券を購入する契約を結んでいる。また，企
業はこれを投機目的でおこなうつもりである。このことから，仕訳は，「（借）売
買目的有価証券100（貸）現金100」となる（設例10－1仕訳「①約定時」参照）。
そして，このような仕訳により，貸借対照表における金融資産（売買目的有価
証券）が時価たる100で計上される（≪財務諸表≫①約定時B/S参照）。ここでは，
この「100」を，取得原価と捉えるのではなく，あくまで約定時の時価と捉え
ることがポイントとなる。

　　また，設例10－1における②期末時や③決済時においては，保有し続ける金
融資産をどのように評価するかという**事後測定**の問題が論点となる。ここでの
時価は，それぞれ②150と③200であるから，②③においてそれぞれ，「（借）売
買目的有価証券50（貸）有価証券評価損益50」という**資産の評価替え**の仕訳を
おこなう（設例10－1仕訳②③参照）。そして，このような仕訳により，貸借対
照表における金融資産（売買目的有価証券）が時価たる150（②），そして200（③）
で測定される（≪財務諸表≫参照）。その直後に時価200で金融資産の決済がな
される。

　　このように，設例10－1において，金融資産は，当初認識時の測定，および

事後測定のいずれにおいても，時価を用いた評価がおこなわれる。そして，それに随伴して，時価評価差額が，有価証券を保有し続けたことによる**評価損益**として，損益計算書に随時計上される（前掲≪期間損益の推移≫参照）。

以上が金融資産の認識と測定の基本となるが，先に述べたとおり，一口に金融資産といえども，さまざまな特質や投資目的があることから，金融資産はいくつかのタイプに細分化され，そのタイプごとに異なる評価がなされることになる。

4 ■ 金融資産の認識

次に本節では，金融資産について，どのタイミングで資産を計上するか（これを「認識」とよぶ），また，いつ非計上とするか（これを会計基準上は「**認識の中止**」や「**消滅の認識**」とよぶ）について，より踏み込んで考えてみよう。

まず金融資産の**認識**は，**約定日基準**による（「金融商品基準」第7項）。約定日基準とは，金融資産の契約上の権利を生じさせる契約を締結した時点で金融資産をオンバランスすることをいう。つまり，実物投資と異なり，金融投資は「契約」であるため，契約がスタートしたタイミングで会計上認識しようというのがこの考え方である。たとえば，設例10−1では，最初に売買目的有価証券を取得する約定を交わした時点が，契約のスタート時点（約定日）であることから，当該タイミングで有価証券を計上する仕訳をおこなう。

　　[＊3] ただし，商品等の売買（ないし役務提供）に係る金銭債権債務（売掛金や買掛金等）は，原則として，当該商品等の受渡し，または，役務提供の完了により認識する（「金融商品基準」注解3）。これは，通常の営業循環の中での債権債務であり，収益や費用の反対勘定として認識されることが想定されるから，収益や費用の認識にあわせてそれらを認識することになる。

また他方，**消滅の認識**は，契約上の権利を行使したとき（たとえば，債権者が貸付金に係る資金を回収した場合など），権利を喪失したとき（たとえば，オプション資産について，未行使のまま権利行使期間が満了した場合など），および，権利に対する支配が他に移転したとき（たとえば，有価証券を譲渡した場合など）になされる（「金融商品基準」第8項）。つまり，契約が何らかのかたちで終わったタイミングで会計上消滅の認識をしようというのがこの考え方である。たとえば，設例10−1では，最後に有価証券を市場で売却した時点が契約の終了時

点といえることから，当該タイミングで有価証券を貸借対照表から外す仕訳を
おこなう。

上記のように，金融投資は「契約」であることから，その契約のスタート時
点で計上し，ゴール時点で非計上とするのが基本原理といえる。ただし，金融
商品の種類によっては，複雑な要素が絡み合って成立しているものもあり，そ
の場合は注意が必要である。具体的には，**金融資産の条件付き譲渡**をどう捉え
るかという論点がある。たとえば，金融資産を譲渡する場合には，譲渡後も，
代金回収サービスはそのまま請け負ったり，もしくは，何らかの条件のもとで
買い戻す義務（リコース義務）を負ったりするなど，譲渡人が譲渡資産や譲受
人と一定の関係を有する場合がある。そして，このような金融資産の条件付き
譲渡について，特にどのタイミングで消滅の認識をおこなうかが問題となる。

ここで，たとえば，金融資産100の条件付き譲渡について，「60」部分と「40」
部分に分割しうるものと仮定したうえで，その会計処理を考えよう。ここでの
考え方は，**図表10－3**に示されるように２つある。

第１は，**リスク・経済価値アプローチ**である。これは，金融資産を一体とし
て捉え，金融資産のリスクと経済価値のほとんどすべてが他に移転した場合に，
当該金融資産の消滅を認識する方法である。つまり，このアプローチによれば，
金融資産のすべてについて一括で，消滅の認識をおこなうかどうかを判定する
ことになる。第２は，**財務構成要素アプローチ**である。これは，金融資産を構
成する財務的要素に対する支配が他に移転した場合に，当該移転した財務構成
要素の消滅を認識し，その他の留保される財務構成要素の存続を認識する方法
である。つまり，このアプローチによれば，金融資産をいくつかの権利関係に
細分化し，その細分化されたパーツ（これを「財務構成要素」とよぶ）ごとに消
滅の認識をおこなうかどうかを判定する考え方である。

そして，現行制度では，**財務構成要素アプローチ**が採用されている。この理
由は，金融技術の発展により，現実の金融資産を財務構成要素に分解した取引
が実際になされていることによる。すなわち，証券・金融市場の発達により金
融資産の流動化・証券化が進展すると，たとえば，譲渡人が自己の所有する金
融資産を譲渡した後も回収サービス業務を引き受ける等，金融資産を財務構成
要素に分解して取引することが多くなるものと考えられる。このような場合，
リスク・経済価値アプローチでは金融資産を財務構成要素に分解して支配の移
転を認識することができないため，取引の実質的な経済効果が譲渡人の財務諸

図表10－3 ■消滅の認識に係る2つの考え方

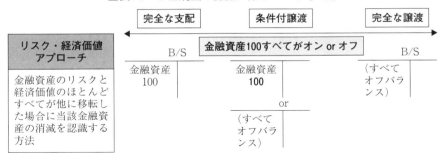

表に反映されないこととなる。このため，現行制度では，金融資産の譲渡に係る消滅の認識は財務構成要素アプローチによることとされている。

5 ■ 金融資産の測定：経済的特質と保有目的

次に，金融資産の測定に係る全体像を整理することにする。金融資産の測定は，次の2つのように整理できる。すなわち，①基本的には，割引現在価値や時価などを基礎とする**出口価格（収入額系統）を前提とした評価**がなされること，そしてそのうえで，②個々の金融商品の経済的特性や投資の目的（保有目的）に合わせて，金融資産が分類され，かつ，その資産分類に合わせて測定がなされることである（**図表10－4**）。

図表10－4 ■金融資産の測定に関する基本的考え方

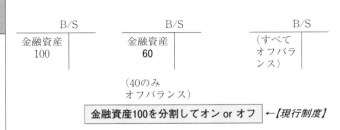

202 | 第2部　財務会計の個別論点

　ここで次に問題となるのは，より具体的には，どのような「契約の性質や保有目的」が，どのような「資産分類」を導き，かつそれがどのような「測定」につながるかという点である。本章の後半では，これらについて，有価証券，金銭債権，デリバティブに分けて論点を整理する。

6 ■ 測定属性：時価

　個別論点に入る前に，本節では，先に5で述べた「収入額系統（出口価格）を前提とした評価」についてより深く確認する。このような評価は，広く**公正価値**（fair value）とよばれている。たとえば，国際会計基準によれば，**公正価値**（fair value）とは，「**測定日時点で，市場参加者間の秩序ある取引において，資産を売却する際に得られるであろう価格，または負債を移転するために支払うであろう価格**」と定義される（IFRS13号「Fair value measurement」第9項）。金融資産については，定義の前段部分，特に「**得られるであろう価格**」という点が重要である。つまり，**公正価値**は，将来において得られるであろう**収入額系統の値**（「出口価格」）であり，かつ，金融資産は公正価値で評価される。また，公正価値は，具体的には，当該資産から将来的に得られる収入額（キャッシュ・インフロー）の割引現在価値によって計算される（**図表10－5**）。

図表10－5■公正価値

金融資産の測定	具 体 的 計 算	日本の会計基準
公正価値	将来キャッシュ・インフローの割引現在価値	「時価」

　また，図表10－5に示されるとおり，日本の会計基準では，公正価値概念の具体化として「**時価**」という用語を用いている。一般的には，時価というと，市場価格というイメージで用いられるが，会計基準では，より広い概念として，公正価値とほぼ同義に用いられている。具体的には，「**時価**」とは，**算定日において市場参加者間で秩序ある取引が行われると想定した場合の，当該取引における資産の売却によって受け取る価格又は負債の移転のために支払う価格**をいう（「時価算定基準」第5項）。

　時価の例としては，たとえば，株式についての株式市場における「株価」がわかりやすい。ただし，金融資産の種類によっては，客観的な市場の取引価格が存在しない場合もある。たとえば，未上場企業の株式など，市場の取引価格

がそもそも存在しない場合も考えられる。このような場合でも，経営者は，何らかの金融技術や評価技法を用いて時価を計算し，それを当該金融資産に関する貸借対照表価額とする必要がある。しかし，計算に用いる情報（これを「**インプット情報**」とよぶ）や計算の前提を，ある程度ルールとして定めておかないと，経営者の恣意的な操作により，自身に有利な時価を計算するような事態が生じるおそれもある。このことから，会計基準では，どのようなものを「時価」として取り扱うか，また，評価技法を用いる場合のインプット情報として，どのようなものが適切かを定めている。より具体的には，会計基準では，時価の算定に用いるインプット情報のレベルを，**図表10－6**のように3つに分類し，インプット情報として優先的に使用すべき順序を決めている（「時価算定基準」第11-12項）。

図表10－6 ■時価算定に係るインプット情報の3つのレベル

⑴ 「レベル1」のインプット
時価の算定日において，企業が入手できる活発な市場における同一の資産または負債に関する相場価格であり調整されていない価格情報
※当該価格は，時価の最適な根拠を提供するものであり，当該価格が利用できる場合には，原則として，当該価格を調整せずに時価の算定に使用する。
⑵ 「レベル2」のインプット
資産または負債について直接または間接的に観察可能なインプットのうち，レベル1のインプット以外のインプット情報
⑶ 「レベル3」のインプット
資産または負債について観察できないインプット情報
※当該インプット情報は，関連性のある観察可能なインプットが入手できない場合に用いる。

図表10－6のとおり，客観性の高い価格情報である「レベル1」を先頭に，客観性の低い「レベル3」のインプット情報まで大きく3区分がなされている。そして，「レベル1」のインプット情報が最も優先順位が高く（入手可能であるなら「レベル1」情報を用いて時価を算定する），「レベル3」のインプットが最も優先順位が低いことになる。

7 ■各論1：有価証券

本節では，有価証券の会計処理について学ぶ。有価証券は，保有目的により4つに区分される。そして，その区分に応じて，**図表10－7**に示される会計処

理がなされる（「金融商品基準」第15-23項）。

図表10-7 ■有価証券の保有目的と評価方法

保有目的		会計処理上の分類	会計処理方法
投機目的		売買目的有価証券	**時価評価**
安定収入目的		満期保有目的の債券	**償却原価法**
会社支配・提携目的	支配	子会社株式・関連会社株式	**（連結会計→第15章）**
	提携	その他有価証券	**時価評価・純資産直入法**

　以下では，それぞれの資産区分に応じて，具体的な設例と仕訳で，それぞれの評価方法を確認することにしよう。本節では，**7-1**で売買目的有価証券について，**7-2**で満期保有目的の債券について，**7-3**でその他有価証券について，それぞれ説明する（なお，子会社株式・関連会社株式については，連結会計の論点と密接に関連することから，第15章で説明することにする）。

> [＊4]　会計基準においては，それぞれの有価証券は，以下のように定義されている（「金融商品基準」第15，16，18項）。
> **売買目的有価証券**…「時価の変動により利益を得ることを目的として保有する有価証券」（第15項）
> **満期保有目的の債券**…「満期まで所有する意図をもって保有する社債その他の債券」（第16項）
> **その他有価証券**…「売買目的有価証券，満期保有目的の債券，子会社株式及び関連会社株式以外の有価証券」（第18項）

7-1　売買目的有価証券

　本節では，「**売買目的有価証券**」について確認する。企業は，投機目的で有価証券に投資することがある。ここで「投機目的」とは，もっぱら資金運用のために，時価の変動により利益を得ることを目的とすることをいう。これはつまり，証券市場を通じて他企業に資金を派遣することで，その預けた時間やリスクに応じた時間的利得を得ることをダイレクトにねらった活動といえる。よって，このような投資を，「売買目的有価証券」として分類したうえで，このような活動の実態を的確に在高計算と損益計算に反映させるために，当該有価証券については時価評価をおこない，かつ，時価評価差額は，当期の損益に算入するのが望ましい会計処理といえる。

　すでに本章**3**で確認した前掲の設例10-1は，「売買目的有価証券」につい

ての会計処理を示したものである。ここで，その仕訳を思い出してみよう。

　売買目的有価証券の仕訳を考えるポイントは2つある。第1は，金融投資は在高計算がまず先にある，という点である。たとえば，設例10-1②期末時について，「（借）売買目的有価証券50（貸）有価証券評価損益50」という仕訳をおこなったが，これは，有価証券の時価が100から150に上昇したため，貸借対照表の「売買目的有価証券」の帳簿価額が150となるように，その差額分の50（＝150-100）を仕訳で追加計上する，というものである。また，③決済直前時も同様に，有価証券の時価が150から200に上昇したため，貸借対照表の「売買目的有価証券」の帳簿価額が200となるように，その差額分の50（＝200-150）を仕訳で追加計上している。このように，まず貸借対照表の資産価額を決定し，その追加差額分を仕訳で計上するのが，ここでの重要なポイントである。

　また第2は，在高計算に従属して損益計算が決まる，ということである。たとえば，設例10-1②③の上述の仕訳によって，それぞれ生じる評価差額部分50は，企業が自企業で資本を使用することを断念し，他企業にその価値増殖を委ねた（他企業に派遣した）ことによって生じる時間的報酬であることから，これが発生するごとに随時損益計算に算入することが望ましい。そして，本書では，本章1で述べたとおり，この際に適用される認識原則を，事業投資の認識に用いる発生主義と峻別する意味で，「**狭義発生主義**」とよぶことにする。上記を整理すると，**図表10-8**のようになる。

[＊5]　売買目的有価証券の時価評価に係る理論的根拠については，本章で説明した以外にも，実にさまざまな考え方が存在する。具体的には，実現主義やその拡張的概念など，損益計算を重視する視点から時価評価を説明する見解もあるし，また他方，資産の時価評価額の有用性という貸借対照表の観点から時価評価を説明する見解もある。たとえば，日本における討議資料『財務会計の概念フレームワーク』では，時価評価を「**投資のリスクからの解放**」という観点から説明している。このように，時価評価ひとつとっても，実は，さまざまな立場からの説明があることには，くれぐれも留意されたい。この点について，興味がある読者は，本書第6章を復習するほか，米山・秋葉・浅見（2023），石川（2000），笠井（2005）などを紐解いてみるとよい。

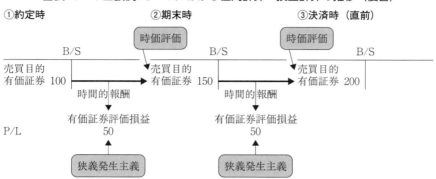

図表10-8 ■設例10-1における在高計算・損益計算の推移（復習）

7-2 満期保有目的の債券

次に，満期保有目的の債券について確認する。企業は，投機目的の「売買目的有価証券」のように価格変動リスクを大きく取るのではなく，もっぱら安定的な収入をねらって，満期まで所有する意図をもって社債などの債券に投資することもある。このような金融投資については，先の「売買目的有価証券」とは別の区分で，「安定した収入をねらう資本派遣」という実態を表す会計処理をすることが望ましい。そこで，このような投資を，「**満期保有目的の債券**」として分類する（なお，以下では，説明の便宜上「満期保有目的債券」とよぶことにする）。また，このような投資活動の実態を的確に在高計算と損益計算に反映させるために，特に**償却原価法**という方法で会計処理をおこなう。

［＊6］　なお，株式ではなく債券に投資する場合であっても，もっぱら市場の価格変動をねらった投機目的で投資する場合も，もちろんあり得る。このような場合は，安定的な収入をねらっているわけではないから，先の「売買目的有価証券」として取り扱うことになる。

ここでは，償却原価法の本質を理解するために，債券の中で，「**ゼロクーポン債**（割引債）」とよばれるものに焦点を当てる。これは，定期的な利払（たとえば，半年ごとに額面に対して年利4％の利息を払うなど）がない代わりに，額面より安く買える債券である。たとえば，額面が100であるが，（それよりも低い）96という価額で安く購入できる債券があったとして，ある企業がこれを購入し満期まで保有したと仮定しよう。このような債券（これを「ゼロクーポン債」と

よぶ）は，最終的な満期日（償還日）には，額面100のキャッシュが企業に償還される。つまり，「96で購入した金融商品が100のキャッシュを生む」ということで，「100－96＝4」が，この金融投資の果実（時間的利得）となる。ゼロクーポン債は，定期的な利払をおこなわない代わりに，実質的な金利報酬を，その（満期まで保有した際に生じる）差額分で調整する金融商品といえる。

そして，もしこのように，額面よりも低い（もしくは高い）価額で取得した債券で，かつその差額が**金利の調整としての性格**を有する場合には，「徐々に時間的利得が積み上がっていく」ことを表現する「**償却原価法（利息法）**」によって，当該債券を評価するのが望ましい。以下では，具体的な**設例10－2**を用いて，会計処理を確認しよう。

設例10－2 　**満期保有目的債券に関する償却原価法（利息法）**

当社（12月決算）は，X1年1月1日に，既発行のA社社債（額面1,000，利子率：年10％，満期日：X3年12月31日，ゼロクーポン債）を満期保有目的で751で，現金で取得することを約定した。なお，額面と取得価額との差額はすべて金利の調整分である。このため，償却原価法（利息法）を採用する。

このもとで，当該保有社債に係る当社における①投資時：X1年1月1日の仕訳，②決算時：X1年12月31日の仕訳，③決算時：X2年12月31日の仕訳，④満期時：X3年12月31日の仕訳を，それぞれ示しなさい。なお，当社は，安定収入をねらい満期まで保有する意図を持っていることから，この保有債券を「満期保有目的債券」勘定で処理するものとする。

≪仕訳≫

	借　方	金額	貸　方	金額
①約定時	満期保有目的債券	751	現金	751
②決算時	満期保有目的債券	75	有価証券利息	75
③決算時	満期保有目的債券	83	有価証券利息	83
④満期時	満期保有目的債券	91	有価証券利息	91
	現金	1,000	満期保有目的債券	1,000

前述のように，**償却原価法**とは，「徐々に時間的利得が積み上がっていく」ことを表現する方法で，金融資産を額面額と異なる金額で計上した場合において，当該差額に相当する金額を償還期に至るまで毎期一定の方法で帳簿価額に加減していく方法をいう。そして，このような積上げ計算の方法としては大きく2つある。第1は「**利息法**」で，これは帳簿価額をいわば複利計算のように

208 | 第2部　財務会計の個別論点

積み上げていく計算法である。第2は「**定額法**」で，減価償却の定額法のように，一定額を徐々に積み上げていく計算法である。金利の計算という観点からすると，原則的には，利息法を採用するほうが望ましい（定額法は，その「簡便法」と位置づけられる）。

そこで，設例10－2を前提にした利息法の具体的計算を図に示すと，**図表10－9**のようになる。

図表10－9■償却原価法（利息法）の具体的計算

	簿価 （＝1年前の簿価×1.1）	金利調整分 （＝簿価の期間差額（or 期首簿価×10%））
①X1年1月1日	751	—
②X1年12月31日	826	75
③X2年12月31日	909	83
④X3年12月31日	1,000	91

図表10－9で示される利息法による計算は，次のようになる。まず「②決算日：X1年12月31日」では，①における当初の帳簿価額751に，（1＋利子率10%）を乗じた金額826（＝751×（1＋0.1））が，債券の帳簿価額となる。ここで，このような一定の利率を乗じて徐々に安定収入が得られることによる簿価の増加処理を，ここでは（その本質は同じであるものの，ひとまず「時価」と峻別する意味で）「**増価**」とよぶことにしよう（なお，会計基準では，これを「**償却原価**」とよぶが，本章では，時価に類する概念として，「増価」という用語を用いる）。

また，簿価の期間差額75（＝826－751。これは751×利子率10%としても計算できる）部分が，安定収入をねらって資本派遣をおこなったことから生じる時間的報酬となる。これは，（「有価証券評価損益」とその本質は同じであるものの，安定的な時間的報酬ということで，ひとまずこれを峻別する意味で）勘定科目としては「有価証券利息」として処理する（仕訳②「（借）満期保有目的債券75（貸）有価証券利息75」）。

さらに，「③決算日：X2年12月31日」と「④満期日：X1年12月31日」も同様に考えて，それぞれの増価後の債券の帳簿価額は，それぞれ，909（③）と1,000（④）となる。また，時間的報酬も，それぞれ83（③），91（④）と計算できる。この推移を整理すると，**図表10－10**のようにまとめることができる。

図表10－10■設例10－2における在高計算・損益計算の推移

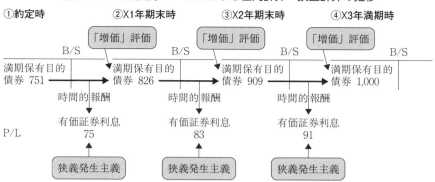

| コラム10－2 | 時価と増価（償却原価法）の関係性 |

　償却原価法（利息法）による「増価」と時価との関係性については，基本的には，どちらも割引現在価値として同じ性質のものと捉えることができる。
　すなわち，償却原価法は，割引率は満期時まで固定されている（一定である）ものの，その本質は将来キャッシュ・インフローの割引現在価値に他ならない。たとえば，上記の設例10－2における各時点における帳簿価額は，X3年12月末に1,000のキャッシュ・インフローを生み出すことを前提とした割引現在価値になっていることに留意されたい。つまり，①の当初約定価格751は，1,000を割引率（1＋0.1）で3年分割り引いた価額，すなわち，$\frac{1{,}000}{(1+0.1)^3}$と計算できる。また，②の826や③の909も，それぞれ，$\frac{1{,}000}{(1+0.1)^2}$（②），$\frac{1{,}000}{(1+0.1)^1}$（③）として，それぞれ割引計算される。
　一方，時価は，割引率が毎期改定される，将来キャッシュ・インフローの割引現在価値といえる。たとえば，先の設例10－2をもとに，時価評価の考え方を，増価（償却原価法）と対比させることで考えてみよう（**図表10－11**）。もし仮に，X1年度末に，市場の利子率が12％に上昇したと仮定すると，（当初利子率10％に基づく「826」（増価）ではなく）最終的なキャッシュ・インフロー1,000を，現在時点（X1年度末）の市場利子率12％を前提に割引計算し直した（つまり，当初予測を最新情報でアップデートした）797 $\left(=\frac{1{,}000}{(1+0.12)^2}\right)$ が，時価評価に基づくX1年度末の帳簿価額となる。一方，たとえ市場利子率が変動しようとも，当初の10％のもとでの計算を満期まで貫く（最新情報でアップデートしない）のが，償却原価法による増価となる。つまり，増価の場合は，あくまで，最初にねらった安定収入を最後までねらい続けるという意味から，最初の期待形成のまま満期まで評価を維持し続ける，と解することができる。
　このように，増価と時価は，どの時点の利子率を用いて計算するか（そして，

予測を随時アップデートするか否か（予測を最後までアップデートしない：増価，予測を随時アップデートする：時価））、という違いはあるものの、どちらも、割引現在価値として同じ性質の評価額と位置づけることができる。

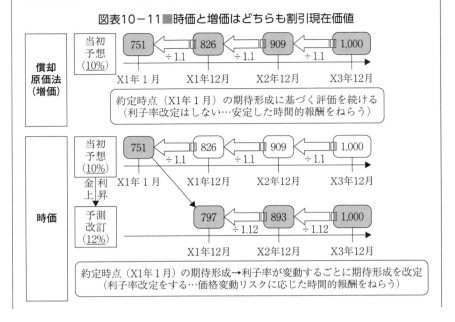

図表10-11 ■時価と増価はどちらも割引現在価値

[＊7] なお，本書は，コラム10-2のように時価と増価を同じ性質のものとして位置づける。一方で，増価を，事業投資における取得原価主義系統の性質と同じと捉える考え方もある。すなわち，償却原価法は，割引率が固定（そしてキャッシュ・フローが固定）されていることから，当初予想したキャッシュ・フローを各期に配分していくという手続であり，その意味では，キャッシュ・フローの配分計算を重んじる伝統的な取得原価主義系統の性質を有する（よって名前に「原価」が付いている）とする見解である。

ここでの重要な分岐点は，増価における「割引率の固定」をどう捉えるか，つまり，「固定」という点は本質ではなく，「割引現在価値」という点に本質を置くのか（本書の立場），それとも「固定」という点こそが本質と捉えるか（それゆえ，固定されたキャッシュ・フローを期間配分するという事業投資の考え方と同じであると考える…本書とは異なる立場）である。いずれにせよ，この償却原価法をどのように位置付けるかは，実は，現代会計理論の全体像を考えるうえで極めて大きなポイントとなるということには，くれぐれも留意されたい。なお，この点に興味を持った読者は，たとえば，笠井（2005，2013），ないし，米山（2008）を参照のこと。

第10章　金融投資の在高計算と損益計算　211

図表10−12■満期保有目的債券の位置づけ

立　　場	説　　明	償却原価法の位置づけ
金融投資と捉える立場【本書】	満期保有目的債券は，安定収入をねらう企業資本の派遣	割引現在価値（割引率固定）
事業投資と捉える立場	満期保有目的債券は，当初予想したキャッシュ・フローを各期に配分する投資	原価の一種（キャッシュ・フロー固定）

7−3　その他有価証券

　次に，「その他有価証券」について確認しよう。**その他有価証券**は，その名のとおり，「その他」，つまり，売買目的有価証券，満期保有目的債券，子会社株式・関連会社株式のいずれにも該当しない有価証券をいう。実務的には，ビジネス上の提携をねらった相互持ち合いの株式などが，これに該当する場合が多い。ここで，相互持ち合いの株式とは，子会社や関連会社ほどには持ち株比率は高くないが，事業上の関係を強めるために相手企業と相互に保有しあっている株式のことをいう。

　このような金融投資は，証券市場をつうじて他企業に資金を派遣することで，預けた時間に応じて，（連結会計等の対象とはならないものの）相手企業との相互的な資本関係を背景にビジネスをより円滑にすることや，相手企業の経済活動から生じる「配当」というかたちでの利得をねらった活動といえる。よって，このような提携目的（もしくは配当目的）の金融投資は，ひとまずは投機目的の「売買目的有価証券」とは区別しておく必要がある（**図表10−13**）。

　そのうえで，このような（投機目的とは異なる）提携・配当目的の金融投資

図表10−13■その他有価証券の位置づけとその会計処理：売買目的有価証券との比較

金融投資のねらい		分　　類	会計処理
投資そのものからの時価評価差額をねらう（投機目的）	…	**売買目的有価証券** ↑ <峻別> ↓ その他有価証券	在高計算：時価評価 損益計算：評価差額の当期損益算入
投資から生じる関係性構築や配当をねらう（提携・配当目的）	…		在高計算：時価評価 損益計算：提携関係の継続中は，評価差額の当期損益算入を一旦停止（純資産直入）

については，資本を派遣した先の企業の業績を随時自企業の在高計算にも取り込む意味で時価評価をおこなうものの，一方で，金融投資の価格変動から生じる値上がり益それ自体が投資の目的ではないことから，その損益については，他企業との資本関係が継続している投資期間中は，いったんは停止しておくのが合理的な会計処理といえる（図表10－13「会計処理」下）。

コラム10－3　株式相互持ち合い

　株式の相互持ち合いは，かつては「**日本的経営**を支えるしくみである」といわれていたが，近年崩れつつあるとされる。そもそも株式の相互持ち合いには，お互い「物言わぬ株主」となるため，長期的経営が可能となるといったメリットがある。しかし，反面で，企業の投資効率を考えると必ずしも望ましいものではないといったことが指摘されてきた。そして，上場企業を対象とした「**コーポレートガバナンス・コード**」の中で，このような持ち合い株式（政策保有株式）の保有状況の開示が強化されたことや，多くの企業が経営の効率性追求からこのような株式を手放さざるを得ない財務状況に陥ったことなどから，株式相互持ち合いの流れは失われつつある。

　なお，この点に興味を持った読者は，たとえば，円谷（2020）を参照されたい。

[＊8]　なお，損益計算の観点から時価評価を説明する体系（たとえば，時価評価の根拠を，実現基準やその拡張で説明する立場で，「損益計算→在高計算」という発想）では，その他有価証券の時価評価は根拠づけることができないおそれがあることには留意されたい。つまり，あくまで，在高計算が先にあるからこそ（「金融投資は割引現在価値評価」という考えが先にあるからこそ），それに従属した損益計算について，当期の損益にするか否か（純資産直入ないし包括利益への計上）という議論がありうるといえる。

　ここでは，**設例10－3**をもとに，その他有価証券の具体的な会計処理を考えよう。なお，現行の会計基準のもとでは，その他有価証券の評価差額について，税効果会計の適用がある（かつ，その影響から，期首に「再振替仕訳」により，時価評価を毎期洗替えする）が，ここでは，いったん税効果会計は考えないものとする（税効果会計については，第11章補論11－1を参照。再振替仕訳については，本章補論10－1を参照）。

設例10－3　その他有価証券

(1)　X1年4月1日（約定時）：A社（3月決算）は，W社（上場企業）株式を，

相互持ち合い目的で，1,000で取得した（便宜上，現金で決済したものと仮定する）。なお，A社は，当該株式を，「その他有価証券」の区分に分類する。
(2) X2年3月31日（期末時）：W社株式の時価が2,000に値上がりした。なお，当社は，その他有価証券の会計処理方法としては，「全部純資産直入法」を採用している（なお，本設例では，税効果会計を適用しないものとする）。
(3) X2年6月30日（決済時）：W社から相互持ち合い解消の連絡があったため，A社は，W社株式すべてを市場で決済した（便宜上，現金で決済したものと仮定する）。この時点におけるW社株式の時価は2,100に値上がりしていた。なお，時価評価の仕訳，決済の仕訳，リサイクリングの仕訳を，それぞれ分けて考えるものとする。

≪仕訳≫

	借方	金額	貸方	金額
(1)約定時	その他有価証券	1,000	現金	1,000
(2)期末時	その他有価証券	1,000	その他有価証券評価差額金	1,000
(3)決済時1（時価評価）	その他有価証券	100	その他有価証券評価差額金	100
(3)決済時2（決済）	現金	2,100	その他有価証券	2,100
(3)決済時3（リサイクル）	その他有価証券評価差額金	1,100	有価証券評価益	1,100

仕訳のポイントは，大きく3つある。まず第1は，**時価評価**である。すなわち，先に述べたとおり，企業資本を派遣した先の企業の業績を随時自企業の在高計算に取り込む意味で，時価の変動に伴い，「その他有価証券」の時価評価をおこなう。たとえば，(1)約定時に計上された「その他有価証券1,000」は，その後の時価の値上がりに伴い，(2)期末時には1,000から2,000へ，(3)決済時1（時価評価）には2,000から2,100へ，それぞれ時価評価をおこなう仕訳がなされている。

第2は，時価評価に伴う時価評価差額は，先に説明した理由から，当期の損益として計上されるのではなく，いったん「**その他有価証券評価差額金**」という勘定で計上されるという点である。具体的には，(2)期末時には，評価差額1,000（＝2,000−1,000）が，また(3)決済時1（時価評価）には100（＝2,100−2,000）が，それぞれ（当期の損益たる「有価証券評価損益」ではなく）「その他有価証券評価差額金」という勘定で計上される。これは，包括利益計算書（第6章参照）を通じて，貸借対照表上の純資産の部におけるその他の要素たる「評価・換算

差額等」に計上される（純資産の部の詳細は，第12章で確認する）。

第3は，時価評価に伴う時価評価差額（「その他有価証券評価差額金」）について，(3)**決済時にリサイクルによって全額損益計上される**という点である。すなわち，先に述べたとおり，このような提携・配当目的の金融投資については，金融投資の価格変動から生じる値上がり益それ自体が投資の目的ではないことから，その損益については，他企業との資本関係が継続している投資期間中は，いったんは停止しておくのが合理的な会計処理といえる。そしてその後，なんらかの理由で提携関係を解消し，その金融投資を引き上げる（決済する）という意思決定がなされたならば，評価差額の損益計上を停止していることには合理性がなくなることから，この決済のタイミングで，狭義発生主義を適用し，損益計算に評価差額を算入させることが望ましい。そしてこの際になされる損益計算の仕訳（(3)決済時3（リサイクル）における「（借）その他有価証券評価差額金1,100（貸）有価証券評価益 1,100」）は，「**リサイクル**」ないし「**リサイクリング**」，「**再分類調整**」とよばれる。

これらの一連の推移を整理すると，次頁の**図表10−14**のようにまとめることができる。特に，売買目的有価証券や満期保有目的債券では，B/Sでの評価差額（在高計算）がそのままダイレクトにP/Lの損益計算に向かっていたが，ここでは，包括利益計算書でいったんフィルターがかけられるということに注目しよう。

上記が純理論的な会計処理の考え方であるが，これに対して，現行の会計基準のもとでの会計処理は，以下のように保守主義にも配慮している。すなわち，期末時の時価評価に関して，保守主義の観点から，特に，「期末時の時価＜取得時の時価」となる場合には，評価損を早めに計上する（評価差額を当期損失へ計上する）「**部分純資産直入法**」という会計処理方法も許容されている（**図表10−15**）。

　　［＊9］　保守主義については，第5章（主に5−3節）および第8章（主に4節）を復
　　　　習しよう。

図表10−15に示されるとおり，「**全部純資産直入法**」は，時価評価した際の評価差額を，プラス（評価益）となる場合もマイナス（評価損）となる場合も（税効果会計の適用により繰延税金資産・負債となる部分を除き）すべて純資産の部とする。これに対して，「**部分純資産直入法**」は，評価差額のうち，プラス（評

第10章 金融投資の在高計算と損益計算 | 215

図表10-14 ■設例10-3におけるその他有価証券：在高計算・損益計算の推移

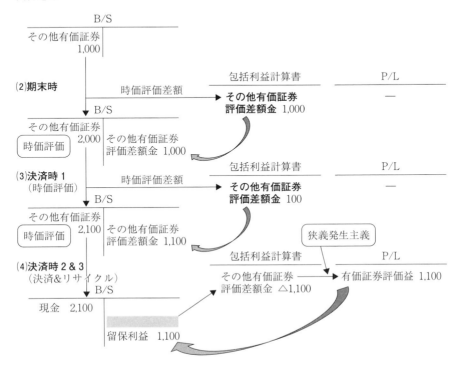

図表10-15 ■その他有価証券に係る2つの会計処理方法（会計基準）

会計処理方法	評　価　差　額
全部純資産直入法	純資産の部
部分純資産直入法 ←【保守主義】	期末時価＞取得時の時価の場合：純資産の部 期末時価＜取得時の時価の場合：当期損失

価益）となる場合には（税効果会計の適用により繰延税金負債となる部分を除き）純資産の部とし，一方，マイナス（評価損）となる場合は，保守主義を適用して，当期の損失として，それぞれ計上するという，非対称的な会計処理である（「金融商品基準」第18項(2)）。たとえば設例10-3において，(2)期末時（X2年3月31日）におけるW社株式の時価が500に値下がりしたと仮定する。そのもとで，部分純資産直入法を適用した場合，(2)の仕訳は，以下のようになる。

216 | 第2部　財務会計の個別論点

≪仕訳≫

	借方	金額	貸方	金額
(2)期末時	有価証券評価損	500	その他有価証券	500

　さらに会計基準では，税効果会計を見据えた「**洗替法**」という会計処理（再振替仕訳）があわせてなされる。この点については，**補論10－1**を参照されたい。

> [＊10]　ここで，日本の討議資料『財務会計の概念フレームワーク』における（先述の売買目的有価証券の時価評価を説明する）「**投資のリスクからの解放**」の視点から，その他有価証券をどのように説明することができるか考えてみよう。その他有価証券における時価評価差額について，先に述べた売買目的有価証券と同じような論理で，「投資のリスクから解放」されているかが問われなければならないが，この点に関して，討議資料『財務会計の概念フレームワーク』は，否定的な立場を採っている。すなわち，その他有価証券の売買処分には，株式相互持ち合いなどの企業の政策的理由等に代表されるような事実上の制約が課せられているため，その評価損益は『事業のリスクから解放された成果』とはいえず，その他有価証券の時価評価差額は，純利益として計上されない（つまり，当期損益に算入されない）ことになるという。よって，B/S項目の純資産の「その他の要素」たる「評価・換算差額等」として，つまり，包括利益のうち純利益に該当しない部分（いわゆる「その他の包括利益」）として，計上されることとなるという（討議資料『財務諸表の構成要素』「結論の根拠と背景説明」第12項脚注6，「純資産基準」第8項，および「純資産適用指針」第3・13項を参照）。
> 　このように，投資のリスクからの解放という視点からすると，その他有価証券の時価評価差額が損益にすぐさま計上されない，ということについては一定の理解ができる。しかしながら他方で，そもそもなぜ，B/S上で時価評価してもよいであろうか。売買目的有価証券については，リスクからその都度解放されているから，時価評価がなされる（そしてその評価差額が損益計算に算入される）との説明がなされるが，それと同じ論理でいくと，その他有価証券は，投資がまだリスクから解放されていないため，そもそも時価評価もできないこととなりそうである。この点を如何に考えるかが，金融投資を「投資のリスクからの解放」で説明する立場においては重要な論点となる。この点は，本書の水準を超えるため，これ以上立ち入った議論はおこなわないが，もしこの点に興味を持った読者は，たとえば，笠井（2010）や，米山・秋葉・浅見（2023）を参照しつつ，この問題をご自身で検討してほしい。

7－4　有価証券の強制時価処理

　現行の会計基準のもとでは，満期保有目的債券，子会社株式および関連会社株式，その他有価証券について，①市場価格があり（上場株式など），その時価が著しく下落した場合（概ね50％超の下落がひとつの判断基準となる）で，かつ，②回復する見込があるとは認められない場合には，時価評価をおこない，当該

評価差額を当期の損失として処理しなければならないと定められている（「金融商品基準」第20項）。

また，時価を把握することが困難な株式で，かつ，有価証券発行体の財政状態の悪化により実質価額が著しく低下したときは，相当の減額をし，評価差額は切放法により，当期損失として処理されることになる（「金融商品基準」第21項）。そしてこのような会計処理を「**実価法**」とよぶ。

これらの会計処理は，時価評価をおこない（また時価が把握できない場合でも「実価法」で時価に類する評価をおこない），評価差額の当期損益算入をするという意味からすると，金融投資のそもそもの原理原則に則したものといえる。ただし，先に述べたような金融投資内の細分類を問わない会計処理をおこなうことになるということと，その計上タイミングについては，あくまで保守主義の要請から，「強制的に」会計処理がおこなわれるものである，という意味では，あくまでこれは実務上の要請によるものと理解するのが望ましい。

[＊11]　なお，このような会計処理は「有価証券の減損」と称されることもある。事業投資と金融投資は根本的に異なるという本書の立場からすると，事業投資に適用される（つまり，犠牲と成果の対応計算の枠組みでなされる）減損処理と（たとえ実務上の要請とはいえ）同じ表現を用いるのは，理論的な混同をもたらしかねない。このことから，本書ではこれをあえて「減損」とはよばずに，強制的な時価評価および評価差額の損益算入という意味で，「**強制時価処理**」とよぶことにする。

以下では，具体的な**設例10−4**により，これらの会計処理を確認しよう。

■ 設例10−4　＞　有価証券の強制時価処理

　期末時における当社保有の株式の時価等は以下のとおりである。なお，以下の株式はすべて，今期中に取得したものである。それぞれの株式について，決算整理上必要となる仕訳を示しなさい。

銘柄	約定時簿価	期末時価
S社株式	35,000	10,000
T社株式	14,000	—
U社株式	50,000	—

・S社株式（その他有価証券。上場株式で，表示上「投資有価証券」とされている）については，時価が著しく下落し，かつ約定時の簿価まで回復する見込はないと判断される。
・T社（100％子会社。表示上，「関係会社株式」とされている）は，業績が著し

218 | 第2部 財務会計の個別論点

く悪化し大幅な債務超過に陥った。同社の再建計画を検討した結果，業績回復の見通しが立たない。このため，時価を 0 と考えて強制時価評価をおこなう。
・U 社株式（子会社株式。持分割合70％。表示上「関係会社株式」とされている）の現在の財政状態は以下のとおりである。同社の再建計画を検討した結果，業績回復の見通しが立たないため，当該株式についてはその持分割合に応じた実質価額まで簿価を減額する処理をおこなう。

貸借対照表（U 社）

| 諸資産 | 100,000 | 諸負債 | 80,000 |
| | | 純資産 | 20,000 |

≪仕訳≫

	借　方	金額	貸　方	金額
S 社株式	投資有価証券評価損	25,000	投資有価証券	25,000
T 社株式	関係会社株式評価損	14,000	関係会社株式	14,000
U 社株式	関係会社株式評価損	36,000	関係会社株式	36,000

まず，上場株式である S 社株式については，「その他有価証券」に計上されているものの，①その時価が著しく下落しており，かつ，②回復する見込がないと判断されるため，強制的な時価評価・評価差額（35,000－10,000＝25,000）の当期損失計上処理をおこなう（なお，当該評価損は「切放法」によるため，たとえ会計基準で適用されている翌期首の「再振替処理」によっても復活しない（そのまま損失として確定する）こととなる）。

また，T 社株式や U 社株式については，実価法を適用する必要がある。すなわち，時価を把握することが困難な株式であり，有価証券発行体の財政状態の悪化により実質価額が著しく低下したときは，相当の減額をし，評価差額は切放法により，当期損失として処理されることになる。具体的には，T 社株式については，時価評価差額は14,000（＝14,000－0）となり，これを当期損失に計上する。また U 社株式に係る評価差額は，「約定時の簿価50,000－U 社の純資産20,000（＝貸借対照表における諸資産100,000－諸負債80,000）×持分割合70％」から，36,000と算定される。そしてこれを当期損失に計上する。特に，U 社の場合は，100％子会社ではなく，その持分保有割合が70％であることから，計算上，持分割合70％を乗じるのを忘れないように留意されたい（なお，当該評価損は「切放法」によるため，そのまま損失として確定することとなる）。

　［＊12］　なお，実務的には，これらの強制的な時価評価による評価損が税務上損金と認

められない場合が見受けられる。そしてこの場合は，税効果会計の適用を受けることになる。税効果会計については，第11章の補論11－1を参照。

8 ■ 各論2：金銭債権

8－1　定　義

　本節では，**金銭債権**（売掛金や貸付金など）の会計処理について述べる。金銭債権については，主に貸倒リスクとの関係が重要になる。ここで**貸倒**（かしだおれ）とは，金銭債権について資金が回収できないことを意味する。そして，**貸倒リスク**とは，投下資金がどのぐらいの水準で貸し倒れるかという将来の予想をいう。金銭債権の評価は，この貸倒リスク，そしてそれを反映した**貸倒見積高**を如何に設定するかが鍵となる。

　ここで，現行の会計基準は，金銭債権を，貸倒リスクの状況により，**図表10－16**に示される3つのカテゴリーに分類する（「金融商品基準」第14, 27－28項）。そしてそれぞれに応じて，全体で一括に，もしくは個別に，貸倒リスク（貸倒見積高）を勘案した「**貸倒引当金**」を計上することで，資産評価をおこなう。ここで**貸倒引当金**とは，金銭債権の将来の貸倒の予想額を資産評価に反映する会計処理をいい，その際に計上される貸方項目である。なお，引当金の概要については，第11章で詳述するが，ここでは，資産評価と関連させて，貸倒引当金のエッセンスを捉えることにする。

図表10－16■金銭債権の区分と貸倒見積高の算定方法

区　分	定　義	貸倒見積高の算定方法	設定方法
一般債権	経営状態に重大な問題が生じていない債務者に対する債権	貸倒実績率法	総括引当
貸倒懸念債権	経営破綻の状態には至っていないが，債務の弁済に重大な問題が生じている（または，生じる可能性の高い）債務者に対する債権	1．財務内容評価法 2．キャッシュ・フロー見積法	個別引当
破産更生債権等	経営破綻または実質的に経営破綻に陥っている債務者に対する債権	財務内容評価法	個別引当

220 | 第2部　財務会計の個別論点

[＊13]　なお，貸倒引当金のように，資産評価のために計上される引当金を「**評価性引当金**」という。詳細は第11章2－2節を参照。

　「**一般債権**」とは，経営状態に重大な問題が生じていない債務者に対する債権をいう。これについては，特に資金の回収可能性は問題とはならないことが多いが，一応のリスクに備えるため，過去の貸倒実績率を参考に，項目全体として一括で，貸倒引当金を計上する。

　「**貸倒懸念債権**」とは，経営破綻の状態には至っていないが，債務の弁済に重大な問題が生じているか，または生じる可能性の高い債務者に対する債権をいう。この場合は，資金の回収可能性が問題となることから，それぞれ個別の債権ごとに，あとで示す「財務内容評価法」もしくは「キャッシュ・フロー見積法」により評価をおこなう。

　最後に，「**破産更生債権等**」とは，経営破綻または実質的に経営破綻に陥っている債務者に対する債権をいう。この場合も，資金の回収可能性が問題となることから，それぞれ個別の債権ごとに，財務内容評価法により評価をおこなう。

　以下では，具体的な**設例10－5**をもとに，一般債権の評価方法を確認しよう。

▌設例10－5　　一般債権：貸倒引当金の基礎

(1) X1年期末において，当社は売掛金期末残高1,000に対して，過去の貸倒実績率を参考に，1％を貸倒引当金として一括で設定することとした。なお，当該売掛金はすべて，相手先企業の経営状態に重大な問題が生じていないことから「一般債権」に分類されるものとする。

(2) X2年期末において，当社は売掛金期末残高1,500に対して，過去の貸倒実績率を参考に，1％を貸倒引当金として一括で設定することとした。なお，前期と同様，当該売掛金はすべて，相手先企業の経営状態に重大な問題が生じていないことから「一般債権」に分類されるものとする。

≪仕訳≫

	借方	金額	貸方	金額
(1)X1年期末	貸倒引当金繰入	10	貸倒引当金	10
(2)X2年期末	貸倒引当金繰入	5	貸倒引当金	5

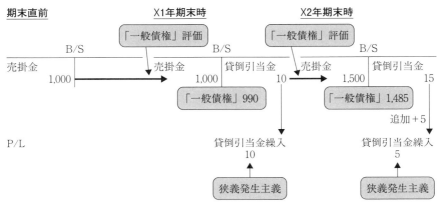

図表10－17■設例10－5における在高計算・損益計算の推移

8－2 貸倒懸念債権の会計処理

次に,「貸倒懸念債権」について, 具体的な設例でその会計処理を概観しよう。ここでは, それぞれ個別の債権ごとに, **キャッシュ・フロー見積法**, ないし, **財務内容評価法**を用いて評価をおこなう。**設例10－6**では, これらのうち, キャッシュ・フロー見積法を取り上げる（なお, 財務内容評価法については, 後述する破産更生債権等の会計処理と同様であるため, 破産更生債権等の会計処理にて取り上げる）。

設例10－6　貸倒懸念債権：キャッシュ・フロー見積法

① X1年3月31日（利息受取＆条件緩和）：A社は, B社に対して債権1,000（約定利子率年5％。利息は年1回毎期末後払）を有している（残存期間3年。期限後一括返済。なお, A社はこれを便宜上,「債権」勘定で処理しているものとする）。本日A社は, B社より, 当初約定利率による利息を現金で受け取った。そして本日の利払後, B社から条件緩和の申し出があり, A社は約定利子率を2％に引き下げることに合意した。このためA社は, B社債権を「貸倒懸念債権」に分類し, かつ「キャッシュ・フロー見積法」により評価するものとした。なお, A社の会計期間は4/1－3/31である。
② X2年3月31日（利息受取）：A社は, B社より, 条件緩和後の条件で利息を現金で受け取った。
④ X3年3月31日（利息受取）：②と同様
⑤ X4年3月31日（利息受取＆元本返済）：A社はB社より, 条件緩和後の条件で利息を現金で受け取った。また同時に, 元本部分の返済を現金により受けた。

222 | 第2部 財務会計の個別論点

≪仕訳≫

	借　方	金額	貸　方	金額
①利息受取	現金	50	受取利息	50
条件緩和	貸倒引当金繰入額	82	貸倒引当金	82
②利息受取	現金 貸倒引当金	20 26	受取利息	46
③利息受取	現金 貸倒引当金	20 27	受取利息	47
④利息受取	現金 貸倒引当金	20 29	受取利息	49
元本返済	現金	1,000	債権	1,000

前述のとおり，**貸倒懸念債権**とは，経営破綻の状況には至っていないものの，債務の弁済に重大な問題が生じているか，または生じる可能性の高い債務者に対する債権であり，設例10－6のように条件緩和がなされた場合，当該債権は，貸倒懸念債権に該当することになる。

「**キャッシュ・フロー見積法**」では，当該債権から，将来どれだけのキャッシュ・フローが生み出されるかに注目する。具体的には，①X1年3月31日の時点における，残り3年間の将来キャッシュ・フロー（以下，単にCFと略す）を整理すると**図表10－18**のようになる。

図表10－18■設例10－6における条件緩和後のキャッシュ・フロー

	X2年期末	X3年期末	X4年期末	合計
当初契約上の将来CF	50	50	1,050	1,150
条件緩和後の将来CF	20	20	1,020	1,060

次に，X1年期末，X2年期末，X3年期末における「条件緩和後の将来CF」の割引現在価値（ただし，当初約定利子率（5％）で割り引いた金額で，各期末における利払後の値）は，**図表10－19**のようになる。

図表10－19■設例10－6における条件緩和後のキャッシュ・フローの割引現在価値

	割引現在価値	計　算　過　程
X1年期末	918	$20 \div (1.05) + 20 \div (1.05)^2 + 1,020 \div (1.05)^3$
X2年期末	944	$20 \div (1.05) + 1,020 \div (1.05)^2$
X3年期末	971	$1,020 \div (1.05)$

以上の計算を前提とした上で，個々の仕訳を確認する。結論的には，貸倒懸念債権の会計処理は，以下の３つに分解することができる。すなわち，(1)まず条件緩和により，債権の価値を現在価値918まで下落させ，(2)その後，当該債権が，毎期５％の利息を生み，それに応じて債権が増価していくとともに（つまり，償却原価法（利息法）の発想），利息受取によりその一部が減額されていく（ただし，実際の各期の利息受取額は，債権金額×約定金利５％ではなく，約定元本1,000×条件緩和後金利２％＝20である点に注意），そして，(3)最後に債権元本の返済がなされる，という３点である。この一連のプロセスをまとめると，**図表10－20**のようになる。

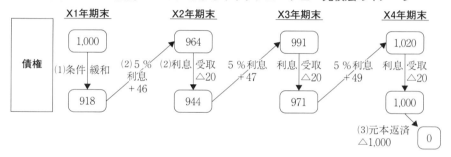

図表10－20 設例10－６におけるキャッシュ・フロー見積法のイメージ

そして，まず(1)について，債権元本を直接減額せず，「貸倒引当金」を計上することで対応しているのが，仕訳①「条件緩和」である。つまり，①条件緩和においては，債権の当初帳簿価額1,000と条件緩和後の現在価値918との差額82を，「貸倒引当金」として計上する。

また，(2)について，債権の利息発生による増価と現金受取による減少は（たとえば，②X2年度末を想定すると），本来であれば，まず債権の増価については，「（借）債権46（貸）受取利息46」（46＝債権帳簿価額918×当初約定利率５％），そして債権の減少については，「（借）現金20（貸）債権20」（20＝債権元本1,000×条件緩和後利率２％）という仕訳をおこなうこととなる。そしてこのような仕訳について，「債権」勘定を「貸倒引当金」勘定に置き換え，かつ両仕訳を相殺したものが，仕訳②X2年度末の利息受取の仕訳となる。つまり，②X2年度末における「受取利息」46は，直前の債権の現在価値918に当初約定利率５％を乗じた金額であり，また「現金」20は，債権元本1,000に条件緩和後利率２％を乗じた金額であり，そして借方の「貸倒引当金」は両者の差額となる。なお，

224　第2部　財務会計の個別論点

③X3年度期末および④X4年度期末における利息受取についても，計算のプロセスは同様である（つまり，③における「受取利息」47は，直前の債権の現在価値944に当初約定利率5％を乗じた金額であり，また④の利息受取における「受取利息」49は，直前の債権の現在価値971に当初約定利率5％を乗じた金額となる）。

　そして(3)については，そのまま元本返済の仕訳をおこなうこととなる（仕訳④「元本返済」の仕訳）。またこのときに，①で設定した「貸倒引当金」勘定の残高がちょうど0となっている点には留意されたい。

　なお，このように考えていくと，貸倒懸念債権におけるキャッシュフロー見積法は，実は，満期保有目的債券における償却原価法（利息法）に極めて類似しているといえる。すなわち，どちらも，割引率を一定としたうえで現在価値評価をおこない，それに当初約定利子率を乗じていきながら（利息を生みながら）徐々に金額を（最終的な元本金額へと）引き戻していく会計処理方法と考えることができる。

8－3　破産更生債権等の会計処理

　最後に，**破産更生債権等**とは，経営破綻または実質的に経営破綻に陥っている債務者に対する債権をいい，**財務内容評価法**によって貸倒見積額を算定する。ここで，財務内容評価法とは，以下のように貸倒見積額を算定する方法である。

貸倒見積額＝債権金額－担保の処分見込み額および保証による回収見込み額

　以下では，**設例10－7**によって，財務内容評価法の会計処理を確認する。

設例10－7　破産更生債権等：財務内容評価法

　当社は，A社に対して10,000を貸し付けていたが，A社は当期末，民事再生法の規定により再生手続の開始の申し立てを行った。よって当社は，当該債権を一般債権と区別し「破産更生債権等」として計上し，貸倒引当金を設定する。なお，担保の処分見込額は6,000である（なお，税効果会計については，本設例では考慮しない）。

≪仕訳≫

借方	金額	貸方	金額
貸倒引当金繰入額	4,000	貸倒引当金	4,000

第10章　金融投資の在高計算と損益計算　225

設例10-7では，A社に対する債権は，「破産更生債権等」に分類されるため，財務内容評価法によって貸倒見積高を算定する。具体的には，「貸倒見積額＝債権金額10,000－担保の処分見込み額および保証による回収見込み額6,000＝4,000」と計算される。そして，貸倒見積高4,000を貸倒引当金として計上することで，破産更生債権等の評価をおこなう。

なお，会計基準では，貸倒見積高について，貸倒引当金を設定する方法のほか，債権金額から直接減額する方法も認められている（「金融商品基準」注10）。

9 ■ 各論3：デリバティブとヘッジ会計

本節では，金融資産に係る各論の最後として，デリバティブの会計処理について学ぶ。**デリバティブ**とは，原資産（金利，指標，債権，通貨，株式，商品等）の市場価格・変数の値によって相対的にその価値が定められるような金融契約をいう。具体的には，先物・先渡契約，オプション，スワップといった基本的なデリバティブの他，組み合わせ商品（第1次金融商品と基本的なデリバティブとの組み合わせ，または基本的なデリバティブ同士の組み合わせ等）等が挙げられる。

デリバティブの保有目的は大きく2つある。第1は**投機目的**であり，価格変動により利益を得ることを目的として保有することをいう。第2は**ヘッジ目的**であり，リスクをヘッジする目的で保有し，かつ，一定の要件を満たすものをいう。そして，どちらの目的で保有するかにより，その会計処理方法も変わることになる。

> **コラム10-4**　　5分でわかる（!?）デリバティブ part 1：フォワード型

「デリバティブ」と聞くと，難しそうで身構えてしまう読者もいるかもしれないが，端的には，デリバティブとは，**「何かと何かの差分で利得を決める契約である」**，と捉えておくと理解が進むかもしれない。ここでは，デリバティブを大きく2つのタイプに分けて，その基本的考え方を理解しよう。

第1は「**フォワード型デリバティブ**（先物契約，スワップ）」である。これは，ある基準時点における数値（この数値を広く「原資産」という）をもとに，一定期間後にそれを買う・売る契約をいう。たとえば，X1年4月1日（基準時）における日経平均株価（これが「原資産」になる）が1,000円と仮定し，企業Aが「日経平均株価を，1年後に基準時の1,000で買う『契約』」を企業Bと締結したとしよう（なお，デリバティブは「契約」なので，実際に売買できないものでも，あたかも売買するかのように契約を作ることができる。であるから，「日経平均株

価」でなくても，数値や状態が変化するものなら何でも契約の原資産にできる）。そして1年後に，日経平均株価が2,000になったケース（ケース1）と500になったケース（ケース2）を考えてみよう（**図表10－21**）。

図表10－21■フォワード型における2つのケース：差金決済

　ここで，ケース1のように2,000になった場合，「買う契約」をしていた企業Aは，2,000－1,000＝1,000の利得を得ることができる。なぜなら，いま2,000の価値のある原資産を1,000で購入できるというのが「買う契約」の意味になるので，「買う契約」をしていたAにとっては，その差額分1,000が利得となるのである。しかもそれを，わざわざ実際に原資産を購入・売却することなく，差額分をやり取りするだけで足りるのが，デリバティブの大きな特徴である（この場合は，Aにとっては利得なので，取引相手のBから1,000を受け取る）。このように差額分だけをやり取りすることを，「**差金決済**」という。

　逆に，ケース2の場合，「買う契約」をしていた企業Aは，500－1,000＝－500の損失を被ることになる。つまり，いま500の価値しかない原資産を，企業Aは1,000で購入しなければならないというのが「買う契約」の意味になるので，その差額分500がAの損失となる（そしてこの場合も，差金決済で，差額の500だけAがBに払うことで契約が履行される）。

　そして，この例は，Aが「買う契約」となる事例だが，逆の立場であるBからすると，これは「売る契約」になり，利得・損失は，Aと反対になる（つまり，ケース1では「2,000の価値のある原資産を1,000で売る義務」となるので，Bにとっては1,000の損失，ケース2では「500の価値の原資産を1,000で売る義務」となるので，Bにとっては500の利得となる）。このような契約を，Aの立場からは「**買建先物契約**」，Bの立場からは「**売建先物契約**」とよぶ。

　また，ここでは説明の便宜から，AとBが1対1で契約を結ぶ状況を想定したが，デリバティブの種類によっては，その契約の「市場」が存在し，契約の途中でも市場を通じて，契約自体を売買することもできる。さらに，自由に契約を作ることができるため，日経平均株価を原資産にせずともよい。たとえば，金利を原資産にして，固定金利と変動金利を交換する（swap）契約を作り，同じようにその差分で利得・損失を決めることもできる。そして，このような契約を「**金利スワップ**」という。

　会計学的には，このような契約を，企業がもっぱら**投機目的**でおこなうか，それとも，**ヘッジ目的**（企業の有するリスクを緩和するために，たとえば証券市場の株価下落に備えて，日経平均株価が下落するときに利得が生じるような契約を結んでおく（まさにBの立場）など）でおこなうかどうかが重要なポイントとなる。そして，前者の場合は，利得・損失をその都度計上し，他方，後者の場合は，リスク緩和の実態を反映するような会計処理が必要になる。

第10章 金融投資の在高計算と損益計算　227

> コラム10−5　5分でわかる（!?）デリバティブ part 2：オプション型

　コラム10−4では，フォワード型デリバティブについて学んだが，実は「必ず売買すべし」という契約になっている点が重要なポイントである。つまり，買い手も売り手も，両方とも契約を履行する義務があるのがフォワード型デリバティブの特徴である。

　しかし，先の企業 A の立場からすると，「いいとこ取り」をしたいと思うかもしれない。つまり，ケース1のような場合だけ契約を履行し，ケース2のように損失を被るケースは避けたいと思うだろう。もちろん，ケース2が予想されるなら（そして，デリバティブ市場がある場合には），損失を被る前に市場で「契約」を売却し，損失を免れることもできなくはないが，そもそも，そのような行動をしなくても，契約自体に，損失を回避できる条件を織り込んでおくことができたら，企業 A にとっては好都合である。

　そして，そのような契約が，第2のデリバティブたる「**オプション**（option）」である。オプションは，実際に原資産を売買するか否かはオプションの保有者（権利の買い手である A）の選択による。つまり，契約の放棄も可能となるのが特徴といえる。先と同じ数値例で，このことを確認しよう（**図表10−22**）。

図表10−22■オプション型における2つのケース：権利行使と権利放棄

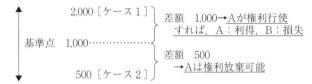

　ケース1の（Aにとっての）利得局面において，A が権利行使をおこなう場合は，A の利得は1,000（＝2,000−1,000）となり，その差額部分を B との間で決済する（B にとっては1,000の損失となる）。しかし権利を放棄することもでき，その場合は，A は利得を得られないが，それは A にとっては不都合なので，権利行使をするのが合理的選択といえる。

　ケース2の（A にとっての）損失局面において，A が権利行使をおこなう場合は，A は500（＝500−1,000）の損失を被ることになる。しかし，オプションでは，権利を放棄することもできる。そして，権利放棄をするなら，損失を被ることは回避できるので，この場合は，契約放棄が A にとっての合理的選択となる。

　以上をもとに，A にとっての利得・損失と原資産の変動との関係を，フォワード型と比較して図示すると，**図表10−23**のようになる。

　図表10−23に示されるとおり，オプション型の場合は，損失局面で権利放棄が可能であるため，損失回避が契約上で可能となる（図表10−23の右側。グラフが基準点を境に折れ曲がっている）。

　しかしこれは，A にとっては好都合であるが，他方で，取引相手の B にとっては，取引に応じるメリットがなくなる。そこで，このようなオプションは，それ自体に価値があるものとして，値段がつくことになる。よって，A は，オプショ

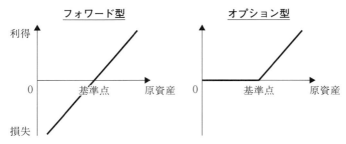

図表10-23■フォワード型とオプション型の比較

ンを契約するために，取引相手のBにオプション契約の価値分（これを「オプション・プレミアム」という）を支払う必要が生じる。このオプション・プレミアムは，Aにとっての「好都合さ」をBがリスクとして応じる（耐える）価値といえ，契約時間の長さに関する部分（「**時間価値**」という）と，Aの利得獲得可能性に関する部分（「**本源的価値**」という）から計算される。

そして，オプション型デリバティブは，権利を買うAの立場（「買建オプション」という）と権利を売るBの立場（「売建オプション」という），そして，「買う権利」（コール・オプション（Call option））か「売る権利」（プット・オプション（Put option））で，4通りの形態が考えられる（**図表10-24**）。

図表10-24■オプションの4類型

		権利内容	
		買う権利	売る権利
立場	オプションを買う	買建コール・オプション	買建プット・オプション
	オプションを売る	売建コール・オプション	売建プット・オプション

いま，Aの立場（買建コール・オプション）を想定すると，会計学的には，先のフォワード型の場合と同様に，投機目的でオプション・プレミアムを支払い「契約を買う」か，それともヘッジ目的でそうするかが，重要な分岐点となる。

いずれにせよ，デリバティブの会計は，デリバティブの理解がそもそも難しいため，どうしても会計処理を暗記する方向に流れてしまいがちである。しかし，上述のように，4つの基本的考え方，つまり，①デリバティブとは**契約**であること，②**差金決済**をすること（何かと何かの**差分**で利得を決めること），③必ず契約を履行する必要があるもの（フォワード型）と，契約破棄が可能なもの（オプション型）があり，後者の場合は，権利自体に値段がつくこと，④会計学的には，投機目的かヘッジ目的かが重要であることを理解しておけば，会計処理方法への理解も進むものと考えられる。

第10章　金融投資の在高計算と損益計算　229

9－1　投機目的のデリバティブ

　本節では，投機目的のデリバティブについて述べる。**図表10－25**に示されるとおり，投機目的の場合，デリバティブ取引により生じる正味の債権および債務については，時価をもって貸借対照表価額とされ，またその評価差額は，原則として，当期の損益として処理される（「金融商品基準」第25項）。

図表10－25■投機目的のデリバティブの会計処理

投機目的のデリバティブ　…　$\dfrac{\text{B/S（在高計算）}}{\text{時価評価}}$ → $\dfrac{\text{P/L（損益計算）}}{\text{当期損益}}$

　以下では，**設例10－8**をもとに具体的な会計処理を考えてみよう。ここでは特に，より理解しやすいと思われるオプション契約を例として取り上げることにする。

■設例10－8 ＞ デリバティブ（オプション契約）

　当社は，X0年4月1日に，コール・オプション契約を締結した（買建，市場性あり）。オプションは，ヨーロピアン型であり，行使日はX5年3月31日，権利行使価格は10,000とする。なお，契約締結時のオプション・プレミアムは100であり，当社はこれを現金で支払った。なお，その後のオプション・プレミアムの推移は，以下の通りであった。

日付	オプション・プレミアム
X1年3月31日	120
X2年3月31日	110
X2年4月1日	110

　X2年4月1日に，当社は，契約行使前に当該オプションを110で転売し，現金を受け取った。

≪仕訳≫

	借　方	金額	貸　方	金額
X0年4月1日	オプション資産	100	現金	100
X1年3月31日	オプション資産	20	オプション評価損益	20
X2年3月31日	オプション評価損益	10	オプション資産	10
X2年4月1日	現金	110	オプション資産	110

230 | 第2部　財務会計の個別論点

オプションとは，原資産（underlying asset）を，将来のある一定時点または
それ以前に，あらかじめ定められた価格で買う権利（call）または売る権利（put）
のことをいう。すなわち，「売買する権利」というものが，オプションの本質
になる。また，前掲のコラム10－5のとおり，オプション・プレミアムとは，
権利の価格ないし値段をいう。つまり，権利を売買する契約がオプション契約
であるため，その売買の対象となる権利には値が建つことになり，そしてその
ような権利に対する価格が，オプション・プレミアムということになる。また，
満期日にしか権利行使できないオプションを「ヨーロピアン型」，満期日以前
ならいつでも権利行使できるオプションを「アメリカン型」という。

　仕訳に示されるとおり，買建コール・オプションについては，オプション・
プレミアム部分を資産計上し，またオプション・プレミアムの変動にあわせて，
オプション資産を評価替えしていく。そして，設例10－8では，権利行使をす
る前に，オプション契約自体を転売しているため，他の金融商品と同様に，売
却の仕訳をおこなう。

　　［＊14］　なお，デリバティブの会計処理方法については，実は，理論的には，図表10－
　　25や設例10－8で確認したもの以外の方法も存在する。これらの比較検討について，
　　興味を持たれた読者は，たとえば，田口（2005）を参照。デリバティブに係るさまざ
　　まな会計処理方法を，仕訳を用いて比較検討している。

9－2　ヘッジ目的のデリバティブ：ヘッジ会計の適用

　本節では，ヘッジ目的のデリバティブについて述べる。まずヘッジとは，企
業におけるさまざまなリスクを回避することやそのための手段・取引をいい，
ヘッジ会計とは，ヘッジ取引のうち一定の要件を充たすものについて，ヘッジ
対象に係る損益と，ヘッジ手段（こちらがデリバティブとなる）に係る損益を同
一の会計期間に認識し，ヘッジの効果を会計に反映させるための特殊な会計処
理をいう（「金融商品基準」第29項）。

　ここで，ヘッジ会計の要件としては，会計基準では大きく2つが挙げられて
いる。第1は，企業のリスク管理方針に従ったものであることが客観的に認め
られること，第2は，ヘッジ手段の効果が定期的に確認されていることである
（「金融商品基準」第31項）。これらの要件を充たすヘッジ取引については，ヘッ
ジ会計が適用される。ここまでの流れを示すと，**図表10－26**になる。

第10章　金融投資の在高計算と損益計算 | 231

図表10－26■ヘッジ会計の概要

> ヘッジ取引→一定の要件を充たす→「**ヘッジ会計**」の適用
> 　　　　　　　　　　　　　ヘッジ対象に係る損益とヘッジ手段に係る損益を**同
> 　　　　　　　　　　　　　一の会計期間**に認識

　ここで，ヘッジ会計においては，①どのようなリスク（何の変動）をヘッジするのか，また，②どのようにヘッジするのか（どのように，ヘッジ対象に係る損益と，ヘッジ手段に係る損益を同一の会計期間に認識するか）という2点が重要となる（**図表10－27**）。

図表10－27■ヘッジ会計の全体像

> **①どのようなリスクをヘッジするのか**
> 　・公正価値の変動リスク…公正価値ヘッジ
> 　・キャッシュ・フローの変動リスク…キャッシュ・フロー・ヘッジ
> **②どのようにヘッジするのか**
> 　・ヘッジ対象を時価評価する…時価ヘッジ会計
> 　・ ヘッジ手段の損益を繰り延べる…繰延ヘッジ会計［原則］

　図表10－27に示されるとおり，ヘッジ会計は，まず一方，①の観点からは，公正価値の変動リスクをヘッジする「**公正価値ヘッジ**」と，キャッシュ・フローの変動リスクをヘッジする「**キャッシュ・フロー・ヘッジ**」との2つに分類することができる。また，②の観点からは，ヘッジ対象を時価評価する「**時価ヘッジ会計**」と，ヘッジ手段の損益を繰り延べる「**繰延ヘッジ会計**」との2つに分類することができる。そして，現行の会計基準においては，後者の繰延ヘッジ会計が，原則的な会計処理方法とされる（「金融商品基準」第32項）。

　以下では，**設例10－9**をもとに，原則法である繰延ヘッジ会計についての仕訳を考えてみよう。

> **｜ 設例10－9 〉　繰延ヘッジ会計**
>
> (1)　X1年期首（当社は暦年）：ヘッジ目的で買建の債券先物契約を締結
> 　　　債券元本：1,000　先物価格：1,000
> 　　　契約期間：X1年1月1日からX10年12月31日まで
> 　　　便宜上，証拠金は0で，かつ，税効果会計の適用もないものと仮定
> (2)　X1年期末：先物価格が1,100に上昇

232 | 第2部 財務会計の個別論点

> 先物契約に対するヘッジ対象側では損益は計上されていないものと仮定
> ヘッジ手段たる先物契約においては，繰延ヘッジ会計を適用
> ヘッジの有効性は高いと仮定

≪仕訳≫

	借方	金額	貸方	金額
(1)X1年期首	仕訳なし			
(2)X1年期末	先物契約資産	100	繰延ヘッジ損益	100

　まず当初約定時には，「仕訳なし」となる（仕訳(1)）。そして(2)においては，先物価格が当初の1,000から1,100に増加しているため，その差額部分を資産計上する。そして通常の投機目的のデリバティブであれば，その評価差額は損益に計上される（つまり仕訳は，「（借）先物契約資産100（貸）先物契約損益100」となる）。しかし，ここではヘッジ目的であるため（そして，「先物契約に対するヘッジ対象側では損益は計上されていない」ため），評価差額は**「繰延ヘッジ損益」**として，次期以降の損益計算に繰り越される。

　ここで，繰延ヘッジ会計を採用した場合に，(2)の仕訳における貸方項目に生じる「繰延ヘッジ利益」は，貸借対照表の純資産の部におけるその他の要素である「評価・換算差額等」に計上される（純資産の部については，第12章を参照）。その意味で，「繰延ヘッジ損益」は，その他有価証券における「その他有価証券評価差額金」と同様の性質と考えることができる（本章**7－3**参照）。

[＊15]　なお，従来の会計基準では，「繰延ヘッジ損益」は，資産ないし負債として計上されていたが，その後の会計基準の改定で，「繰延ヘッジ損益」は，貸借対照表の純資産の部におけるその他の要素である「評価・換算差額等」に計上されることとなった。また，このことから，同時に，（設例10－9では便宜上，税効果会計の適用はないものと仮定しているが）制度的には，税効果会計の適用を受けることとなった点にも注意しておきたい。

[＊16]　ここで，「繰延ヘッジ損益」が，純資産の部のその他の要素に計上されるようになった理論的根拠は一体なんだろうか。たとえば，同じくその他の要素の「評価・換算差額等」に計上される「その他有価証券評価差額金」との関係を，どのように捉えたらよいのだろうか。このような疑問に興味を持たれた読者は，たとえば，田口(2007)を参照。

[＊17]　通常は，デリバティブの種類を問わず，ヘッジ手段としてデリバティブを用いる場合は，上述のヘッジ会計の処理をおこなうのが原理原則である。ただし，**金利スワップ**（同一通貨債務の間で異なった種類の金利支払債務（たとえば固定金利債務と変動金利債務）を交換する取引）を，ヘッジ手段として用いる場合で，かつ，一定の

要件を充たす場合には，「金利スワップの特例処理」により，スワップによる金銭授受を，デリバティブとして捉えず，単に利息の調整として捉える会計処理（借入金の計上と，その利払いの会計処理）をおこなうことになる（「金融商品基準」注14）。

補論10－1　税効果会計を適用した場合のその他有価証券の会計処理（洗替法）

(1)　洗替法の適用

本補論では，現行の会計基準におけるその他有価証券の会計処理を確認する。本章7－3では，税効果会計の適用がない場合の会計処理を学習した。一方で，現行の会計基準では，税効果会計の適用を前提にして，期末におこなった時価評価の仕訳を翌期首に取り消してしまう「**洗替法**」が適用されている（なお，税効果会計自体は，第11章で学習する）。

たとえば，設例10－3を前提に，各期首に洗替法を適用すると，以下のようになる（ただし，ここでもいったんは税効果会計の適用はないものとする）。

洗替法：各期首で洗替法を適用する場合の設例10－3の仕訳

	借方	金額	貸方	金額
（1）約定時	その他有価証券	1,000	現金	1,000
（2）期末時	その他有価証券	1,000	その他有価証券評価差額金	1,000
（2'）翌期首（洗替法）	その他有価証券評価差額金	1,000	その他有価証券	1,000
（3）決済時1（時価評価）	その他有価証券	1,100	有価証券評価益	1,100
（3）決済時2（決済）	現金	2,100	その他有価証券	2,100

仕訳に示されるとおり，(2)期末時（X2年3月31日）に時価評価をおこなうものの，その翌期首（2'）には，「(借)その他有価証券評価差額金1,000 (貸)その他有価証券1,000」という洗替法の仕訳をおこなうことで，時価評価をすべてリセットする。

そして，洗替法によれば，**図表10－28**のように，B/S上の帳簿価額は，期首にいったん「1,000」に戻ることになる。そしてこれは，後述の「税効果会計」を適用するため，あくまで計算上の便宜としておこなわれるものであると理解

234 | 第2部　財務会計の個別論点

図表10−28■ B/S 上の「その他有価証券」の帳簿価額の動き

	約定	期末	期首	決済
理論上の仕訳 ［本章7−4で学習］	1,000 →	2,000 →	→	→ 2,100
現行制度の仕訳	1,000 →	2,000 →	1,000 →	2,100
			【洗替法】	

できる。つまり，純理論的に考えると，洗替法を採用することで，金融資産の本来の価値2,000を B/S において表現できなくなる（在高計算が適切になし得なくなる）ため，洗替法を利用することは望ましい方法とはいえない。しかし，税効果会計における計算のためには，毎期ごとに，その他有価証券の評価差額の全額を把握する必要があり，計算の便宜から，このような「いったんリセットする」仕訳が必要になるのである。

　そして，このことにより，(3)決済時においては，リサイクリングの仕訳をおこなう必要がなくなるという点にも留意されたい。つまり，(2)期末時に計上された「その他有価証券評価差額金」が，すでに期首に取り消されていることから，提携関係を解消する(3)決済時の時価評価において，時価評価差額1,100が，そのままダイレクトに「有価証券評価損益」として計上される。このため，「その他有価証券評価差額金」を「有価証券評価損益」に振り替えるというリサイクリングの処理が不要となる。

(2)　税効果会計の適用：現行会計基準の仕訳

　上記をうけるかたちで，さらに税効果会計を適用した場合の仕訳を考える。税効果会計自体の詳細は第11章補論11−1で述べるが，設例10−3を前提に，洗替法とともに税効果会計を適用した場合の仕訳を示すと以下のようになる。なお，法定実効税率（第11章で学習）を30％と仮定して計算する。

第10章　金融投資の在高計算と損益計算 | 235

洗替法＆税効果会計：税効果会計を適用した場合の設例10－3の仕訳

	借方	金額	貸方	金額
（1）約定時	その他有価証券	1,000	現金	1,000
（2）期末	その他有価証券	1,000	その他有価証券評価差額金	700
			繰延税金負債	300
（2'）翌期首（洗替法）	その他有価証券評価差額金	700	その他有価証券	1,000
	繰延税金負債	300		

　もし仮に，税効果会計の適用がある場合，時価評価差額は，その全額が「その他有価証券評価差額金」となるのではなく，当該評価差額に実効税率を乗じた部分300「＝評価差額1,000×実効税率30％」が「**繰延税金負債**」とされ，その残余部分700（＝評価差額1,000－繰延税金負債300）が「その他有価証券評価差額金」として認識される。これは，「その他有価証券」の企業会計上の帳簿価額（期末評価後）2,000と税務上の資産計上額1,000（税務上は，「その他有価証券」は時価評価せず，期首簿価のまま据え置くことになる）との差額が**一時差異**に該当するからであり，税効果会計では，この差異を繰延税金負債として調整する。

　なお，もし逆に時価が下落している場合は（たとえば，(2)期末時の時価が500に下落していると仮定），企業会計上の（評価替後の）帳簿価額500と税務上の資産計上額1,000との差額が一時差異に該当するため，それに実効税率を乗じた部分（500×30％＝150）が「**繰延税金資産**」として計上され，その残余部分が「その他有価証券評価差額金」となる。具体的仕訳は以下のようになる。

	借方	金額	貸方	金額
(2)期末	その他有価証券評価差額金	350	その他有価証券	500
	繰延税金資産	150		

　以上をまとめると，現行会計基準におけるその他有価証券の仕訳を解きほぐすと，「**現行会計基準の仕訳＝純理論的な仕訳＋[洗替法＋税効果会計の適用]**」ということができる。つまり，純理論的に考えると，洗替法を採用することで，金融資産の本来の価値をB/Sにおいて表現できなくなる（在高計算が適切になし得なくなる）。であるにもかかわらず，洗替法が現行制度で採用されているのは，あくまで，税効果会計の適用を念頭に置き，洗替えにより時価評価差額を毎期「リセット」することで，税務上の資産計上額と各期末の企業会計上の時

236 | 第2部　財務会計の個別論点

価との差額を毎期末ごとに把握するためのものであると理解できる。

　このように，その他有価証券の本質を捉えるためには，いったんは，会計基準上のほかの要求を取り払い，純理論的な仕訳を考えることが必要不可欠であるといえる。そしてそのうえで，理論的な仕訳に，どのような制度的要請が存在し，またその要請によって，理論的な仕訳が，どのように変化していくのかということを，きちんと見据えることが重要であるといえる。

【対話：考えてみよう】

　本章では，金融投資の会計について学んだが，気候変動への対処手段のひとつたる**排出権（排出枠クレジット）**や，デジタル化の進展で注目を集める**暗号資産（仮想通貨，暗号通貨）**といった新しい経済事象・取引は，会計的には，金融投資と事業投資のどちらに当てはまるだろうか。またどのような会計処理を採るのが望ましいだろうか。

　　考え方Ａ：どちらも，「そこに価格だけしか存在しない」資産であるという点
　　　　　　　から金融投資であり，時価評価をおこなうことが妥当である。
　　考え方Ｂ：保有目的により変わりうる。排出権は，投機目的であれば金融投資
　　　　　　　（時価評価），排出削減目標達成のためにクレジットを利用する目的
　　　　　　　なら事業投資（取得原価評価）である。暗号資産も，基本的には金
　　　　　　　融投資（時価評価）であるが，企業がもっぱら決済目的で保有する
　　　　　　　場合には，「現金」となる（外国通貨と同様「換算」する）。

　あなたは，考え方ＡとＢをどのように理解するだろうか。また，これら以外の考え方（考え方ＣやＤ）はあり得るだろうか。

■Readings■

金融投資の会計処理を，事業投資の会計処理との相対化の中でより深く学びたいと考えた読者へ

石川純治（2020）『楕円の思考と現代会計―会計の世界で何が起きているか』日本評論社

米山正樹・秋葉賢一・浅見裕子（2023）『投資のリスクからの解放―純利益の特性を記述する概念の役割と限界』中央経済社

公正価値の概念に興味を持った読者へ

北村敬子編（2014）『財務報告における公正価値測定』中央経済社

Nissim, D., & Penman, S.H.（2008）*Principles for the application of fair value accounting.* Columbia business school working paper.（角ヶ谷典幸・赤城諭士訳（2012）『公正価値会計のフレームワーク』中央経済社）

渡邉泉編（2013）『歴史から見る公正価値会計―会計の根源的な役割を問う』森山書店

デリバティブの会計処理について，仕訳を用いて検討することに興味を持った読者へ

田口聡志（2005）『デリバティブ会計の論理』税務経理協会

■参考文献■

石川純治（2000）『時価会計の基本問題』中央経済社

笠井昭次（2000）『会計の論理』税務経理協会

笠井昭次（2005）『現代会計論』慶應義塾大学出版会

笠井昭次（2010）『現代日本会計学説批判Ⅰ・Ⅱ・Ⅲ』慶應義塾大学出版会

笠井昭次（2013）「いわゆる金融資産の会計処理の再構成」『三田商学研究』56(3)：57-81

Penman, S. (2013) *Financial Statement Analysis and Security Valuation* (5th edition), McGraw-Hill.（荒田映子・大雄智・勝尾裕子・木村晃久訳（2018）『アナリストのための財務諸表分析とバリュエーション』有斐閣）

田口聡志（2005）『デリバティブ会計の論理』税務経理協会，第5章

田口聡志（2007）「予定取引に係るキャッシュ・フロー・ヘッジ会計の論理―繰延ヘッジ損益の位置づけを巡って」『同志社商学』59(3・4)：47-68

円谷昭一（2020）『政策保有株式の実証分析―失われる株式持合いの経済的効果』日本経済新聞出版

米山正樹（2008）『会計基準の整合性分析―実証研究との接点を求めて』中央経済社

米山正樹・秋葉賢一・浅見裕子（2023）『投資のリスクからの解放―純利益の特性を記述する概念の役割と限界』中央経済社

238 | 第 2 部 財務会計の個別論点

第11章 —— 負債：調達源泉の会計(1)

Point

　本章では，負債の財務諸表全体における位置づけを意識しつつ，負債の会計に関する具体的な論点を検討する。

1．会計構造的背景からの負債の位置づけとしては，調達源泉として捉える見解と，マイナスの資産として捉える見解とがある。→【1】

2．引当金とは，4つの要件（①将来の特定の費用または損失であること，②その発生が当期以前の事象に起因すること，③発生可能性が高いこと，④金額を合理的に見積もることができること）が成立した際に，当期の負担に属する金額が当期の費用または損失として計上され，その反対勘定として計上される貸方項目をいう。→【2】

3．退職給付引当金とは，企業の年金資産と退職給付債務との差額をいう。年金資産とは，特定の退職給付制度のために，退職金規程等に基づき積み立てられ，退職給付以外に使用できないことや法的分離等の要件を満たす特定の資産をいう。また，退職給付債務とは，退職給付のうち，認識時点までに発生していると認められるものをいう。→【3】

4．資産除去債務とは，有形設備資産の将来における除去が法令や契約等で要求される場合の義務をいう。これは，資産の取得や使用により当該義務が生じることから，会計上も，資産の取得や使用とともに当該義務を計上することが望ましい。→【4】

5．金融負債とは，支払手形，買掛金，借入金および社債等の金銭債務並びにデリバティブ取引により生じる正味の債務等をいい，基本的には，金融資産の「裏返し」として捉えることができる。→【5】

Keywords 　調達源泉，マイナスの資産，法的債務，流動・固定負債，引当金，退職給付会計，資産除去債務，金融負債，税効果会計

Questions

1．負債の位置づけについて，計算構造的側面から説明しなさい。

2．引当金とはなにかを説明するとともに，どのように認識し，測定するのが望ましいか説明しなさい。

3．退職給付引当金の会計処理について，特に企業年金制度の違いに注意しなが

ら論じなさい。
　4．資産除去債務に関する理論的に考えられる会計処理を2つ取り上げ，それら
　　の違いを，仕訳を通じて論じなさい。
　5．金融負債の中で，社債の償却原価法について説明しなさい。
　6．税効果会計の意義と，2つの会計処理方法について説明しなさい。

1 ■ 負債の定義と区分

1－1　会計構造的背景：非均衡思考体系 vs. 均衡思考体系

　本章では，負債の認識と測定について説明する。そこでまず本節では，その
準備作業として，負債を，資産や株主資本など他の財務諸表項目との関係性の
中で考えてみよう。そしてそのために，会計の計算構造（具体的には基本等式）
を想定し，その中での負債の位置づけを考えよう（**図表11－1**）。

図表11－1■会計の基本等式との関連による負債の整理

体系	均衡思考体系 （「＋／＋型」）		非均衡思考体系 （「＋／－型」）
会計等式	①貸借対照表等式	②試算表等式	③資本等式（純資産等式）
図示	借方［＋］B/S　貸方［＋］ 資産［＋］|負債［＋］ 　　　　|資本［＋］	借方［＋］T/B　貸方［＋］ 資産［＋］|負債［＋］ 　　　　|資本［＋］ 費用［＋］|収益［＋］	借方［＋］B/S　貸方［－］ 資産［＋］|負債［－］ 　　　　|*純資産［差額］*
計算式	資産＝負債＋資本	資産＋費用 ＝負債＋資本＋収益	資産－負債＝純資産
等式の 意味	実体勘定一覧表	実体勘定一覧表	実体勘定・名目勘定混在 表
負債の 位置づけ	負債＝調達源泉	負債＝調達源泉	負債＝マイナスの資産
負債測定 の基本	収入額系統 （調達額ベース）	収入額系統 （調達額ベース）	支出額系統 （返済額ベース）

　　［＊1］　ある項目や勘定を定義する際には，関係的定義と属性的定義という2つが想定
　　　　できる。**関係的定義**とは，他の項目や勘定（たとえば資産など）との関連づけで，当
　　　　該項目を定義することをいう。また，**属性的定義**とは，その項目が指し示す計算対象
　　　　を勘案してより詳細な内容規定を与えることをいう。ここでの計算構造の中で負債を
　　　　位置づける作業は，これらのうち，関係的定義に該当する。

240 | 第2部 財務会計の個別論点

　　［＊2］　会計の**基本等式**とは，実体勘定を一覧表化した際に，それらがどのような関係
　　を有しているかを表現したものである。ここで，「**実体勘定**」とは，具体的な経済対
　　象を指し示す勘定のことをいう。また，実体勘定を整理し説明するための勘定を「**名
　　目勘定**」という。これらについては，あわせて第3章コラム3－3を復習のこと。

　まず，図表11－1左側の「**均衡思考体系**」とは，貸借対照表ないし試算表の
中で借方側と貸方側とをそれぞれ別個独立したプラスの概念と捉える体系であ
る（①貸借対照表等式，②試算表等式）。具体的には，たとえば借方の資産側を
企業資本の運用形態（プラス概念）としたうえで，貸方の負債側をそれとは別
個独立した企業資本の調達源泉（プラス概念）と捉えることになる。そして，
このような体系では，調達額と運用額が必ず一致する（貸借対照表ないし試算
表の貸借は必ず一致する）ことが予定されるから，この体系は，「＋／＋型」と
もよばれる。そしてこの体系に依拠すると，負債は，**企業における調達源泉**と
定義される。

　また，図表11－1右側の「**非均衡思考体系**」とは，貸借対照表の借方側であ
る資産をプラス概念と解したうえで，貸方側の負債をそのマイナス概念とする
体系である（③資本等式（純資産等式））。そして，このような体系では，貸借対
照表の貸借は（実体勘定だけでは）必ずしも一致しないこととなるため，この
体系は，「＋／－型」ともよばれる。つまり，資産をプラス，負債をマイナスと
捉え，純資産はそれらの差額概念（名目勘定）となる点が，この体系の特徴で
ある。そしてこの体系に依拠すると，負債は，**企業におけるマイナスの資産**と
定義される。

　なお，非均衡思考体系は，国際会計基準や米国会計基準，そして日本の概念
フレームワークにおいても採用されている。たとえば，国際会計基準において
は，負債とは，将来期間において企業の資産を減少させるような「**経済的負担**」，
もしくは「**経済的資源（プラスの資産）を放棄もしくは引き渡す義務**」と定義
される。日本においても同様に，「負債とは，過去の取引または事象の結果と
して，報告主体が支配している**経済的資源を放棄もしくは引き渡す義務**，また
はその同等物」（『討議資料　概念フレームワーク』「財務諸表の構成要素」，第5項）
と定義される。これらは，まさに非均衡思考体系を背景とする。

　なお，このように整理する意味は，このような考え方の違いが，負債測定の
基本的な考え方に影響するという点にある。すなわち，均衡思考体系では，負
債を調達源泉と捉えるため，その測定も基本的には調達額，つまり，資金調達

によりどれだけの収入額があったのかという観点からなされることとなる。他方，非均衡思考体系では，負債をマイナスの資産と捉えるため，その測定も基本的には返済額，つまりマイナスの資産としてどれだけの支出をする必要があるのかという観点からなされることとなる。

［＊３］　なお，［＊２］で確認したとおり，会計の勘定体系は，**実体勘定**と**名目勘定**とに峻別され，両者の関係は，下記のように整理できる。

> 会計の勘定体系
> 　実体勘定　→　具体的な経済対象を指し示すための勘定
> 　　↑
> 　名目勘定　→　実体勘定を整理し説明するための勘定

1－2　法律的背景：法律的債務 vs. 非法律的債務

また，負債については，法律的観点から，**図表11－2**のように分類することもできる。

［＊４］　なお，ここでの整理は，先に［＊１］で示した２つの定義のうち，属性的定義を考える作業となる。

図表11－2■負債の整理：法律的背景

法律的債務
　確定債務（借入金，買掛金，支払手形，社債など）
　条件付債務（退職給付引当金など）
法律的債務ではないが会計的に負債とされるもの（修繕引当金など）

そもそも会計上の負債は，当然のことながら，いわばそのすべてが「会計的負債」といえる。その中で，図表11－2に示されるとおり，法律的な裏付けのある法律的債務と，法律的な裏付けはないが，あとで述べる論理で会計的に負債とされるものとがある。前者は，さらに**確定債務**と**条件付債務**とに分類しうる。**確定債務**とは，借入金や買掛金など，支払義務に係る条件（いつ（期日），誰に（相手），いくら（金額）履行するかということ）がすべて確定している債務をいう。それに対して，**条件付債務**とは，その一部の条件が確定していないものをいう。たとえば，企業が雇用契約に基づき負担する従業員の退職金の支払義務は，将来時点における従業員の退職という事象の発生を条件に確定するものであり，期日や金額が確定していないため，条件付債務となる。そして，このような債務は，条件付きではあるが，企業が将来時点において現金支出や資

242 | 第2部　財務会計の個別論点

産流出をもたらすことが合理的に予見できることから，会計上の負債として計上される。

　他方，法律的債務ではないが，企業が将来時点において現金支出や資産流出をもたらすことが合理的に予見できるものもある。たとえば，将来時点において，企業が自社の生産設備の利用に伴い修繕を避けられない場合があるとする。このような場合には，法的な債務ではないが，将来の現金支出や資産流出が合理的に予見できるのであれば，それを同じく負債として計上することになる（たとえば，「修繕引当金」として負債計上する）。

　なお，ここで重要なのは，法律的債務ではないものを，なぜ会計では負債として認識しうるのか，という点である。これは，主に引当金の認識や測定の問題に関連するので，後の節で議論する。

1－3　制度的背景：流動負債 vs. 固定負債

　さらに，制度的には，負債は，貸借対照表における表示上，「**流動負債**」と「**固定負債**」とに分類される。これは，資産における流動・固定分類（第6章を参照）と同じく，財務安全性の観点からの分類であり，具体的には，1年基準に正常営業循環基準を加味するかたちで，流動負債と固定負債とに分類される（「原則」第三　貸借対照表原則　四）。

2 ■引当金の会計

　前節で確認したとおり，会計理論としては，「法的債務ではないが会計的に負債とされるもの」が重要であると考えられる。ここでは，一体どのような会計的な論理が存在するのだろうか。その代表例として，本節では引当金を取り上げる。

2－1　引当金の意義と計上根拠

　引当金（allowance）とは，ある4つの要件が成立した際に，当期の負担に属する金額が当期の費用または損失として計上され，その反対勘定として計上される貸方項目をいう。4つの要件とは，以下のとおりである（「原則注解」注18）。

第11章　負債：調達源泉の会計(1)　243

---

① 将来の特定の費用または損失であること
② その発生が当期以前の事象に起因すること
③ 発生可能性が高いこと
④ 金額を合理的に見積もることができること

上記に示されるとおり，引当金は，①将来の特定の費用または損失であり，②その発生原因が当期以前の事象に起因する場合に，（③発生可能性が高く，④金額も合理的に見積り可能であれば）将来の費用や損失（たとえば900）のうち，当期に帰属する分（たとえば300）を，前倒しで当期の損益計算に算入するという会計処理である。具体的な仕訳は，以下のようになる。

（借）〇〇引当金繰入［費用］ 300　　（貸）〇〇引当金［負債］ 300

すなわち，一方で費用を計上しつつ，他方，その相手勘定として負債を計上することで，損益計算（支出に先んじての費用の先行計上）と在高計算（負債の認識）の両方に関係するのが引当金といえる。

ここで，引当金の計上根拠，つまり会計的な論理を，**設例11－1**で考えてみよう。

設例11－1　引当金計上の基礎：修繕引当金

(1) X1年度末：当期末の決算において，当社は，X4年度期首に定期的に実施する予定の大型機械の修繕に備えて，「修繕引当金」を設定する。修繕にあたっての予想支出額は900である。当該支出は，引当金の4要件を充たすものであり，X1年末年度末には，当期の負担分300を設定する。
(2) X2年度末：前期末と同様に「修繕引当金」を設定する。X2年度末の負担分は300である。
(3) X3年度末：前期末と同様に「修繕引当金」を設定する。X3年度末の負担分は300である。
(4) X4年度期首：当初の予定通り，大型機械の修繕をおこなった。修繕にあたっての支出額は，当初の予定通り，900であった（便宜上，現金で全額決済したものとする）。

≪仕訳≫

	借方	金額	貸方	金額
(1)X1年度末	修繕引当金繰入	300	修繕引当金	300
(2)X2年度末	修繕引当金繰入	300	修繕引当金	300

| (3)X3年度末 | 修繕引当金繰入 | 300 | 修繕引当金 | 300 |
| (4)X4年度期首 | 修繕引当金 | 900 | 現金 | 900 |

 ここで，設例11-1における引当金の計上と取り崩し（最終的な修繕実施）の会計処理のイメージを図示すると，**図表11-3**のようになる。

図表11-3■設例11-1における引当金のイメージ図

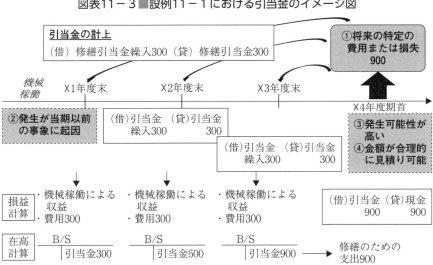

 図表11-3により，引当金の4要件と具体的会計処理との関係を踏まえつつ，引当金の計上根拠を考えると，それは大きく2つある。まず第1の計上根拠は，**収益と原価の対応により，適正な期間損益計算をはかること**である。ここで，設例11-1では，将来のある時点（X4年度期首）において，修繕に伴う支出900が見込まれ（引当金の4要件の①，図表11-3右上），かつ，当該修繕の原因が，当期の「機械稼働」により生じていると考えられる（引当金の4要件の②，図表11-3左中央）。つまり，機械を稼働することで収益が生まれ，そして同時に，将来における機械の修繕が必要になるというイメージである。さらに，当該修繕支出900の発生可能性が高く（引当金の4要件の③，図表11-3右中央），かつ金額も合理的に見積り可能である（引当金の4要件の④，図表11-3右中央）。そして，このような場合には，当期の機械稼働により得られる収益と，将来の修繕費用（のもととなる機械の稼働）とが対応していると考えられる。なぜなら，

機械の稼働があるからこそ，収益が生まれるし，かつ修繕もなされるからである。よって，両者の対応を図ることで，**適正な期間損益計算**が達成できると考えられるため，当期の損益計算に，将来の支出900のうち，当期の負担分（設例11－1では300）を各期の損益に算入して（X1年度末，X2年度末，X3年度末の各仕訳「（借）修繕引当金繰入300（貸）修繕引当金300」），機械稼働による収益と対応させることが望ましい。

また，第2の計上根拠は，企業が**当期における経済的負担を各期に認識する**ことで，**適切な在高計算をはかる**ことである。すなわち，企業にとっては，当該金額（将来の支出900のうち，当期の負担分300）は，当期に負うべき経済的負担といえる。たとえば，設例11－1では，引当金を計上する仕訳により，X1年度末の引当金（負債）の計上金額は300，X2年度は600，X3年度は900と，それぞれの期までの機械の稼働に伴う，それぞれの期の経済的負担に見合う金額となっている。さらに，X4年度に，実際に修繕がおこなわれて，修繕に係る支出があったときに，この負担は解消されるため，引当金を取り崩す仕訳「（借）修繕引当金900（貸）現金900」をおこない，修繕引当金の残高を0とする。このように，当期の貸借対照表に当該負担額を負債として計上すること，そして，当該支出がなされた際に，この負債を0とすることが，企業の適切な在高計算をおこなううえでも望ましいといえる。

このように，損益計算と在高計算の両方の根拠から，引当金を計上することが理論づけられる。

> ［＊5］　ここでは，引当金の計上根拠として大きく2つを挙げたが，他方で，計上根拠を発生主義に求める学説もある。すなわち，発生主義を「原因発生主義」と「事実発生主義」に峻別したうえで，前者の「**原因発生主義**」により，引当金の計上を説明する学説である。ここで原因発生主義とは，経済価値の消費事実ではなく，それを誘発する原因事象が発生した時点で費用を認識する思考をいう。このように引当金の計上根拠をめぐっては，実は古くからさまざまな学説が議論されてきた。さらに，引当金は，国際会計基準の中で資産負債観や収益費用観の論点とともに，国際的にも数多く議論がされてきたところでもある。これらに興味がある読者は，たとえば，松本（1994）や佐藤編（2021）などを参照。

2－2　引当金の分類

次に，引当金の分類について確認する。**図表11－4**に示されるとおり，引当

246 | 第 2 部 財務会計の個別論点

金には大きく 2 つのタイプがある。

図表11-4 ■引当金の 2 タイプ

評価性引当金（valuation allowance）
負債性引当金（liability allowance）
　・法的な条件付債務としての引当金（例：退職給付引当金，製品保証引当金）
　・それ以外の引当金（例：修繕引当金）

「**評価性引当金**」（valuation allowance）とは，資産から控除するタイプの引当金であり，たとえば，貸倒引当金（第10章第 8 節参照）がこれに該当する。貸倒引当金は，貸出金や売掛金などの金銭債権から控除することによって，当該債権の回収可能価額を評価するものである。よって，貸借対照表上でも，負債の部に計上されるのではなく，資産から控除されるかたちで表示される。

また，「**負債性引当金**」（liability allowance）とは，貸借対照表の負債に計上される引当金である。これは，たとえば，退職給付引当金や製品保証引当金のような「条件付債務」としての引当金と，それ以外の引当金（たとえば修繕引当金など）とが挙げられる。

2-3　引当金の測定

次に，引当金の測定について述べる。ここでは，先に掲げた引当金の 4 要件のうち，要件 3 と要件 4 との関係が重要になる。設例11-1 では，将来の支出額が予め明確で（要件 4．金額を合理的に見積もることができること：発生金額），かつ，そもそも機械の修繕がなされる可能性が高いことが前提とされていた（要件 3．発生可能性が高いこと：発生確率）。ここで，これらの発生確率と発生金額について，たとえば，**図表11-5** に示される事例を想定した場合，引当金の計上金額はどうなるかを考えてみよう。

図表11-5 ■事例：企業の抱える将来損失（発生確率と発生金額に焦点を当てて）

起こりうる事象	発生確率	損失の発生金額
ケース 1	10%	10億円
ケース 2	90%	1 億円

図表11-5 に示されるように，ある事象について不確実性が存在し，来期に「ケース 1 」と「ケース 2 」のどちらかになると仮定する。そしていま，「ケース 1 」の発生確率は10%で（あまり起こり得ない），発生した場合の損失は10億

円（多額）となり，他方，「ケース2」の発生確率は90％で（起こる可能性が高い），発生した場合の損失は1億円（比較的少額）となるものと仮定する。ここで考えたいのは，このような事象に対して，今期に引当金を計上するとしたら，一体いくらを計上したらよいかという問題である。

ここで，いったん制度から離れて，理論的にあり得べき可能性を考えてみよう。それは大きくは2つある（**図表11-6**）。

図表11-6 ■引当金測定の2つのアプローチ

	アプローチ	考 え 方	引当金の計上金額
1	最頻値アプローチ	発生確率が一番高い状態における損失額を計上 ［発生確率と発生金額とを分離して考える：現行の日本基準］	引当金＝1億円
2	期待値アプローチ	起こりうるすべての損失について発生確率をウェイトづけして計上 ［発生確率と発生金額とを合わせて考える：IAS37号で一部採用］	引当金＝10億円×10％ ＋1億円×90％＝1.9億円

第1は，「**最頻値アプローチ**」である。これは，現行の日本基準で採用されている考え方であり，発生確率が一番高い状態における損失額を引当金として計上するものである。これは，発生確率と発生金額とを分離する発想であり，上述の事例では，この場合の引当金の金額は，最頻値の（＝発生確率が最も高い）「ケース2」における「1億円」となる。第2は，「**期待値アプローチ**」である。これは，国際会計基準IAS第37号で一部採用されている考え方であり，起こりうるすべての損失について発生確率をウェイトづけして引当金を計上するものである。これは，発生確率と発生金額とを合わせて考える発想であり，上述の事例では，ケース1とケース2の期待値を計算し，引当金の金額は「10億円×10％＋1億円×90％＝1.9億円」となる。

将来キャッシュ・フローの評価という意味では，期待値アプローチのほうが，将来の起こりうるすべての可能性を包括した評価である点で，純理論的にはより望ましい。ただし，ここで留意すべき点は，世の中の損失事象は，正規分布ではなく，「**べき分布**」に従う傾向があるということである。「べき分布」のイメージは，「ほぼ起こらないが，起こると大変な事態になる」というもので，このもとでは，期待値（平均値）は「上振れ」し，過大評価される傾向にある。そのことを確認するために，たとえば，**図表11-7**のような極端な例を考えて

248 | 第2部　財務会計の個別論点

みよう。

図表11－7■損失事象の極端な例（べき分布）

例：確率99％で0，確率1％で損失10,000【べき分布】
最頻値アプローチ：引当金＝0＜計上しない＞
期待値アプローチ：引当金＝0.99×0＋0.01×10,000＝100　＜計上＆多額＞

　図表11－7に示される例は，損失事象の発生が「べき分布」に従うケース（ほとんど損失が発生しないが（99％で0），発生した場合に多額となる（1％で10,000））である。この場合，最頻値アプローチを採用すると，（最頻値＝0であるため）引当金を計上しないという帰結となるが，他方，期待値アプローチを採用すると，「低確率・高損失の事象」（1％で損失10,000）を拾い上げてしまうため，引当金として100を計上すべきとなってしまう。なお，このような過大な引当金の計上を避けるため，IAS第37号においても，最終的には，すべてにおいて期待値アプローチを採るのではなく，最頻値アプローチと期待値アプローチとを使い分けるルールを採用している。

2－4　偶発債務の開示

　ここで，引当金に関係するものとして，偶発債務について確認する。**偶発債務**とは，現実の債務にはなっていないものの，将来において一定の事象が生じた場合に，企業の負担となる可能性のある債務をいう。たとえば，係争事件に係る賠償義務や，債務保証などに起因して生じる債務などがこれに該当する。

　このような債務が，もし引当金の4要件を充たすのであれば（特に発生可能性が高く，金額が合理的に見積可能であれば），先に述べたとおり，引当金処理をおこなう。一方で，引当金の4要件を充たさないのであれば，引当金としての計上は認められず，オフバランス項目となる。しかしその場合でも，偶発債務は，将来において経営成績や財政状態に大きな影響を及ぼすおそれがあると考えられるため，その内容が貸借対照表に注記というかたちで開示される（「原則」第三・一・C）。

┌─────────────────────────────────────
│ **コラム11－1**　▶　**偶発債務開示による透明性向上の逆効果**

　企業のリスクを表す偶発債務は，一見するとできるだけ多く開示したほうがよ

さそうであるが，しかし実験研究によると，必ずしもそうではない。たとえば，Fanning et al.（2015）は，発生可能性の低い偶発債務もすべて広く開示してしまうと，投資家は，あまり重要でない事象に引きずられ，企業のリスクを低く見積もってしまうこと（これを「希薄化効果」という）を，実験で明らかにしている。つまり，単に情報開示を拡大すればよいというわけではなく，どこまでを開示すべきかについては，実証・実験研究の結果も踏まえて検討する必要がある。

3 ■ 退職給付会計

本節では，引当金の中でも，特殊な制度的背景を有する退職給付会計について説明する。まず**退職給付**とは，一定の期間にわたり労働を提供したこと等の事由に基づいて，退職以後に支給される給付をいい，退職時に支払われる退職一時金と，退職後に継続的に支払われる退職年金からなる。また，退職給付の制度としては，従業員への支給額が事前に確定しているか否かで，大きく２つに分類できる。第１は，従業員への支給額が事前に確定していない「**確定拠出制度**」（一定の掛金を外部に積み立て，事業主である企業は，当該掛金以外に退職給付に係る追加的な拠出義務を行わない制度）である。第２は，従業員への支給額が事前に確定している「**確定給付制度**」（確定拠出制度以外の制度で，特に企業側が追加的な拠出義務を負う制度）である。

ここで，「支給額が事前に確定している」「していない」とは，以下に述べる運用リスクを，企業と従業員のどちらが負うかという点に依存する。すなわち，いずれの制度においても，これらを採用する企業は，従業員のために一定の掛金を社外に拠出し，掛金が金融商品によって運用される。ただしその運用には価格変動リスクが伴うため（たとえば仮に，企業が100拠出し，それが金融商品で運用されたと仮定する。そして，結果としてそれが増えるかどうかには不確実性が伴う。たとえば，運用がうまくいき150に増えるかもしれないし，失敗し60に元本割れするかもしれない），そのリスクを，従業員が負うか，企業が負うかがここでのポイントである。確定拠出制度では，このリスクを従業員が負い，従業員が結果的に受け取る金額は，その運用いかんで変動することになる（企業は，それを補填する義務を負わない）。一方，確定給付制度では，このリスクを企業が負い，従業員が結果的に受け取る金額は，従業員の労働に即して予め定められており，運用による変動分，特にマイナスに振れた場合には，その分を企業が追加拠出する義務を有することになる。このようなしくみそのものの特質から，

250 | 第2部 財務会計の個別論点

図表11-8 ■退職給付会計におけるポイント

ポイント1：企業の年金資産と退職給付債務との差額を**負債**として引当処理する
ポイント2：退職給付債務の計算は，**割引現在価値**でおこなう
ポイント3：退職給付費用は，「**勤務費用＋利息費用**」に，**期待運用収益**を加味する

会計上問題となるのは，確定給付制度を企業が採用している場合であり，上述のようなリスクを，どのように表現するかが重要な論点となる。そこで以下では，確定給付制度を前提に議論をすすめる。

退職給付会計におけるポイントは3つある（**図表11-8**）。まずポイントの第1は，企業の年金資産と退職給付債務との差額を負債として引当処理するという点である。つまり，**退職給付引当金**とは，ごくシンプルには，**企業の年金資産と退職給付債務との差額**である（「退職給付基準」第13項）（なお，もし差額がプラス（借方残高）であった場合は，資産計上する）。ここで，**年金資産**とは，特定の退職給付制度のために，その制度について企業と従業員との契約（退職金規程等）等に基づき積み立てられた，次の(1)から(4)のすべてを満たす特定の資産をいう（「退職給付基準」第7項）。(1)退職給付以外に使用できないこと，(2)事業主および事業主の債権者から法的に分離されていること，(3)積立超過分を除き，事業主への返還，事業主からの解約・目的外の払出し等が禁止されていること，(4)資産を事業主の資産と交換できないことである。また，**退職給付債務**とは，退職給付のうち，認識時点までに発生していると認められるものをいう（「退職給付基準」第6項）。前述のとおり，そもそも企業は，従業員のために一定の掛金を社外に拠出しており，それですべてが賄われていれば何ら問題はない。しかし，特に確定給付制度のもとでは，企業が当期に負担すべき退職給付債務のうち，企業年金制度に基づき積み立てられている部分では足らない部分が生じてしまう場合に，当該不足分を企業側が負担しなければならない，ということが重要であった。そして，退職給付会計のもとでは，この不足部分を会計上の引当金として認識するということになる（**図表11-9**）。

次に，ポイントの第2は，退職給付債務の計算は，**割引現在価値**でおこなうという点である。より具体的には，退職給付債務は，**図表11-10**に示される3つのステップで算定される（「退職給付基準」第16項）。

最後にポイントの第3は，**退職給付費用**は，勤務費用と時間価値（利息費用）に調整項目を加味したものであるという点である。退職給付会計では，上述の

図表11-9■退職給付引当金計上の基本的考え方

図表11-10■退職給付債務算定における3つのステップ

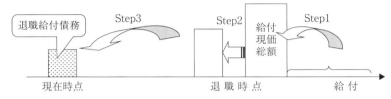

Step 1：将来支給する退職給付見込額（一時金部分と年金部分の総額）を見積もり，その金額をひとまず退職時点まで割引計算する（このように割引計算されたものを，退職時点の「**給付現価総額**」という）。
Step 2：退職時点の給付現価総額のうち，期末時点までの勤務によって発生したと考えられる部分を確定する（期末時点までの勤務に見合う給付債務の計算）。
Step 3：Step 2で算定した給付債務を，さらに現在時点まで割り引く。

ポイント1および2のように，在高計算における退職給付引当金，そしてその基礎となる退職給付債務を各期末に計算していくが，一方，損益計算においては，それに見合う「退職給付費用」を計上していくことになる。そして，退職給付費用は，基本的には以下のように算定される。

| 退職給付費用＝勤務費用＋利息費用±期待運用収益 | …（1式） |

ここではまず，勤務費用と利息費用の概念が重要になる。まず，**勤務費用**とは，1期間の労働の対価として発生したと認められる退職給付をいう。これは，先のポイント2で述べた3つのステップのうち Step 2に関連し，期首から期末の間に発生した追加的な退職給付分を指す。また，**利息費用**とは，割引計算により算定された期首時点における退職給付債務について，期末までの時の経過により発生する計算上の利息をいう。これは要するに，前期までの退職給付債務の「時間の経過」による増価分を示したものである。具体的には，「期首の退職給付債務×割引率」で算定される。これは，負債を調達源泉として捉え，

252 | 第2部　財務会計の個別論点

「調達コスト＝金利がかかる」と考えるとわかりやすいかもしれない。このように，一期間経過したことによる金利部分（利息費用）と，労働の対価として実質的に増えた退職給付分（勤務費用）とが合算されて，当期の退職給付費用が計算されることになる。

そして，（1式）に示されるとおり，これらに，期待運用収益による調整を施す必要がある。**期待運用収益**とは，年金資産の運用により生じると合理的に期待される計算上の収益をいい，期首の制度資産に一定の期待運用収益率を乗じて算定する。ここで実績ベースの金額ではなく予測ベースの金額を用いるのは，実績ベースの運用収益率を用いると，短期間の運用実績によって退職給付費用が大きく変動するおそれがあるからである。よってこのような大きな変動を避け，できるだけ平準化を図るために，期待運用収益率を用いた予測ベースの金額を用いる（（1式）では，便宜的に「±」としているが，通常は，収益が見込まれることが考えられるため，費用に対してマイナスになる）。

なお，（1式）は基本的な計算式であるため，実際には，さらに**図表11－11**に示されるような項目を加減算して調整する必要がある。

図表11－11■退職給付費用の具体的構成

勤務費用	期待運用収益
利息費用	退職給付費用
数理計算上の差異の当期費用認識分	
過去勤務費用の当期費用認識分	

［＊6］　図表11－11に示される項目の定義は，以下のとおりである（「退職給付基準」第11項・第12項）。「**数理計算上の差異**」とは，年金資産の期待運用収益と実際の運用成果との差異，退職給付債務の数理計算に用いた見積数値と実績との差異及び見積数値の変更等により発生した差異をいう。「**過去勤務費用**」とは，退職給付水準の改訂等に起因して発生した退職給付債務の増加または減少部分をいう。これらは，一括で費用とはされず，一定の期間にわたって按分計算される。そして，このような処理を，「**遅延認識**」とよぶ。なお，連結会計上は，当期に発生した未認識の数理計算上の差異および過去勤務費用は，その他の包括利益をつうじて純資産の部に計上される（「退職給付基準」第24項・第25項・第39項）。詳細は，後述する**コラム11－2**で述べる。

第11章　負債：調達源泉の会計(1)　253

　上記を踏まえて，以下では，**設例11－2**により，退職給付引当金の計算プロセスを辿ることにしよう。

　■ 設例11－2 ＞　**退職給付引当金の基礎**

　以下の条件より，当社の期末における退職給付引当金の仕訳を示しなさい。なお便宜上，当社には従業員Aのみが存在するものと仮定し，また，下記条件以外には，退職給付に係る諸取引，および諸条件は一切ないものとする。
（条件）
・従業員Aについて：入社から5年後に退職する見込であり，当期末において3年間勤務している。また，従業員Aの予測退職給付総額（一時金部分と年金部分の総額）を，従業員Aの退職時点まで割り引いた総額（退職時点の給付現価総額）は，500,000である。また，退職給付は，勤務期間に比例して発生するものとする。
・割引率：10%
・期末時点における年金資産の公正な評価額：100,000

《仕訳》

借方	金額	貸方	金額
退職給付費用	147,934	退職給付引当金	147,934

　まず，図表11－9で確認したとおり，退職給付引当金は，「退職給付債務－年金資産」で算定できるので，両者の金額を把握する必要がある。後者の年金資産は，問題文の条件より100,000と示されていることから，以下では，退職給付債務の金額を算定するプロセスを辿ることにする。

　設例11－2の条件を，図表11－10（「退職給付債務算定における3つのステップ」）に当てはめて考えてみると，まずStep 1における「退職時点の給付原価総額」については，問題文に指示のある金額500,000となる。また，問題文に「退職給付は，勤務期間に比例して発生するものとする」とあり，かつ，従業員Aは「5年後に退職する見込であり，当期末において3年間勤務している」旨の記述があるため，Step 2としては，以下のような計算をおこなう。

　期末時点までの勤務に見合う給付債務
　＝退職時点の給付原価総額500,000×（3年／5年）＝300,000

　また，Step 3では，これを期末時点まで割引計算する。ここで，割引率は10%であり，また退職時点から当期末までには2年間あるため，期末時点にお

ける退職給付債務の計算は以下のようになる。

期末時点における退職給付債務
＝期末時点までの勤務に見合う給付債務総額300,000×1/(1.1)²＝247,934

上記の計算プロセスを図示すると**図表11－12**のようになる。

よって，退職給付引当金の金額は，「退職給付債務247,934－年金資産100,000」より，147,934と算定される。

図表11－12■設例11－2における退職給付債務の計算

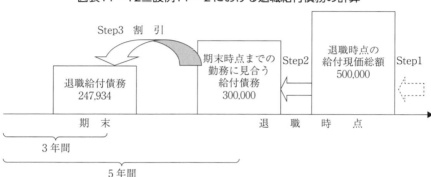

設例11－3　退職給付費用の計算

以下の条件より，当社の当期における退職給付費用の金額を求め，引当金計上の仕訳をおこないなさい。

（条件）
当期末時点における退職給付引当金の計算に関するデータは，以下の通りである。

勤務費用	9,500,000
利息費用	3,580,000
期待運用収益	2,014,000
未認識数理計算上の差異の償却額	6,000,000

「未認識数理計算上の差異の償却額」は，前期末までに計算された未認識数理計算上の差異を償却したものであり，前期末において未認識数理計算上の差異は，退職給付引当金の積立不足額として計算されている。

≪解答≫
金額：17,066,000

第11章　負債：調達源泉の会計(1)　255

≪仕訳≫

借方	金額	貸方	金額
退職給付費用	17,066,000	退職給付引当金	17,066,000

　設例11－3では，退職給付費用については，先に示した(1)式，および，図表
11－11のように計算される。よって，退職給付費用は，「勤務費用9,500,000＋
利息費用3,580,000－期待運用収益2,014,000＋未認識数理計算上の差異の償却額
6,000,000＝17,066,000」と算定される。

コラム11－2　退職給付会計の連単分離

　［＊6］で述べたとおり，個別財務諸表では，過去勤務費用や数理計算上の差異
を遅延認識するのに対して，連結会計（第15章参照）では，これらの未認識部分
（遅延認識により，オフバランスされる部分）をオンバランスすべきことが，制
度上で要求されている（「退職給付基準」第24項・第25項・第39項）。たとえば，
設例11－3に追加して，もし仮に，これらの未認識部分に起因した（年金資産が
退職給付債務にみたない）不足額が100,000であるとすると，連結会計では，こ
の不足分を負債として追加計上し，個別財務諸表で計上していた「退職給付引当
金　17,066,000」を含めた合計額を**「退職給付に係る負債」**という勘定科目で連結
B/Sに計上する。
（借）退職給付引当金　　　　　17,066,000　　　（貸）退職給付に係る負債　17,166,000
　　　退職給付に係る調整額　　　　100,000
　借方の**「退職給付に係る調整額」**は，将来に分割すべき未実現損失であると考
え，連結B/Sの純資産の部で「その他の包括利益累計額」の項目として計上さ
れる。そして，たとえば5年での均等取崩を仮定すると（100,000÷5年＝
20,000），
（借）退職給付費用　　　　　　　　20,000　　　（貸）退職給付に係る調整額　　　20,000
というリサイクリング処理がなされる。このように，個別財務諸表と連結会計で
の処理が異なるという点（これを**「連単分離」**という）には留意されたい。

4　資産除去債務

　次に，資産除去債務について確認する。**資産除去債務**とは，有形設備資産の
将来における除去が法令や契約等で要求される場合の義務をいう（「資産除去債
務基準」第3項）。具体例としては，原子力発電設備の解体義務や，借地に建て
た建物の契約満了時点での撤去義務などが挙げられる。これは，将来において
支出をもたらすものであるが，資産の取得や使用によって（資産の「取得時点」

256 | 第2部　財務会計の個別論点

で），当該義務が生じるとすれば，会計上も，資産の取得や使用とともに当該
義務を計上することが望ましいといえる。

> ［＊7］　なお，法律上の義務およびそれに準ずるものには，設備資産（有形固定資産）
> を除去する義務のほか，設備資産の除去そのものは義務でなくとも，資産を除去する
> 際に，当該資産に使用されている有害物質等を法律等の要求による特別の方法で除去
> するという義務も含まれる。

　そして次に問題となるのは，このような義務をどのように計上するかという
ことである。理論的に考えうる方法は2つある。第1は，**引当金方式**である。
これは，将来の資産除去時に必要な支出額を，引当金の要件1「将来の特定の
費用または損失」と捉え，第2節で述べた引当金の会計処理をおこなうもので
あり，資産除去債務の各期における負担額を，引当金として徐々に積み上げて
いく方法である。

　第2は，**資産・負債両建方式**である。これは，現行の会計基準（「資産除去債
務基準」）で採用されている方式であり，資産除去債務の総額（を割引現在価値
により測定したもの）を負債として計上し，かつ，当該金額と同額を関連する
設備資産の帳簿価額に（いわば付随費用のように）加算するかたちで計上する方
法である。このため，結果的には，資産除去債務の全体像が，資産と負債の両
建計上により表現されることになるのが，この方法の特徴である（**図表11−13**）。

　両方法の違いは，①全体像が見えるか否かという点（引当金方式では，除去
支出総額が徐々に積み上げられていくため，最初から全体像は見えない。一方で，両
建方式では，割引計算されるものの，除去支出総額（の割引現在価値）を一気に計
上する）と，②負債だけでなく資産側（の減価償却計算）にも反映させるか否か
という点（引当金方式では，資産側には反映させない。一方で，両建方式では，負
債と同額を資産側にも計上して，当該資産の減価償却プロセスに反映させる）とい
う点にある。現行制度では，特に①の全体像（債務全体の負債計上）を重視して，
第2の資産・負債両建方式が採用されている。以下では，両者を具体的な仕訳

図表11−13■資産・負債両建方式のイメージ

第11章　負債：調達源泉の会計(1)　257

をつうじて考えてみよう（**設例11－4**）。

■ 設例11－4 ▷ **資産除去債務の会計処理（引当金方式と資産・負債両建方式）**

X1年期首：当社は，機械装置を1,000で購入した（便宜的に現金で購入したと仮定。耐用年数2年，残存価額0，定額法を採用すると仮定）。また当該機械については，耐用年数経過時（X2年度末）に除去すべき法的義務があり，除去時には121の支出が見込まれる。なお，割引計算のための利子率は年10%とする。

X1年度末：期末を迎えたため，必要な仕訳をおこなう（なお，引当金方式を採用する場合，各期の除去支出負担額は便宜的に期間で均等割とする（単純に1/2として計算する）。

X2年度末：期末を迎えたため，必要な仕訳をおこなう。また法的義務に即して，資産の除去をおこなった。当該支出は予定通り121であった。

≪仕訳（資産負債両建方式）≫

	借方	金額	貸方	金額
X1年期首	機械装置	1,100$^{(※2)}$	現金 資産除去債務	1,000 100$^{(※1)}$
X1年度末 （減価償却）	減価償却費 ［費用］	550$^{(※3)}$	減価償却累計額	550
X1年度末 （資産除去債務）	資産除去債務 調整額［費用］	10$^{(※4)}$	資産除去債務	10
X2年度末 （減価償却）	減価償却費 ［費用］	550	減価償却累計額	550
X2年度末 （資産除去債務）	資産除去債務 調整額［費用］	11$^{(※5)}$	資産除去債務	11
X2年度末 （資産の除去と 資産除去支出）	減価償却累計額 資産除去債務	1,100 121	機械装置 現金	1,100 121

（※1）　資産除去債務121のX1年期首における割引計算
$$121 \div (1.1)^2 = 100$$

（※2）　X1年期首における機械装置の帳簿価格＝取得原価1,000＋資産除去債務の割引現在価値100＝1,100

（※3）　減価償却費＝1100÷2＝550

（※4）　X1年度末における資産除去債務調整額＝［資産除去債務のX1年期末における割引現在価値：$121 \div (1.1)$］－［資産除去債務のX1年期期首における割引現在価値：$121 \div (1.1)^2$］＝10

（※5）　X2年度末における資産除去債務調整額＝［資産除去債務のX2年期末における割引現在価値：121］－［資産除去債務のX1年期期末における割引現在価値：$121 \div (1.1)$］＝11

258 | 第2部 財務会計の個別論点

図表11−14■設例11−4の資産負債両建方式のもとでの損益計算・在高計算の推移

	X1年期首	X1年期末	X2年期末	Total
損益計算	—	費用 560	費用 561	費用 1,121
在高計算	資産除去 債務 100	資産除去 債務 110	資産除去 → 除去後 債務 121 0	—

≪仕訳（引当金方式）≫

	借方	金額	貸方	金額
X1年期首	機械装置	1,000	現金	1,000
X1年度末 （減価償却）	減価償却費 [費用]	500(※6)	減価償却累計額	500
X1年度末 （資産除去債務）	資産除去債務 引当金繰入 [費用]	60.5(※7)	資産除去債務 引当金	60.5
X2年度末 （減価償却）	減価償却費 [費用]	500	減価償却累計額	500
X2年度末 （資産除去債務）	資産除去債務 引当金繰入 [費用]	60.5	資産除去債務 引当金	60.5
X2年度末 （資産の除去と 資産除去支出）	減価償却累計額 資産除去債務 引当金	1,000 121	機械装置 現金	1,000 121

(※6) 減価償却費 = 1,000 ÷ 2 = 500
(※7) 資産除去債務引当金繰入 = 121 ÷ 2 = 60.5

図表11−15■設例11−4の引当金方式のもとでの損益計算・在高計算の推移

	X1年期首	X1年期末	X2年期末	Total
損益計算	—	費用 560.5	費用 560.5	費用 1,121
在高計算	—	資産除去債務 引当金 60.5	資産除去債務 → 除去後 引当金 121 0	—

　設例11−4を用いて，資産・負債両建方式と引当金方式を具体的に比較して
みよう。先に述べたとおり，大きな違いは2つある。第1は，在高計算におい
て，全体像が見えるか否かという点である。すなわち，資産・負債両建方式で
は，X1年期首において，すでに資産除去債務の総額（の割引現在価値）100が
計上されている（**図表11−14**「X1年期首」参照）。また，同時に，資産側の機械
装置も，100がプラスされた1,100という金額で計上されている。他方の引当金
方式では，X1年期首においては，負債額は0となっている。またX1年期末にも，
総額ではなく，当該支出の当期負担分（ここでは便宜的に1/2として60.5となる）

第11章 負債：調達源泉の会計(1) 259

のみが計上されている。

　第2は，損益計算に関連して，資産側に資産除去債務分の金額が付加されているかに応じて，減価償却の金額が異なっている点である。たとえば，資産・負債両建方式では，X1年期末の減価償却費は550となっており，引当金方式における減価償却費500よりも過大になっている。ただし，その分の違いは，両者における「資産除去債務調整額」（時間価値を表す支払利息のようなものと捉えることができる）と「資産除去債務引当金繰入」の大小によって吸収されるかたちで，各期の損益計算に与える影響はほとんどなくなる（図表11－14と**図表11－15**における「損益計算」を参照。微妙な差異は，割引計算をしているか否か（単に1/2計算しているか）によるものである）。

　第1・第2の点をまとめると，両者は，在高計算および損益計算の両方に違いをもたらし，かつ，特に重要な差異は，在高計算において生じることになる。

　　［＊8］　なお，両方式を仕訳の観点から理論的に比較している研究としては，たとえば，笠井（2013）を参照のこと。さらに，資産除去債務に係る会計基準設定のプロセスを詳述したものとしては，たとえば，久保（2020）を参照。

5 ■ 金融負債

　次に，金融負債の会計処理について説明する。まず，金融負債とは，支払手形，買掛金，借入金および社債等の金銭債務ならびにデリバティブ取引により生じる正味の債務等をいう（「金融商品基準」第5項）。ここでは，基本的には，金融資産の「裏返し」として，金融負債を捉えるとわかりやすい。以下では，特に重要な金融負債の評価に論点を絞って，会計処理を確認する。

　金融負債のうち，特に金銭債務（支払手形，買掛金，借入金，社債その他の債務）は，債務額をもって貸借対照表価額とする（「金融商品基準」第26項）。ただし，社債について，特に割引・打歩発行がなされた場合には，金融資産の場合と同様に，**償却原価法**を用いる。そこで，具体的な設例をもとに，社債の会計処理を確認しよう。

▌**設例11－5** 社債の償却原価法

問1（定額法）：当社（3月決算）は，以下の条件で，X1年期首に社債を発行した。社債の価額の算定は，償却原価法（定額法）によりおこなう。

(1)　発行価額：1口額面100につき95（社債発行による収入はすべて当座預金とする）

　　(2)　発行口数　10口

　　(3)　償還期限　5年（X5年度末に償還，当座預金口座から支払）

　　(4)　利率　年5％（毎年3月と9月の年2回払い。すべて当座預金口座から支払われるものとする）

問2（利息法）： 当社（3月決算）は，以下の条件で，X1年期首に社債を発行した。社債の価額の算定は，償却原価法（利息法）によりおこなう。

　　(1)　発行価額　1口額面100につき78.4（社債発行による収入はすべて当座預金とする）

　　(2)　発行口数　10口

　　(3)　償還期限　5年（X5年度末に償還，当座預金口座から支払）

　　(4)　利率　年5％（ただし，ゼロクーポン債）

≪問1　仕訳≫

		借方	金額	貸方	金額
X1年期首	社債発行	当座預金	950	社債	950
X1年9月	利払	社債利息	25	当座預金	25
X1年期末	償却原価法	社債利息	10(※1)	社債	10
	利払	社債利息	25	当座預金	25
X2年期末	償却原価法	社債利息	10	社債	10
	利払	社債利息	25	当座預金	25
X3年期末	償却原価法	社債利息	10	社債	10
	利払	社債利息	25	当座預金	25
X4年期末	償却原価法	社債利息	10	社債	10
	利払	社債利息	25	当座預金	25
X5年期末	償却原価法	社債利息	10	社債	10
	利払	社債利息	25	当座預金	25
	償還	社債	1,000	当座預金	1,000

（※1）　償却原価法（定額法）の計算：$(1,000-950)÷5$ 年 $=10$

≪問2　仕訳≫

		借方	金額	貸方	金額
X1年期首	社債発行	当座預金	784	社債	784
X1年期末	償却原価法	社債利息	39(※2)	社債	39
X2年期末	償却原価法	社債利息	41(※2)	社債	41
X3年期末	償却原価法	社債利息	43(※2)	社債	43
X4年期末	償却原価法	社債利息	45(※2)	社債	45
X5年期末	償却原価法	社債利息	48(※2)	社債	48
	償還	社債	1,000	当座預金	1,000

（※2）　図表11−17を参照。

　設例11−5に示されるとおり，社債の発行サイドの会計処理については，原則的に償却原価法が採用される。つまり，社債の投資サイドと同様に，償却原価法により「社債」を増価させていく会計処理をおこなう。償却原価法については，利息法と定額法という2つの方法がある。まず，定額法の場合は，償還までのイメージ図を描くことで，帳簿価額や増価額をビジュアル的に把握できる（**図表11−16**）。

図表11−16■社債の償却原価法（定額法）のイメージ図

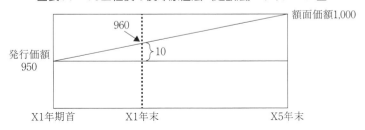

　図表11−16に示されるとおり，償却原価法によって増価させるべき総額は，「額面1,000−発行価額950＝50」と算定できる。そしてこれを，5年間で償却していくので，各期間あたりの償却額は「50÷5年＝10」となり，この金額を，毎期末に帳簿価額に加えていくことになる。また，利払額は，額面1,000×5％×（6月÷12月）＝25と算定できる。

　次に，問2の利息法についても，**図表11−17**を参考に仕訳を考える。なお，問2は問1と異なり，「ゼロクーポン債」（**第10章7−2**参照）が前提となっている点に注意しよう。

262 | 第2部 財務会計の個別論点

図表11-17■社債の償却原価法（利息法）における年当たり増価額

	金利調整分（←期首簿価×5％）	簿価（償却原価）
X1年期首	―	784
X1年度末	39	823
X2年度末	41	864
X3年度末	43	907
X4年度末	45	952
X5年度末	48	1,000

つまり，期首簿価をベースにして，それに約定金利5％を乗じていけば，金利調整分の金額を求めることができ，そして，当該金額が，各期の仕訳で増価すべき金額となる。なおここで，**第10章7－2**にて学習した満期保有目的の債券における償却原価法についても，あわせて復習されたい。

コラム11－3 **負債の公正価値評価の「パラドックス」**

　もし仮に，金融負債を公正価値評価する場合には，自社の信用リスクが鍵となる。たとえば，自社の財務安全性が悪化し，自社の信用リスクが上がると（公正価値算定の「分母」たる利子率が上昇する結果，負債（＝将来キャッシュ・アウトフロー/利子率）の公正価値が下落するため），［（借）金融負債 xx　（貸）金融負債評価益 xx］という仕訳により，利得が発生してしまうという「逆転現象」が生じる可能性がある。これを「負債の公正価値評価の『パラドックス』」とよぶ。この発生理由は，債権者から株主への富の移転（株主と債権者の間のリスク移転）などで説明されるが，会計学的には実はさまざまな論点が隠れている。この点に興味を持たれた読者は，たとえば徳賀（2011）などを参照。

補論11－1 **税効果会計**

企業にとっての納税義務との関連で，本補論では，税効果会計について説明する。**税効果会計**とは，企業会計上の資産・負債の額と課税所得計算上の資産・負債の額に相違がある場合において，法人税等の額を適切に期間配分することにより，法人税等を控除する前の当期純利益と法人税等を合理的に対応させる手続をいう（「税効果基準」第一「税効果会計の目的」参照）。ここで，税務会計における「課税所得」の計算は，以下のようになされる。

　「課税所得＝益金－損金」

第11章　負債：調達源泉の会計(1)　263

　税務会計は，企業会計とは異なる目的（税金徴収計算の基礎となる課税所得の算定）のもと，益金や損金の範囲が決定され，課税所得が計算される。このため，課税所得と会計利益とにずれが生じる可能性がある。これを調整する（企業会計側に合わせる）のが，税効果会計の基本的発想である。

　ここで，税効果会計における重要論点は，大きく２つある（**図表11－18**）。

図表11－18■税効果会計の論点

　1．調整対象となる差異…一時差異（永久差異は対象外）
　2．調整方法…繰延法（P/L（損益計算）に注目）
　　　　　　　　資産負債法（B/S（在高計算）に注目）

　第１の論点は，調整対象となる差異である。税効果会計は，あくまで将来に差異が解消されることを前提にして，各期間における差異（これを，「**一時差異**」という）を調整することを目的としている。よって，税効果会計では，一時差異のみを対象とする。他方で，時間が経っても解消されない差異（これを「**永久差異**」という）は，税効果会計の対象とはならない点に留意が必要である。

　　[＊9]　**永久差異**の具体例としては，受取配当金の益金不算入額や，交際費の損金不算入額などが挙げられる。これらは，会計上と税務上との永久に解消されない差異である。他方，**一時差異**の具体例としては，貸倒引当金や減価償却費の損金不算入額など企業会計と税務会計とで損益の期間帰属が相違するものなどが挙げられる。また，その他有価証券の評価替えに伴う評価差額（純資産の部に直接計上され，かつ，課税所得の計算に含まれない）なども，税効果会計の対象となる。なお，一時差異は，さらに２つに細分化できる。第１は，**将来減算一時差異**である。これは，当該一時差異が解消する時にその期の課税所得を減額する効果を持つもので，たとえば，貸倒引当金や退職給付引当金等の引当金の損金算入限度超過額，減価償却費の損金算入限度超過額，損金に算入されない棚卸資産等に係る評価損等がある場合などに生じるものである。第２は，**将来加算一時差異**である。これは，当該一時差異が解消する時にその期の課税所得を増額する効果を持つもので，たとえば，剰余金処分により租税特別措置法上の諸準備金等を計上した場合などに生じるものである。
　　[＊10]　なお，税効果会計においては，将来の課税所得と相殺可能な繰越欠損金等についても，一時差異と同様に取り扱う（一時差異，および，このような繰越欠損金等を総称して，会計基準では「一時差異**等**」とよぶ）。

　第２の論点は，差異の調整方法である。これには，P/Lから差異を捉える「**繰延法**」と，B/Sから差異を捉える「**資産負債法**」とがある。以下では，簡単な数値例を用いて，まずは「繰延法」の発想を確認する。そのうえで，「資産負

債法」の発想を確認することにしよう。

ここでたとえば，X1年度と X2年度の企業会計上の税引前利益が，**図表11－19**に示される状態であると仮定する。

図表11－19■企業会計上の税引前利益

	X1年度	X2年度
税引前利益	100	100

もしここで，**法定実効税率**を30％とすると，「企業会計上あるべき税引後利益」は，「税引前利益100－税引前利益100×税率30％＝70」と計算できる（**図表11－20**）。ここでは，図表11－20のとおり，「税引前利益：法人税等：税引後利益」の比率が「1：0.3：0.7」となっていることに留意しよう。

図表11－20■企業会計上あるべき税引前利益と税引後利益の関係

	X1年度	X2年度	比率
税引前利益	100	100	1
法人税等	△30	△30	0.3
税引後利益	70	70	0.7

［＊11］　**法定実効税率**とは，以下のように事業税の損金算入の影響を考慮した税率をいう。

$$法定実効税率 = \frac{法人税率 \times (1 - 住民税率) + 事業税率}{1 - 事業税率}$$

たとえば，法人税率20％，住民税率15％，事業税率10％として，具体的に計算すると，以下のようになる。

$$法定実効税率 = \frac{0.2 \times (1 + 0.15) + 0.1}{1 + 0.1} = 0.3$$

この場合，法定実効税率は30％と計算できる。税効果会計では，（繰越外国税額控除に係る繰延税金資産を除き）後述する繰延税金資産または繰延税金負債の計算に，法定実効税率を用いることとされている（「税効果適用指針」第4項(11)参照）。

しかしながら，実際の法人税等の金額は，税務会計の考え方にしたがって，「**課税所得**」をベースに算定される。たとえば，X1年度の実際の法人税等が50，X2年度の実際の法人税等が10であったとすると，実際の損益計算書は，**図表11－21**のようになる。

第11章　負債：調達源泉の会計(1)　265

図表11－21■実際の損益計算書（税引前利益以降）

	X1年度	X2年度
税引前利益	100	100
法人税等	△50	△10
税引後利益	40	80

　これでは，企業会計における損益計算書に，税務会計の影響（課税所得より計算された法人税等）が混入してしまい，このため，図表11－20の「企業会計上あるべき税引後利益」から乖離してしまう。つまり，図表11－20でみた「1：0.3：0.7」という比率が，各会計期間において崩れてしまうのである。そしてそうであれば，企業会計における損益計算書から，税務会計の影響を排除する必要が生じる。そして，これを基本発想とする会計処理が，税効果会計の「**繰延法**」である（**図表11－22**）。

図表11－22■税効果会計の適用による「あるべき姿」の回復（繰延法）

	X1年度		X2年度		比率
税引前利益	100		100		1
法人税等	△50	△30	△10	△30	0.3
法人税等調整額	+20		△20		
税引後利益	70		70		0.7

　具体的には，X1年度に，帳簿上であたかも「法人税等を20減らす（次期に繰り越す）かのような会計処理」をおこない（（借）繰延税金資産20（貸）法人税等調整額20），他方，X2年度には，同じく帳簿上であたかも「法人税等を20増やすかのような会計処理」をおこなう（（借）法人税等調整額20（貸）繰延税金資産20）。そして，このことで，「企業会計上のあるべき利益」（の比率）を回復するのが，税効果会計における「繰延法」の基本的な考え方となる。この意味で，税効果会計は，企業会計において計上される法人税額から税務会計の影響を排除することで，企業会計を理論的に純化させるものであるといえる。

　これに対して，B/S上の（企業会計と税務会計との）差異に注目する「**資産負債法**」という方法もある。これが図表11－18の第2の論点である。そして，通常のケースであれば，繰延法と資産負債法には変わりはない。なぜなら企業会計上の利益と税務会計上の所得との不一致は，複式簿記のクリーン・サープラス関係（本書第6章参照）を前提にすると，必ずB/Sの不一致につながるから

である。よって，繰延法と資産負債法とでは特に優劣はない（**図表11-23**上部「A：通常のケース」）。

ただし，例外的に，あるケースでは，B/Sで不一致が生じるものの，P/Lの利益と所得が一致するというケースもありうる（図表11-23下部「B：例外ケース」）。たとえば，その他有価証券の時価評価・評価差額の純資産直入処理などが具体例として挙げられる（本書第10章補論10-1を参照）。この例外ケースでは，企業会計と税務会計の差異はB/S上でしか現れない。なぜなら，たとえば，その他有価証券の会計処理は，企業会計上はB/S上で時価評価をおこない，その評価差額を（包括利益をとおして）純資産に計上する。よって，P/Lには影響は現れない。これに対して，税務会計上は，そもそも時価評価をおこなわない。このことから，B/S上は「企業会計：時価評価，税務会計：評価替えなし」という差異が生じ，他方，P/L上は，企業会計の利益も，税務会計の所得も，どちらも会計処理の影響を受けないからである。このため，このような例外ケースにおける企業会計と税務会計との差異を調整するためには，資産負債法を用いる必要が生じる。

以上のことから，繰延法ではなく，資産負債法を用いることで，企業会計と税務会計の不一致のすべてを網羅的に捉えることができる。よって，現行の会

図表11-23 不一致の２つのパターンと繰延法・資産負債法

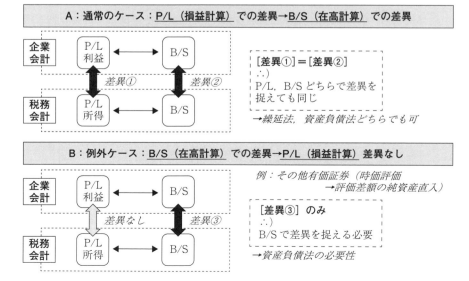

計基準では，資産負債法が採用されている（「税効果適用指針」第6，88項・90項）。

[＊12] ここで，繰延法と資産負債法の会計基準における定義を確認する。まず，**繰延法**とは，会計上の収益または費用の額と税務上の益金または損金の額との間に差異が生じており，当該差異のうち損益の期間帰属の相違に基づくもの（期間差異）について，当該差異が生じた年度に当該差異による税金の納付額または軽減額を当該差異が解消する年度まで，繰延税金資産又は繰延税金負債として計上する方法をいう（「税効果適用指針」「結論の背景」第89項）。他方，**資産負債法**とは，会計上の資産または負債の額と課税所得計算上の資産または負債の額との間に差異が生じており，当該差異が解消する時にその期の課税所得を減額または増額する効果を有する場合に，当該差異（一時差異）が生じた年度にそれに係る繰延税金資産又は繰延税金負債を計上する方法をいう（「税効果適用指針」「結論の背景」第88項，第89項）。

[＊13] 両方法の違いは，税率変更がなされる場合にも現れる点には注意しよう。具体的には，繰延法は，収益・費用ないし益金・損金を計算のベースにするため，税効果会計に適用される税率は，期間差異が発生した年度の課税所得に適用された税率であり，税率変更があったとしてもそれを加味しない。これに対して，資産負債法は，資産負債を計算のベースにするため，税効果会計に適用される税率は，一時差異が解消される将来の年度に適用される税率であり，税率変更がある場合はこれを加味する（「税効果適用指針」「結論の背景」第89項）。

[＊14] 本書では，繰延法と資産負債法の違いは，あくまで，本書で述べてきた損益計算と在高計算という全体枠組みの中で，どちらを重視した会計処理をおこなうかという違いに過ぎないと捉えている。この点に関連して，他方で，両方法の違いを資産負債観と収益費用観に求める考え方もある。つまり，繰延法を収益費用観の具現化，資産負債法を資産負債観の具現化として，それぞれ位置づけて，収益費用観（繰延法）から資産負債観（資産負債法）への変化が，税効果会計においても生じているとする見解である。この点についての議論は，本書の水準を超えているため詳述しないが，興味を持たれた読者は，たとえば米山（2008）を参照し，両者の違いをどのように捉えたらよいかを考えてみてほしい。

コラム11-4　繰延税金資産の回収可能性

　繰延税金資産を計上した場合でも，もし仮に，将来において十分な課税所得が得られなければ，実際には，課税所得からの減額をおこなうことができなくなる（つまり，将来の納税額を軽減する効果が発揮できない）。このように，繰延税金資産が将来の納税額を減額できる効果を有するだけ十分な課税所得があるかどうかの見込みのことを，**繰延税金資産の回収可能性**とよぶ。また，その判断指針として，制度では，企業の収益力，タックス・プランニング，および，将来加算一時差異の存在などが挙げられている（企業会計基準適用指針第26号「繰延税金資産の回収可能性に関する適用指針」第6項）。

268 | 第2部　財務会計の個別論点

【対話：考えてみよう】

　本章では，負債の会計処理について学んだが，伝統的に，新しい資金調達手法が開発されるたびに，「それは，負債か，資本か」が問われてきた。現在も，デジタル化の進展の中で，暗号資産を発行ないし活用して資金調達をおこなう「ICO (Initial Coin Offering)」とよばれる方法で，大規模な資金調達をおこなう企業が登場し，その会計的な性質が議論されている。

　　　考え方Ａ：ICO は，株式発行による資金調達とは経済的性質が異なることから，資本には該当しない。このため，資金調達額は負債として計上するのが望ましい。

　　　考え方Ｂ：ICO は必ずしも返済義務を伴うものではないことから，負債には該当しない。このため，資金調達額は，資本として計上するのが望ましい。

　ICO の性質や具体的手法について web 等で調べたうえで，あなたは，考え方ＡとＢをどのように理解するだろうか。また，これら以外の考え方（考え方ＣやＤ）はあり得るだろうか。

■Readings■

負債概念そのもののあり方に興味を持った方へ

J.S. カー（徳賀芳弘訳）（1990）『負債の定義と認識』九州大学出版会

引当金の計上論理に興味を持った方へ

松本敏史（2024）『会計観の対立と混合会計』森山書店

佐藤信彦編（2021）『引当金・準備金制度論―会計制度と税法の各国比較と主要論点の考察』中央経済社

退職給付会計が現実の企業行動や投資家行動に与える影響に興味を持った方へ

野間幹晴（2020）『退職給付に係る負債と企業行動』中央経済社

大沼宏（2015）『租税負担削減行動の経済的要因―租税負担削減行動インセンティブの実証分析』同文舘出版

資産除去債務の会計基準に興味を持った方へ

久保淳司（2020）『危険とリスクの会計―アメリカ会計基準の設定過程を通じた理論研究』中央経済社

退職給付会計や税効果会計の背後にある会計の論理に興味を持った方へ

米山正樹（2008）『会計基準の整合性分析―実証研究との接点を求めて』中央経済社

■参考文献■

Fanning, K., C.P. Agoglia. and M.D. Piercey.（2015）Unintended Consequences of Lowering Disclosure Thresholds. *The Accounting Review* 90(1): 301-320

笠井昭次（2013）「資産負債観の説明能力―資産除去債務(1)(2)」『三田商学研究』55(5)(6)

久保淳司（2020）『危険とリスクの会計―アメリカ会計基準の設定過程を通じた理論研究』中央経済社

松本敏史（1994）「阪本・番場・内川引当金論争の対立構造」『同志社商学』46(2): 305-345

佐藤信彦編（2021）『引当金・準備金制度論―会計制度と税法の各国比較と主要論点の考察』中央経済社

徳賀芳弘（2011）「負債と経済的義務」斎藤静樹・徳賀芳弘編『体系現代会計学第1巻　企業会計の基礎概念』中央経済社，第3章：113-163.

米山正樹（2008）『会計基準の整合性分析—実証研究との接点を求めて』中央経済社

270　第2部　財務会計の個別論点

第12章――株主資本：調達源泉の会計(2)

Point

本章では，資本の会計について，特に理論と制度との違いを理解しよう。

1．理論的には，資本とは，資産（運用形態）に対する調達源泉であり，負債（他人資本）に対する自己資本をいう。→【1】

2．制度的には，資本は，「純資産の部」というカテゴリーでより広く捉えられ，かつ，「株主資本」と「その他の要素」から構成される。→【1】

3．株式会社においては，資本と利益の区別が重要である。このため，資本取引と損益取引とを峻別する必要性がある。→【2】

4．自己株式の会計処理方法については，資産説，資本控除説といった考え方がある。現行制度は，資本控除説を採用する。→【3】

5．インセンティブ設計に資する経済事象として，新株予約権やストック・オプションが考えられ，特に貸方の新株予約権をどのように位置づけるかが大きな問題となる。現行制度では，新株予約権は，純資産の「その他の要素」に位置づけられる。→【4】

6．純資産の部の構成要素が増加し，かつその中身も複雑化していることに鑑み，これらの期中の変動要因を捉える株主資本等変動計算書が必要とされる。これは，主に株主資本の変動を中心にしつつも，その他の要素の変動も含めて一覧表化したものである。→【5】

Keywords

資本，純資産，資本と利益の区別，自己株式，新株予約権，ストック・オプション，株主資本等変動計算書

Questions

1．制度における「純資産の部」に含まれる項目を挙げなさい。そのうえで，理論における資本と，制度における純資産との関係性について述べなさい。

2．資本取引と損益取引とを区別することの意義について述べなさい。

3．自己株式の位置づけをめぐる学説を整理して説明しなさい。

4．ストック・オプションの会計について，①借方の株式報酬費用の計上時期，および，②貸方の新株予約権の位置づけに分けて，それぞれ論じなさい。

5．株主資本等変動計算書の必要性について論じなさい。

1 ■ 資本の会計の全体像：理論と制度

本章では，資本の意義について，理論面と制度面の両方から検討をおこなう。理論的には，資本とは，**資産（運用形態）に対する調達源泉**であり，**負債（他人資本）に対する自己資本**をいう（**図表12－1**）。さらに，資本は，**株主からの出資部分（払込資本**という）と，**過去の利益の蓄積分**（のうち配当されず次期以降の経済活動に再投資された分。**留保利益**という）からなる（**図表12－2**）。

他方で，現行制度では，経済活動の複雑化を背景に，資本概念が広く解釈され，多様な項目を受け入れるかたちになっている。ここで理論と制度の考え方の関係を図示すると，**図表12－3**のようになる。

より具体的には，図表12－3に示されるとおり，理論的には（計算構造的には），資本を均衡思考体系の中で借方の資産とは独立的な「プラス概念（調達源泉）」と位置づける見解と，非均衡思考体系の中で資産と負債の「差額」と

図表12－1 ■資本の関係的定義
　　　　　　（資産，負債との関係から）

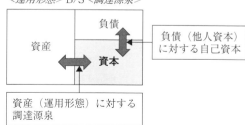

図表12－2 ■資本の構成要素

資本金	
資本剰余金 　資本準備金 　その他資本剰余金	出資部分 **（払込資本）**
利益剰余金 　利益準備金 　その他利益剰余金	過去の利益の 蓄積分 **（留保利益）**

図表12－3 ■資本の理論と制度：全体像

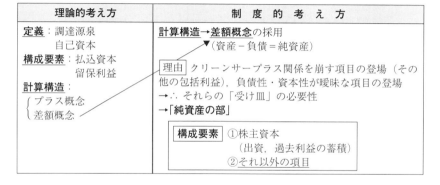

して位置づける見解がある（これらの詳細は，**補論12－1** 参照）。

現行制度においては，これらのうち**差額概念**が採用され，かつ，その名称も従来は「資本の部」とよばれていたものが，現在は「**純資産の部**」という差額を表す名称へと変更されている。その理由は，以下の３つである。すなわち，①その他有価証券評価差額金など従来のクリーン・サープラス関係から逸脱する項目が登場してきたこと，②新株予約権やストック・オプションなど新しい経済事象の登場を背景に，負債性や資本性が曖昧な項目が登場してきたこと，③そしてこれらを受け入れるための「受け皿」が求められたことである。このように，制度的には，資本を，資産と負債の「差額」として広く位置づけることで，資本のコア部分とは異なる項目も受け入れる構造になっている。そして最終的には，現行の会計制度では，純資産の部は，**図表12－4** に示される項目から構成される。

図表12－4 ■会計制度における「純資産の部」の全体像

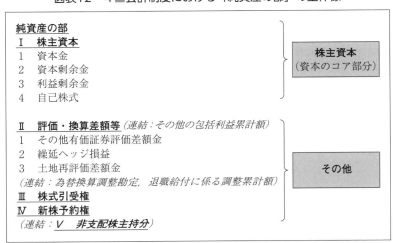

以上から，資本のコア部分とはなにか，またコア部分以外のものが，なぜ，またどのように，「純資産の部」という広い概念に包括されているのかという点に留意しつつ，学習を進めることにしよう。

第12章　株主資本：調達源泉の会計(2)　273

補論12－1　　資本の計算構造（関係的定義）

　本節では，図表12－1で示した資本の関係的定義を掘り下げることにする。ここでも前章と同様に，会計の基本等式を想定し，その中での資本の位置づけを考える（**図表12－5**）。

図表12－5 ■会計の基本等式との関連による資本の整理

体系	均衡思考体系 （「＋/＋型」）		非均衡思考体系 （「＋/－型」）
会計等式	①貸借対照表等式	②試算表等式	③資本等式（純資産等式）
図示	借方[＋] B/S 貸方[＋] 資産［＋］｜負債［＋］ 　　　　　｜資本［＋］	借方[＋] T/B 貸方[＋] 資産［＋］｜負債［＋］ 　　　　　｜資本［＋］ 費用［＋］｜収益［＋］	借方[＋] B/S 貸方[－] 資産［＋］｜負債［－］ 　　　　　｜*純資産[差額]*
計算式	資産＝負債＋資本	資産＋費用 ＝負債＋資本＋収益	資産－負債 ＝資本（純資産）
資本の 位置づけ	調達源泉	調達源泉	差額

　図表12－5に示されるとおり，どの基本的等式の立場に立つかで，資本の位置づけが変わることに注意したい。すなわちまず，**均衡思考体系**（「＋/＋型」）の①**貸借対照表等式**や②**試算表等式**においては，資本は，借方の資産とは独立した概念（「＋」）となり，借方の運用形態に対する資金の調達源泉を表すものとして位置づけられる。また，同じく調達源泉という意味で，負債とは同次元の項目として位置づけられ，両者の違いは，その調達源泉という同一カテゴリーの中での調達先の違い（債権者からの調達＝他人資本：負債か，もしくは，株主からの調達＝自己資本：資本）になる。

　一方で，**非均衡思考体系**（「＋/－型」）の③**資本等式**においては，資本は，資産と負債との差額概念として位置づけられる。すなわち，資産をプラスの財産ないし経済的資源（「＋」），負債をマイナスの財産ないし経済的資源（「－」）と，それぞれ捉えることで，資本概念は，プラスとマイナスの差額として，資産や負債とは別次元の項目（資産や負債のような実体のない勘定という意味で，**名目勘定**ないし**メタ勘定**とよばれる）として位置づけられることになる。なお，資本を差額として捉える場合は，資本ではなく「純資産」という表現を用いることもあるが，これは非均衡思考体系特有の呼び名である。

274 | 第2部　財務会計の個別論点

　すでに前章でも述べたとおり，国際会計基準や米国会計基準，そしてそれら
をもとにした日本の現行の会計基準においては，非均衡思考体系がその背後に
あり，「資本＝差額」という立場を採用している。

　日本の会計基準では，従来は，資本項目は「資本の部」とよばれていたが，
近年は「純資産の部」と名称が変わり，かつ，伝統的には株主資本とはいえな
いその他の項目（たとえば，その他の包括利益に関する調整項目など）が新たに
純資産の部に算入されるようになった。つまり，資本を積極的に定義した場合
には当該カテゴリーからは排除されてしまうような項目も，資本を消極的に
「差額」と捉えることによって，当該カテゴリーに受け入れることができてい
るというのが，現行制度における「純資産の部」の意味になる。

補論12－2　　負債と資本

　ここで，資本と，同じく貸方項目である負債との関係性を掘り下げてみると，
図表12－6のようになる。

図表12－6 ■資本と負債の比較

	負　　債	資　　本
同じ点	どちらも調達源泉（ただし，均衡思考体系に立つ場合）	
異なる点	他人資本 ・返済義務あり ・調達先：会社債権者	自己資本 ・返済義務なし ・調達先：株主（会社の実質的所有者）
資本コストの位置づけ	利息→損益取引	配当→資本取引

　まず，同じ点としては，（均衡思考体系に立つ場合には）どちらも同じ調達源
泉である点である。企業にとって負債と資本とは，貸方の調達源泉として，ど
こから，いくら資金を調達したのかを表現するものである。一方，異なる点は，
その資金調達先，および返済義務の有無の違いである。すなわち，負債は，法
的な返済義務がある資金調達であり，その資金調達先は債権者である。他方，
資本は法的な返済義務がない資金調達であり，その資金調達先は，会社の実質
的所有者たる株主である。

　このように，負債と資本の資金調達先は，債権者と株主という法的な立場が
異なるものであり，両者は，会社財産をめぐって利害が対立する関係にある。

第12章　株主資本：調達源泉の会計(2)　275

このことから，同じ資金調達コスト（資本コスト）であっても，負債に関する利息支払は，債権者という会社外部の者との取引ということで，**損益取引**となる。一方，資本に関する配当支払は，株主という会社所有者との取引ということで，**資本取引**となる。

このように，同じく調達源泉としての意味を持つ両者であるが，一方で，それらに係る資本コストの位置づけが異なる（損益取引と資本取引）ことから，負債と資本とを区分することには重要な意味があるといえる。

　［＊1］　なお，ファイナンス理論における**最適資本構成理論**（MM命題：Modigliani-Miller Propositions）のもとでは，いくつかの仮定をおくと，負債による資金調達と資本による資金調達とでは，量的には変わりがない，つまりどのような資本構成をとっても企業価値には影響を与えないことになる。ただし，これはあくまで量的に，どちらで調達しても差がないという議論であり，質的な同質性までを論じているものではない点には留意されたい。

2 ■ 資本と利益の区別

2－1　資本取引と損益取引の区別

　本節では，資本概念のコアといえる株主資本に注目し，資本と利益を区別する重要性について論じる。企業の取引においては，株主が出資した「元本」たる資本と企業活動によって増殖した「果実」たる利益とを区別して記録することが重要である。なぜなら，株式会社では，会社債権者保護の観点から，資本の充実と維持が求められており，会社の中で処分可能な部分（利益）と処分不能な部分（資本）とを明確に峻別しておく必要性があるからである。このことから，企業の取引のうち，元本の増減に直接関係する取引（これを**資本取引**という）と，利益計算に関係する取引（これを**損益取引**という）とを峻別する必要がある。現行制度では，「企業会計原則」において，このことが一般原則として定められている。**図表12－7**は，資本と利益の区別にかかる原則とその注解を示している。

　ここで，資本と利益の区別を，株主資本の変動要因との関係で整理すると，**図表12－8**のようにまとめることができる。

　図表12－8に示されるとおり，株主資本の変動要因としては，**払込資本の変**

図表12−7■資本取引，損益取引区別の原則

> 「**原則**」**一般原則三** 資本取引と損益取引とを明瞭に区別し，特に資本剰余金と利益剰余金とを混同してはならない。
> 「**原則注解**」**注2** 資本取引と損益取引との区別について
> (1) 資本剰余金は，資本取引から生じた剰余金であり，利益剰余金は損益取引から生じた剰余金，すなわち利益の留保額であるから，両者が混同されると，企業の財政状態及び経営成績が適正に示されないことになる。従って，例えば，新株発行による株式払込剰余金から新株発行費用を控除することは許されない。
> (2) 商法上資本準備金として認められる資本剰余金は限定されている。従って，資本剰余金のうち，資本準備金及び法律で定める準備金で資本準備金に準ずるもの以外のものを計上する場合には，その他の剰余金の区分に記載されることになる。

図表12−8■株主資本の変動と資本取引・損益取引

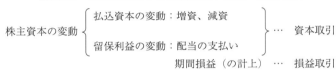

動（増資や減資）と，**留保利益の変動**とが考えられる。そして，後者については，さらに配当の支払いと期間損益の計算（による損益の計上）とが想定される。これらのうち，払込資本の変動と配当の支払いに係る取引が資本取引になり，他方，期間損益の計算に係る取引が損益取引となる。つまり，株主との直接的な取引がなされるかどうかが，資本取引の1つの判断基準といえる。

2−2　株主資本の勘定分類

ここで，株主からの出資部分たる**払込資本**および過去の利益の蓄積分たる**留保利益**と，株主資本に係る各勘定の関係性を整理すると，**図表12−9**のようになる。

図表12−9■株主資本の各勘定と払込資本・留保利益

第12章　株主資本：調達源泉の会計(2)　277

　図表12－9に示されるとおり，まず払込資本と留保利益とは，前者が**資本金**と**資本剰余金**，後者が**利益剰余金**というように，異なる勘定が用いられていることに注目したい。このように，勘定を区別し両者が混同されないようにすることで，配当に資することができる項目はどれかということが明確にされているのである。これは，先に確認した**企業会計原則，一般原則三「資本取引，損益取引区別の原則」**（図表12－7）に示される「特に資本剰余金と利益剰余金とを混同してはならない」という文言とリンクするところである。

　また，これらの勘定は，図表12－9に示されるとおり，さらに細かな勘定に区別されていることにも注目したい。これは，会社内に留まる払込資本や留保利益としても，その役割や取崩順序が異なるからであり，細かな区分をすることで，会社法に沿った分配可能額算定をすることに資するからである。

　上記の議論を，**設例12－1**で確認しよう。

▎設例12－1　　資本と利益の区別

(1)　個人Aは，現金を100出資し，株式会社A社を設立した。
(2)　A社は，商品100を仕入れた。代金は現金で決済した。
(3)　A社は，(2)で仕入れた商品すべてを140で販売した。代金は現金で受け取った。
(4)　期末を迎えたため，当期に生じた収益と費用を「損益」勘定に集計した。また当該「損益」勘定を次期に繰り越すべく，「利益剰余金」勘定に振り替えた。

≪仕訳≫

	借方	金額	貸方	金額
(1)	現金	100	資本金	100
(2)	仕入	100	現金	100
(3)	現金	140	売上	140
(4)	売上	140	仕入 損益	100 40
	損益	40	利益剰余金	40

≪財務諸表≫

期首B/S				P/L				期末B/S			
現金	100	資本金	100	仕入	100	売上	140	現金	140	資本金	100
										利益剰余金	40

　設例12－1は，企業の設立から利益獲得活動，そして期末における決算までの一巡を示したものである。ここでは特に，期末B/Sにおける貸方の「資本

278 | 第2部 財務会計の個別論点

金100」と「利益剰余金40」との関係に注目しよう。これが，先に述べた払込資本と留保利益との区別に該当する。すなわち，企業の利潤産出活動の基礎となる元本（払込資本）部分が，「資本金100」であり，A社がこの払込資本100を基礎にした経済活動から生み出した果実部分が，「利益剰余金40」に該当する。そして，将来的に，もし企業が配当等をおこなう場合は，「利益剰余金」を原資としてなされる必要がある（「資本金100」は維持される必要がある）。

　この一連の取引から，最初の(1)での出資分を資本金として処理し，かつ最後の(4)での企業利潤を，それとは峻別した勘定科目（利益剰余金）として処理することの重要性を確認しておこう。

［＊2］　簿記の検定試験対策向けの初級テキストでは，(4)での損益をそのままダイレクトに「資本金」に振り替えることがある。ただし，これはあくまで個人商店を前提とした簡便的な方法であり，理論的には，設例12－1のように考える必要がある。

［＊3］　設例12－1で確認したとおり，株式の払込金額の全額を資本金に組み入れるのが原則である（仕訳(1)参照）が，会社法の規定によれば，総額の1/2までは資本金にしない（具体的には「資本剰余金」にする）ことも可能である（「会」445条第2項・第3項）。もし仮に，設例12－1の(1)で，1/2を資本剰余金にするとした場合の仕訳(1)は，以下のようになる。

	借方	金額	貸方	金額
(1)	現金	100	資本金 資本剰余金	50 50

　また，この場合の期末B/Sは以下のようになる。

期末B/S

現金	140	資本金	50
		資本剰余金	50
		利益剰余金	40

補論12－3　**剰余金の配当と分配可能額**

　上述のように，会計理論的には，資本取引と損益取引の峻別が決定的に重要なポイントとなる。特に図表12－9で示されたとおり，資本剰余金と利益剰余金との違いは，払込資本と留保利益ということで，決定的な違いといえる。

　しかし一方で，企業の立場からすると，配当などの株主還元を，ある程度柔軟かつ機動的にできることが望ましい。そこで，現行の会社法では，利益の配

当ではなく，**剰余金の配当**というかたちで，「その他資本剰余金」と「その他利益剰余金」を配当原資にして，柔軟に配当をおこなうことができるようになっている（「会」461条1項）。これらの関係を示すと，**図表12−10**のようになる。

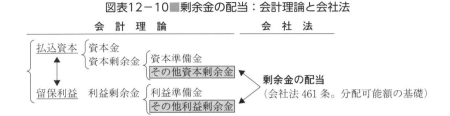

図表12−10■剰余金の配当：会計理論と会社法

しかしながら，他方で，無制限な社外流出を認めてしまうと，会社の資本充実，維持の観点からすると望ましくない。そこで，会社法では，「**分配可能額**」を規定することで，剰余金の配当に一定の制限をかけている（「会」461条2項）。具体的には，以下のような計算式で規制する。

分配可能額＝[剰余金]−[自己株式に関する調整]＋/−[その他の調整]

ここで，「自己株式に関する調整」をおこなうのは，第3節で確認するように，自己株式は資本控除項目であるからである。よって，これを剰余金から差し引いておくことで，過大な分配可能額となることを防ぐ。また「その他の調整」としては，たとえば，のれんや繰延資産に係る調整などがある。これらを調整する理由は，のれんや繰延資産は，資産であるものの，特に財産価値があるものではない点にある。

[＊4] これらの考え方や具体的な計算方法については，たとえば，会社法に係る舩津（2024）（特に第18講）や田中（2023）（特に第5章第4節）をあわせて参照。

3 ■ 自己株式

自己株式とは，会社がいったん発行した自社株式を取得し保有するものをいい，金庫株ともよばれる。自己株式の取得は，企業の資金調達とは逆で，資本の払戻しを意味することになることから，資本充実ひいては債権者保護の観点

280 | 第 2 部　財務会計の個別論点

からすると，必ずしも望ましいとはいえない。このため，従来の商法・会社法のもとでは，資本充実の原則ひいては債権者保護の観点から，自己株式の取得は原則として禁止されてきた。しかし，自己株式は，転換社債や新株予約権付社債，ストック・オプションなどの新株予約権の権利行使がなされる場合や，合併や株式交換の場合など，企業がさまざまな用途に利用できるという利便性を有する。そこで現在は，株主総会決議を経て，一定の制約のもとで，自己株式の取得が可能となっている（「会」156条）。

自己株式の本質については，大きく 2 つの学説がある（**図表12-11**）。

図表12-11■自己株式の本質をめぐる 2 つの学説

	学　　説	内　　　容	B/S 上の取り扱い	保有や売却に伴う損益
1	資産説	自己株式は他の金融資産と同じく資産性を有するとする考え方	資産として計上	損益取引 →当期の損益
2	資本控除説	自己株式は，実質的には資本の払戻しを意味するとする考え方	資本から控除	資本取引 →純資産の部

図表12-11に示されるとおり，第 1 は，**資産説**である。これは，自己株式は他の金融資産と同じく資産性を有するものであるから，その本質は資産であるとする考え方である。この立場からすると，自己株式は，B/S の資産として計上するのが望ましい。また，もし自己株式の保有期間に時価変動が生じるならば，他の金融資産と同様，随時，時価評価がおこなわれ，評価差額は**損益取引**として処理されることとなる。

第 2 は，**資本控除説**である。これは，自己株式は，実質的には資本の払戻しを意味するものであるから，その本質は資本の控除項目にあるとする考え方である。この立場からすると，自己株式は，B/S で資本から控除するかたちで計上するのが望ましい。また，もし自己株式の保有期間に時価変動が生じたとしても，随時，時価評価することをしない。さらに，もし仮に自己株式を売却した際に評価差額が生じる場合であっても，それはあくまで資本取引として処理されることとなる。

なお，現行の会計基準や会社法では，後者の資本控除説の立場を採る。たとえば，会社法では，自己株式は議決権がない（「会」308条 2 項）など，通常の

第12章　株主資本：調達源泉の会計(2)　281

保有株式とは異なる取扱いをしている。また，会計基準では，自己株式は，B/S上，資本の控除項目として表示するよう取り扱われている（「自己株式等基準」第7項）。ここで，両学説の比較を，具体的な**設例12－2**をつうじて確認しよう。

▌設例12－2　自己株式の取得・売却の会計処理

① X1年4月取得時：A社（3月決算）は，自己株式を100で取得した。便宜上，現金で決済したものとする。
② X2年3月末　期末時：上記①のA社株式の時価は120に上昇していた。
③ X2年4月売却時：A社は上記①の自己株式を売却した（時価は②から変動なく120であった）。便宜上，現金で決済したものとする。

≪仕訳≫

	資　産　説		資本控除説	
	借方	貸方	借方	貸方
①X1年4月取得時	自己株式　100	現金　100	自己株式　100	現金　100
②X2年3月末期末時	自己株式　20 有価証券評価益　20	有価証券評価益　20 利益剰余金　20	仕訳なし	
③X2年4月売却時	現金　120	自己株式　120	現金　120	自己株式　100 資本剰余金　20

≪財務諸表≫

■資産説

①取得時 B/S

自己株式　100

②期末時 B/S

自己株式　120 ｜ 利益剰余金　20

期末時 P/L

｜ 有価証券評価益　20

③売却時 B/S

｜ 利益剰余金　20

■資本控除説

①取得時 B/S

｜ 資本金　XXX
｜ 自己株式　△100

②期末時 B/S

｜ 資本金　XXX
｜ 自己株式　△100

③売却時 B/S

｜ 資本金　XXX
｜ 資本剰余金　20

設例12－2の「資産説」では，自己株式は通常の売買目的有価証券と同様に扱われることから，その仕訳に示されるとおり，時価評価をおこない，その評価差額が利益となる（そして仕訳②のとおり，計上された損益は，「利益剰余金」

282 | 第2部 財務会計の個別論点

に振り替えられる）。他方で，「資本控除説」では，自己株式は，資本の控除項目として取り扱われるため，たとえ時価が変動しても評価替えされない（仕訳②参照）。また，売却がなされた際の決済額と簿価との差額は，資本取引として，「資本剰余金」に計上される（現行の会計制度では，「その他資本剰余金」に計上される（「自己株式等基準」第9項））（仕訳③参照）。

4 ■ 新株予約権とストック・オプション

　企業は，事業規模の拡大や財務基盤を強固にすることを目的として，資本金を増加させる**増資**などの資本政策をおこなう場合がある。増資に関連して，企業は，さまざまな利害関係者のインセンティブ付けなどの理由により，**新株予約権**という権利を，社債などに付与して発行したり，新株予約権を**ストック・オプション**として利用することもある。

　ここで，**新株予約権**とは，一定の期間内に一定の価格で一定数の株式を購入できる権利（コール・オプション）をいう。新株予約権は，それ単体としてもやりとりされることがあるし，また，投資家の投資意欲を喚起する目的で，社債とセットにされる新株予約権（これを，「**新株予約権付社債**」とよぶ）として取引されることもある。

4－1　新株予約権

　ここでまず，新株予約権について，**設例12－3**をもとに，その仕訳と財務諸表上の位置づけを考えることにする。

┃設例12－3　　**新株予約権**

　以下の取引について，新株予約権の発行者側の仕訳をおこなう。
(1)　新株予約権1,000を発行した（すべて現金で払込みがなされた）。
(2)　新株予約権600が行使され，10,000の現金払込みを受け，新株の発行をおこなった。なお，払込金額の全額を資本金とした。
(3)　新株予約権400の権利が行使されず，行使期限が到来した。

第12章　株主資本：調達源泉の会計(2)　283

≪仕訳≫

	借　方	金額	貸　方	金額
(1)	現金	1,000	新株予約権	1,000
(2)	現金 新株予約権	10,000 600	資本金	10,600
(3)	新株予約権	400	新株予約権戻入益	400

　新株予約権の発行者側においては，新株予約権は，自社株を原資産とするコール・オプション（自社株を購入する権利）の売建ポジション（権利に応じなければならない側）になる。借方で現金の増加を認識するとともに，貸方で「新株予約権」という勘定科目を計上する（仕訳(1)）。これは，現行制度においては，「純資産の部」の「その他の要素」に計上する必要がある（図表12−4を復習）。また権利行使がなされた場合は，これを出資部分とともに資本金に振り替える仕訳をおこなう（仕訳(2)）。また，権利失効時には，失効した新株予約権を，特別利益項目たる「**新株予約権戻入益**」に振り替える仕訳をおこなう（仕訳(3)）。
　ここでは，「新株予約権」のB/S上の位置づけが問題となる。**図表12−12**は，その理論的考え方を示している。

図表12−12■新株予約権をめぐる理論的考え方

考え方	説　　明
負債説	新株予約権は，将来時点で株式を買うことのできる権利の売建ポジションたる「売建コール・オプション」としての性質を有するため，金融負債として負債に計上すべき
資本説	新株予約権は，将来，権利行使され払込資本となる可能性があるため，資本に計上すべき
中間区分説	新株予約権は，増資に係るものであるため負債ではないが，しかし，権利行使の不確実性から資本とも言い難いため，中間区分を設けてそこに計上すべき

　図表12−12に示されるとおり，新株予約権については，負債説，資本説，中間区分説などさまざまな位置づけが想定される。これに対して，現行の会計制度では，以下の説明により，新株予約権を「純資産の部」の「その他の要素」に計上することとしている。

　「純資産基準」第22項　「新株予約権は，将来，権利行使され払込資本となる可能性がある一方，失効して払込資本とはならない可能性もある。このように，発行

284 | 第2部　財務会計の個別論点

者側の新株予約権は，権利行使の有無が確定するまでの間，その性格が確定しないことから，これまで，仮勘定として負債の部に計上することとされていた。しかし，新株予約権は，返済義務のある負債ではなく，負債の部に表示することは適当ではないため，純資産の部に記載することとした。」（ただし，下線は筆者）

　すなわち，現行制度においては，新株予約権は，権利行使の不確実性から資本として扱うことは難しく，しかし，返済義務がないことから負債として扱うことも難しいとして，いったんは中間区分説の立場を採る。しかし，中間区分を設けるのは制度的には現実的でない。ここで鍵となるのが，制度における純資産の位置づけ，つまり，**「資産－負債＝純資産」**という**資本等式**による**差額概念**である。つまり，純資産を差額として広く捉えることで，負債でも資本でもない項目も受け入れることが可能となる。このようなロジックから，新株予約権は，純資産の部の（資本ではない）「その他の要素」に収容される，というのが制度の立場である。

　ただしこれは，消極的な理由にすぎない。むしろ，新株予約権などのような新しい経済事象を，現代の企業会計の計算構造において，理論的にどのように積極的に位置づけるのかということは，重要な課題といえる。

　　［＊5］　なお，上記の論点に関心を持った読者は，たとえば，田口（2007）を参照。さらに，この点は，後で4－2で確認する**ストック・オプション会計**においても重要な論点になる。たとえば，国際会計基準のもとでは，ストック・オプション付与時に計上される「新株予約権」は，**株主資本**に計上され，かつ，権利失効時も，特に追加処理はなされない（IFRS第2号）。しかし他方，日本基準では，純資産の「その他の項目」に計上され，かつ，権利失効時には損益に振り替えられる。このように，両者の間では，違いがみられる。

補論12－4　新株予約権付社債

　ここでは，新株予約権付社債について補足をする。

図表12－13■新株予約権付社債の2つのタイプと会計処理方法

タイプ	特　　徴	会計処理方法
転換社債型 （一体型）	新株予約権と社債とが密接不可分	一括法 区分法
転換社債型以外の型 （分離型）	新株予約権と社債とが分離可能	区分法

図表12-13に示されるとおり，**新株予約権付社債**には大きく2つのタイプがある。第1は，**「転換社債型」**（一体型）である。これは，社債と新株予約権が密接不可分になっているものであり，特に新株予約権の行使が社債の償還と紐付いてなされる（これを「代用払込」という）のが，転換社債型の大きな特徴である。第2は，**「転換社債型以外の型」**（分離型）である。これは，新株予約権が社債部分とは別途独立して行使でき，また売買できるという性質を有するものである。

そして，このような経済的な性質（新株予約権部分と社債部分とが密接不可分なのか，それとも分離可能なのか）を踏まえて，それぞれの会計処理方法の取扱いが異なることになる。ここで新株予約権と社債とを分離して扱う方法は，**区分法**とよばれる。他方で，両者をセットとして取り扱う方法は，**一括法**とよばれる。特に，転換社債など，新株予約権の行使が社債の償還と紐付いてなされる（代用払込という）という性質を重視すると，両者を分離せず一体のものとして取り扱う一括法を採用することにも，一定の合理性はある。このことから，会計ルール上は，どちらの方法も選択できることになっている。**設例12-4**で，これらの会計処理を追いかけることにしよう。

設例12-4 　**新株予約権付社債**

① 　X1年4月1日に額面金額1,000の新株予約権付社債（転換社債型に該当しない）を以下の条件で発行した（便宜上，すべて現金で払込みがなされたと仮定）。社債の評価は償却原価法（定額法）による。

- ・発行価額：額面100に対して100（社債の対価部分95，新株予約権の対価部分5。なお，社債本体部分は，ゼロクーポン債とする）
- ・償還期日：X6年3月31日

新株予約権は，社債の額面額100につき1個が付与され，また株式は，新株予約権1個につき100株付与される。また，行使期間はX1年1月1日からX4年12月31日である。

② 　X2年3月31日，決算整理を行う。

③ 　X2年4月1日に，新株予約権のすべてが行使され，社債による代用払込を受けた。ただし，資本金組入額は会社法規定の最低限度額とする。

286 | 第2部 財務会計の個別論点

≪仕訳≫

		借 方	金額	貸 方	金額
①	社債発行	現金	1,000	社債 新株予約権	950 50
②	償却原価法	社債利息	10	社債	10
③	新株予約権の行使 （代用払込）	社債 新株予約権	960 50	資本金 資本剰余金	505 505

　先に述べたとおり，新株予約権付社債には，「転換社債型」と「転換社債型以外の型」とがあり，それぞれ会計処理方法が異なっている。設例12－4では，「転換社債型に該当しない」旨の記述があるので，「区分法」を採用することになる。区分法のもとでは，社債本体部分と，新株予約権部分とを分けて仕訳をおこなう。

　また，社債本体部分は，第11章で確認したとおり，償却原価法で評価する。償却原価法の今期の増価額は，額面価額1,000と社債本体の発行価額950との差額50を「12ヵ月/60ヵ月」で割ることで，10と算定される。

　また，③では，新株予約権の行使時の仕訳が問われている。ここでは，代用払込がなされることとなるため，社債勘定を減額する仕訳をおこなう。なお，その際は，代用払込に資する社債について，償却原価法の仕訳を加味した後の帳簿価額を減額する点に留意されたい。ここで，新株予約権行使時の社債の帳簿価額（社債代用払込額）は，「入帳価額950＋償却原価法により増価した金額10」より，960と算定できる。よって，資本金増加額は，「（社債代用払込額960＋新株予約権帳簿価額50）×1/2」より，505と算定される。また他方，資本剰余金増加額も，同様に，505と算定される。

> ［＊6］　なお，もし仮に「一括法」を採用する場合は，社債部分と新株予約権部分とが（まさに文字どおり）一括され「新株予約権付社債」として処理されることになる。社債発行時の具体的仕訳は，以下のようになる。
> （借）現金　1,000　（貸）新株予約権付社債　1,000

4－2　ストック・オプション

　ストック・オプションとは，自社株を予め決められた価格（権利行使価格）で購入できる権利を経営者・従業員等に付与するしくみのことをいう。ストック・オプション導入のメリットとしては，経営者および従業員等の株主化によ

第12章　株主資本：調達源泉の会計(2) 287

り，株主重視の経営と結びつきやすいという点や，企業内に資金準備がなくて
も報酬を出すことが可能であるという点が挙げられる。

　会計上は，ストック・オプションは，先に確認した新株予約権の会計処理と，
従業員等の労働の対価（これを「**株式報酬費用**」という）の会計処理とがミック
スしたものになる。このため，前者については，先に **4－1** で述べた論点（新
株予約権の B/S 上の位置づけなど）がここでも関係することになる。また後者に
ついては，労働の対価である株式報酬費用を，どのタイミングで計上すべきか
という点が大きな論点となる（**図表12－14**）。

図表12－14■ストック・オプションの論点整理

借方	貸方
株式報酬費用	**新株予約権**

労働の対価→いつ計上？
　・付与時に全額一括計上？
　・付与日から権利確定日までに配分？

B/S 上の位置づけ（負債，資本，中間区分？）
　→現行制度は「純資産の部」の「その他の要素」

　ここでは特に，借方の株式報酬費用に焦点を当てる。ここで，労働の対価で
ある報酬費用をどのタイミングで計上すべきかという論点を考えるために，ス
トック・オプションの付与日から権利行使（ないし失効）までの時間軸を描く
と，**図表12－15**のようになる。

図表12－15■ストック・オプションのタイムスケジュール

対象勤務期間 （従業員等の労働用役提供期間）		**権利行使期間** （一定期間内に行使）
A：付与時　　⇒　　B：権利確定時	⇒	C：権利行使（or 失効）時

　図表12－15に示されるとおり，時間軸の中には，「A：付与時」，「B：権利確
定時」，「C：権利行使（or 失効）時」という３つのポイントが考えられる。そ
して，ストック・オプションは，A から B まで（これを「対象勤務期間」という）
の従業員等の労働用役提供に対して，B から C の間の期間（これを「権利行使
期間」という）に権利行使できるという構造になっている。そしてそうであれば，
AB 間の労働用役提供に応じて，（A から B の間で）徐々に労働対価を計上して
いくことが望ましいといえる。以下では，**設例12－5** とその仕訳により，具体
的な会計処理を追いかけてみよう。

288 | 第2部 財務会計の個別論点

設例12-5 ストック・オプション

(1) 3月決算の当社は，X0年4月1日に，従業員100名に対して10個ずつのストック・オプションを付与した。権利確定日は2年後のX2年3月31日である。付与日時点でストック・オプションの公正な評価単価は100である。途中退職者は見込まれておらず，実際にもいなかったものとしたうえで，①X1年3月31日の仕訳，および，②X2年3月31日の仕訳をそれぞれ示しなさい。

(2) X2年9月30日に，従業員80名分（800個）が権利行使され，残りの20名分（200個）は，権利行使がなされないまま失効した。なお，権利行使価格は，@500で，払込金額（すべて現金で払込みがなされた）の全額を資本金に組み入れるものとする。

(3) もし(1)と同様の前提条件において，付与日時点で5％（5名）の途中退職者が見込まれており，かつ，権利確定日の時点では，実際には10名が退職していたと仮定すると，①X1年3月31日の仕訳，および，②X2年3月31日の仕訳はどうなるか，示しなさい。

≪仕訳≫

		借　方	金額	貸　方	金額
(1)	①	株式報酬費用	50,000	新株予約権	50,000
	②	株式報酬費用	50,000	新株予約権	50,000
(2)	権利行使	現金 新株予約権	400,000 80,000	資本金	480,000
	失効	新株予約権	20,000	新株予約権戻入益	20,000
(3)	①	株式報酬費用	47,500	新株予約権	47,500
	②	株式報酬費用	42,500	新株予約権	42,500

まずは，設例12-5の時間軸を整理すると，**図表12-16**のようになる。

図表12-16■設例12-5におけるストック・オプションのタイムスケジュール

```
    【対象勤務期間】            【権利行使期間】

X0/4/1    <24ヵ月>    X2/3/31              X2/9/30
A：付与時    ⇒     B：権利確定時   ⇒   C：権利行使（or 失効）時
```

(1)では，AB間の労働用役提供に応じて，（AからBの間で）徐々に労働対価を計上していくという会計処理が求められる。そこでまず，株式報酬費用の総額を計算する必要がある。総額は，「従業員100名×1人当たり付与数10個×公正な評価単価100＝100,000」と計算できる。そして，この100,000を権利確定日までの24ヵ月で費用配分する必要がある。よって，①および②の計上額は，そ

れぞれ「総額100,000×（12ヵ月／24ヵ月）＝50,000」となる。なお，オプションの評価は，付与日現在の**公正な評価単価**をもとにおこなう（「SOP基準」第5項）。また，条件変更の場合を除き，その後は見直さないことになる。これはオプションといえども，その実態は労働用役に対する対価という事業投資の性質を有するためである。

　次に(2)では，権利行使時，および，失効時の仕訳が問われている。ここでまず，払込金額を計算すると，「権利行使価格@500×800個＝400,000」と算定できる。そのうえで，新株予約権のB/S残高100,000を，行使された分（800個）と失効した分（200個）とに按分する計算をおこなう。まず，行使された新株予約権の金額は，「100,000×（800個／1,000個）＝80,000」と算定できる。また他方，失効した新株予約権の金額は，「100,000×（200個／1,000個）＝20,000」と算定できる。そしてこれらについて，前者（80,000）は払込資本とともに，資本金勘定に振り替え，他方，後者（20,000）は，権利執行に伴う**新株予約権戻入益**として損益に算入する。

　次に(3)では，権利不確定による失効の仕訳が問われている。ここで，「**権利不確定による失効**」とは，たとえば途中で退職してしまうなどの理由により，権利確定条件が達成されず，A時点で付与されたストック・オプションがB時点までに行使不能となることをいう。つまり，ABの間で，権利確定とならない部分が存在する可能性があり，かつ，その確定しない（しなかった）部分を事前に織り込んだ会計処理が，ABの間で求められる。よってここでは，権利不確定による失効を，Aの付与日時点でいったん見積り，かつ，それをBの権利確定日に実績値に修正することになる。

　具体的には，まずAの付与日時点における株式報酬費用の総額を算定すると，「（従業員100名－退職見込5名）×10個×@100円＝95,000」と計算できる。そして，当初の配分スケジュールでは，これを24ヵ月で配分するため，まず①では，この12ヵ月分に該当する47,500を株式報酬費用として計上する。次に，Bの権利確定日時点においては，実績を踏まえた最終的な株式報酬費用の総額を算定し直す。これは，「（従業員100名－実際退職者10名）×10個×@100＝90,000」と計算できる。そして，②の費用計上額は，これと①での計上額との差額を，株式報酬費用として計上する。つまりこれは，「90,000－47,500＝42,500」と算定できる。このように，ストック・オプションの会計処理では，Bの権利確定日が一連の取引のひとつの完結時点と捉えられ，その時点におけ

290 │ 第2部　財務会計の個別論点

る実績値への修正がなされることになる。

[＊7]　なお，ストック・オプションの会計処理をめぐるその他の論点としては，たとえば，ストック・オプションの評価方法などが挙げられる。具体的には，ストック・オプションは，企業サイドからすると，自社株を原資産とする売建コール・オプションである。そして，オプション価格は，本源価値と時間価値とに分けることができるため，会計処理としても，**本源価値評価法**（オプションの本源価値部分のみを計上する方法）と**公正価値評価法**（オプションの公正価値（＝本源価値＋時間価値）を計上する方法）のどちらを採用すべきかが論点となる。なお，現行制度では，公正価値評価法が採用されているが，これらの点について興味がある方は，たとえば，與三野（2003）や引地（2011）を参照。

[＊8]　このほか，株式報酬を用いた経営者のインセンティブ付け手法として，「**株式引受権**」というものがある。これは，ストックオプションにも似ているが，取締役等に報酬として自社株式を無償で交付する株式報酬（「会」202条の2。事前交付型と事後交付型がある）のうち，事後交付型のものをいう。この場合は，権利付与時には「仕訳なし」となるが，取締役等の勤務に応じて，ストックオプションの会計処理と同じように，「（借）株式報酬費用 XX（貸）株式引受権 XX」という仕訳をおこなう。なお，この点については，2021年に，企業会計基準委員会「実務対応報告第41号　取締役の報酬等として株式を無償交付する取引に関する取扱い」が公表されている。

5 ■株主資本等変動計算書

　ここまでみたように，経済活動の複雑化や新たな事象の登場により，純資産の部の構成要素は増加し，かつその中身も複雑化している。そして，このような純資産の情報は，株主や利害関係者にとっても，利益をどのように配分するかという観点から極めて重要な意味を持つ。そこで，これらの期中の変動要因を捉える計算書が新たに必要とされる。

　株主資本等変動計算書は，貸借対照表の純資産の部の会計期間における変動額のうち，主として株主に帰属する部分である株主資本の各項目の変動事由を報告するために作成するものであり，制度的には基本財務諸表の1つとされる（「株主資本等変動計算書基準」第1項参照）。

[＊9]　「株主資本等変動計算書基準」では，株主資本等変動計算書が導入された理由として，以下の4つが挙げられている。すなわち，①近年の会計基準の新設または改正により，資本の部に直接計上される項目が増えていたこと，②商法改正により資本の部の変動要因が増加し，株主の持分の変動に関する開示制度の導入が望まれていたこと，③国際的な会計基準では財務諸表の1つとして位置づけられていること，④会社法が株式会社における剰余金の随時配当を認め，また，株主資本の計数の随意変動

第12章　株主資本：調達源泉の会計(2)　291

を認めたため，貸借対照表や損益計算書だけでは，資本金，準備金および剰余金の数値の連続性を把握することが困難となったことである（第17項，第18項参照）。

　また株主資本等変動計算書における具体的な表示については，まず一方で，株主資本項目については，増減を変動事由ごとに**総額表示**し，他方，その他の要素については，**純額表示**をおこなうものとされている（「株主資本等変動計算書基準」第6項-第8項参照）。以下では，**設例12－6**により，その具体的な中身を確認しよう。

▍設例12－6　株主資本等変動計算書

　次の資料Ⅰおよび資料Ⅱに基づき，資料Ⅱの株主資本等変動計算書の株主資本合計欄に記載される「X」の金額を求めなさい。

（資料Ⅰ）

1．X0年4月に新株の発行による増資500を実施し，資本金として250，資本準備金250をそれぞれ計上している。
2．X0年6月の株主総会において，繰越利益剰余金からの配当200の支払いと利益準備金への繰入れ20を決議し，配当を行った。
3．決算に当たり，固定資産圧縮積立金10を積み立てた。
4．X1年3月期の当期純利益は230である。
5．X1年3月期において自己株式70を取得し，そのうち40を市場価格50で処分し，また残りの10を消却した。

（資料Ⅱ）

	株主資本									
	資本金	資本剰余金			利益剰余金				自己株式	株主資本合計
		資本準備金	その他資本剰余金	資本剰余金合計	利益準備金	その他利益剰余金		利益剰余金合計		
						圧縮積立金	繰越利益剰余金			
前期末残高	2,000	200	15	215	50	40	400	490	0	2,705
当期変動額										
…										
当期変動額合計										
当期末残高										X

292 | 第 2 部　財務会計の個別論点

≪解答≫　　3,215

　株主資本等変動計算書を作成するためには，純資産の部の各項目における具体的な会計処理を積み上げていくことで「当期変動額」を考えることが求められる。

　まず 1 では，新株発行の会計処理が問われている。増資500のうち，資本金として250，資本準備金250をそれぞれ計上しているため，仕訳をおこなうと以下のようになる。

（借）　現金預金　　　　　　　　500　　　（貸）　資本金　　　　　　　　250

　　　　　　　　　　　　　　　　　　　　　　　　資本準備金　　　　　　250

　次に 2 では，株主総会における剰余金の配当の会計処理が問われている。具体的には，繰越利益剰余金からの配当200，利益準備金への繰入れ20がなされているため，仕訳は以下のようになる。

（借）　繰越利益剰余金　　220　　　（貸）　未払配当金　　　　　　200

　　　　　　　　　　　　　　　　　　　　　　　利益準備金　　　　　　20

　3 では，固定資産圧縮積立金10の積み立ての会計処理が問われている。これは以下のようになる。

（借）　繰越利益剰余金　　10　　　（貸）　圧縮積立金　　　　　10

　4 では，当期純利益の計上の会計処理が問われている。これは，繰越利益剰余金勘定を用いて，以下のようになる。

（借）　損益　　　　　　　　　230　　　（貸）　繰越利益剰余金　　230

　最後に 5 では，自己株式の取得，処分，および消却の会計処理が問われている。これらは，以下のようになる。

（借）　自己株式　　　　　　70　　　（貸）　現金預金　　　　　　　70

（借）　現金預金　　　　　　　50　　　（貸）　自己株式　　　　　　40

　　　　　　　　　　　　　　　　　　　　　　　その他資本剰余金　　10

（借）　その他資本剰余金　　10　　　（貸）　自己株式　　　　　　10

　よって，株主資本合計の当期末残高「X」は，上記仕訳の網掛け部分を集計

することで，次のように算定できる。

株主資本合計の当期末残高 X ＝前期末合計2,705＋資本金250＋資本準備金250－繰越利益剰余金220＋利益準備金20－繰越利益剰余金10＋圧縮積立金10＋繰越利益剰余金230－自己株式70＋自己株式40＋その他資本剰余金10－その他資本剰余金10＋自己株式10＝<u>3,215</u>

> **コラム12－1** 「その他の項目」と包括利益，資産負債観
>
> 　本章1でみたように，純資産の部の「その他の項目」は，①資本と負債との関係をどう考えるか（第11章「対話・考えてみよう」を参照），および②資産負債観や包括利益との関係をどう考えるか（第6章を参照）という点と，それぞれ密接に関連している。
> 　そして，これらを敷衍すると，現代の企業会計制度の構造は，「株主資本と純利益」を中心とする枠組みと，「純資産（特に「その他の項目」）と包括利益」を中心とする枠組みとの，大きく2層構造になっているとも捉えられる。そして，両者がどのような関係にあるのか（たとえば，拡張，補完，併存関係のどれに当たるかなど），さらにはそれらと，いわゆる資産負債観・収益費用観との関係性（第6章参照）や，事業投資と金融投資の区分との関係性（第8章〜10章）も，解き明かすべき課題といえる。
> 　しかしながら他方で，そもそも「純資産と包括利益」という枠組みが本当に必要なのか，という点も，あわせて問われる必要があろう（第6章コラム6－2参照）。
> 　このように，現行の制度における「その他の項目」を理解することは，実は，現代会計制度を理解することにもつながるものと考えられる。この点に興味を持たれた読者は，まず第6章（第5節および補論6－2）を復習したあとに，たとえば，石川（2018）第4章・第5章，藤井（2013）を，あわせて参照されたい。

【対話：考えてみよう】

　本章［＊5］で確認したとおり，日本基準と国際会計基準のもとでは，ストック・オプション付与時の会計処理が異なる。特に，国際会計基準では，ストック・オプションは最初から株主資本（拠出資本）とされ，権利失効時も追加処理はなされない。この違いをどのように考えたらよいだろうか。
　　考え方Ａ：権利行使には不確実性が伴うことを考慮すると，付与時にはいったん「その他の項目」に計上し，その後，権利行使・失効に応じて追加処理（株主資本 or 損益に振替）をおこなう日本基準のほうが望ましい会計処理方法といえる。
　　考え方Ｂ：そもそもストック・オプションは，実質的には株主からの拠出資本として捉えられるし，権利行使・失効を問わず，その性質は変わる

294 第2部 財務会計の個別論点

> ものではない。このため，国際会計基準のほうが望ましい会計処理方法といえる。
>
> 　あなたは，考え方AとBをどのように理解するだろうか。また，これら以外の考え方（考え方CやD）はあり得るだろうか。さらに，そもそも「純資産の部」として「その他の項目」を設けることに，なにか問題はないだろうか。

■Readings■

資本の会計は，会社法の規定との関係で学習する必要がある。会社法と企業会計との関係を効果的に学びたい方へ

舩津浩司（2024）『やさしい会社法講義』日本評論社

田中亘編（2021）『数字でわかる会社法（第2版）』有斐閣

資本会計について，より深く理解したいという方へ

山田純平（2012）『資本会計の基礎概念─負債・持分の識別と企業再編会計』中央経済社

池田幸典（2016）『持分の会計─負債・持分の区分および資本取引・損益取引の区分』中央経済社

■参考文献■

藤井秀樹編（2013）『国際財務報告の基礎概念』中央経済社

舩津浩司（2024）『やさしい会社法講義』日本評論社

引地夏奈子（2011）『ストック・オプションの会計問題』中央経済社

石川純治（2018）『基礎学問としての会計学』中央経済社

田口聡志（2007）「会計構造のダイナミズム」『会計史学会年報』（日本会計史学会）25：75-88

田中亘（2023）『会社法（第4版）』東京大学出版会

與三野禎倫（2003）『ストック・オプション会計と公正価値測定』千倉書房

第 **3** 部

財務会計の応用論点

全体像

第13章　外貨換算の会計（グローバル化する企業の外貨換算問題を取り扱う）
第14章　企業結合と事業分離の会計（企業の組織再編を取り扱う）
第15章　連結会計（企業グループ全体での財務報告を取り扱う）

学習にあたって

　第3部では，応用論点について学ぶ。企業活動がグローバル化すると，外国企業との外貨による取引や，外国に支店や子会社を設置することもある（第13章）。

　さらに規模が大きくなると，企業単体ではなく，グループを組んで役割分担をしながら経営をおこなうことになる（第15章）。さらにその中で，組織再編として，企業の合併や買収といった行為も生じるようになる（第14章）。このような企業経営のダイナミックな側面を想像しながら，第3部を学習しよう。

　第3部は難易度が高いこともあり，どうしても「暗記」に頼ってしまいがちである。第3部を学習したあとは，ご自身で，暗記を超えた理解がきちんとできているかどうか，確認してみよう。

296 | 第3部 財務会計の応用論点

第13章―――外貨換算の会計

Point

　外貨換算の会計では，外貨建取引等を，どのタイミングで，どの換算レートで換算するかが極めて重要なポイントとなる。会計処理とともに，その背後にある理論的考え方もあわせて学習しよう。
1．他国企業との外貨建の取引においては，為替レートの変動が，企業の利益やキャッシュ・フローに大きく影響することから，どのタイミングの，どの為替レートを用いて会計処理をおこなうかが重要な問題となる。→【1】
2．外貨換算の基本として，仕入・売上取引とそれらに係る債権債務の代金決済取引の換算をどのように捉えるかが1つの重要な問題となる。そして，両者を一体として換算する一取引基準と，両者を別個のものとして換算する二取引基準という2つの会計処理が存在する。→【2，3】
3．為替レートの変動に対処するために，企業はデリバティブたる為替予約を締結し，外貨と円を交換する際に適用される為替相場をあらかじめ予約しておくことがある。そしてこの会計処理としては，デリバティブとしての特徴を捉える独立処理と，換算に伴う換算差額の期間配分を重視する振当処理とがある。→【3，4】
4．在外事業体については，本国法人の個別財務諸表に取り込まれるか否かで，本国主義を採用する在外支店，現地主義を採用する在外子会社の会計処理という2つのパターンに分けることができる。前者は基本的に通常の外貨換算の会計処理を踏襲するが，後者は決算日レート法を採用し，その換算差額として為替換算調整勘定が算定されることになる。→【5】

Keyword
外貨換算，直物為替相場，先物為替相場，テンポラル法，一取引基準，二取引基準，HR，CR，AR，為替予約，在外支店，在外子会社，本国主義，現地主義，為替換算調整勘定

Questions
1．一取引基準および二取引基準とはなにかについて説明したうえで，それぞれの会計処理方法の違いについて述べなさい。
2．為替予約について，独立処理と振当処理の違いについて説明しなさい。
3．在外支店と在外子会社における会計処理の違いについて説明しなさい。

1 ■外貨換算の意義

　本章では，外貨換算の会計について学習する。企業の経済活動が国際化して
いくと，他国と取引をおこなうケースも増えてくる。たとえば，日本企業が米
国企業と取引をおこない，取引額がドル建であった場合に，そのような取引を，
どのように会計処理するかが問題となる。ここで，特に重要になるのは，為替
レートは日々変動しているという点である。たとえば，1ドル100円のタイミ
ングで外貨建ての仕入取引を掛けでおこなったとしよう。その後，買掛金の決
済時に，為替レートが変動し，1ドル200円になっていたとしたら，企業が決
済しなければならない買掛金の額は，なんと円建てベースで2倍になってしま
う（たとえば，ごくシンプルに10ドルの買掛金とすると，仕入時は10ドル×@100円
＝1,000円だったものが，決済時には，10ドル×@200円＝2,000円となってしまう）。
一方，買掛金の決済時に為替レートが1ドル50円に変化したとしたら，決済す
べき買掛金の額は，もとの半分となる（決済時の買掛金残高は，10ドル×@50円
＝500円）。このように，為替レートが日々変動することは，企業の利益やキャッ
シュ・フローに大きく影響することになる。よって，為替変動に影響される企
業の損益の実態を，どのように描写するかが問題となる。

　さらに，為替変動リスクに対処するために，企業は，**為替予約**とよばれるデ
リバティブを締結することもある。この場合は，為替変動リスクに対処した（し
ている）ということを，どのように会計処理するかが問題となるだろう。また，
海外に支店や子会社があるようないわゆるグローバル企業を想定すると，決算
期末にこれらの海外事業体を自国の決算書にどのように取り込むかということ
も重要な論点となるだろう。

　ここで，**外貨建取引**とは，売買価額などの取引価額が，外国の通貨で表示さ
れる取引をいう。また，**換算**（translation）とは，外国通貨を用いて表現され
る項目を日本円によって表現し直す手続をいう。よって，当該項目の性質を何
か別のものに変える行為ではないともいえる。そして，このように考えると，
換算には，一見すると難しい論点はないようにも思われる。しかし，上述のよ
うに，為替レートが随時変動しているという事実からすると，取引の性質やタ
イミングによって，換算がそれほど単純な問題ではなくなるケースがありうる
（たとえば，一度換算したものを再度換算し直す必要がある場合，もしくは，取引の
借方と貸方で換算に用いる為替レートが異なる場合などは，「単純な問題」ではなさ

298 | 第3部 財務会計の応用論点

そうである）。以下では，「換算がそれほど単純な問題ではなくなるケース」とは一体どういう状況で，またその場合に，どのような会計処理が考えられるかを学習しよう。

［＊1］ 本章では，換算の定義について，日本企業を暗黙の前提にして，「日本円によって表現し直す手続」と表現したが，国際会計基準では，そもそも自社の営業活動の基礎となる通貨は何か（IAS 第21号「外国為替レート変動の影響（The Effects of Changes in Foreign Exchange Rates）」では，これを**機能通貨**（functional currency）」とよぶ），また，「財務諸表をどの通貨で表示するのか」（これを**表示通貨**とよぶ）を定める必要があるとしている。なお，通常は，親会社の機能通貨と連結財務諸表の表示通貨が一致することが一般的であるが，IAS21号では，両者は必ずしも一致しなくてもよいとされている。

2 ■外貨換算の基本的な会計処理：一取引基準と二取引基準

　本節では，外貨換算の基本的な会計処理について検討する。1 で述べた換算の定義からすると，原則的には，外貨建取引の換算は，取引が発生した時の為替レートで換算することが望ましいといえる（「外貨基準」一・1）。ただし，為替レートが変動する状況を想定すると，実は，そのような原理原則だけでは判断できないケースが生じる。以下では，通常の営業循環における「仕入取引→代金決済取引」を想定した具体的な設例（**設例13－1**）をもとに考えてみよう。

▌**設例13－1** 〉 **外貨建取引**

　当社の会計期間は 1／1 ～12/31である。以下の取引について仕訳をおこない，損益計算書を作成する。
(1) X1年10月 1 日：米国からの仕入取引（100ドル，現在の為替相場：1 ドル＝100円，掛け取引）
(2) X1年11月30日：掛代金を現金で決済した（現在の為替相場：1 ドル＝120円）
※なお，損益計算書を作成するための追加情報として，(1)で仕入れた商品が，今期中に現金ですべて売れたと仮定する。またその売上高は20,000円であったと仮定する。

第13章 外貨換算の会計 | 299

≪仕訳≫

		一取引基準				二取引基準		
	借方		貸方		借方		貸方	
(1)仕入	仕入	10,000	買掛金	10,000	仕入	10,000	買掛金	10,000
(2)換算	仕入	2,000	買掛金	2,000	為替差損	2,000	買掛金	2,000
決済	買掛金	12,000	現金	12,000	買掛金	12,000	現金	12,000

図表13－1 ■為替レートの推移と仕入債務の換算

	(1)仕入時（10/1）	(2)代金決済時（11/30）
為替レート	1ドル＝100円	1ドル＝120円
仕入債務の換算	買掛金100ドル →円建：100×100＝10,000円	買掛金100ドル →円建：100×120＝12,000円

図表13－2 ■P/L に与える影響

	一取引基準		二取引基準	
X1年度の損益計算書	売上高	20,000	売上高	20,000
	売上原価	12,000	売上原価	10,000
	売上総利益	8,000	売上総利益	10,000
	販売費及び一般管理費 0		販売費及び一般管理費 0	
	営業利益	8,000	営業利益	10,000
	営業外損益	0	為替差損	2,000
	経常利益	8,000	経常利益	8,000
為替レート変動の影響	売上原価の修正（仕入金額の修正）と捉える		財務活動の巧拙と捉える	

　設例13－1のポイントは，(1)の仕入時には，取引発生時のレート（1ドル100円）で仕入の会計処理をするとしても，(2)の決済時には為替レートの変動があるため，買掛金の減少や現金支出に伴う金額をどのように処理するかという点である（**図表13－1**参照）。

　ここで，**一取引基準**とは，外貨建取引とそれに伴う債権債務の決済取引を，同じ取引として一体とみなす方法をいう。**二取引基準**とは，輸出入などの外貨建取引とそれに伴う債権債務の決済取引は，別の取引であると考える方法をいう。

　「仕入取引」と「代金決済取引」とを一体のものと捉える場合（一取引基準）には，(2)における買掛金の換算に係る相手勘定は「仕入」勘定となる。つまり，為替レート変動の影響を**売上原価の修正**（仕入金額の修正）として捉える。一方，

別の取引として捉える場合（二取引基準）には，「為替差損」勘定となる。つまり，為替レート変動の影響を**財務活動の巧拙**を表すものとして捉える。

　そして，このような違いは，損益計算書における損益の区分計算に影響を与える。具体的には，**図表13－2**（P/Lに与える影響）に示されるとおり，一取引基準においては，為替レート変動の影響が売上原価に影響を与える。このため，売上総利益は8,000となる。一方，二取引基準においては，為替レート変動の影響が財務活動たる営業外損益に影響を与える。このため，売上総利益は10,000であるものの，経常利益の段階で為替差損2,000の影響が反映されることになる。

　ここで，現行の会計ルールは，一取引基準では，決済が完了するまでは，収益費用の金額が確定できないという実務的な欠陥があることなどから，外貨建取引とそれに伴う債権債務の決済取引は，別の取引であると考え，二取引基準を採用している（「外貨基準」一・2⑵，3）。

　これは，具体的には，設例13－1では，⑴で仕入れた商品が，今期（X1年度）中に現金ですべて売れたと仮定していた。しかし，もし仮に商品販売が翌期になされた場合は，売上原価の計上も翌期になることから，一取引基準と二取引基準とでは，為替レート変動の影響がそれぞれ別の会計期間に及ぼされることになる。具体的には，**図表13－3**のようになる。

　すなわち，まず一方，一取引基準では，販売のなされる期になってはじめて（売上原価の調整というかたちで）為替レート変動の影響が損益計算書に登場する（X2年度の損益計算書における「売上原価12,000」）。また他方，二取引基準では，為替レート変動の影響が販売前の期の損益計算書に，財務損益（営業外損益）として損益計算書に登場することになる（X1年度の損益計算書における「為替差損2,000」）。いずれの方法を採用したとしても，2期間通算しての合計の利益は同じとなるが（図表13－3の一番下の行「X1，2年度の利益合計」参照。どちらも8,000となっている），しかし，どちらの方法を採用するかによって，損益の期間帰属が変わる可能性があることに注意しておきたい。

第13章　外貨換算の会計 | 301

図表13－3 ■ P/L に与える影響：商品販売が翌期となるケース

	一取引基準		二取引基準	
X1年度の損益計算書	売上高	0	売上高	0
	売上原価	0	売上原価	0
	売上総利益	0	売上総利益	0
	販売費及び一般管理費	0	販売費及び一般管理費	0
	営業利益	0	営業利益	0
	営業外損益	0	為替差損	2,000
	経常利益	0	経常利益	△2,000
X2年度の損益計算書	売上高	20,000	売上高	20,000
	売上原価	12,000	売上原価	10,000
	売上総利益	8,000	売上総利益	10,000
	販売費及び一般管理費	0	販売費及び一般管理費	0
	営業利益	0	営業利益	10,000
	営業外損益	0	為替差損	0
	経常利益	8,000	経常利益	10,000
X1，2年度の利益合計	第1期0＋第2期8,000 = **8,000**		第1期△2,000 + 第2期10,000 = **8,000**	

3 ■ 期末時における換算

　次に，期末時における換算について述べる。期末において，外貨建の貸借対照表項目が存在する場合には，決算にあたり，その円換算額を検討する必要がある。

　ここで，理論的には，**図表13－4** に示されるようないくつかの考え方がある。なお，取得時または発生時の為替相場を HR（Historical Rate），決算時の為替相場を CR（Current Rate），期中平均相場を AR（Average Rate）と表現する。

　図表13－4 に示されるとおり，期末時における外貨換算の方法としては，何らかの資産負債の分類に従い会計処理する**流動・非流動法**（流動資産は CR，非

図表13－4 ■外貨換算の会計処理の考え方

		現　金	棚卸資産	設備資産
資産分類に注目	流動・非流動法	CR	CR	HR
	貨幣・非貨幣法	CR	HR	HR
測定値の属性に注目…テンポラル法		CR	HR	HR
現地主義の採用…決算日レート法		CR	CR	CR

302 | 第3部 財務会計の応用論点

流動資産は HR とする方法）や，**貨幣・非貨幣法**（貨幣性資産は CR，非貨幣性資産は HR とする方法）のほか，測定値の属性に注目する**テンポラル法**（取得原価や公正価値などの測定属性に合わせて CR，HR 換算を使い分ける方法），さらには**現地主義**のもと，決算日の為替レートで一律に換算する**決算日レート法**など，さまざまなものが挙げられる。

　ここで，先に確認した換算の定義や趣旨からすると，純理論的には，資産や負債の分類よりも，換算される測定値自体の属性と換算レートとの整合性を図ることができるという理由から，テンポラル法が最も望ましいことになる。

　しかしながら，実際の会計基準においては，さまざまな経済環境や資産・負債の保有意図などを勘案して，**図表13－5**に示されるような会計処理が求められている（「外貨基準」一・2）。

図表13－5 ■期末時における外貨建の貸借対照表項目の換算

項　　目	換　算　方　法
外国通貨	CR 換算
外貨建金銭債権債務 （外貨預金も含む）	CR 換算 （自社発行の転換社債は HR） 二取引基準の採用
外貨建有価証券	有価証券の保有目的により，以下のように換算する。 ・売買目的有価証券：外貨での時価×CR ・満期保有目的の債券：償却原価×CR 　　　　　　　　　　※償却原価法の償却額は AR ・その他有価証券：外貨での時価×CR ・子会社株式・関連会社株式：取得原価×HR ※強制時価法（いわゆる減価処理）後の処理： 　　　　　　　　　外貨での時価 or 実質価額×CR
デリバティブ	外貨での時価×CR

ここでは，次の**設例13－2**をもとに具体的に考えてみよう。

設例13－2　外貨建有価証券

　以下の資料に基づき，決算時に必要となる仕訳をそれぞれ示しなさい。
（資料）
　当社が期末に保有している外貨建有価証券は以下のとおりである。なお，これらの株式は，すべて今期中に取得したものであり，期末日の為替相場（CR）は，100円/ドルである。また，期中平均レート（AR）は99円/ドルとする。なお，税効果会計の影響は考えないものとする。

銘柄	区　分	帳簿価額	期末時価	市場価格	備考
S社株式	売買目的有価証券	12,500千円	140千ドル	あり	
T社株式	その他有価証券	5,000千円	100千ドル	あり	※1参照
U社株式	満期保有目的の債券	92,150千円	—	なし	※2参照

(※1)　当社はT社株式について，相互持合い目的で，発行済総株式数の5％を保有している。

(※2)　当期首に，額面1,000千ドル，期間3年の外貨建社債を発行価額970千ドルで引き受けたものである。なお，額面と発行価額との差額は金利の調整額の性格を有するため，償却原価法（定額法）で評価するものとする。

≪仕訳≫

	借　　方	金額	貸　　方	金額
S社株式	売買目的有価証券	1,500	有価証券評価損益	1,500
T社株式	その他有価証券	5,000	その他有価証券評価差額金	5,000
U社株式	満期保有目的債券	990	有価証券利息	990
	満期保有目的債券	4,860	為替差益	4,860

　まず，各有価証券の保有目的（区分）を確認すると，S社株式が売買目的有価証券，T社株式がその他有価証券，および，U社株式が満期保有目的の債券となる。これらを前提に，以下，個別に有価証券の会計処理を確認していく。

　S社株式は，売買目的有価証券に該当するため，期末時に時価評価をおこなう。ここでは，**CR換算**が重要になる。すなわち，期末の円貨ベースの時価は，外貨ベースの時価にCRを乗じることで，「外貨ベースの時価140千ドル×CR100円/ドル＝14,000千円」と算定できる。よって，期末時円貨ベースの時価14,000千円と帳簿価額12,500千円とを比較して，有価証券評価損益は，「14,000千円−12,500千円」より，1,500千円（益）と算定される。

　次に，T社株式は，その他有価証券に該当するため，時価評価をおこない，かつ，その評価差額を純資産に直入する会計処理をおこなう。まず，円貨ベースの期末時価を算定する。具体的には，「T社株式の当社保有分の円貨ベースの期末時価＝期末時価100千ドル×CR100円/ドル＝10,000千円」となる。よって，評価差額は，「期末時価10,000千円−帳簿価額5,000千円＝5,000千円」と算定できる。

　最後に，U社株式は，満期保有目的の債券に該当する。この場合，①償却原価法により有価証券利息を計算する部分（期中を通じて時間的な損益が発生していると考えて，換算にはARを用いる）と，②為替差損益を計算する部分（換算

図表13-6 ■外貨建満期保有目的債券：償却原価法の適用

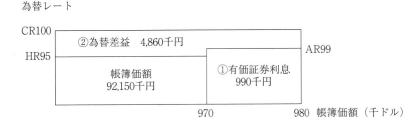

にはCRを用いる）という2つに分けて考える必要がある。具体的には，両者は，**図表13-6**のような関係になる。

まず設例13-2の（※2）において，当該債券は，「当期首に，額面1,000千ドル，期間3年の外貨建社債を発行価額970千ドルで引き受けたもの」とあり，かつ，帳簿価額が「92,150千円」であることから，当期首の為替レート（HR）は，「92,150千円÷970千ドル＝95円／ドル」と推論できる（であるから，図表13-6の為替レートのHRは「95」と表記されている）。これを前提に，最初に，①償却原価法により有価証券利息を計算する部分を考える。外貨ベースでの金利の調整としての性格を有する部分の全体は，「額面1,000千ドル－発行価額970千ドル＝30千ドル」となる。この今期計上分が，償却原価法により積み上げる有価証券利息に該当する。ここで，今期末までに「12ヵ月／36ヵ月」が経過しているため，償却原価法（定額法）によるドル建ての今期末簿価を計算すると，以下のようになる。

ドル建ての今期末簿価（ドル建ての償却原価）
＝取得時970千ドル＋［金利調整分30千ドル］×（12ヵ月／36ヵ月）＝980千ドル

そして，980千ドルと発行価額970千ドルとの差額10千ドルが，今期に積み上げるべき有価証券利息の金額となる。ここで，有価証券利息は，期中に平均的に発生していると考えられるため，為替レートとしてはARを用いる。このことから，有価証券利息の金額は，以下のように算定される。

有価証券利息＝10千ドル×AR 99円／ドル＝990千円

次に，②為替差損益を計上する部分を考える。これは，ドル建ての償却原価980千ドルをCRで換算した金額から，先の有価証券利息部分および帳簿価額

部分を差し引くことで算定できる。

為替差損益＝償却原価980千ドル×CR100円／ドル－（帳簿価額92,150千円＋有価証券利息990千円）＝4,860千円

> ［＊2］　もし設例13－2において，税効果会計の影響を考慮する場合には，その他有価証券の評価差額に税効果会計を適用する必要がある。たとえば実効税率を30％と仮定すると，具体的には，以下の計算が必要となる。
> 　　繰延税金負債＝評価差額5,000千円×実効税率30％＝1,500千円
> 　　その他有価証券評価差額金＝評価差額5,000千円－繰延税金負債1,500千円＝3,500千円
> 　　よって，仕訳は以下のようになる。

	借　　方	金額	貸　　方	金額
Ｔ社株式	その他有価証券	5,000	その他有価証券評価差額金 繰延税金負債	3,500 1,500

4 ■ 為替予約の会計処理

4－1　為替予約とは

　本節では，為替予約の会計処理について述べる。1で述べたとおり，為替相場の変動は，企業にとって大きなリスク要因であり，売上債権の減少や仕入債務の増加につながるおそれがある。

　たとえば，以下の例を考える。もし仮に外貨建てで商品を10ドルで売上げ，代金は掛けとする状況を想定し，かつ為替レートが徐々に円高に推移していく（たとえば，売上時に1ドル＝110円だったものが，決済日には1ドル＝80円へと推移する）と仮定しよう。そうすると，**図表13－7**のように，為替レートが円高に推移していくにつれて，売掛金の円貨ベースの価値は，徐々に減少していくことがみてとれる。そしてそうであれば，企業にとっては，当初の為替レートでは1,100円の収入が期待されたところ，実際には800円のキャッシュ・インフローしか得られないという事態に陥ってしまう。

図表13-7■為替レート変動と売上債権価値：為替予約をおこなわない場合

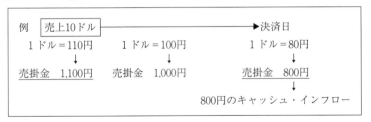

そこで，このような事態に対処するのが為替予約である。ここで，**為替予約**とは，為替リスクに対処するために，外貨と円貨を交換する際に適用される為替相場をあらかじめ予約しておくことをいう。これは，一種のデリバティブ（外貨の「売り」（put）または「買い」（call）の先物取引）である。たとえば，図表13-7の例を前提に，決済日前の1ドル＝100円の時に為替予約をおこなった（「決済日に1ドルを95円で取引する（売る）という契約」を締結した）とすると，**図表13-8**のようになる。

図表13-8■為替レート変動と売上債権価値：為替予約をおこなう場合

ここで，為替予約で取引される為替相場のことを「**先物為替相場**」とよぶ（これに対して，通常の為替相場のことを，「**直物（じきもの）為替相場**」とよぶ）。もし「決済日の先物為替相場」が，この時点で1ドル95円として，その金額で為替予約を締結したとすると，売掛金の金額は，950円（＝10ドル×95円）で固定され，かつ，決済日にはその価値のまま決済がなしうる（950円のキャッシュ・インフローが得られる）。よって，為替予約をしない場合のキャッシュ・インフロー（800円）と比べると，差額の150（＝950－800）円分だけ，為替相場変動による価値下落を食い止めることができたといえる。

このように，為替予約をおこなうことで，為替変動リスク，つまり，この例でいえば，円高による売上債権の価値下落（最終的なキャッシュ・インフロー減少）リスクに対処することができるのである。

［＊３］　なお，取引発生前に為替予約を付した場合には，本体部分の取引はまだ会計処理をおこなっていないことから，為替予約部分をデリバティブとして処理することになる。デリバティブの会計処理については，第10章9を参照。

［＊４］　先物為替相場は，各国間の金利差を反映したものである。たとえば，現在の直物為替相場を「1ドル＝100円」と仮定する。そして，日本の金利水準が5％，米国の金利水準が10％であると仮定する。ここで，日本円で資金運用した場合の1年後の資金は，「100円×1.05＝105円」となる。他方で，米国ドルで資金運用した場合の1年後の資金は，「1ドル×1.1＝1.1ドル」となる。そしてもしこれが釣り合う水準で1年後の為替レートが決定されると仮定するならば，「1.1ドル＝105円」となり，「1ドル＝105/1.1＝95.45ドル」と計算される。そしてこれが，1年後の先物為替相場となる。

４－２　為替予約の会計処理：独立処理と振当処理

　次に，具体的な会計処理を確認する。取引発生後の為替予約の会計処理は，デリバティブとしての特徴を重視するか，それとも換算に伴う換算差額の期間配分を重視するかで，以下のように2つある。

・デリバティブとしての特徴を重視→独立処理（原則）
・換算に伴う換算差額の期間配分を重視→振当処理

　まず，**独立処理**とは，為替予約のデリバティブとしての性質を重視し，為替予約部分と本体の営業取引とを別個に考え，為替予約部分にヘッジ会計を適用して処理することをいう。これは要するに，第10章9で確認した金融商品の会計処理（「金融商品基準」第25項）が適用されることになる。また他方，**振当処理**とは，換算に伴う換算差額の期間配分を重視し，為替予約部分と本体の営業取引とを一体として捉え，為替予約によって確定した日本円の金額を，外貨建取引に振り当てて処理することをいう。

　ここで，為替予約が為替リスクのヘッジを目的としたデリバティブであることを重視すると，原則的には独立処理を採用することが望ましい。しかし，期間損益計算の適正化の観点からすると，振当処理の適用も例外的に認めることができると考えられる（「外貨基準」一・1および2(1)，注6）。以下では，振当処理について，具体的な**設例13－3**にて確認しよう。

308 | 第3部 財務会計の応用論点

> **設例13－3** 為替予約：振当処理
> (1) 11/1（売上） 外貨建てで商品を10ドル売上げ，代金は掛けとした。直物為替相場＝110円
> (2) 12/31（為替予約） 当該売掛金について，為替予約を付した。なお，為替予約については振当処理を採用する（月割計上）。直物為替相場＝100円，決済日の先物為替相場＝95円
> (3) 2/28（決済）当該売掛金を決済した（便宜上，全額現金で受け取るものとする）。直物為替相場＝80円
> ※当社の会計期間は，4/1～3/31である。

≪仕訳≫

	借方	金額	貸方	金額
(1)11/1（売上）	売掛金	1,100	売上	1,100
(2)12/31（為替予約）	為替差損 前払利息	100 50	売掛金	150
(3)2/28（決済）	現金 為替差損	950 50	売掛金 前払利息	950 50

図表13－9■設例13－3のタイムスケジュール

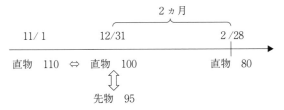

設例13－3では，「振当処理」を行う旨の指示があるため，以下では，それに従った会計処理をおこなう。(1)について，売掛金と売上高の計上金額は，それぞれ「10ドル×110円/ドル＝1,100円」と計算できる。

次に(2)について，為替レートの推移を整理すると，**図表13－9**になる。図表13－9のヨコ矢印で表現される**直直差額**（11/1の直物為替相場110円/ドルと12/31の直物為替相場100円/ドルとの差額＝10円/ドル）は，当期の損益へ算入されることになる。具体的には，「直直差額（10円/ドル）×10ドル＝100円」が，為替差損として借方計上される。

また，図表13－9のタテ矢印で表現される**直先差額**（12/31の直物為替相場

100円/ドルと12/31の「決済日における先物為替相場」95円/ドルとの差額＝5円/ドル）は，期間配分される（これがまさに「振当処理」の「振当」の意味になる）。ここでは，問題文の指示に従い月割りで配分計算をおこない，具体的には，「直先差額5円/ドル×10ドル＝50円」の金額を，12月31日から2月末までの2ヵ月で期間配分する。そのため，(2)では，いったん全額を「前払利息」として計上する。ここで前払利息を計上するのは，直先差額が金利差，つまり利息調整分の意味合いを含んでいると考えるからである（［＊4］を参照）。

そして最後に(3)では，決済がなされる。為替予約を付した段階で，売掛金の金額は950円で確定しているため，この金額で決済がなされる。また，先にいったん前払利息として計上していた直先差額分50円が，時の経過とともに為替差損になると捉えて，前払利息から為替差損へと振り替える仕訳がなされる。

［＊5］ 設例13－3において，もし仮に為替予約をおこなわないと仮定した場合の仕訳は，以下のようになる（なお，通常であれば，期中の12/31には仕訳をしないが，ここでは比較のために，あえて12/31に為替レート変動を捉える仕訳をおこなうものとする）。
【仕訳】

	借方	金額	貸方	金額
(1)11/1（売上）	売掛金	1,100	売上	1,100
(2)12/31（為替変動）	為替差損	100	売掛金	100
(3)2/28（決済）	為替差損	200	売掛金	200
	現金	**800**	売掛金	800

ここでは，(3)決済時における現金の金額に注目しよう。為替予約をおこなわない場合の現金収入は800となり，為替予約をおこなった場合の現金収入950に比べて150だけ減少してしまっていることがわかる。

［＊6］ 設例13－3において，もし仮に決済日が決算日のあとに到来する場合はどうなるか考えてみよう。たとえば，決済日が決算日後の5/31であると想定した場合のタイムスケジュールは，以下のようになる。

＜設例13－3のタイムスケジュール part 2：決済日が決算日の後にある場合＞

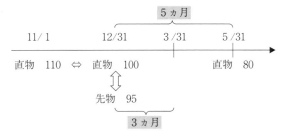

310 | 第3部 財務会計の応用論点

　この場合には，決済日までの期間がトータルで5ヵ月となり，かつ為替予約締結後3ヵ月で決算日を迎える。よって，直先差額分50円を5ヵ月で配分し，そして，そのうち3ヵ月分だけを決算日に為替差損へと振り替える仕訳をおこなうことになる（残り2ヵ月分は，決済日に為替差損へと振り替えられる）。つまり，月割りしたうえでの決算日までの振当額は，「50円×（3／5ヵ月）＝30円」となる。これらを踏まえると，この場合の仕訳は，以下のようになる。

＜仕訳：決済日が決算日の後にある場合＞

	借方	金額	貸方	金額
(1)11／1 （売上）	売掛金	1,100	売上	1,100
(2)12/31 （為替予約）	為替差損 前払利息	100 50	売掛金	150
3/31 （決算日）	為替差損	30	前払利息	30
(3)5/31 （決済）	現金 為替差損	950 20	売掛金 前払利息	950 20

5 ■ 在外事業体の財務諸表項目の換算

　本節では，在外事業体の財務諸表項目の換算について検討する。在外事業体としては，本国法人の個別財務諸表に取り込まれるか否かで，大きく2つに分類できる（**図表13－10**）。まず，「取り込まれる」ものとして**在外支店**が挙げられる。在外支店の財務諸表は，最終的に本支店会計の適用により，本国本店の個別財務諸表に取り込まれることになる。このため，基本的には本国本店の個別財務諸表と同じ換算処理が必要となる。そしてこのような考え方を，**本国主義**という。

　他方，「取り込まれない」ものとして**在外子会社**が挙げられる。在外子会社の財務諸表は，最終的には連結財務諸表としてグループ会社全体の財務諸表には取り込まれるものの，しかし本国本店の個別財務諸表には取り込まれない。このため，本国本社の換算処理に縛られずに換算をおこなうことができる。そしてこのような場合に，（もちろん先と同様に本国主義に依拠し，本社に準拠した換算をおこなうこともできるが，他方で）在外子会社が，本国とは異なる経済環境で別個独立した経済活動をおこなっていることを重視するならば，本社とは独立した換算処理をおこなうことも可能となるはずである。特に現地通貨ベースで計算される諸々の財務比率を，換算で変化させることがないようにすることが望ましい。そしてこのような考え方を，**現地主義**という。よって，現地主

義のもとでは，原則的には，親子会社間取引を除いて，各項目を**期末日レート**で換算することになる。現行の会計基準においては，在外子会社の独立性を重視して，現地主義のもと換算処理をおこなう（「外貨基準」三・1〜3）。

図表13−10■在外事業体の分類

本国法人の個別財務諸表に取り込まれるか

- 取り込まれる →在外支店
  （本国個別財務諸表と同じ
  換算処理が必要：<u>本国主義</u>）
- 取り込まれない →在外子会社
  （本国個別財務諸表とは独立して
  換算処理が可能：
  ・本国本社に合わせる→本国主義
  ・本国本社とは独立して考える→<u>現地主義</u>）

コラム13−1 換算のパラドックス

　在外事業体の外貨換算会計処理について，本国主義の立場からテンポラル法を採用する場合には，特に為替相場の変動が激しい場合には，「**換算のパラドックス**」が生じうる。これは，換算前の外貨表示の財務諸表では黒字であるにも関わらず，本国通貨への換算後には，赤字となってしまう（もしくはその逆）逆転現象をいう。他方，単一レート法である決算日レート法であれば，このような現象が生じることはない。この点に興味を持たれた読者は，たとえば，青木・澤井・天白・二重作（2017）をあわせて参照。

5−1　在外支店の財務諸表項目の換算

　本節では，在外支店の財務諸表項目の換算について述べる。ここでは，本国主義が重要になる。すなわち，在外支店の財務諸表は，最終的に本支店会計の適用により，本国本店の個別財務諸表に取り込まれることになる。このため，基本的には本国本店の個別財務諸表と同じ換算処理が必要となる。

　他方で，本店・支店間の取引は，支店においては「本店」勘定，本店においては「支店」勘定を用いてそれぞれ処理し，両者は必ず（反対方向で）一致するしくみになっている（**図表13−11**）。このことから，在外支店における「本店」勘定の換算レートは，本店での「支店」勘定における換算レートに合わせる必要がある。

図表13-11 ■本支店会計における本店勘定と支店勘定

| 本店 | 期中取引 | 「支店」勘定で整理 |
| 支店 | 期中取引 | 「本店」勘定で整理 |

本支店間取引

そのほか，本店の財務諸表では登場していない項目については，テンポラル法を採用し，それぞれ適切な換算レートを用いることになる（「外貨基準」二・1，2）。

また，**図表13-12**は，具体的な換算の流れを示している。

図表13-12　在外支店における財務諸表項目の換算の流れ

図表13-12に示されるとおり，まずはB/Sの資産負債項目の換算をベースとして，財産法にて純利益を計算する。そして，財産法で計算された利益額をP/Lに当てはめたうえで，P/L項目の換算をおこない，その最終的な差額として生じた金額を為替差損益とする。

なお，このようにB/S項目から換算していき最後にP/L上で換算の最終結果たる為替差損益が決まるように計算していくのは，本国主義の考え方にも適う。すなわち，本国の本店からして，一番知りたいのは，さまざまな要因を調整したうえで，結局のところ，在外支店の為替リスクをどの程度コントロールできていたのか，ということである。そしてその指標が，まさに為替差損益になる。であるから，まずはさまざまな要素を先に換算しておいて，それらを包括した最終差額として為替差損益が計算される，という流れになっているのである。

このような流れを，次の**設例13-4**にて具体的に確認しよう。

設例13-4　在外支店の財務諸表項目の換算

次の資料に基づき，S社の在外支店の貸借対照表および損益計算書の換算をおこないなさい。

第13章　外貨換算の会計　313

（**資料1**）在外支店における外貨ベースの財務諸表項目の金額

貸借対照表項目	外貨建（ドル）
〔借方〕	
外貨建預金	100
棚卸資産	50
〔貸方〕	
買掛金	50
本店	50
当期利益	50

損益計算書項目	外貨建（ドル）
売上高	400
売上原価	300
販売費及び一般管理費	50
当期利益	50

（**資料2**）各項目に係る取引について
・S社は今期に設立されたものであり（今期が第1期目となる），「本店」勘定の50ドルは設立時（期首）に計上された金額である。なお，本店側では，当該金額はHR＝90円/ドルで換算している。
・売上原価合計金額は，「期首棚卸資産＋当期仕入－期末棚卸資産」で計算され，全てARで換算するものとする。

（**資料3**）為替レート

項目	金額
HR（設立時）	90円/ドル
AR	100円/ドル
CR	110円/ドル

≪解答≫

財務諸表項目	外貨建	換算レート	借方（円）	貸方（円）
貸借対照表項目				
外貨建預金	100	CR	110	11,000	
棚卸資産	50	AR	100	5,000	
買掛金	50	CR	110		5,500
本店	50	HR	90		4,500
当期利益	50				6,000 (※1)
合計				16,000	16,000
損益計算書項目					
売上高	400	AR	100		40,000
売上原価	300	AR	100	30,000	
販売費及び一般管理費	50	AR	100	5,000	
為替差損益					1,000 (※3)
当期利益	50			6,000 (※2)	
合計				41,000	41,000

（※1）：貸借差額で計算（財産法）
（※2）：（※1）の金額をそのまま計上（∵クリーン・サープラス関係）
（※3）：一番最後に貸借差額で計算

314 | 第3部　財務会計の応用論点

　解答に示されるとおり，まずはB/Sの資産負債項目の換算をベースとして，財産法にて純利益を計算する。（※1）がこれに該当し，利益額は6,000となる。ここでは問題文の指示どおり，棚卸資産は（AR換算する損益計算書の売上原価とリンクしていることから）AR換算し，また本店勘定も（本店における支店勘定でHRを用いていることから，残高が相互で一致するように）HRで換算することに注意しよう。

　そして，（※2）に示されるとおり，財産法で計算された利益額6,000をP/Lに当てはめたうえで，P/Lのその他の項目の換算をおこなう。ここでも問題文の指示どおり，P/L項目は，ARで換算をおこなう。そのうえで，（※3）に示されるとおり，それらの最終的な差額として生じた金額1,000が，為替差損益となる。

　ここで，以上をまとめるかたちで，在外支店における項目別に適用される換算レートをまとめると，**図表13－13**のようになる（「外貨基準」二・1～3）。

図表13－13■在外支店の財務諸表項目に適用される換算レート

項　　　目	換　算　レ　ー　ト
通貨，金銭債権債務，有価証券，デリバティブ	本店と同様の換算方法による
取得原価で記録された棚卸資産，事業資産等	HR ※取得原価以外が付された項目：当該価額が付された時のレート ※低価法の適用，または，時価の著しい下落により，期末に評価減された棚卸資産：外貨での時価（or実質価額）×CR（『外貨建取引等会計処理基準』注解11）
収益・費用	計上時のレート （ARも適用可能。「外貨基準」二・1，注解12）
前受金・前受収益の収益化額	HR（取得原価以外が付されたものは，その価額が付された時のレート）
棚卸資産・事業資産等の費用化額	HR（取得原価以外が付されたものは，その価額が付された時のレート）
本店との取引	本店財務諸表で用いられているレート

　［＊7］　なお，非貨幣性項目の額に重要性がない場合には，本店勘定以外の全項目をCRで換算できる。このとき，損益項目もCRで換算できる（「外貨基準」二・2）。

5－2　在外子会社の財務諸表項目の換算

5－2－1　概要と会計処理

　以下では，在外子会社の財務諸表項目の換算について述べる。先に述べたとおり，在外子会社の換算としては，**現地主義**に準拠し，**決算日レート法**を採用する。すなわち，在外子会社は，独立事業体としての性格が強く，基本的な方針は親会社に従うものの，現地で自己完結した経済活動を営んでいることが多いと考えられる。このため，会計上の換算においても，独立事業体としての性格を重んじるような方針を採ることが望まれる。そこで，（親会社との取引等については，対応する親会社の決算書で用いられている換算レートを用いるものの）親会社との取引等以外については，決算日のレート（CR）を期末貸借対照表項目に，また期中平均レート（AR）を損益計算書項目の換算に，それぞれ用いることで，現地での独立性を尊重した換算をおこなうことができる（**図表13－14**）。

図表13－14■在外子会社の財務諸表項目の換算

```
在外子会社→現地主義→決算日レート法
             B/S：CR，P/L：AR
             （親会社取引を除く）
```

　また，ここで財務諸表換算の具体的流れを示すと，**図表13－15**のようになる。

図表13－15■財務諸表換算の具体的流れ

```
①P/Lの換算 →→→ ②株主資本等変動計算書の換算 →→→ ③B/Sの換算
純利益 → 利益剰余金「期中変動」→ 株主資本等「期末残高」→ 為替換算調整勘定
```

　すなわち，まず①損益計算書項目を AR 換算し，その差額として純利益を計算する。次に②株主資本等変動計算書（第12章5を参照）において，①で計算された利益を，「利益剰余金」の「期中変動」項目とする。そのうえで株主資本等の「期末残高」を計算し，それらの金額を③貸借対照表項目の純資産の部に当てはめる。そして，その他の貸借対照表項目を CR 換算する。

　このプロセスにおいて，最終的な③貸借対照表の貸借差額により，「**為替換**

316 | 第3部　財務会計の応用論点

算調整勘定」が計上される（「外貨基準」三・4）。これは、計算構造的には、資産および負債をCR換算して生じる差額（純資産額）と、純資産の部をHRで換算した額（ただし、利益剰余金のうち、当期純利益部分は、損益計算書における収益費用をARで換算した際の差額となる）との差分になる。為替換算調整勘定は、現行の会計基準によれば、純資産の部における「評価・換算差額等」の区分に計上される（「純資産基準」第8項）。

　なお、在外子会社での計算がP/Lからスタートし、最終的にB/Sにおいて、すべての換算の結果を包括して為替換算調整勘定が計算されるという一連の流れは、現地主義の考え方にも適う。つまり、現地主義の考え方からすると、決算書の諸々の財務比率を変えないように換算をおこなう必要があるため、為替差損益を先に確定（P/Lの換算を先に済ませる）したうえで、最後に諸々の調整分をB/Sの為替換算調整勘定で収容することが望ましいことになる。

　以上を踏まえて、以下では具体的な**設例13-5**をもとに考えてみよう。

▍設例13-5　　**在外子会社の財務諸表項目の換算**

　以下の資料1および資料2により、在外子会社等の財務諸表項目の換算において、子会社の貸借対照表に計上される為替換算調整勘定の金額を求めなさい。

（資料1） 外貨ベースの子会社の財務諸表

子会社の損益計算書

費用	60千ドル	収益	80千ドル
当期純利益	20千ドル		

子会社の貸借対照表

資産	500千ドル	負債	230千ドル
		資本金	100千ドル
		資本剰余金	100千ドル
		利益剰余金	70千ドル

子会社の株主資本等変動計算書

	資本金	資本剰余金	利益剰余金
期首残高	100千ドル	100千ドル	50千ドル
期中変動			当期純利益 20千ドル
期末残高	100千ドル	100千ドル	70千ドル

（資料2） 為替レート

項目	金額
HR（株式取得時）	90円/ドル
AR	100円/ドル
CR	110円/ドル

第13章　外貨換算の会計　317

> ※ HR は，資本金，資本剰余金，および，利益剰余金（期首残高のみ）に用いる。
> ※損益計算書の換算には，すべて AR を用いる。

≪解答≫　5,200千円

　ここで，設例13－5の具体的な計算プロセスは，**図表13－16**に示される。

図表13－16■設例13－5の具体的計算プロセス

子会社の損益計算書

費　用 60千ドル×AR100円/ドル＝6,000千円	収　益 80千ドル×AR100円/ドル＝8,000千円
当期純利益 **（貸借差額）2,000千円**	

子会社の株主資本等変動計算書

	資本金	資本剰余金	利益剰余金
期首残高	100千ドル×HR90円 /ドル＝9,000千円	100千ドル×HR90円 /ドル＝9,000千円	50千ドル×HR90円/ ドル＝4,500千円
期中変動			**当期純利益** **2,000千円** **【損益計算書より】**
期末残高	100千ドル×HR90円 /ドル＝9,000千円	100千ドル×HR90円 /ドル＝9,000千円	6,500千円（合計）

子会社の貸借対照表

	負債 230千ドル×CR110円/ドル 　＝25,300千円
資　産 500千ドル×CR110円/ドル 　＝55,000千円	資本金　100千ドル×HR90円/ドル 　＝9,000千円
	資本剰余金100千ドル×HR90円/ドル 　＝9,000千円
	利益剰余金　6,500千円 **【株主資本等変動計算書より】**
	為替換算調整勘定 5,200千円（貸借差額）

　ここで注目したいのは，どの計算書から換算していくかという点である。先に図表13－15（財務諸表換算の具体的流れ）で確認したとおり，ここでは，「①P/L →②株主資本等変動計算書→③ B/S」という流れで換算をおこなう。そうすると，最終的に B/S の換算差額として，為替換算調整勘定が計算されるこ

318 第3部 財務会計の応用論点

とになる（5,200千円）。これは，先に述べたとおり，現地主義の考え方としては，決算書の諸々の財務比率を変えないように換算をおこなう必要があるため，為替差損益を先に確定（P/Lの換算を先に済ませる）したうえで，最後に諸々の調整分を為替換算調整勘定で収容することが望ましいからである。

ここで，在外子会社の財務諸表項目に適用される換算レートをまとめると，**図表13−17**のようになる。

図表13−17■在外子会社の財務諸表項目に適用される換算レート：決算日レート法

項　　　　　目		換算レート
B/S 資産および負債		CR
親会社に対する債権債務		親会社が換算に用いるレート
株主資本等	親会社による株式取得時における項目	株式取得時レート（HR）
	親会社による株式取得後に生じた項目	当該項目の発生時のレート（HR）
収益および費用		原則 AR（CR でもよい）
親会社との取引による収益および費用		親会社が換算に用いるレート

［＊8］　設例13−5では，暗黙の前提として100％子会社を想定し，かつ連結の会計処理を想定していなかったが，在外子会社に対する議決権保有割合が100％よりも小さい場合には，連結財務諸表作成のための調整仕訳において，その保有割合を加味したうえで為替換算調整勘定を計上する必要がある。

たとえば，設例13−5において，親会社の在外子会社に対する保有割合が80％であったと仮定すると，以下のような処理が必要になる。

　　［（借）為替換算調整勘定　1,040（貸） 非支配株主持分 　1,040］

　　※為替換算調整勘定の調整額：5,200×（100％−80％）＝1,040

「非支配株主持分」の詳細については，連結会計を学習する第15章で確認するが，為替換算調整勘定を含む資本のうち非支配株主持分割合相当額を非支配株主持分に振り替える処理をおこなう。この結果，非支配株主持分は，全面時価評価法による評価差額を含む在外子会社の現地通貨による資本のうち，非支配株主の持分割合相当額を決算時の為替相場により換算した額と一致する（『外貨建取引等の会計処理に関する実務指針』39項を参照）。

5−2−2　為替換算調整勘定の理論的位置づけ

為替換算調整勘定は，現行制度では純資産の部の「その他の項目」（第12章を参照）として位置づけられる。そしてこれを，会計理論でどのように位置づ

けるかについては，**図表13-18**に示されるとおり，いくつかの考え方がある。

図表13-18■為替換算調整勘定の位置づけ

考え方	説　　　明	B/S 上の位置づけ
繰延勘定説	為替換算調整勘定の本質は，純投資から得られる為替差損益であり，かつ未実現利益→在外事業体の解散等まで繰り延べることが望ましい	資産または負債
資本修正説	為替レート変動は，物価変動による貨幣の一般購買力の変化→為替換算調整勘定の本質は資本修正	株主資本（資本剰余金）
包括利益説	為替換算調整勘定の本質は，純投資から得られる為替差損益であり，かつ未実現利益→しかし，資産性・負債性を充たさない	未実現損益として包括利益計上（ただし，このように考える場合は，リサイクルが前提）
評価勘定説	為替換算調整勘定の本質は，CR 以外で換算した資産・負債の評価勘定	資産または負債の控除項目として表示

　図表13-18に示されるとおり，為替換算調整勘定の位置づけとしては，繰延勘定説や資本修正説などさまざまな考え方がある。そして，それらに依存して，B/S 上の位置づけも変わってくることになる。これらの詳細な議論は，本書の水準を超えるため，ここではこれ以上の議論は控えるが，いずれにせよ，①為替換算調整勘定の金額がどのような差額として生じるのか，そして，それをどのように捉えるのかということが理論的に重要であること，そして，②会計基準では計上項目が定まっている場合でも，理論的には，他の可能性もありうること，つまり，会計基準は必ずしも絶対的なものではないという点には，くれぐれも留意されたい。

　［＊9］　なお，理論的考え方の詳細については，たとえば，田代（2008）が参考になる。

【対話：考えてみよう】

　本章では，在外子会社の換算から生じる「為替換算調整勘定」は，制度上は，純資産の部の「その他の項目」に計上されることを学んだが，ここで素朴な疑問として，「その他の項目」に計上される各項目（たとえば，「Ⅱ　評価・換算差額等」の「その他有価証券評価差額金」「繰延ヘッジ損益」「土地再評価差額金」「退職給付に係る調整累計額」，そして「為替換算調整勘定」を想定しよう。第12章図表12-4参照）の間には，なにか理論的な関連性があるのだろうか。

　考え方Ａ：これらの間には特に理論的な関連性はなく，単に負債や資本に計上しえないものが，「差額概念」（第12章参照）の中で集められているだけである。

320 | 第 3 部　財務会計の応用論点

考え方B：これらは実は資産負債観の観点から，すべて同一の計上根拠を見い
　　　　　だせるものであり，１つのカテゴリーに収容されることに理論的な
　　　　　意味がある。
　あなたは，考え方AとBをどのように理解するだろうか。また，これら以外
の考え方（考え方CやD）はあり得るだろうか。

■Readings■
外貨換算会計の理論的考え方や制度的変遷に興味がある方へ
小野武美（1998）『外貨換算会計』新世社
井上達男（1998）『アメリカ外貨換算会計論（増補改訂版）』同文舘出版
井上定子（2010）『外貨換算会計の研究』千倉書房
外貨換算だけにとどまらず，広くグローバル社会の中での会計の役割に興味がある方へ
柴健次編（2019）『異文化対応の会計課題―グローバルビジネスにおける日本企業の特徴』同文舘出版

■参考文献■
青木康晴・澤井康毅・天白隼也・二重作直毅（2017）「多国籍企業の財務報告にかかる論点整理―会計
　基準の国際的調和の動向を踏まえて」『金融研究』36(1)：37-74
田代樹彦（2008）「為替換算調整勘定」石川鉄郎・北村敬子編『資本会計の課題』中央経済社，第15章

第14章 ── 企業結合と事業分離の会計

Point

　企業の組織再編の手法である企業結合と事業分離の会計においては，「投資ないし持分の継続（非継続）」という概念が重要になる。よって，その背後にある考え方や，具体的な判定基準について学習しよう。
1．企業の組織再編の手法としては，資本関係の構築（や解消）による方法と，法的な合併や事業分離という手法がある。後者は特に，誰の帳簿上での会計処理を考えるのかを把握する必要がある。→【1・2】
2．企業結合の会計処理については，純理論的には，取得と判定されるか否かで，パーチェス法と持分プーリング法のどちらを採用するのかが変わってくる。またそれを判定する概念として，「持分の継続・非継続」という考え方が重要になる。また現実の会計基準では，パーチェス法のみが原則的に採用されることとなる。→【3】
3．受け入れる資産負債の金額と，合併対価との差額が生じる場合には，「のれん」が生じる場合がある。そしてこれは，借方に計上される「買入のれん」と，貸方に計上される「負ののれん」とに分かれ，会計処理に関する考え方も変わってくる。→【4】
4．事業分離における分離元企業の会計処理については，「売買処理法」と「簿価引継法」とがある。そしてこれも，企業結合と同じく，「投資の継続・非継続」という概念によって，判定することになる。→【5】

Keyword
　企業結合，合併，取得，持分の結合，持分の継続・非継続，パーチェス法，持分プーリング法，事業分離

Questions
1．企業結合について，「持分の継続・非継続」という考え方から，どのような会計処理がありうるか，具体例を示したうえで説明しなさい。
2．のれんについて説明したうえで，借方に計上される「買入のれん」と，貸方に計上される「負ののれん」とに分けて，それぞれの会計処理について説明しなさい。
3．事業分離における分離元企業について「投資の継続・非継続」という考え方から，その会計処理を説明しなさい。

1 ■企業結合と事業分離の会計的意味

　企業は，経営上のさまざまな理由から，企業の**合併・買収**（M&A：Merger and acquisition）や**組織再編**を進める場合がある。たとえば，他社の持つ経営ノウハウを，時間をかけずに得たい場合や，他社の有する事業と自社の有する事業との相乗効果をねらいたい場合，さらには企業規模や売上規模を一気に拡大したい場合などが理由として挙げられる。また，他の財務困窮企業を救済する中で，これらのメリットが比較的安価で得られる場合などに，経営者は，他社を合併・買収することがあり得る。また逆に，経営者は，不採算事業から撤退するために，当該事業を自社から切り離し，他社に買収してもらうという行動をとることもあるだろう。

図表14－1■企業のM&Aや組織再編と企業会計

手　　段	説　　明	会計上の位置づけ	本書での位置づけ
1　資本関係の構築 　　（や解消）	株式で相手を支配 （法人としては別々）	連結会計	第15章
2　法的な合併， 　事業分離	**法人同士を1つにする or事業を切り離す**	**企業結合・事業分離の 会計**	**第14章（本章）**

　このような場合の手段としては，大きく2つに類型化できる（**図表14－1**）。第1は，資本関係の構築（や解消）により企業グループを構築・再編する方法である。つまりこれは，「株式で相手を支配する方法」であり，法人としての存在を別個維持しつつも，相手企業の議決権付株式を一定割合以上保有することを通じて，企業グループを構築する手法である。これは会計的には，「**連結会計**」とよばれる論点となり，次章（第15章）にて議論する。

　第2は，企業合併や事業分離といった法的手法により，法人自体を合体させて1つにしたり，事業を切り離して別法人を作ったりする方法である。これは会計的には，「**企業結合の会計**」，および「**事業分離の会計**」とよばれる論点となり，本章で議論することにする。

　ここで，企業結合と事業分離の会計の全体像をまとめておくと，**図表14－2**のようになる。詳細は次節以降で明らかにする。

第14章　企業結合と事業分離の会計 | 323

図表14－2■企業結合と事業分離の会計の全体像

組織再編行動	主な法的手法	会計上の考え方
企業結合	合併（吸収合併，新設合併）	・取得→パーチェス法 ・持分の結合→持分プーリング法
事業分離	会社分割（吸収分割，新設分割）	・移転事業の清算→売買処理法 ・移転事業の継続→簿価引継法

　［＊1］　企業結合と事業分離に関する会計基準における定義は，以下のとおりである。
・**企業結合**とは，ある企業またはある企業を構成する事業と他の企業または他の企業を構成する事業とが1つの報告単位に統合されることをいう。なお，複数の取引が1つの企業結合を構成している場合には，それらを一体として取り扱う（「企業結合基準」第5項）。
・**事業分離**とは，ある企業を構成する事業を他の企業（新設される企業を含む）に移転することをいう。なお，複数の取引が1つの事業分離を構成している場合には，それらを一体として取り扱う（「事業分離等基準」第5項）。

　なお，**企業結合**（business combination）を捉える場合に，合併だけでなく，資本関係を含むかたちで広く定義されることもある。たとえば，現行の会計基準は，［＊1］で確認したとおり，複数の企業（または企業を構成する事業）が1つの報告単位に統合されること（1つの会計実体となること）を企業結合とよぶとして，広く定義している（「企業結合基準」第5項）。この場合には，合併の他に，先に述べた「資本関係の構築や解消による手法」（たとえば，株式投資・受入れにより，連結親子会社となり1つの報告単位になること）なども含まれる。特に「**共通支配下の取引**」（たとえば，企業集団内の合併等。**図表14－3**（※1））や「**共同支配企業の形成**」（いわゆるジョイント・ベンチャーの形成等。図表14－3（※2））なども企業結合に含まれる。

　これに対して本章では，説明の便宜上（特に，連結会計を次章でわけて論じる便宜上），狭義の意味で捉えることにする。つまり，企業結合といった場合には，図表14－3（※3）の「それ以外の企業結合取引」，そして特に，企業の合併（法的に1つの法人になること）をひとまず念頭に置いたうえで，議論を進めることにする。

図表14－3■広義と狭義の企業結合

企業結合（広義）
　├ 共通支配下の取引（※1）
　└ 独立企業間の取引
　　　├ 共同支配企業の形成（※2）
　　　└ それ以外の企業結合取引（狭義）（※3）

324 | 第3部　財務会計の応用論点

2 ■企業結合と事業分離の会計帳簿上の位置づけ

　次に本節では，後の議論の理解を深めるために，企業結合（合併）および事業分離（会社分割）の会計的意味として，特に会計帳簿上の位置づけを確認する。

　まず**合併**とは，2つ以上の法人が法的に1つの法人になることであり，またそれは，会計的には「複数あった会計帳簿を1つにすること」といえる（**図表14－4**）。

図表14－4■企業結合（合併）の会計：イメージ

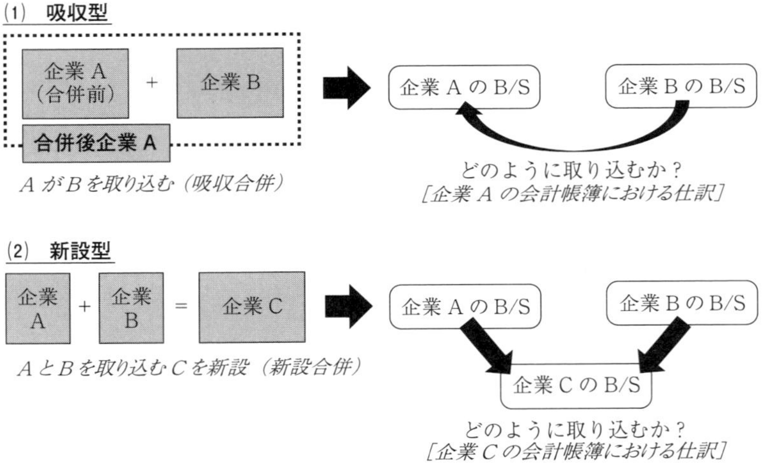

(1)　吸収型

企業A（合併前）　＋　企業B
合併後企業A
AがBを取り込む（吸収合併）

企業AのB/S　　企業BのB/S
どのように取り込むか？
［企業Aの会計帳簿における仕訳］

(2)　新設型

企業A　＋　企業B　＝　企業C
AとBを取り込むCを新設（新設合併）

企業AのB/S　　企業BのB/S
企業CのB/S
どのように取り込むか？
［企業Cの会計帳簿における仕訳］

　すなわち，図表14－4に示されるとおり，そもそも合併のタイプとしては，既存企業（企業A）が別の既存企業（企業B）を取り込む**吸収型**（図表14－4の(1)）と，既存企業を取り込む器として新たに会社（企業C）を作る**新設型**（図表14－4の(2)）という2つがある。そして，どちらの場合においても，合併で受け皿となる企業（「合併企業」という）の帳簿上で，他方の企業（「被合併企業」という）の資産・負債等をどのように取り込むかという点が会計的に問題となる。つまり，特に，合併企業（吸収型であれば企業A，新設型であれば企業C）の会計帳簿における仕訳をどのようにおこなえば，被合併企業を適切に取り込むことができるかが問題となるのである。

　次に，**事業分離**（**会社分割**）とは，1つの法人が法的に複数に分離することをいい，またそれは，会計的には「1つの会計帳簿を複数に分離すること」と

図表14−5 ■事業分離（会社分割）の会計：イメージ図

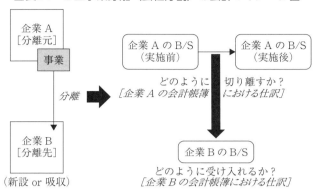

いえる（**図表14−5**参照）。

図表14−5に示されるとおり，事業分離についても，分離先（受け皿）の企業を新設するか（新設型），それとも既存企業に分離事業を吸収させる（吸収型）かによって2つのタイプがある。そして，ここでの会計的な問題は2つある。第1は，資産・負債等を切り離す元の企業（図表14−5の企業A。これを「分離元企業」という）において，どのように資産・負債等を切り離すかという点である。ここでは特に，企業Aの帳簿における仕訳が問題となる。第2は，事業を受け入れる側の企業（図表14−5の企業Bで，新設もしくは既存企業。これを「分離先企業」という）において，どのように資産・負債等を受け入れるかという点である。ここでは特に，企業Bの帳簿における仕訳が問題となる。

以上のように，企業結合と事業分離においては，誰の会計帳簿における仕訳（会計処理）を考えているのかに留意しながら，学習を進めていこう。

3 ■企業結合の会計処理

3−1　経済的実態と会計処理の関係

企業結合の会計処理を考えるうえでは，その経済的実態を反映させた会計処理をおこなうことが望ましい。では，企業結合の経済実態としては，一体どのようなものが考えられるであろうか。そしてどのような会計処理をすれば，そのような実態を反映させることになるだろうか。ここでは，大きく2つの経済

326 | 第3部　財務会計の応用論点

実態を考えてみよう。

　第1は「**取得**」である。これは要するに，どちらか力が「強い」企業が存在し，その「強い」企業が他方の「弱い」企業を取得するようなイメージである。ここで厳密には，「取得」とは，ある企業が他の企業または企業を構成する事業に対する「**支配**」を獲得することをいい（「企業結合基準」第9項），さらに「**支配**」とは，ある企業または企業を構成する事業の活動から便益を享受するために，その企業または事業の**財務および経営方針を左右する能力を有していること**をいう（「企業結合基準」第7項）。

　第2は，「**持分の結合**」である。企業同士の合併においては，両企業の力関係が対等で，いずれの企業も他の企業を支配したとは認められない状況も，現実にはないわけではない。このような実態を「持分の結合」という。

　それでは，これらに対して，どのような会計処理をおこなうことが望ましいだろうか。ここでは，「**持分の継続・非継続**」という概念で考えてみよう（**図表14-6**参照）。

図表14-6 ■企業結合の経済的実態と会計処理との関係

経済的実態	説明：持分の継続・非継続	会計処理
1　取得	「強い」「弱い」関係→持分の非継続	パーチェス法
2　持分の結合	対等関係→持分の継続	持分プーリング法

　すなわち，企業結合の経済実態をより深く理解するために，ここで企業の株主のレベルに立ち返って考えてみる。そのうえで，当該株主の企業ないし企業が有する資源に対する投資が継続しているのかどうか（これを「持分の継続・非継続」とよぶ）を捉えてみたい。

　まず第1に，企業間に「強い」ないし「弱い」という力関係が存在する「取得」を念頭に置くと，特に，被合併企業の株主（たとえば，図表14-4(1)の吸収型合併における企業Bの株主）からすると，合併によって，（もし新たに合併後の企業Aの株主になるとしても）企業Bに対する投資はいったん清算されることになる（これを「**持分の非継続**」とよぶ）。一方，合併企業の株主（たとえば，図表14-4(1)の吸収型合併における企業Aの株主）は，企業Bを取得しても，企業Aへの投資が清算されるわけではなく，従来の投資（と企業Aの簿価）を継続したまま，新たな投資がなされるだけである。このように合併が企業A・Bの株主に与える影響を見ると，特に企業Bの株主において，投資がいったん断

絶し，そこから新たな投資があったという「投資の清算と再投資」を擬制することができる。このため，「**取得**」においては，被合併企業（企業B）が持っている資産・負債の合併時点における企業価値を重視した合併仕訳，つまり，被合併企業（企業B）のB/Sの資産・負債を時価によって評価替えしたうえで引き継ぐ会計処理が望ましいといえる。そしてこのような会計処理方法を「**パーチェス法（purchase method）**」とよぶ。

　第2に，企業が対等関係にある「持分の結合」を念頭に置くと，両企業の株主の各企業に対する投資は，合併によっても何ら変わることはない。よって，「取得」の場合のような「投資の清算と再投資」を擬制するのではなく，株主による企業への投資がそのまま続いていると捉えるのが望ましい（これを「**持分の継続**」とよぶ）。よって，「持分の結合」のもとでは，合併前後で両企業の株主の投資の実質は（形式的には1つの法人になるが，しかし）継続していると捉えられることから，両企業のB/Sの資産・負債の簿価をそのまま引き継ぐ会計処理をおこなう。そしてこのような会計処理方法を，「**持分プーリング法（pooling of interests method）**」とよぶ。

3－2　現行の会計基準と具体的設例

　上記のように純理論的には，企業結合の経済実態によって，2つの会計処理を使い分けることが望ましい。しかしながら，現行の会計基準では，国際的な会計ルールへの準拠の観点や，これらの使い分けが実際には難しく経営者に恣意的に適用されるおそれがあることなどを踏まえて，原則的な会計処理方法として，**パーチェス法のみが認められている**（「企業結合基準」23項）。

　　［＊2］　会計基準では，共同支配企業（ジョイント・ベンチャー）の形成などの場合のみ，
　　　　例外的に，持分プーリング法に準じた会計処理を採用する（「企業結合基準」40-46項）。

> ### コラム14－1　第3の手法：フレッシュスタート法
> 　なお，もし仮に，合併企業である企業Aの株主にとっても「投資の清算と再投資」と考えられる状況があるならば，企業Bだけでなく，企業Aの資産・負債も時価で評価替えしたうえで，合併仕訳を考えることが望ましい。このように両企業の資産・負債を時価評価する会計処理のことを，「**フレッシュ・スタート法**」とよぶ。この手法の詳細については，たとえば，黒川（1998）や斎藤（2019）第20章等を参照されたい。

328 第3部 財務会計の応用論点

以下では，**設例14－1**をもとに，パーチェス法の基本的な会計処理を考えてみよう。

設例14－1 **企業結合の会計処理1（パーチェス法・のれんなし）**

X1年12月31日，企業A（決算期末：12月末）は企業B（決算期末：12月末）を吸収合併した。以下の資料をもとに，企業Aにおける合併の仕訳をおこないなさい。そのうえで，合併後の企業AのB/Sを示しなさい。なお，当該合併は，「取得」に該当し，かつ，合併会社は企業Aと判定されるものとする。

（資料）
・合併の対価：A社はB社株式10株を新規に発行し対価とした。
・A社の株価：1株30円
・増加すべき資本のうち，すべてを資本金とする。
・合併前の両企業のB/S

企業AのB/S				企業BのB/S			
現金	1,000	借入金	600	現金	350	買掛金	200
売掛金	500	資本金	1,000	売掛金	50	資本金	200
棚卸資産	100			棚卸資産	100	利益剰余金	100

・合併にあたり，企業Bの資産と負債の査定を行ったところ，以下のことが判明した。
・売掛金の時価 30
・棚卸資産の時価 70
・買掛金の時価 150

≪企業Aにおける合併仕訳≫

借方	金額	貸方	金額
現金	350	買掛金	**150**
売掛金	30	資本金	**300**(※1)
棚卸資産	70		

（※1） 増加すべき資本＝合併対価＝A社株式10株×単価30＝300
このすべてを資本金とするため，資本金勘定計上額＝300

≪企業Aの合併後のB/S≫

企業AのB/S

現金	1,350(※2)	借入金	600
売掛金	530(※3)	買掛金	150
棚卸資産	170(※4)	資本金	1,300(※5)

（※2） 1,000＋350＝1,350
（※3） 500＋30＝530
（※4） 100＋70＝170
（※5） 1,000＋300＝1,300

設例14－1では，パーチェス法の会計処理を確認する。ここでは，設問中に「当該合併は，『取得』に該当する」旨の指示があることから，それに従い，パーチェス法を採用する。

ここでは，特に，「企業Aにおける合併仕訳」に示される企業Bの資産と負債の各金額に注目されたい。すなわち，設問中の（資料）にあるとおり，合併にあたり，企業Bの資産と負債の査定をしたところ，売掛金（簿価50→時価30），棚卸資産（簿価100→時価70），買掛金（簿価200→時価150）において，帳簿価額と時価との間に乖離があることが判明している。パーチェス法においては，企業Bを新たに取得するということを重視するため，これらの時価を重視した合併仕訳が必要になる。よって，これらの項目については，簿価をそのまま引き継ぐのではなく，時価によって引き継ぐ。

> ［＊3］　設例14－1では，企業Aが取得企業（合併する側），企業Bが被取得企業（合併される側）という前提で会計処理を考えていた。しかし，実務的には，取締役会の構成や株主の議決権比率の相対的な大きさなど（たとえば，（資料）における「合併の対価：A社はA社株式10株を新規に発行し対価とした」の前提が変わり，大量に株式発行をすることで，議決権比率が変化する場合等）により，逆に企業Bが取得企業，企業Aが被取得企業と判定される場合もある。これを**逆取得**（adverse acquisition）とよぶ。

なお，もし仮に当該合併が，「持分の結合」に該当すると判定される場合は，持分プーリング法を採用することになる。もっとも，現行の日本基準では，原則的にはパーチェス法に一本化されているが，持分プーリング法の会計処理も確認しておこう。具体的には，企業Aにおける合併仕訳，および企業Aの合併後のB/Sは以下のようになる。

≪企業Aにおける合併仕訳≫

借方	金額	貸方	金額
現金	350	買掛金	200
売掛金	50	資本金	200(※1)
棚卸資産	100	利益剰余金	100(※1)

（※1）　持分プーリング法では，企業Bの純資産の部をそのまま引き継ぐ。

≪企業Aの合併後のB/S≫

企業AのB/S

現金	1,350 (※2)	借入金	600
売掛金	550 (※3)	買掛金	200
棚卸資産	200 (※4)	資本金	1,200 (※5)
		利益剰余金	100

（※2） 1,000 + 350 = 1,350
（※3） 500 + 50 = 550
（※4） 100 + 100 = 200
（※5） 1,000 + 200 = 1,200

4 ■ のれんの会計処理

4-1 買入のれんの計上

設例14-1では，合併対価が，企業Bの資産と負債の差額にちょうど釣り合う（一致する）ように設定されていた（**図表14-7**「ケースA」参照）。しかし現実には，これらが釣り合わない（一致しない）ケースも十分にあり得る（図表14-7「ケースB」参照）。ここで，もし後者（ケースB）のように一致しない場合には，その差額（図表14-7では200（＝対価500－貸借差額300））をどのように取り扱うのが望ましいだろうか。

図表14-7 ■資産負債の差額と合併対価

ケースA：差額と対価が一致　　　　　ケースB：差額と対価が不一致

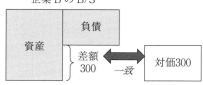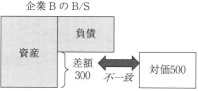

ここで，そもそも合併企業（企業A）が，時価ベースの純資産額300の被合併企業（企業B）を，対価500で購入してもよいと考えたのはなぜかを想像してみよう。企業Aからすると，「既存のB/Sには計上されていないが価値のある無形資産」を企業Bが有していると判断したのかもしれない。もしくは，企業同士が結合することによる相乗効果が存在すると判断したのかもしれない。

第14章　企業結合と事業分離の会計 | 331

そこで，会計上は，これらを踏まえて，この差額（200）について，以下のように2段階で考える。

> ステップ1．PPA：識別可能資産への配分
> ステップ2．買入のれんの計上

　まずステップ1は，識別可能資産への配分である。すなわち，企業結合においては，合併の対価を企業BのB資産・負債のうちどれに当たるかを，時価などを調査しながら割当て配分する作業が必要になる（「企業結合基準」第28項・第29項）。そして，このような手続を「**PPA（Purchase Price Allocation）**」という。この作業の中で，合併直前の企業BのB/Sには計上されていなかったが識別可能な無形資産（たとえば，顧客リストや特許で保護されていない技術などが考えられる）が確認できるならば，これを合併仕訳で計上することが求められる。特にこの配分作業の中で，差額200の原因が判明する可能性があることから，まずは，PPAを通じて差額の原因を究明することが重要になる。

　ステップ2は，**買入のれん**の計上である。ここで，**のれん**（goodwill）とは，企業の超過収益力をいい，企業同士が結合することによる相乗効果などにより得られるものである。特に，企業結合において，合併対価が時価ベースの純資産額を上回り，かつPPAで配分できない部分として生じる対価のあるのれんのことを，**買入のれん**という（「企業結合基準」第31項）。

　以上の内容を確認するために，設例14-1を拡張した**設例14-2**を考えてみよう。

■ **設例14-2** ＞ **企業結合の会計処理2（パーチェス法・のれんあり）**

　X1年12月31日，企業A（決算期末：12月末）は企業B（決算期末：12月末）を吸収合併した。以下の資料をもとに，企業Aにおける合併の仕訳を行いなさい。そのうえで，合併後の企業AのB/Sを示しなさい。なお，当該合併は，「取得」に該当するものとし，かつ，合併会社は企業Aと判定されるものとする。
（資料）
・合併の対価：A社はA社株式10株を新規に発行し対価とした。
・**A社の株価：1株50円**
・増加すべき資本のうち，すべてを資本金とする。
・合併前の両企業のB/S

332 | 第3部 財務会計の応用論点

企業 A の B/S				企業 B の B/S			
現金	1,000	借入金	600	現金	350	買掛金	200
売掛金	500	資本金	1,000	売掛金	50	資本金	300
棚卸資産	100			棚卸資産	100		

・合併にあたり，PPA として企業 B の資産と負債の査定をおこなったところ，以下のことが判明した。
・売掛金の時価 30
・棚卸資産の時価 70
・買掛金の時価 150
・上記の査定後の企業 B の純資産額と合併対価との差額について，識別可能な無形資産はなく，そのすべてを買入のれんとして計上すべきであることが判明した。

≪企業 A における合併仕訳≫

借方	金額	貸方	金額
現金	350	買掛金	150
売掛金	30	資本金	500(※1)
棚卸資産	70		
のれん	**200**(※2)		

（※1） 増加すべき資本＝合併対価＝A 社株式10株×**単価50**＝500
　　　　このうちすべてを資本金とするため，資本金勘定計上額＝500
（※2） 貸借差額＝負債・純資産合計650（＝150＋500）−資産合計450（＝350＋30＋70）＝200

≪企業 A の合併後の B/S≫

企業 A の B/S

現金	1,350(※3)	借入金	600
売掛金	530(※4)	買掛金	150
棚卸資産	170(※5)	資本金	1,500(※6)
のれん	**200**		

（※3） 1,000＋350＝1,350
（※4） 500＋30＝530
（※5） 100＋70＝170
（※6） 1,000＋500＝1,500

　設例14−2 においては，設例14−1 と異なり，図表14−7でいう（資産と負債の差額と，合併対価との）不一致部分200が生じていることに注意しよう。また，（資料）に，「識別可能な無形資産はなく」との記述があり，PPA では，差額200の要因となる識別可能な無形資産が発見されなかったということになる。同時に，資料に「そのすべてを買入のれんとして計上すべきであることが判明した」との記述があることから，差額200の全額を「のれん」勘定で計上する。

第14章　企業結合と事業分離の会計　333

そして，「のれん」は，資産として，合併後の企業 A の B/S に計上されることになる。

4－2　負ののれんが生じるケース

さらに，上記の設例14－2を改変して，合併対価の総額が「200」となるケースを考えてみよう（**設例14－3**）。現実には，交渉の過程等で，割安に企業を買収することができることもないわけではない（これをバーゲン・パーチェス（bargain purchase）という）。この場合は，企業 B の時価ベースの純資産300よりも対価が小さく，設例14－2とは貸借逆方向に差額100が生じることになる。

この場合においても，基本的な考え方は，これまでと同様である。すなわち，まずは PPA により差額の原因究明をおこなったうえで，それでも差額が生じる場合には，「**負ののれん（negative goodwill）**」を計上することになる。以下では，設例14－2の「資料」の一部を改変した設例14－3により，合併仕訳を考えてみよう。

■ 設例14－3 ＞　企業結合の会計処理3（パーチェス法・負ののれんあり）

　X1年12月31日，企業 A（決算期末：12月末）は企業 B（決算期末：12月末）を吸収合併した。基本設定は設例14－2と同じであり，以下の（資料（改変部分のみ））が異なるとしたうえで，企業 A における合併の仕訳をおこないなさい。
（資料（改変部分のみ））
・A 社の株価：1株20円
・上記の査定後の企業 B の純資産額と合併対価との差額を精査したところ，識別可能な資産や負債はなく，そのすべてを「負ののれん」として計上すべきであることが判明した。

≪企業 A における合併仕訳≫

借方	金額	貸方	金額
現金	350	買掛金	150
売掛金	30	資本金	**200**(※1)
棚卸資産	70	**負ののれん**	**100**(※2)

（※1）　増加すべき資本＝合併対価＝A 社株式10株
　　　　　×**単価20＝200**
（※2）　貸借差額＝負債・純資産合計350（＝150＋
　　　　　200）－資産合計450（＝350＋30＋70）＝△100

334 | 第3部　財務会計の応用論点

4－3　のれんの事後処理

　次に，のれんの事後処理について述べる。設例14－2では，合併仕訳によって，企業Aの合併後のB/Sにおいて，「のれん」が資産に計上されたが，これを，事後的にどのように扱うのが望ましいであろうか。

　純理論的には，のれんの事後的な会計処理としては，大きく2つが考えられる（**図表14－8**参照）。

図表14－8■買入のれんの事後的な会計処理

考え方		説　明	会計処理	制度
1	非償却説	のれんの超過収益力は，時間の経過とともに徐々に減価していくが，新しいのれんの創出により，トータルとしては一定	規則的な償却をせず，当初価額のまま資産計上（ただし，のれんの価値が損なわれた時に減損処理をおこなう）	米国基準，国際会計基準
2	償却説	・対応原則：のれんの超過収益力は，時間の経過とともに徐々に減価→合併により生み出される収益に対応させて徐々に費用化していくべき ・時間の経過とともに生じる新しいのれんは，自己創出のれんに該当し，計上できない	他の無形資産等と同様に，効果の及ぶ期間にわたり規則的な償却をおこなう	日本基準

　まず第1は，**非償却説**である。すなわち，当初に計上した買入のれん（の超過収益力）は，時間の経過とともに徐々に減価していくとしても（**図表14－9**の「旧のれん」），他方で，新会社の経済活動により新しいのれんが創出されると考えれば（図表14－9の「新のれん」），トータルとしては，のれんの価値は一定と考えることができる。よって，規則的な償却をせず，当初価額のまま資産計上をおこなうこと（ただし，もし仮に，のれんの価値が損なわれた時には減損処理をおこなうこと）が望ましい。

　第2は，**償却説**である。これは図表14－9における「旧のれん」のカーブのみを重視する考え方で，のれんの超過収益力は，時間の経過とともに徐々に減価していくことから，対応原則を適用し，合併により生み出される収益に対応させて徐々に費用化していくべきであるという考え方である。そして，図表14－9における「新のれん」，つまり時間の経過とともに生じる新しいのれんは，

図表14−9 ■旧のれん（買入のれん）と新のれん（自己創出のれん）

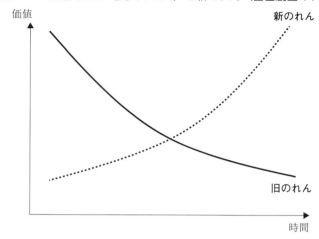

自己創出のれんに該当するため，現行の会計ルールのもとでは計上できない。このため，非償却説のように当初価額のまま資産計上し続ける処理は採用できないとするのが，この説の背後にある考え方である。

そして現行の日本の会計基準では，後者の考え方を重視し，償却説が採用されている。具体的には，のれんは，20年以内のその効果の及ぶ期間にわたって，定額法その他の合理的な方法により規則的に償却する（「企業結合基準」第32項）。しかしながら，国際会計基準や米国会計基準においては，非償却説が採用されており，会計基準の間で会計処理の違いが生じている。

次に，負ののれんの事後処理について述べる。設例14−3で確認したとおり，貸方側に生じる差額が負ののれんであるが，この会計処理については，図表14−10のように整理できる。

第1は，**繰延収益説**である。これは，正の（借方側に生じる）のれんの会計処理方法との対称性を重視し，規則的な償却をおこなうべきとする考え方である。これは，正ののれんと整合的な会計処理で，従来の日本基準は，この会計処理を採用していた。しかし他方で，理論的には，負ののれんを負債として計上できるか，その負債性について検討の余地がある。

第2は，**即時利益説**である。これは，発生する貸方差額は，バーゲン・パーチェスによる企業の「購入利得」（原価節約利得）であるから，発生時の利益として計上すべきとする考え方である。または，差額の発生原因は不明な場合が

図表14-10■負ののれんの会計処理

考え方	説　明	会計処理	制度，検討課題
1　繰延収益説	正の（借方側に生じる）のれんと対称的に捉える	負債に計上し，規則的に収益に振り替える	旧・日本基準（負債性について検討の余地あり）
2　即時利益説	・差額は，バーゲン・パーチェスによる「購入利得」 ・原因不明なものは一括処理することが望ましい	発生時に一括して収益計上	現行の日本基準国際会計基準
3　資産簿価調整説	・個別資産の割安購入との整合性（差額は簿価調整）	企業結合によって受け入れた資産から比例的に按分控除	

多いため，このような原因不明なものは一括処理が望ましいという消極的な考え方もある。現行の日本の会計基準，および国際会計基準などは，この考え方（特に後者の考え方）を採用している。

　第3は，**資産簿価調整説**である。これは，純理論的には，通常の個別資産の割安購入の会計処理との整合性を図るものである。すなわち，通常の個別資産の割安購入では，①「購入利得」は計上されないこと，かつ②両建で割安部分を負債計上することもされないこと，さらに，③割安部分について，当該購入資産の金額を取得対価に減額調整する会計処理が採用されていることなどを勘案すると，企業結合において発生する貸方差額は，企業結合で取得した資産の計上価額から（比例的に按分して）控除する処理を採用することが望ましい。ただし，そもそも個別資産の割安購入と，企業結合といういわば資産負債の複合購入における割安購入との整合性をとるべきかについては，議論の余地がある。

　現行の会計基準では，第2の**即時利益説**が採用されており，PPAの手続を尽くしたうえで（すべての識別可能資産および負債が把握されているか，また，それらに対する取得原価の配分が適切に行われているかどうかを見直したうえで），それでも差額が出る場合には，負ののれんを事業年度の収益（非経常的なものとして特別利益になる）として処理する（「企業結合基準」第33項）。

| | 第14章 企業結合と事業分離の会計 | 337 |

コラム14－2 ▶ **企業が個別資産を低額で購入したケース**

　上記の「即時利益説」で登場した「購入利得」（原価節約利得）とはなにかを考えるために，個別企業がある商品を低額で購入したケースを考えてみよう。
＜設例＞
1　購入時：ある商品（通常の価額100）を，当社は，購入努力により，通常より安く50で購入した。
2　販売時：当該資産を200で販売した。
（仕訳）

		現行の会計基準				購入利得を計上する体系			
1　購入時	資産	50	現金	50	資産	100	現金	50	
							原価節約利得	50	
2　販売時	現金	200	売上	200	現金	200	売上	200	
	売上原価	50	資産	50	売上原価	100	資産	100	
損益計算書	売上	200			売上	200			
	売上原価	50			売上原価	100			
	売上総利益	150			売上総利益	100			
	営業利益	150			原価節約利得	50			
					営業利益	150			

　ここで，「購入利得を計上する体系」を，「現行の会計基準」と比較して整理すると，その特徴は3つある。第1は，「1.購入時」における仕訳で「原価節約利得」が計上されることである。これは，通常であれば100の商品を，当社の購入努力により50で購入できたという意味で，当社の購入努力を示す成果である。第2は，その発生要因として，購入時の資産計上額が「100」となる点である（「1.購入時」の「購入利得を計上する体系」の仕訳参照）。第3は，それゆえ，売上原価の金額が100となる点である（「2.販売時」の「購入利得を計上する体系」の仕訳参照）。これらについては，損益計算書を比較するとわかりやすい。「購入利得を計上する体系」では，売上原価が100となる結果，売上総利益が100となり，加えて営業努力による成果たる原価節約利得50が営業収益として計上されることで，営業利益が150となる。これは，売上原価が50となり，売上総利益の段階で利益が150となる「現行の会計基準」と異なっている。

　ただし，このような購入利得は，現行の発生主義会計のもとでの収益認識の考え方（実現基準）からすると，その要件を充たさないため，計上することができない。であるから，負ののれんに関して「購入利得（原価節約利得）」を計上することになる現行の会計基準は，個別資産で購入利得を計上しない会計処理や考え方と矛盾することになる。ただ，現行の会計基準で即時利益説（のような会計処理）が採られているのは，理論を積極的に支持した結果というよりはむしろ，発生原因の不明なものを一括処理したいという消極的理由によるものであると推察される。

338 第3部　財務会計の応用論点

5 ■ 事業分離の会計処理

5-1　事業分離と会社分割

　次に事業分離の会計処理について述べる。ここでまず**事業**とは，企業活動を行うために組織化され，有機的一体として機能する経営資源をいう（「事業分離等基準」第3項）。そして，**事業分離**とは，ある企業を構成する事業を他の企業に移転することをいう（「事業分離等基準」第4項）。

[＊4]　事業を分離する側の企業を「分離元企業」（会社法では「分割会社」），事業を承継する側の企業を「分離先企業」（会社法では「承継会社」）と，それぞれよぶ。

[＊5]　事業分離の法的な手法としては，**会社分割**がある。会社分割は，分離先企業を新設するかどうかで，大きく「吸収分割」と「新設分割」とに分けることができる。**吸収分割**とは，企業がその事業に関して有する債権債務の全部または一部を分割後，他の既存企業に承継させる方法をいう。他方，**新設分割**とは，1つまたは2つ以上の企業が，その事業に関して有する権利義務の全部または一部を，分割により新規設立する会社に承継させることをいう。

　なお，会社分割は，対価の移転先により分類されることもある。具体的には，対価として発行する新株を分離元企業に割り当てる方法を「分社型分割」（物的分割）という。また，対価として発行する新株を分離元企業の株主に割り当てる方法を「分割型分割」（人的分割）という。

　ここで，会計処理の基本形態を考えてみると，**図表14-11**のようになる。

図表14-11■事業分離の会計：基本形態

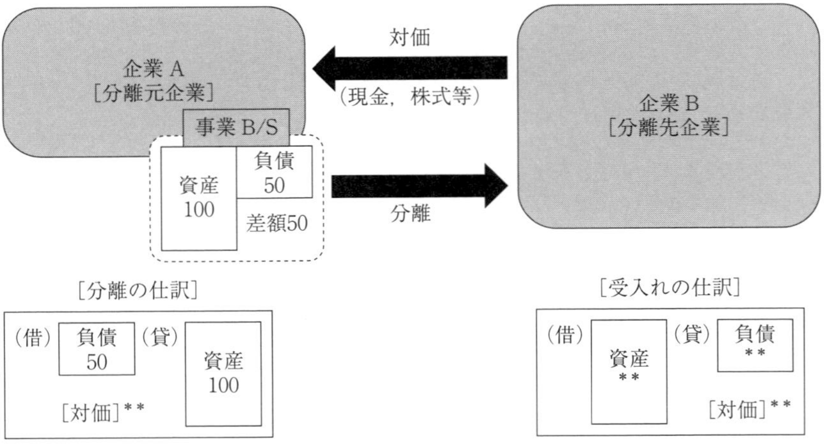

第14章　企業結合と事業分離の会計 339

　図表14－11に示されるとおり，分離元企業を企業 A，分離先企業を企業 B とする吸収分割として，企業 A が，ある事業（当該事業に係る直近の B/S 簿価を「資産100，負債50」とする）を企業 B に分離譲渡する状況（対価は，現金，もしくは，企業 B の株式のいずれかであるケース）を考えよう。そうすると，基本的には，企業 A では，当該事業に係る資産負債を自社帳簿から切り離す仕訳として，［（借）負債50，（対価）＊＊（貸）資産100］という仕訳がなされる。他方，企業 B では，当該事業に係る資産負債を自社帳簿に受け入れる仕訳として，［（借）資産＊＊（貸）負債＊＊，（対価）＊＊］という仕訳がなされる（「＊＊」は金額を表す）。

　ここで，まず一方，分離元企業である企業 A では，対価の金額によって，事業移転にかかる損益が計上される可能性がある。これについては，５－２で検討する。

　また他方，分離先企業である企業 B では，事業の受入れをどのように捉えるのかにおいて，企業結合の合併企業における会計処理（取得 or 持分の結合）と同様の議論がなされ，のれんを計上するかどうかなどが決まってくる。特に，事業分離の対価として，企業 B の株式を企業 A に移転させる場合には，取得企業の判定が変化する可能性がある。この点については，設例14－4を踏まえ［＊8］にて説明する。

５－２　分離元企業に係る会計処理

　以下では，分離元企業に係る会計処理について検討する。分離元企業においては，**移転損益**を認識するかどうかが大きな論点となる。結論的には，企業結合と同じように，「**投資（ないし持分）の継続・非継続**」という概念により，分離元企業にとって，事業分離によって移転された事業に関する投資が，そのまま継続しているとみなせるか，それともいったん清算されたとみるかによって，大きく２つの会計処理に行き着くことになる（**図表14−12**参照）。

図表14−12■分離元企業の会計処理の考え方

投資の非継続→売買処理法：移転損益を認識する
投資の継続→簿価引継法：移転損益を認識しない

　まず，分離元企業にとって，移転した事業に関する投資が非継続となる（清

算された）と判断される場合には，その事業を分離先企業に移転したことにより受け取った対価となる財の時価と，移転した事業に係る資産および負債の移転直前の適正な帳簿価額による純資産額との差額を，移転損益として認識する。これは要するに，事業それ自体を売ったことで，事業売却損益を認識するという考え方であるといえる。よって，この場合の移転損益の本質は，「事業売却損益」であり，かつ，この場合の会計処理方法を「**売買処理法**」とよぶ。具体的には，対価が，現金など，移転した事業と明らかに異なる資産である場合などが，「投資の非継続」と判断される場合に該当する（「事業分離等基準」第10項(1)，第14・15・16・23項）。

> [＊6] 制度的には，現金が対価であっても，例外として，移転損益が認識されないこともある。たとえば，事業分離後においても，分離元企業の継続的関与があり，それが重要であることによって，移転した事業に係る成果の変動性を従来と同様に負っている場合などである（「事業分離等基準」第10項(1)）。

一方，分離元企業にとって，移転した事業に関する投資がそのまま継続していると判断される場合には，移転損益を認識しないこととなる。ここで，事業を切り離したにもかかわらず，当該事業に対する投資が継続する場合とは，一体どのような状況であろうか。ここでは，事業分離によって受け取る対価が，分離先企業の株式である場合がポイントとなる（**図表14-13**参照）。

すなわち，図表14-13に示されるとおり，対価が分離先企業（企業B）の株

図表14-13■投資の継続と判定される場合：対価が分離先企業の株式である場合

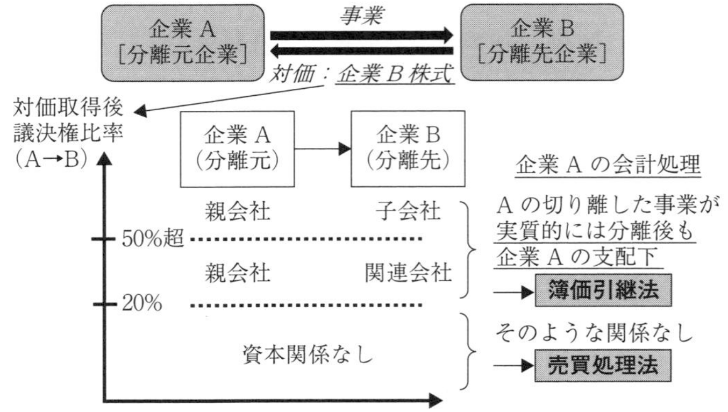

第14章 企業結合と事業分離の会計 341

式である場合には，当該対価取得後の分離元企業（企業A）と分離先企業（企業B）との資本関係が，対価取得後の議決権比率によって異なってくる。具体的には，議決権比率が50％超となる場合には，分離先企業（企業B）が，分離元企業（企業A）の子会社となり，議決権比率が20〜50％となる場合には，分離先企業（企業B）が，分離元企業（企業A）の関連会社になる。これは，くわしくは，第15章（連結会計）で学習するが，要するに，企業Aの切り離した事業が，（企業Bが子会社ないし関連会社であることから）実質的には分離後も，企業Aの支配下にある，つまり，移転した事業に関する投資が引き続きおこなわれていると考えられる。このことから，これらの場合には，移転損益を認識しない「簿価引継法」が採用されることとなる（「事業分離等基準」第10項(2)）。

　他方で，議決権比率が20％未満である場合には，このような関係性は見いだせないため，投資は非継続であると判断される。よって，**売買処理法**が採用される。

　上記の内容を，**設例14−4**で確認しよう。

▎**設例14−4**　**事業分離：分離元企業の会計処理**

　分離元企業である企業Aは，ある事業 a を，企業B（分離先企業）に移転した（吸収分割）。このとき，以下の資料に基づいて，分離元企業A社について，個別財務諸表作成上必要となる仕訳を示しなさい（なお，解答の便宜上，事業 a に係る資産と負債については，「諸資産」「諸負債」という勘定を用いて処理するものとする）。

(資料)

・事業 a の適正な帳簿価額：諸資産＝300，諸負債＝100（資産・負債差額＝200）
・事業 a の時価：諸資産＝600，諸負債＝200（資産・負債差額＝400）
・対価について
　ケース1：対価が現金の場合：企業Aは，対価として現金500を受け取った。
　ケース2：対価が企業B株式（10株）である場合(1)：事業分離後の議決権比率から，企業Bは，企業Aの子会社と判定された。
　ケース3：対価が企業B株式（10株）である場合(2)：事業分離後の議決権比率から，企業Bは，企業Aの関連会社と判定された。
　ケース4：対価が企業B株式（10株）である場合(3)：事業分離後の議決権比率から，企業Bは，企業Aの子会社・関連会社とは判定されなかった。
・なお，事業分割日の企業Bの株価は50円である。また当該株価のほうが，事業 a の資産・負債時価よりも信頼性が高いと判定される。

342 | 第3部 財務会計の応用論点

≪仕訳≫

	借方	金額	貸方	金額
ケース1 現金	諸負債 現金	200［時価］ 500	諸資産 移転損益	600［時価］ 100［差額］
ケース2 B株式・子会社	諸負債 B株式	100［簿価］ 200（※1）	諸資産	300［簿価］
ケース3 B株式・関連会社	諸負債 B株式	100［簿価］ 200（※1）	諸資産	300［簿価］
ケース4 B株式・その他	諸負債 B株式	200［時価］ 500（※2）	諸資産 移転損益	600［時価］ 100［差額］

（※1） 移転損益を認識しないため，事業 a の適正な帳簿価額の資産・負
債差額を採用
（※2） 株価@50円×10株＝500

　設例14－4では，会計処理上，移転損益を認識するかどうかが大きなポイントとなり，その判定としては，分離元企業である企業Aによる事業 a に対する投資が継続しているかどうかが鍵となる。この点については，先に確認したとおり，対価に着目して，以下のように判定される。

> ケース1：対価が現金の場合：投資の非継続→売買処理法
> ケース2：対価がB株式＆子会社となる場合：投資の継続→簿価引継法
> ケース3：対価がB株式＆関連会社となる場合：投資の継続→簿価引継法
> ケース4：対価がB株式＆子会社・関連会社以外となる場合：投資の非継続→
> 　　　　　売買処理法

　特に，分離先企業の株式のみを対価として受け取り，かつ企業Bが子会社・関連会社となる場合（ケース2と3）には，当該株式を通じて，移転した事業に関する事業投資を引き続きおこなっていると考えられるため，投資が継続していると判断される。よって，この場合は，移転損益は認識されない。

[＊7] 　なお，上記は個別財務諸表上の処理の問題であったが，実は，これを連結財務諸表上どのように取り扱うか，ということも重要な論点である。たとえば，ケース1（対価：現金）において，もし仮に，そもそも企業Bが子会社であった場合は，分離元企業における個別財務諸表上の会計処理と連結財務諸表上の会計処理とが，それぞれ異なることとなる。すなわち，個別財務諸表上は，いったんは移転損益を認識するが，他方，連結財務諸表上は，移転損益を「未実現損益」として消去する必要がある（「事業分離等基準」第14項(2)）。この点について興味のある読者は，連結会計について説明する第15章を学習したうえで，「事業分離等基準」にて，その取扱いを確認されたい。

第14章　企業結合と事業分離の会計 | 343

［＊8］　ここで，分離先企業（設例14－4でいう企業B）の会計処理については，事業の合併に該当することから，取引後の議決権比率に基づいて，当該合併にかかる取得企業がどちらになるかを確認したうえで，その会計処理を決めることになる。具体的には，取引後の議決権比率が50%超となるかどうかで，まず一方，ケース1・3・4の場合には，企業Bが取得企業となる（よって，通常どおり，パーチェス法を採用する）。

　　　他方，ケース2の場合には，企業Bが対価として企業Aに交付した株式数が割合的に大きかったことで，企業Aの企業Bに対する議決権比率が50%超となるため，企業Bの事業合併は，「逆取得」（本章［＊3］参照），つまり，形式的に企業Aが取得企業（企業Bは被取得企業）となる合併となってしまう。このことから，取得企業は簿価が維持され，被取得企業は時価で評価されるというパーチェス法の考え方に従い，企業Bは，企業Aから承継した事業の資産・負債を，企業Aの適正な帳簿価額で引き継ぐことになる。これらの具体的な仕訳を示すと，以下のようになる。

≪仕訳≫

	借方	金額	貸方	金額
ケース1 現金	諸資産 **のれん**	600［時価］ 100［差額］	諸負債 現金	200［時価］ 500
ケース2 B株式・子会社	諸資産	300［簿価］	諸負債 資本金	100［簿価］ 200(※1)
ケース3・4 B株式・関連会社 orその他	諸資産 **のれん**	600［時価］ 100	諸負債 資本金	200［時価］ 500(※2)

（※1）　企業Aにおける事業aの適正な帳簿価額の資産・負債差額を採用
（※2）　株価@50円×10株＝500

［＊9］　事業分離の会計においては，結合当事企業の株主に係る会計処理も重要な論点となり，ここでも投資の継続・非継続という概念が重要となる。被結合企業の株主において，保有していた株式に関する投資が清算されたと考えられる場合は，原則として交換損益を認識し，逆に，投資が継続していると考えられる場合は，交換損益は認識しない。

［＊10］　表示上の論点として，移転損益は，損益計算書上，原則として特別損益に計上する（「事業分離等基準」第27項）。

補論14－1　　**株式交換と株式移転**

　最後に補論では，企業結合をおこなう手法として，株式交換と株式移転の概要を説明し，それらの会計処理のポイントを説明する。なお，これらは，合併や事業分離のように，法的に企業を1つにするものではなく，むしろ資本関係

をつうじた企業組織再編の手法であるため，本来は，第15章（連結会計）に含めるべき論点ともいえる。しかし，制度上は，本章で取り扱ったパーチェス法をもとにした会計処理が採用されるため，本章の補論として説明する。

株式交換とは，ある会社が，その発行済株式の全部を他の会社に取得させることをいう（「会」第2条31号）。**株式移転**とは，1または2以上の会社が，その発行済株式の全部を新たに設立する会社に取得させることをいう（「会」第2条32号）。イメージを図示すると，**図表14-14**のようになる。両者の違いは，既存会社を用いるか，それとも新設会社を用いるかという点にある。それぞれ取引（株式交換，株式移転）前後で，A社（B社）の株主構成が変化していることに注意しよう。

図表14-14■株式交換と株式移転

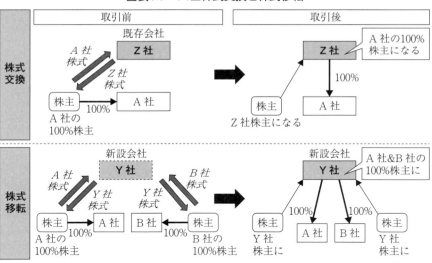

それぞれの会計処理を考えるうえでのポイントは，誰が（どちらが）取得企業ないし被取得企業になるかを判定することである。結論的には，組織再編後の会社（図表14-14でいうZ社（株式交換）ないしY社（株式移転））において，各社の従来の株主が，どのような議決権保有割合となるかによって決する（過半数となる株主の会社が取得企業，他方が被取得企業となる）のであるが，以下では，このことを具体例で考えよう。

第14章　企業結合と事業分離の会計 | 345

設例14-5　株式交換

　Z社とA社（それぞれの発行済株式総数は10株）は，Z社を完全親会社，A社を完全子会社とする株式交換をおこなった。株式交換にあたり，Z社の個別財務諸表上の仕訳をおこなう。
・Z社株式（1株あたり時価＝100）をA社株主に新株発行により交付する。交付割合は，A社株式1株につきZ社株式0.5株である。
・A社の貸借対照表は以下のとおりである。

```
            B/S
諸資産  600 │ 諸負債  200
            │ 資本金  400
```

・Z社は，増加すべき資本のうち450を資本金とし，残りをその他資本剰余金とする。

≪仕訳≫

借方	金額	貸方	金額
子会社株式	500$^{(※1)}$	資本金 その他資本剰余金	450 50$^{(※2)}$

（※1）　A社株主へのZ社株式の交付数＝A社株式10株×交付割合0.5＝5株
　　　　よって，A社株式の時価評価額＝Z社株式の時価＠100×5株＝500
（※2）　貸借差額

　設例14-5において，まずもって重要なのは，取得企業の判定である。ここでは，A社株主の，組織再編後におけるZ社に対する議決権保有割合に注目しよう（ちなみに，A社株主は，図表14-14のとおり，組織再編後には，A社の旧株主になり，かつZ社の新株主になる）。旧A社株主のZ社に対する議決権保有割合は，株式交換取引の後に，以下のようになる。

　［A社株主に交付されるZ社株式：5株（※1）］÷（［Z社の既存株式：10株］＋［新株発行：5株］）＝5/15＝33.33％

　よって，過半数に満たないため，A社はこの株主交換において，取得企業とはならず，Z社が取得企業と判定される（A社は被取得企業と判定される）。
　そして，取得企業の判定ができたら，本章で学習したパーチェス法により，会計処理をおこなう。よって，Z社が取得するA社株式は時価評価される。

346 | 第3部　財務会計の応用論点

その際には，交付されるZ社株式の時価により，（※1）のように（@100×5 ＝500と）計算される点には留意されたい。

次に，株式移転について，**設例14－6**で考えてみよう。

設例14－6 　**株式移転**

　A社とB社は，新設会社Y社を完全親会社とする株式移転をおこなった。Y社の個別財務諸表上の仕訳をおこなう。
・A社とB社の発行済株式総数は，それぞれ10株であり，両者の間に資本関係はない。
・株式の交付割合は，A社株式1株につきY社株式1株，B社株式1株につきY社株式0.8株である。
・株式移転日におけるA社の株価：@100
・A社とB社の貸借対照表は以下のとおりである。

	A社B/S				B社B/S		
諸資産	600	諸負債	200	諸資産	300	諸負債	100
		資本金	400			資本金	200

・Y社は，増加すべき資本のうち1,000を資本金とし，残りを資本準備金とする。

≪仕訳≫

借　方	金額	貸　方	金額
子会社株式（A社）	400 (※3)	資本金	1,000
子会社株式（B社）	800 (※4)	資本準備金	200 (※5)

（※1）　A社株主へのY社株式の交付数＝A社株式10株×交付割合1 ＝10株
（※2）　B社株主へのY社株式の交付数＝B社株式10株×交付割合0.8 ＝8株
（※3）　A社株式の帳簿価額＝A社B/S資本金400
（※4）　B社株式の時価評価額＝A社株式の時価@100×B社株主へのY社株式の交付数8株（※2）＝800
（※5）　貸借差額

　設例14－6においても重要なのは，取得企業の判定である。ここでは，A社株主とB社株主の，組織再編後におけるY社に対する議決権保有割合に注目しよう（設例14－5と同様，A社（B社）株主は，図表14－14のとおり，組織再編後には，A社（B社）の旧株主になり，かつY社の新株主になる）。旧A社（B社）株主のY社に対する議決権保有割合は，株式移転取引の後に，以下のようになる。

A社株主：[A社株主に交付されるY社株式：10株（※1）]÷([Y社の株式総数：
　　10株（※1）＋8株（※2）])＝10/18＝55.55％

B社株主：[B社株主に交付されるY社株式：8株（※2）]÷([Y社の株式総数：
　　10株（※1）＋8株（※2）])＝8/18＝44.44％

　よって，Y社に対する議決権保有割合は，「旧A社株主＞旧B社株主」となることから，A社が取得企業，B社が被取得企業となる。

　そして，取得企業の判定ができたら，本章で学習したパーチェス法により，会計処理をおこなう。よって，Y社が獲得するB社株式は時価評価され（A社株式の時価により，（※4）のように計算される），A社株式は（A社が取得企業であることから）帳簿価額が継承される（（※3）のように計算される）点には留意されたい。

【対話：考えてみよう】

　本章で学んだとおり，企業結合時に生じるのれんの事後処理については，日本基準では償却処理，国際会計基準では非償却（減損）処理と，両者の会計処理が大きく異なっている。これをどのように理解したらよいだろうか。
　考え方A：のれんは償却すべきであり，日本基準のほうが望ましい
　考え方B：のれんは償却すべきでなく，国際会計基準のほうが望ましい
　これらについて，①投資家，②債権者（銀行等），③経営者（特に，海外でM&Aを積極的におこなうグローバル・カンパニーの経営者であると想定），④監査人，それぞれの立場から，どのように理解したらよいだろうか。また，これら以外の考え方（考え方CやD）はあり得るだろうか。

■Readings■

企業結合会計の理論的考え方に興味をもった方へ

黒川行治（1999）『合併会計選択論』中央経済社
大雄智（2009）『事業再編会計―資産の評価と利益の認識』国元書房
斎藤静樹（2019）『会計基準の研究（新訂版）』中央経済社（特に，第20章）
山田純平（2012）『資本会計の基礎概念―負債・持分の識別と企業再編会計』中央経済社

■参考文献■

黒川行治（1998）『連結会計』新世社
斎藤静樹（2019）『会計基準の研究（新訂版）』中央経済社

348 | 第3部 財務会計の応用論点

第15章 —— 連結会計

Point

　本章で学ぶ連結会計では，「誰の」（どの企業の）帳簿上の話なのかという点について，前章の企業結合との相違を捉えることがまず重要になる。そのうえで，個別財務諸表の単純合算と，あるべき連結財務諸表とのギャップを埋めるために必要な会計処理（「連結修正仕訳」）を考える。さらに，完全親子会社関係（100%親子会社関係）の場合と，そうでない場合とを分けておくと，より深い理解が可能となる。

1．企業グループ全体の経営成績や財政状態を捉えるためには，個別財務諸表だけでは限界がある。そこで，グループ全体の財務諸表を作成するための「連結会計」という論点が重要になる。→【1】

2．連結財務諸表は，個別財務諸表の合算をおこなったあとに，連結会計独自の修正処理（連結修正仕訳）を施して完成に至る。連結修正仕訳の基本は，相殺消去である。→【2】

3．どの範囲までを連結財務諸表の対象とするか，その範囲の決定方法としては，形式を重視する立場（持株基準）と実質を重視する立場（支配力基準）との両方が考えられ，現行基準は後者の立場を採る。→【3】

4．連結修正仕訳として，投資と資本の相殺消去が挙げられる。これは，グループ会社構成の基本が資本関係，つまり，投資する側（親会社）と投資される側（子会社）がいることに着目した仕訳であり，親会社側に生じる投資勘定と，子会社側に生じる資本勘定を相殺消去するものである。→【4，5】

5．100%親子会社関係（完全親子会社関係）が崩れる場合には，非支配株主の持分を表す「非支配株主持分」という勘定が登場し，連結財務諸表を誰のために作成するのかという連結基礎概念が重要となる。この代表的な考え方としては，親会社説と経済的単一体説があるが，どちらの立場に立脚するかで，連結修正仕訳のあり方が異なってくる。→【6，7，8】

6．子会社まではいかないものの，グループ会社にとっての準構成員として重要となる企業を関連会社とよぶ。これらは，「持分法」という手法により，連結財務諸表に取り込まれることになる。→【9】

Keywords
連結修正仕訳，連結の範囲，投資と資本の相殺消去，のれん，非支配株主持分，連結基礎概念，親会社説，経済的単一体説，持分法

第15章　連結会計 | 349

> **Questions**
> 1. 連結の範囲の決定方法として，2つの考え方を挙げ，それぞれについて説明しなさい。また，そのうえで，現行の会計基準はどちらを採用しているか，理由とともに説明しなさい。
> 2. 連結基礎概念における考え方として，親会社説と経済的単一体説を挙げ，それぞれの考え方を説明するとともに，「非支配株主持分」との関係で，具体的な会計処理がどのように異なるかを説明しなさい。
> 3. 持分法とはなにか，説明しなさい。

1 ■ 連結会計の必要性：企業グループのビジネスと会計報告

本章では，第14章の「続き」として，連結会計について学ぶ。第14章では，組織再編の手段として，大きく2つがあることを学んだ。本章では，これらのうち，「資本関係の構築（や解消）」による方法（「株式で相手を支配」。**図表15－1**の「**手段**」の1）を学ぶ。

図表15－1■企業のM&Aや組織再編と企業会計（第14章図表14－1の再掲）

手　段	説　明	会計上の位置づけ	本書での位置づけ
1　資本関係の構築（や解消）	株式で相手を支配（法人としては別々）	連結会計	第15章（本章）
2　法的な合併，事業分離	法人同士を1つにするor事業を切り離す	企業結合・事業分離の会計	第14章

現実の企業は，資本関係の構築（や解消）によって，グループを作り，役割分担をしてビジネスをおこなう場合がある。そして，このような企業グループ全体の経営成績や財政状態を捉えるためには，個別財務諸表（個別の企業単体での財務諸表）では限界がある。なぜなら，個別財務諸表は，1つの法人（株式会社）を前提にした会計報告であり，グループ全体を捉えるものではないからである。

そこで，グループ全体の財務諸表を作成するための「連結会計」という論点が重要になる。グループ全体の個別財務諸表を総合して作成する財務諸表を，「**連結財務諸表**」（consolidated financial statement）とよぶ。本章では，連結会計，および連結財務諸表に関する論点を学ぶ。

350 | 第3部　財務会計の応用論点

2 ■連結会計の基本構造：個別財務諸表の合算と連結修正仕訳

　連結会計とは，複数の法人が，法的には別個独立した組織体であるものの，会計的に1つの報告主体となって，連結財務諸表を作成するプロセスをいう。ここではまず，連結会計が「誰の帳簿における会計処理を考えるのか」を理解しよう。結論的には，連結会計では「誰の帳簿も想定しない」。つまり，連結グループには，「個別企業の帳簿」のような「連結グループの帳簿」というものがないのである。その代わり，連結会計における種々の会計処理は，帳簿外の**連結精算表**（連結 W/S: Work Sheet）上でなされることになる（**図表15−2**）。

図表15−2■連結会計：イメージ図

```
┌────────────────────────────────────────────────────┐
│  ┌──────────────┐   ┌──────────────┐                   │
│  │ 企業 A の F/S │ + │ 企業 B の F/S │ →→→連結修正仕訳 →連結 F/S │
│  └──────────────┘   └──────────────┘                   │
│       ［W/S 上で合算］                                    │
│       ※なぜ WS 上で合算？                                 │
│          →「個別企業の帳簿」とは異なり「連結グループ          │
│            の帳簿」がないから                              │
└────────────────────────────────────────────────────┘
```

　ここで，図表15−2と，企業結合を示す第14章**2**の図表14−4とを比較しよう。企業結合（図表14−4）では，被合併企業（企業B）の資産・負債を受け入れるための合併企業（企業A）の仕訳を想定した。これに対して，連結会計（本章図表15−2）では，企業Aと企業Bの財務諸表の合算は，帳簿外の連結精算表上でなされる。

　そしてこのような違いが生まれる理由は，上述のとおり，連結グループには，「個別企業の帳簿」のような「連結グループの帳簿」がないからである。すなわち，一方，第14章の企業結合（特に合併）は，「法的に1つになる」ことから，会計上も「帳簿を1つにまとめる」作業（仕訳）が必要になる。よって，たとえば，吸収合併であれば，合併企業（企業A）の帳簿上で，被合併企業（企業B）のB/Sを取り込む仕訳をおこなう。これに対して，連結会計が取り扱う企業グループの結びつきは，法的にはそれぞれの企業が独立したままであり，1つの法人になるわけではない。つまり，連結会計は，（もちろん，企業グループの活動実態を反映したものではあるが）「会計的にバーチャルな結びつき」を対象としたものといえる。よって，連結会計では，「帳簿を1つにまとめる」ので

はなく，それぞれの帳簿の独立維持を前提としたうえで，仕訳のアウトプットたる財務諸表だけを合算しようという試みといえる。

そして，図表15－2で示した「連結修正仕訳」は，企業Ａと企業Ｂの財務諸表が，帳簿外で合算されることを前提に（よって，企業結合のような「合算のための仕訳」は存在しない），その調整を施すものであり（たとえば，後述する親会社の投資勘定と子会社の資本勘定の相殺など），かつ，個別企業の帳簿の枠外でなされるものである。これらの点で，連結会計は，企業結合の会計（第14章図表14－4）とは決定的に異なる。

もちろん，連結の議論（資本関係をいかに構築するか）と企業結合・分離の議論（それを超えて，法人としてどう合併・分離するか）は，同じく企業グループの組織再編の過程で取り扱われるものであり，経済的には類似性・親和性が高いものである。しかし，上記のように，会計帳簿との関係性を踏まえて考えると，両者は，実は質的に大きく異なるものであることが理解できよう。

ここで，時間軸も踏まえて，上述の議論をさらに整理してみよう。連結会計の会計処理の基本構造は，**図表15－3**のとおりである。

図表15－3■連結会計の基本構造

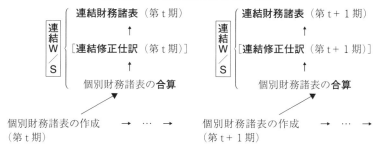

図表15－3のポイントは２つある。第１は，連結財務諸表は，個別財務諸表の合算をおこなったあとに，連結会計独自の修正処理（「**連結修正仕訳**」）を施して完成に至るという点である。つまり，個別企業の財務諸表の単純合算だけではなく，理想的な連結財務諸表に向けて，プラスアルファの会計処理が必要となる点が重要である。次節以降では，この連結修正仕訳の背後にある考え方や具体的な会計処理について検討する。

また第２は，期間損益計算の観点からすると，連結財務諸表作成のプロセス

352 | 第3部　財務会計の応用論点

は，個別企業の期間損益計算の枠外にある，という点である。すなわち，図表
15－3に示されたとおり，第t＋1期の連結財務諸表は，実は第t期の連結財
務諸表をスタート地点にはしていない。第t＋1期の連結財務諸表のスタート
地点は，あくまで第t＋1期の個別財務諸表となっている点に注目されたい。
このため，連結修正仕訳も，徐々に積み上げられていくものではなく，毎期リ
セットされ1からの状態でスタートする，ということになる。よって，連結修
正仕訳では，今期分の修正の他に，連結対象となった年度にまで遡り，そこか
ら前期までの（つまり期首残高に対する）修正仕訳も加えて必要となる。

　これらの点の理解に欠けると，連結会計は一体何をしているのか，よくわか
らなくなってしまう。であるから，具体的な議論に入る前に，このような基本
構造をまずもって理解しておこう。

　　　［＊1］　図表15－3における「［個別財務諸表の合算］→［連結修正仕訳（第t期）］→［連
　　　　　結財務諸表（第t期）］」という一連の会計処理は，通常は「連結精算表」のうえでお
　　　　　こなわれる。

3 ■ 連結の範囲

　本節では，連結の範囲について学ぶ。連結財務諸表を作成する際に，グルー
プ企業のうち，どの企業を子会社として，どの範囲の財務諸表を合算するかが
まずもって問題となる。ここで，連結対象となる子会社（「**連結子会社**」という）
の範囲決定に係る考え方は大きく2つある（**図表15－4**参照）。

図表15－4■連結子会社の範囲決定基準

① 　**持株基準→**【形式重視】議決権割合が**過半数**となるかどうかで判定 　　　メリット：法的実質に見合う，客観的 　　　デメリット：「連結外し」（経営者の恣意的操作）が容易 ② 　**支配力基準→**【実質重視】相手企業を「**支配**」できるかどうかで判定 　　(a)　議決権の過半数を実質的に所有すること 　　(b)　過半数でなくても，高い比率の議決権を所有し，かつ，意思決定機 　　　　関を支配している一定の事実が存在すること 　　　メリット：経営者の恣意的操作に耐えうる

　持株基準とは，法的形式重視の考え方であり，ある会社（親会社）が，直接
的および間接的に，他の会社の意思決定機関の議決権を過半数所有しているか

どうかで子会社を判定する方法をいう。ここで,「**意思決定機関**」とは,当該会社における事業や財務上の重要な判断や意思決定をおこなう機関をいい,通常は株主総会(ないしこれに準ずる機関)を指す。たとえば,株主総会の議決権の過半数を握ることで,取締役の選解任を決することができるなど,法的にも他企業の意思決定に大きな影響を及ぼすことができることから,持株基準は実態に見合った基準といえる。また,持株基準によれば,議決権割合という数字で客観的に親子会社関係を判断できる点もメリットといえる。しかし他方で,数値基準であるがゆえ,いわゆる「**連結外し**」がなされるリスクがあることはデメリットである。たとえば,赤字となった子会社を,期末にわざと過半数を割るような持株操作をおこない連結対象から外すことで,損失を隠しグループ全体の業績をよくみせようとする**粉飾**などが可能となる。このため,持株基準は,経営者の恣意的な操作に弱い。実際に,過去に日本基準では,子会社判定方法として持株基準が採用されていたものの,「連結外し」による大型の粉飾や不正が相次いだことから,社会的にも大きな問題となった経緯がある。

他方,**支配力基準**とは,経済的実質重視の考え方であり,他の会社を「支配」できるかどうかで子会社を判定する方法をいう。現行の日本基準では,この支配力基準が採用されている(「連結基準」第6・7・8項)。ここで,他の会社を「**支配**」するとは一体どういうことかが問題となるが,これは,他の会社の「意思決定機関(株主総会等)を支配」することをいい,より具体的には,(a)議決権の過半数を実質的に所有することだけでなく,(b)過半数でなくても,高い比率の議決権を所有し,かつ,意思決定機関を支配している一定の事実が存在すること(たとえば,役員や取締役会をつうじて,もしくは,契約などにより,事業や営業,財務の方針や運営に大きな影響力を持つことなど)を意味する。つまり,支配力基準は,形式を捉える持株基準を包摂しながらも,それに加えて,実質的に他の企業にどのような影響力を持ちうるかを判断する方法であるといえる。このため,持株基準に比して,経営者の恣意性にも耐えうる基準といえる。

[＊2]　会計基準における親会社と子会社の定義について,「連結基準」においては,以下のように,はじめに親会社を定義したうえで,子会社を定義している。すなわち,**親会社**とは,「他の企業の財務及び営業又は事業の方針を決定する機関(株主総会その他これに準ずる意思決定機関)を支配している企業」をいい,**子会社**とは,「当該他の企業」をいう(第6項)。

[＊3]　もし仮に子会社に判定されたとしても,(a)支配が一時的である場合,(b)連結に

354 | 第3部　財務会計の応用論点

より逆に利害関係者の判断を著しく害する場合，および，(c)重要性（金額的に重要性がないなど）により，非連結となる場合（つまり，当該子会社を連結財務諸表作成において合算しないこと）もある。これを，「**非連結子会社**」という。

つまり，子会社の内訳は，以下のように整理できる。

子会社 $\left\{\begin{array}{l}\text{連結子会社}\\\text{非連結子会社}\end{array}\right.$

子会社の判定について，具体的設例をつうじて理解することにしよう。

■ 設例15－1 ▷ **子会社の判定**

以下の各ケースについて，支配力基準により，連結子会社の範囲を判定しなさい。

ケース1	ケース2	ケース3
A社　→→→　B社 株式保有割合60％	A社　→→→　B社 　株式保有割合45％ 　但し取締役会を実質支配	株式保有割合60％ A社　→→→　B社 　　　　　　↓60％ 　　　　　　C社

≪解答≫

ケース1：A社（親会社），B社（連結子会社）

ケース2：A社（親会社），B社（連結子会社）

ケース3：A社（親会社），B社（連結子会社），C社（孫会社→連結子会社）

ここでは特に，ケース2とケース3に注意しよう。すなわち，ケース2について，B社に対するA社の株式保有割合は45％と過半数に満たないが，しかし，「取締役会を実質支配」している。これは，支配力基準における「支配」に該当するため，B社はA社の連結子会社となる。またケース3について，C社は，A社の連結子会社であるB社の子会社に該当する（この場合，C社を，「A社の孫会社」とよぶ）。よって，B社とC社の両者が，A社の連結子会社となる。

4 ■ 単純合算と連結修正仕訳

前節までにおいて，どの企業を子会社とみなし，どの企業のF/Sを合算するのかということを学習した。本節からは，連結会計の具体的手続を考えていこう。なお，以下では，いったん便宜的に，**100％資本関係**（親会社が子会社の

第15章　連結会計 | 355

議決権付株式を100%保有する状況）を前提に議論を進める。そしてそのあとで，100%資本関係が崩れた場合に，議論がどう変化するかを考えることにする。

図表15－5に示されるとおり，まずは各企業の財務諸表を単純合算する（図表15－5①）。そのうえで，連結修正仕訳により調整を施して（図表15－5②），最終的に連結財務諸表が完成する。

図表15－5 ■連結会計の具体的手続：単純合算と連結修正仕訳

親会社 F/S＋連結子会社 F/S

【①単純合算】

↓

【②連結修正仕訳】

↓

連結 F/S

ここで，②連結修正仕訳とは，連結上のあるべき姿と「個別財務諸表の単純合算」とのギャップを調整するものである。すなわち，①単純合算のあとに，もし親子会社の間での取引項目が財務諸表に残っていたとしたら，それをそのまま残しておいてよいのだろうか，という素朴な疑問が湧いてくる。結論的には，これらの項目を仕訳により調整する（相殺消去）必要が生じる。そしてこれを，**連結修正仕訳**という。

4－1　投資と資本の相殺消去

このあとの議論では，連結修正仕訳について検討していくが，まずは，最もシンプルな設例をつうじて，「親子会社化→単純合算→連結修正仕訳」という一連の流れを確認しよう。

■ 設例15－2　投資と資本の相殺消去：基礎編

(1)　企業Aが10を出資し，子会社Bを設立した

取引前のA社のバランスシート

貸借対照表

現金	100	資本金	100

≪個別財務諸表における仕訳≫

	子会社 B				親会社 A			
	借方	金額	貸方	金額	借方	金額	貸方	金額
(1)	現金	10	資本金	10	B社株式	10	現金	10

↓

取引(1)終了後の両者のバランスシート

```
   子会社 B の貸借対照表           親会社 A の貸借対照表
 現金    10 │資本金    10    現金     90 │資本金   100
                             B 社株式  10 │
```

↓

両者の単純合算

```
      連結貸借対照表
 現金       100 │資本金    110
 B 社株式    10 │
```

※「B社株式10」と資本金のうち10部分は，親子会社間の内部取引

↓

≪連結修正仕訳：投資と資本の相殺消去≫

借方	金額	貸方	金額
資本金	10	B社株式	10

　※合わせ鏡となっていた部分を打ち消す仕訳

↓

```
      連結貸借対照表
 現金     100 │資本金    100
```

※取引前のバランスシートと同じになる

　設例15−2に示されるとおり，親会社 A と子会社 B の貸借対照表を単純合算すると，資産のうち「B 社株式10」と，純資産のうち「資本金10」部分は，親子会社間のグループ内取引であり，あるべき連結 F/S から除外する必要がある。よって，これを相殺消去するために，連結修正仕訳が必要となる。ここで，「(借) 資本金10　(貸) B 社株式　10」という会計処理のことを，「**投資と資本の相殺消去**」という。これにより，最終的な連結貸借対照表は，親子会社間取引が消去されたものとなる。以上の流れをまとめると，**図表15−6**のよう

になる。

図表15－6 ■投資と資本の相殺消去

親会社による子会社化　→単純合算→　内部取引を相殺消去する必要
→　連結修正仕訳：**投資と資本の相殺消去**

4－2　債権債務，収益費用の相殺消去

　さらに，グループ会社間取引で残る債権債務がほかにある場合には，これらも相殺消去する必要がある。たとえば，親会社が子会社に資金を一時的に貸し付けた（子会社からすると借り入れた）場合を想定すると，親子会社のB/Sを単純合算したときに，子会社に対する「貸付金（対子会社）」と親会社からの「借入金」が，それぞれ資産，負債として残ることになる。しかしこれは，外部利害関係者からみると，あくまでグループ内での資金移動にすぎないことから，これらを相殺消去することが望ましい。そして，このような連結修正仕訳のことを，「**債権債務の相殺消去**」という。

　また同様の理由から，グループ会社間取引における収益と費用も相殺消去する必要がある。たとえば，親会社が子会社に商品を売り上げた場合は，親会社には「売上」勘定が，子会社には（売上原価対立法を前提とすると）「売上原価」勘定が，それぞれ計上されるが，これらも相殺消去することが望ましい。そして，このような連結修正仕訳のことを，「**収益費用の相殺消去**」という。

　ここでは，具体的設例をつうじて上記を理解することにしよう。

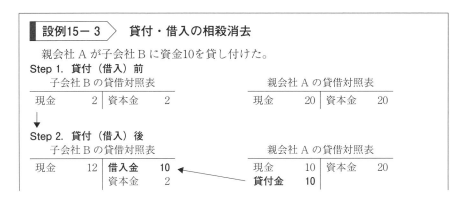

■ 設例15－3　貸付・借入の相殺消去

　親会社Aが子会社Bに資金10を貸し付けた。

Step 1．貸付（借入）前

子会社Bの貸借対照表				親会社Aの貸借対照表			
現金	2	資本金	2	現金	20	資本金	20

↓

Step 2．貸付（借入）後

子会社Bの貸借対照表				親会社Aの貸借対照表			
現金	12	**借入金**	**10** ←	現金	10	資本金	20
		資本金	2	**貸付金**	**10**		

債権債務の相殺消去の仕訳により，Step 5の連結貸借対照表は，結局は，Step 1における取引前のAとBのバランスシートを単純合算したかたちになっていることに注意しよう。つまり，連結財務諸表においては，親子会社間の債権債務取引はなかったものとして扱うことになる。

設例15－4 収益費用の相殺消去

- 子会社Bは，親会社Aに商品10を売り上げた（現金売上）。
- 当該商品は，子会社Bが，今期中にグループ外部の企業Xから5で仕入れ，それを親会社Aに販売したものである。
- 親会社Aは，Bからの仕入れ後，今期中にグループ外部の企業Zに20で販売している。
- なお，記帳方法は，売上原価対立法を前提とする。

Step 1. 子会社Bの仕入時

子会社B			
借方		貸方	
商品	5	現金	5

↓

Step 2. グループ企業間での仕入・売上時

販売側：子会社B				購入側：親会社A			
借方		貸方		借方		貸方	
現金	10	売上	10	商品	10	現金	10
売上原価	5	商品	5				

Step 3. 親会社 A の外部販売時

親会社 A	
借方	貸方
現金 20	売上 20
売上原価 10	商品 10

Step 4. Step 1-3 終了後の損益計算書

子会社 B の損益計算書

売上原価 5	売上 10
[外部から]	[A へ]

親会社 A の損益計算書

売上原価 10	売上 20
[B から]	[外部へ]

Step 5. 損益計算書の単純合算

連結損益計算書

売上原価 15	売上 30
{ B → A 10 外部 X → B 5	{ B → A 10 A → 外部 Z 20

Step 6. 収益費用の相殺消去の仕訳

(借) 売上 10 (貸) 売上原価 10

Step 7. グループ間取引の相殺消去後

連結損益計算書

売上原価 5	売上 20

図表15－7 ■設例15－4の取引に関する関係図

```
         5            10          20
外部企業 X →→ 子会社 B →→ 親会社 A →→ 外部企業 Z
           商品の仕入        商品の売上
```

設例15－4においても，連結財務諸表においては，親子会社間の仕入・売上取引はなかったものとして扱うことになる。すなわち，グループ間取引は，外部投資家から見たら単なる内部取引であり，グループ全体の財政状態・経営成績に影響するものではない。よって，これらを相殺消去することになる。

なお，ここで留意したいのは，グループ間での仕入・売上取引について，会計期末に在庫が発生する場合である。すなわち，設例15－4では，会計期間内

に外部企業 Z に販売されていたが，状況によっては，これがなされない（つまり，会計期間内に外部企業に販売されない）場合もある（**図表15－8**）。

図表15－8■取引の関係図：期末在庫となるケース

この場合は，期末在庫（図表15－8では「10」となる）に未実現の内部利益，つまり，子会社が親会社に付加した利益 5（＝親会社への売上10－外部からの仕入 5）が混入することになる。これをどう会計処理するかについては，後述の **8－4**で検討する。

5 ■ 子会社 B/S の時価評価とのれん

次に，子会社 B/S の時価評価とのれんについて検討する。前述の「投資と資本の相殺消去」では，投資額（「B 社株式」）10と資本金10とが，金額的に一致していた。しかしながら，現実の場面では，両者が一致しないこともある（**図表15－9**参照）。

図表15－9■投資と資本が一致しないケース

子会社 B の貸借対照表				親会社 A の貸借対照表			
現金	5	資本金	10	現金	80	資本金	100
土地	5			B 社株式	20		

たとえば，図表15－9では，親会社の子会社に対する投資（「B 社株式」）が20であるのに対して，子会社の資本勘定が10となっており，両者が一致していない。

図表15－10■投資と資本が一致しない理由

理由 1 ：子会社の資産・負債が時価を反映した金額となっていない→時価評価が必要
理由 2 ：のれんの存在→のれんの計上が必要

投資と資本が一致しない理由としては，大きく２つある（**図表15－10**参照）。第１の理由は，子会社の資産・負債が時価を反映した金額とはなっていないことである。ここでいう時価とは，厳密には，企業Ａが企業Ｂに投資し子会社となった時点（**支配獲得時点**）の価値を意味する。すなわち，親会社Ａが子会社Ｂに投資した金額は，投資時点における企業Ｂの識別可能資産・負債の時価を反映したものになっているはずである。しかし，企業ＢのB/Sが，その支配獲得時点の時価を反映していない可能性もある（たとえば，土地が取得原価のままB/Sに据え置かれることで，その簿価と時価とが乖離する場合など）。そこで，連結修正仕訳において，不一致のもとになっている資産・負債についての時価評価をおこなうことで，この不一致部分を解消する必要がある。

第２の理由は，のれんの存在である。すなわち，企業Ａが企業Ｂに投資した際に，子会社化することによる相乗効果など，超過収益力を（簿価に）加算した金額で投資していることも十分にあり得る。そこで，連結修正仕訳において，不一致のもとになっているのれんの計上をおこなうことで，この不一致部分を解消する必要がある。

なお，いずれも，第14章で学習した企業結合におけるパーチェス法の考え方を思い出すと理解が深まるだろう。パーチェス法では，被買収企業の資産負債に係る時価評価をおこなった。上述の第１の理由は，これの連結バージョンといえる。またパーチェス法では，PPAの結果として解消されない差額が残る場合には，のれんの計上をおこなったが，上述の第２の理由は，これの連結バージョンといえる。

以下では，**設例15－5** と **設例15－6** を用いて，上記の理解を深めることにしよう。

▌設例15－5 ▷ 土地の時価評価

Ａ社は既存企業Ｂ社の株式すべてを買収し，Ｂ社を子会社化した。なお，Ａ社の投資勘定と，Ｂ社の資本勘定との間に乖離が生じているが，これは，Ｂ社の土地のB/S簿価（10）と時価（20）との乖離が原因であるため，連結修正仕訳において調整をおこなう。

子会社Ｂの貸借対照表			親会社Ａの貸借対照表			
土地	10	資本金 10	現金	80	資本金	100
			Ｂ社株式	20		

362 | 第3部 財務会計の応用論点

≪仕訳≫

	借方	金額	貸方	金額
土地の時価評価	土地	10	評価差額	10
投資と資本の相殺消去	資本金 評価差額	10 10	B社株式	20

連結貸借対照表

現金	80	資本金	100
土地	**20**		

設例15－6　のれんの計上

　A社は既存企業B社の株式すべてを買収し，B社を子会社化した。なお，B社をグループ会社化することによる相乗効果を見込み，B社の純資産は10であったが，20で買収し，その差額は全て「のれん」であると判断された。

子会社Bの貸借対照表

現金	10	資本金	10

親会社Aの貸借対照表

現金	80	資本金	100
B社株式	20		

≪仕訳≫

借方	金額	貸方	金額
資本金 のれん	10 10	B社株式	20

連結貸借対照表

現金	90	資本金	100
のれん	**10**		

※合算前にはなかった「のれん」が計上される。

　　［＊4］　のれんの事後処理については，第14章4－3における買入のれんの議論を参照されたい。

6 ■非支配株主持分

　前節までは，100％親子会社関係（ここでの子会社を「**完全子会社**」という）を前提に議論を進めてきたが，ここで，100％親子会社関係ではなくなった場合（たとえば，親会社が子会社の議決権の60％のみを保有し，残りの40％をグループ外の企業が保有している場合。この場合の子会社を「**非完全子会社**」という）に，ど

んな問題が生じるのかについて考えてみよう（**図表15－11**）。

図表15－11■完全子会社から非完全子会社を前提とした連結会計

```
＜100％支配＞            ＜100％未満＞
完全子会社を前提  →→→   非完全子会社を前提
        どんな問題が生じるか？  「非支配株主持分」の存在
                        →「連結基礎概念」（誰のための連結財務諸表か？）
```

　結論的には，親会社所有分以外の子会社の議決権所有部分に対して「**非支配株主持分**」という項目が登場し，さらにその位置づけをめぐって，「誰のための連結財務諸表か」という**連結基礎概念**が重要な鍵となる（図表15－11参照）。以下ではまず，具体的な設例をたどることで，論点を確認しよう。

設例15－7　非完全子会社：非支配株主が存在する場合

　A社は，既存企業B社の株式10のうち60％を6で買収し，B社を子会社化した。なお，残りの40％部分はC社が保有しており，C社はグループ外の企業である。

子会社Bの貸借対照表				親会社Aの貸借対照表			
現金	10	資本金	10	現金	94	資本金	100
				B社株式	6		

≪仕訳≫

借方	金額	貸方	金額
資本金	10	B社株式	6
		非支配株主持分	4

連結貸借対照表		
現金	104	資本金　　　　100
		非支配株主持分　4

　設例15－7では，B社が非完全子会社であることに留意しよう。つまり，これまでの連結修正仕訳とは一部異なり，グループ外の企業であるC社が保有する40％部分（4）を，「**非支配株主持分**」（non-controlling interest）という勘定で処理することになる。その結果，連結貸借対照表においては，合算前にはなかった「非支配株主持分」が計上される。これは，C社（これを「**非支配株主**」とよぶ）のB社に対する持分となる。

　ここで，次に問題となるのは，この「**非支配株主持分**」の位置づけである。

364 | 第3部　財務会計の応用論点

すなわち，これは，A社のB社に対する持分である「資本金」と同じものなのか，それとも異なるものなのかが問題となる。

さらに，**設例15－7**では検討していないが，非完全子会社であるB社が計上する利益は，一体誰に帰属するのかという問題も重要である。つまり，持分割合はともあれ，B社を支配している以上は，利益のすべてがA社のもの（グループ会社のもの）と捉えてよいのか，それとも，C社という非支配株主がいる以上は，利益のうち60％部分のみがグループ会社のものと捉えるべきなのか，その帰属をめぐって議論が分かれる。そしてこれらの問題を解き明かすうえで重要になるのが，**連結基礎概念**という考え方である。これについては，次節で学習しよう。

> ［＊5］　100％資本関係が崩れるときには，そもそも「**比例連結**」と「**全部連結**」という考え方がある。**比例連結**とは，投資相手企業の持分割合に応じた部分のみを合算する方法をいう。**全部連結**とは，一定の基準を充たした会社のすべてを合算する方法である。現行基準では，全部連結の考え方が採用されている。よって本章も，これを前提に以下の議論を進める。

7 ■連結基礎概念：親会社説と経済的単一体説

本節では，連結会計を支える理論的考え方である**連結基礎概念**について検討する。**連結基礎概念**とは，誰のために，もしくは誰の視点に立って，連結財務諸表を作成するのかに係る考え方をいう（「**連結主体論**」とよばれることもある）。

ここでは，大きく2つの考え方がある。第1は，**親会社説**である。これは，連結財務諸表は親会社の株主のために作成されるとする考え方である。第2は，**経済的単一体説**である。これは，連結財務諸表は支配株主たる親会社と非支配株主（いわゆる少数株主）の両方を含めた企業集団全体の出資者のために作成されるとする考え方である。これらの考え方を整理すると**図表15－12**のようになる。

図表15－12■連結基礎概念のイメージ

親会社◀親会社株主［☆1］

　　▼

子会社◀非支配株主［☆2］

端的にいえば，図表15－12の［☆1］の目線で連結を捉えるのが親会社説で

あり，［☆1］と［☆2］を合わせた目線で連結を捉えるのが経済的単一体説となる。よって，前者（親会社説）からすると，［☆2］の非支配株主は，［☆1］の親会社株主とは異なる存在と位置づけられる。また他方，後者（経済的単一体説）からすると，［☆1］の親会社株主と［☆2］の非支配株主は同じ次元で位置づけられることになる。

　そして，これら2つの違いは，連結財務諸表を作成するための会計処理に影響する。つまり，どちらの考え方をとるかによって，会計処理が変わってくる。

図表15−13■非支配株主持分の位置づけ

考え方	説　　明	非支配株主持分の位置づけ
親会社説	連結上の株主資本は，親会社株主の請求権に限定すべき	負債 or 株主資本以外の純資産
経済的単一体説	連結上の株主資本は，親会社株主のみならず，企業集団全体の請求権を表すものとして広く位置づけられるべき	株主資本

　たとえば，前節で確認した非支配株主持分について考えてみよう。**図表15−13**に示されるとおり，親会社説の立場からすると，連結財務諸表は親会社株主の立場に立って作成する必要があることから，連結上の株主資本は，親会社株主の請求権に限定されることが望ましい。このことからすると，非支配株主持分はグループ外の企業を株主とする請求権であるため，連結財務諸表においては，株主資本に含めて計上することはできない。よって，負債として位置づけられるか（しかし，負債の定義を充たさない場合には），株主資本以外の純資産項目に含めて計上されることが望ましいこととなる（なお，現行制度では，純資産の「その他の項目」に記載される。第12章1の図表12−4を参照）。

　また他方，経済的単一体説の立場からすると，連結財務諸表は企業集団全体の出資者のために作成される必要があることから，連結上の株主資本は，親会社株主のみならず，企業集団全体の請求権を表すものとして広く位置づけられることが望ましい。このことからすると，非支配株主持分は，企業集団全体の請求権に該当することから，連結財務諸表においては，株主資本に計上されることが望ましい。

　このように，どちらの立場に立つかによって，その会計処理や位置づけが異なる可能性がある。そこで次節では，具体例を用いて2つの考え方を比較する。先んじて次節の議論をまとめると，**図表15−14**のようになる。

366 | 第3部　財務会計の応用論点

図表15−14■連結基礎概念と会計処理

	親会社説	経済的単一体説
非支配株主持分の位置づけ	負債 or **純資産**の「その他」	株主資本の項目
非支配株主損益の性質	費用の項目	**利益の内訳**
子会社の時価評価方法	部分時価評価法	**全面時価評価法**
のれんの認識範囲	**買入のれん説**	全部のれん説
アップストリームの未実現利益の消去方式	親会社持分相当額消去方式	**全額消去・持分比率負担方式**
支配権獲得後の持株売買取引の性質	損益取引	**資本取引**

※図表の太字部分は，現行の日本基準が採用する方法である。

8 ■ 親会社説と経済的単一体説の具体的比較

　本節では，**図表15−15**の諸論点について，連結基礎概念と会計処理との関係を具体的に確認しよう。

図表15−15■連結基礎概念と会計処理

> ・子会社利益の帰属がどのように変わるか
> ・子会社の時価評価が非完全子会社でどのように変わるか
> ・のれんの処理がどのように変わるか
> ・親子会社間取引における未実現の内部利益をどうするか

8 − 1　子会社利益の帰属

　最初に，子会社利益の帰属について検討する。これは要するに，子会社利益のすべてを連結利益としてもよいのか，それとも親会社持分相当部分のみを連結利益とすべきなのか，という問題である。完全子会社関係では，このような問題は生じないが，非完全子会社を前提にすると，連結基礎概念の相違により，ここに議論の余地が生じることになる。そこで，先の設例15−7を拡張した**設例15−8**を用いて，この問題を考えてみよう。

▌設例15−8 〉 子会社利益の帰属：非完全子会社の場合

　以下の資料をもとに，X1年12月末における期末の連結財務諸表を作成するに

第15章　連結会計　367

当たって，次の2つを示しなさい。
(1) 「親会社説」に依拠した場合の連結修正仕訳
(2) 「経済的単一体説」に依拠した場合の連結修正仕訳
(資料)
・X1年1月1日：A社は，既存企業B社の株式10のうち60%を6で買収し，B社を子会社化した。なお，残りの40%部分はC社が保有しており，C社はグループ外の企業である。なお，会計期間は，A社・B社ともに暦年とする。
・X1年12月31日：B社の今期の当期利益は10であった。なお，X1年度中にA社・B社間の取引は（1/1の投資と資本の取引以外は）一切ないものと仮定する。

1/1時点

子会社Bの貸借対照表			
現金	10	資本金	10

親会社Aの貸借対照表			
現金	94	資本金	100
B社株式	6		

12/31時点

子会社Bの貸借対照表			
現金	20	資本金	10
		利益剰余金	10

子会社Bの損益計算書			
売上原価	10	売上	20
当期利益	10		

親会社Aの貸借対照表			
現金	94	資本金	100
B社株式	6		

親会社Aの損益計算書			
売上原価	0	売上	0
当期利益	0		

※設例の簡単化のために，親会社はX1年度中には，子会社Bへの投資以外の経済活動はおこなわなかったものと仮定する。

≪仕訳≫

	(1)親会社説に依拠した場合				(2)経済的単一体説に依拠した場合			
	借　方		貸　方		借　方		貸　方	
①投資と資本の相殺消去［開始仕訳］	資本金	10	B社株式　6(※1) 非支配株主持分　4(※2)		資本金	10	B社株式　6(※1) 非支配株主持分　4(※2)	
②利益剰余金を非支配株主持分へ	利益剰余金	4	非支配株主持分　4(※3)		利益剰余金	4	非支配株主持分　4	
③利益を非支配株主損益へ	**非支配株主損益**　4(※4)		**当期利益**　4		仕訳なし			

(※1)　1/1時点の親会社B/S計上額
(※2)　1/1時点の子会社資本金10×非支配株主持分40% = 4
(※3)　X1年度（1/1-12/31）における子会社の利益剰余金増加額10×非支配株主持分40% = 4
(※4)　X1年度（1/1-12/31）における子会社の当期利益10×非支配株主持分40% = 4

368 | 第3部 財務会計の応用論点

≪連結財務諸表≫

(1)親会社説に依拠した場合	(2)経済的単一体説に依拠した場合
連結貸借対照表	連結貸借対照表
現金 114 / 非支配株主持分 8 [☆1] 資本金 100 利益剰余金 6	現金 114 / 資本金 100 非支配株主持分 8 [☆2] 利益剰余金 6
連結損益計算書	
売上原価 10 / 売上 20 **当期利益 6** **非支配株主損益 4**	連結損益計算書
	売上原価 10 / 売上 20 **当期利益 10**

　設例15-8では，主に以下の2点が重要である。まず第1は，親会社Aが子会社Bの議決権を60％部分のみ所有していること（残りの40％部分は，非支配株主が所有していること）である。そして，このような場合には，すでに前節までに確認したとおり，「非支配株主持分」が計上される。さらに，設例15-8では，期末に追加計上された子会社の「利益剰余金10」の40％分を，非支配株主持分へ振り替える仕訳として，「（借）利益剰余金4 （貸）非支配株主持分4」がなされていることにも留意しよう（仕訳の②参照）。そのため，「非支配株主持分」の期末連結B/S残高は，当初計上分4に，期末振替分4を加えた「8」となっていることに留意されたい。

　そして，この「非支配株主持分8」の位置づけを，連結基礎概念により考えてみよう。これはすでに前節で確認しているが，**親会社説**のもとでは，連結上の株主資本は，親会社株主の請求権に限定されることが望ましく，非支配株主持分は株主資本に含めて計上することはできない（負債，もしくは純資産の「その他」に位置づけられる。ここでは経済的単一体説との違いを明確にするため，[☆1]に示されるとおり，連結B/Sの「資本金」の上に負債として配置しておく）。他方，**経済的単一体説**のもとでは，非支配株主持分は，企業集団全体の請求権に該当することから，連結財務諸表においては，株主資本に含めて計上される（ここでは，[☆2]に示されるとおり，連結B/Sの「資本金」と「利益剰余金」の間に配置しておく）。

　また，第2は，支配獲得後の経済活動により，子会社Bが当期利益10を計上していることである。ここでは，子会社利益10の帰属が問題となる。結論的には，連結基礎概念により，全額の10を連結利益とするか（経済的単一体説），

第15章　連結会計　369

図表15−16■子会社利益の帰属：イメージ

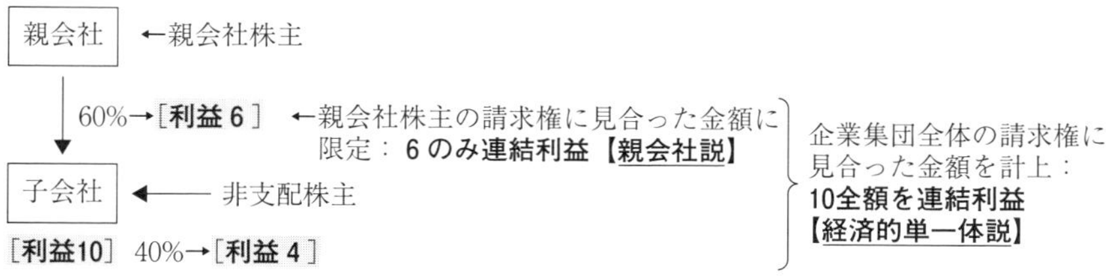

親会社　←親会社株主

60%→［利益6］　←親会社株主の請求権に見合った金額に限定：6のみ連結利益【親会社説】

子会社　◀─── 非支配株主

［利益10］　40%→［利益4］

企業集団全体の請求権に見合った金額を計上：10全額を連結利益【経済的単一体説】

それとも6：4に分割し親会社持分相当額の6のみを連結利益とするか（親会社説），その考え方が異なることになる。議論をイメージ化すると，**図表15−16**のようになる。

　まず一方，親会社説では，連結上の利益は，親会社株主の請求権に見合った金額に限定すべきこととなる。このため，子会社利益10のうち，親会社持分相当額6（＝利益10×親会社持分割合60%）のみが，連結利益に算入されることが望ましい。このため，当期利益10から，非支配株主持分相当額4（＝利益10×非支配株主持分割合40%）を差し引くために，「（借）**非支配株主損益4**（貸）**当期利益4**」という連結修正仕訳が必要となる（設例15−8の仕訳③参照）。

　他方，経済的単一体説では，連結上の利益は，親会社株主のみならず，企業集団全体の請求権に見合った金額として広く捉えるべきである。よって，10全額が連結利益となる。このため，個別の損益計算書を単純合算すればよく，連結修正仕訳は不要となる。

> ［＊6］　日本の会計基準における連結損益計算書の利益の表示は，従来は親会社説を採用していた（設例15−8でいえば，「当期利益6」の立場に立っていた）。現在は，経済的単一体説を採用するため，設例15−8でいえば，「当期利益10」の立場に立つ（そのうえで，制度上は，内訳項目として非支配株主損益4をあわせて表示し，一応は親会社説にも配慮した開示形態を採っている）。

8−2　子会社の時価評価：非完全子会社の場合

　次に非完全子会社の場合における子会社の時価評価について学習する。本章第5節では，完全子会社の場合を前提に，投資額（「B社株式」）と資本金とが，金額的に一致しないときに，子会社の時価評価をおこなう連結修正仕訳（［（借）土地10（貸）評価差額10］）が必要となるケースを確認した（**図表15−17**参照）。つまり，企業結合（第14章）でいうパーチェス法の会計処理である。

図表15-17 投資と資本との不一致＆子会社時価評価：完全子会社の場合（再掲）

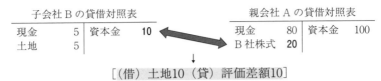

[（借）土地10（貸）評価差額10]

そこで本節では、これが非完全子会社になると、どのような問題が生じるのかを検討する。以下では**設例15-9**を用いて、理解を深めることにしよう。

設例15-9 土地の時価評価：非完全子会社の場合

下記の資料をもとに、次の2つを示しなさい。
(1) 「親会社説」に依拠した場合の連結修正仕訳
(2) 「経済的単一体説」に依拠した場合の連結修正仕訳

(資料)
・X1年12月31日に、A社は、既存企業B社の議決権付株式のうち60％を新規に取得し、B社を子会社化した。残りの40％部分はC社が保有しており、C社はグループ外の企業である。
・なお、A社の投資勘定と、B社の資本勘定との間に乖離が生じているが、これは、B社の土地のB/S簿価(10)と時価(20)との乖離が原因である。このため、連結修正仕訳において調整をおこなう。会計期間は、A社・B社ともに暦年とする。

子会社Bの貸借対照表			親会社Aの貸借対照表		
土地	10	資本金 10	現金	88	資本金 100
			B社株式	12	

≪仕訳≫

	(1)親会社説に依拠した場合		(2)経済的単一体説に依拠した場合	
	借方	貸方	借方	貸方
土地の時価評価	土地 6 [C]	評価差額 6	土地 10 [C+D]	評価差額 10
投資と資本の相殺消去	資本金 10 評価差額 6	B社株式 12 非支配株主持分 4(※1)	資本金 10 評価差額 10	B社株式 12 非支配株主持分 8(※2)

(※1) 子会社資本金10×非支配株主の持分割合40％＝4
(※2) ［子会社資本金10＋評価差額10［C＋D］］×非支配株主の持分割合40％＝8

≪連結財務諸表≫

(1)親会社説に依拠した場合	(2)経済的単一体説に依拠した場合
連結貸借対照表	連結貸借対照表
現金　88　非支配株主持分　4　[☆1] **土地**　**16**　資本金　100 ［A＋B＋C］	現金　88　資本金　100 **土地**　**20**　非支配株主持分　8　[☆2] ［A＋B＋C＋D］

図表15－18 土地の時価評価：非完全子会社の場合のイメージ図

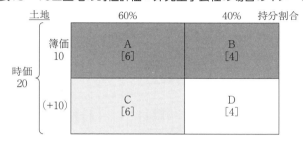

図表15－19 土地の時価評価：非完全子会社の場合の連結修正仕訳の考え方

考え方	B/S 計上すべき土地金額	必要な連結修正仕訳
親会社説	［簿価部分：A＋B(10)］＋［時価部分・親会社持分：C（6）］＝16	・C（6）を時価評価 → C 評価額を相殺消去 【部分時価評価法】
経済的単一体説	［簿価部分：A＋B（10)］＋［時価部分 C＋D（10)］＝20	・C＋D（10）を時価評価 → C＋D 評価額を相殺消去 【全面時価評価法】

　設例15－9では，主に以下の2点が重要である。まず第1は，土地の時価評価の金額が異なる点である。すなわち，親会社説では，親会社が責任を持って計上すべきは，親会社株主が保有する60％部分であると考えるため，時価評価の仕訳も，**図表15－18**のC部分のみを対象とする。他方，経済的単一体説では，企業集団全体の立場から考えるため，時価評価の仕訳も，図表15－18の［C＋D］部分を対象とする。

　第2は，非支配株主持分の金額，そしてその意味内容が異なる点である。すなわち，親会社説では，連結 B/S の［☆1］に示されるとおり「4」となる。これは，土地の簿価を基準とした金額（時価は考慮されていない金額）であり，「子

会社資本金簿価10×非支配株主の持分割合40％」で計算される。これに対して，経済的単一体説では，連結 B/S の［☆2］に示されるとおり「8」となる。これは，土地の時価を基準としたものであり，「［子会社資本金簿価10＋評価差額10［C＋D]]×非支配株主の持分割合40％」で計算される。このような違いが生じるのは，図表15−18の D 部分を時価評価するかどうかが，両者で異なるからである。つまり，一方，親会社説では D 部分を計上しないため，D 部分を含まない金額をベースに非支配株主持分が計算されるのに対して，他方，経済的単一体説では D 部分を計上するため，D 部分を含んだ金額をベースに非支配株主持分が計算されるからである。

　　［＊7］　なお，現行の日本の会計基準では，全面時価評価法が採用されている。

8−3　のれんの会計処理

　さらに，8−2の子会社の時価評価と同じ考えで，のれんの会計処理方法を考えることができる。ここでは，設例15−9を改変した**設例15−10**を用いて，より具体的に考えてみよう。

┃設例15−10〉　のれんの計上：非完全子会社の場合

　下記をもとに，次の2つを示しなさい。
(1)　「親会社説」に依拠した場合の連結修正仕訳
(2)　「経済的単一体説」に依拠した場合の連結修正仕訳
・X1年12月31日に，A 社は，既存企業 B 社の議決権付株式のうち60％を新規に取得し，B 社を子会社化した。
・買収時の B 社の純資産は10であったが，A 社は，B 社をグループ会社化することによる相乗効果を見込むと B 社の純資産時価は20になると判断し，「20×60％＝12」という試算から，B 社の議決権付株式の60％を12で買収している。なお，<u>差額はすべて「のれん」である</u>と判断される。
・残りの40％部分は C 社が保有しており，C 社はグループ外の企業である。
・会計期間は，A 社・B 社ともに暦年とする。

子会社 B の貸借対照表			親会社 A の貸借対照表		
土地	10	資本金　10	現金	88	資本金　100
			B 社株式	12	

≪仕訳≫

	(1)親会社説に依拠した場合		(2)経済的単一体説に依拠した場合	
	借 方	貸 方	借 方	貸 方
投資と資本の相殺消去	資本金　10 [A+B] のれん　6 [C]	B社株式　12 [A+C] 非支配株主持分 4(※1)[B]	資本金　10 [A+B] のれん　10 [C+D]	B社株式　12 [A+C] 非支配株主持分 8(※2)[B+D]

（※1）　子会社資本金簿価10×非支配株主の持分割合40％＝4
（※2）　［子会社資本金簿価10＋のれん10［C＋D］］×非支配株主の持分割合40％＝8

≪連結財務諸表≫

(1)　親会社説に依拠した場合		(2)　経済的単一体説に依拠した場合	
連結貸借対照表				
現金　88 土地　10 のれん　6 [C]	非支配株主持分　4 [☆1] 資本金　　　　100	現金　88 土地　10 のれん　10 [C+D]	資本金　　　　100 非支配株主持分　8 [☆2]

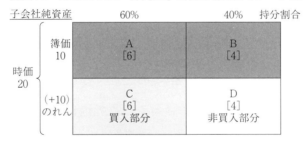

図表15－20■のれん：非完全子会社の場合のイメージ図

図表15－21■のれん：非完全子会社の場合の連結修正仕訳の考え方

考え方	B/S 計上すべきのれんの金額	必要な連結修正仕訳
親会社説	親会社の買入部分のみに限定 →［親会社持分：C］＝6	のれんとして，C（6）部分を計上【買入のれん説】
経済的単一体説	グループ全体ののれんを計上 →［C＋D］＝10	のれんとして，C＋D（10）部分を計上【全部のれん説】

設例15－10では，主に以下の2点が重要である。まず第1は，のれんの金額が異なる点である。親会社説では，**図表15－20**のC部分の買入部分のみをのれんとして計上している（ゆえにこれを，「**買入のれん説**」とよぶ）。他方，経済的単一体説では，図表15－20の［C＋D］部分をすべてのれんとして計上して

いる（ゆえにこれを，「**全部のれん説**」とよぶ）。後者の場合は，Cの買入部分（買入のれん）のみならず，Dの非買入部分（**自己創出のれん**）も含めて計上していることに留意されたい。

第2は，非支配株主持分の金額，そしてその意味内容が異なる点である。すなわち，親会社説では，連結B/Sの［☆1］に示されるとおり「4」となる。これは，子会社の純資産簿価を基準とした金額（のれんは考慮されていない金額）であり，「子会社資本金簿価10×非支配株主の持分割合40％」で計算される。これに対して，経済的単一体説では，連結B/Sの［☆2］に示されるとおり「8」となる。これは，子会社の純資産時価を基準とした金額（のれんを考慮した金額）であり，「［子会社資本金簿価10＋全部のれん10［C＋D］］×非支配株主の持分割合40％」で計算される。このような違いが生じるのは，結局は，図表15−20のD部分，つまり，自己創出のれん部分を入れるかどうかが，両者で異なるからである。一方，親会社説ではDを計上しないため，Dを含まない金額をベースに非支配株主持分が計算されるのに対して，他方，経済的単一体説ではDを計上するため，Dを含んだ金額をベースに非支配株主持分が計算される。

［＊8］　なお，現行の日本の会計基準においては，自己創出のれんの計上は禁止されていることから，「買入のれん説」が採用されている。つまり，この点については，親会社説に依拠した会計処理を採用しているといえる。

8−4　親子会社間取引における未実現の内部利益：アップ・ストリームの場合

次に，親子会社間取引における未実現の内部利益について検討する。特に，子会社が親会社に商品を売る場合（「**アップ・ストリーム**」とよぶ）で，かつ，期末において親会社に当該商品が在庫として残るケースを考える。

［＊9］　ここで，「親会社→子会社」取引を**ダウン・ストリーム**，「子会社→親会社」取引を**アップ・ストリーム**とよぶ。ダウン・ストリームの場合の未実現内部利益は，親会社が付加したものであるから，親会社がそのまますべて責任を負う（親会社の負担でその全額を消去する）ことになるが，他方，アップ・ストリームの場合は，子会社が付加したものであるから，特に非完全子会社のもとでは，誰が責任を取るのか（親会社だけか，親会社と非支配株主の両方か）が問題となるのである。本節で考える設例15−11のケースは，これらのうち，後者のアップ・ストリームに該当する。

本章 4 - 2 では，グループ間での仕入・売上取引について，そこで生じる収益（売上）と費用（売上原価）とを連結修正仕訳で相殺消去する必要性を学習した。本節では，4 - 2 の設例15- 4 を拡張して，アップ・ストリームを前提に，特に期末に在庫が発生する（そして，期末在庫に未実現の内部利益が残る）場合を，**設例15－11**として考えてみよう。

│設例15－11│　親子会社間における未実現利益：非完全子会社かつアップ・ストリームの場合

　X1年度における以下の取引について，仕訳を示し，かつ，連結財務諸表を作成しなさい。なお，記帳方法は，売上原価対立法を前提とする。また，親会社 A の子会社 B に対する議決権保有比率は60％である（残り40％は，非支配株主の持分であるとする）。
(1)　子会社 B は，今期首にグループ外部の企業 X から商品を 5 で仕入れた（現金仕入）。
(2)　子会社 B は，当該商品のすべてを親会社 A に10で販売した（現金売上）。仕入額と販売額との差額 5 は，子会社 B が付加した利益である。
(3)　当該商品のすべてが，期中にグループ外企業には販売できず，期末在庫として親会社 A の倉庫に残っている（個別財務諸表では適正に処理がなされているものとする）。連結上，これに係る連結修正仕訳をおこなう。
　※なお，便宜上，親会社 A，子会社 B とも，これ以外の期中取引は一切なかったものと仮定する。

≪(1)(2)の仕訳≫

	親会社 A		子会社 B	
	借方	貸方	借方	貸方
(1)子会社 B の仕入	仕訳なし		商　品　5	現　金　5
(2)B → A の商品売買	商　品　10	現　金　10	現　金　10 売上原価　5	売　上　10 商　品　5

≪(1)(2)を踏まえた期末の個別財務諸表≫

子会社 B の損益計算書

売上原価 5 ｜売　上 10
[外部から仕入]　　[A へ]

→ 親会社 A の貸借対照表

商　品 10
[B から]

親会社 A の損益計算書

売上原価 0 ｜売　　上 0

≪(1)(2)を踏まえた期末の個別財務諸表の単純合算≫

連結損益計算書（単純合算）

売上原価　5 ｜売　　上　10
（B → A：5）｜（B → A：10）
当期利益　5

連結貸借対照表（単純合算）

商　品　10
[B から]

ここではまず，各企業における個別の仕訳(1)(2)，および単純合算した財務諸表を確認しよう。特に注目すべきは，連結貸借対照表（単純合算）に計上される「商品10」である。ここには未実現利益 5 が混入していることに留意されたい（**図表15－22**）。つまり，本来的な帳簿価額は，外部企業 X からの仕入値「 5 」であるはずであるが，親子会社間取引により，内部利益 5 が付加された状態で，期末在庫となってしまっているのである。

図表15－22■設例15－11における取引関係：期末在庫となるケース

これを踏まえて，ここで「**理想的な連結財務諸表**」を考えてみると，**図表15－23**になる。ここでは，商品が，当初の仕入金額 5 で計上されるとともに，まだグループ外部に販売されていないため，売上原価と売上も「 0 」となるという点に留意しよう。

図表15－23■設例15－11における「理想的な連結財務諸表」

連結損益計算書		連結貸借対照表
売上原価　0	売　上　0	商　品　5
当期利益　0		［当初の仕入金額］

これらを踏まえて，連結修正仕訳を検討する。ここでは，以下の 2 ステップで考える。第 1 ステップでは，いったん連結基礎概念のことを想定せずに，「個別財務諸表の単純合算」と「理想的な連結財務諸表」との差異はなにかをシンプルに考える。そのうえで，第 2 ステップで，連結基礎概念との関係を考えよう。

まず第 1 ステップとして，「個別財務諸表の単純合算」と「理想的な連結財務諸表」との差異はなにかを考えてみよう。両者の違いは， 2 つある。 1 つは，B/S 項目の商品勘定である。グループ内で付加した未実現利益 5 が両者の違いになるため，これを消去する必要がある。もう 1 つは，P/L 項目の売上原価と

売上である。当該商品がまだグループ外へ販売されていないことから、これらを消去する必要がある。この点を踏まえて、両者の差異を解消する連結修正仕訳（の原型）を考えると、**図表15－24**のようになる（売上原価対立法を前提にする）。

図表15－24■設例15－11における連結修正仕訳の原型（非支配株主考慮前）

借方	金額	貸方	金額
売上	10	売上原価 商品	5 5

そして、図表15－24に示される連結修正仕訳をおこなうことで、単純合算された財務諸表は、「**理想的な連結財務諸表**」へと修正される。

これらを踏まえて、第2ステップとして、連結基礎概念との関係を考えよう。なお、ダウン・ストリームの場合（もし仮に「親会社→子会社」取引だった場合）の連結修正仕訳は、第1ステップで示した図表15－24の「（借）売上10（貸）売上原価5、商品5」で足りる（その理由は、先の［＊9］を復習しよう）。他方、アップ・ストリームの場合（設例15－11のように「子会社→親会社」取引の場合）で、かつ、非支配株主が存在する場合は、**親会社説**に立つか、それとも**経済的単一体説**に立つかで、子会社の付加した未実現利益の取り扱いをめぐって会計処理が異なってくる（**図表15－25**）。

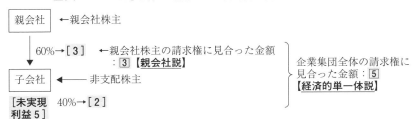

図表15－25■子会社が付加した未実現の内部利益：イメージ

図表15－25に示されるとおり、「子会社が付加した未実現利益を消去する」ということは、それを、親会社株主と、非支配株主とのどちらで負担するものとして取り扱うのか、ということが論点となる。つまり、これまでと同様、親会社説と経済的単一体説とのどちらの立場に立脚するかで、実は会計処理方法も変わってくる（なお、図表15－25は、子会社利益の帰属を検討した図表15－16と同じ構造であることに注意しよう）。

378 | 第3部　財務会計の応用論点

　ここで結論を示すと，**図表15−26**になる。

図表15−26■アップ・ストリームにおける未実現の内部利益消去：非完全子会社の
　　　　　　場合の連結修正仕訳の考え方

考え方	消去すべき内部利益	必要な連結修正仕訳	仕訳			
			借方		貸方	
親会社説	親会社持分相当額	親会社持分相当額消去方式【A法】	売　　上	10	商　　品 売上原価	3 7
経済的単一体説	全額消去	全額消去・持分比率負担方式【B法】[現行基準が採用]	売　　上 非支配株主持分	10 2	商　　品 売上原価 非支配株主損益	5 5 2
親会社説・経済的単一体説	全額消去	全額消去・親会社負担方式【C法】	売　　上	10	商　　品 売上原価	5 5

　まず，親会社説のもとでは，「**親会社持分相当額消去方式**」（図表15−26【A法】）が想定しうる。これは，内部利益のうち，消去すべきは親会社持分相当額のみであると捉える方法であり，親会社持分相当額の「3」（＝5×60％）のみを消去するように処理する。具体的仕訳は，「（借）売上10（貸）商品3，売上原価7」となり，この仕訳をおこなった後の連結財務諸表は，**図表15−27**のようになる（なお，設例の便宜上，連結修正仕訳をおこなう前に，連結B/Sに「非支配株主持分」が40だけ計上されていたと仮定する）。

図表15−27■設例15−11における「親会社持分相当額消去方式」採用後の
　　　　　　連結財務諸表

連結損益計算書				連結貸借対照表		
売上原価	△2	売　　上	0	**商　　品**	**7**	
当期利益	**2**			［当初仕入額5 ＋未実現利益2］	資　本　金 非支配株主持分	×× 40

　図表15−27に示されるとおり，「親会社持分相当額消去方式」のもとでは，連結貸借対照表の商品勘定残高が7となり，未実現利益のうち，非支配株主に帰属する部分の2をそのままB/Sに残すことになる。さらには，その残部「2」が，連結損益計算書に，「当期利益2」として残されることに注意しよう。ここで，もう一度，図表15−25を確認されたい。要するに，親会社説のもとでは，親会社請求権に見合う「3」部分は，（いわば）責任を取って消去するが，しかし残りの2部分は，親会社の責任の範囲外であるため消去しないことが望ま

しく，それを具現化したのが，【A 法】（親会社持分相当額消去方式）である
といえよう。

[＊10]　なお，ここでは，売上高が全額消去されるよう「（借）売上10（貸）商品３,
売上原価７」としたが，連結損益計算書の売上原価がマイナスになるという点に違和
感を感じる読者もいるかもしれない。その場合は，連結修正仕訳として「（借）売上
８（貸）商品３，売上原価５」というかたちを想定してもよいかもしれない。ただし，
この場合も，（売上原価は０となるものの）売上が２だけ残るかたちになり，いずれ
にせよ，このような仕訳をおこなう場合でも，A 法の下では，結局は連結損益計算書
に「当期利益２」が計上されてしまうことは変わりがない。

　他方，経済的単一体説のもとでは，「全額消去・持分比率負担方式」（図表15
−26【B 法】）が想定される。企業集団全体の立場からすると，内部利益全額を
消去することが望ましく，かつ，それを前提に，持分比率に応じて，親会社と
非支配株主とでその金額を按分するという方法である。具体的には，未実現利
益の全額５を消去し，それを持分比率で按分して負担する，つまり「親会社
60％：非支配株主40％＝３：２」で按分して負担する。これは，現行会計基準
が採用する方法である。具体的仕訳は，「（借）売上10（貸）商品５，売上原価
５」および，「（借）非支配株主持分２（貸）非支配株主損益２」となる。前者
の仕訳で未実現利益の全額を消去し，後者の仕訳で，これを按分するかたちに
なる。そして，これらの仕訳をおこなった後の連結財務諸表は，**図表15−28**に
示される（設例の便宜上，連結修正仕訳をおこなう前に「非支配株主持分」が40だ
け計上されていたと仮定する）。

図表15−28■設例15−11における「全額消去・持分比率負担方式」
採用後の連結財務諸表

連結損益計算書				連結貸借対照表			
売上原価	0	売　上	0	**商　品**	**5**		
当期利益	**2**	**非支配株主損益**	**2**	［当初仕入額５］		資 本 金	××
						非支配株主持分	**38**

　図表15−28に示されるとおり，「全額消去・持分比率負担方式」のもとでは，
連結貸借対照表の商品勘定残高は５となり，未実現利益の全額が消去される。
さらに，貸方の「非支配株主持分」は（図表15−27における「40」とは異なり）
38となり，非支配株主負担分だけマイナスされている。そして，非支配株主に

帰属する未実現利益が，連結損益計算書に「非支配株主損益」として2だけ計上されることに注意しよう。これは，図表15－27と比較すると，「当期利益2」が計上されるという意味では違いがないものの，それが売上総利益か（図表15－27），それとも非支配株主損益か（図表15－28）という点で，その表示内容・区分は異なる。

　最後に，親会社説および経済的単一体説の両方から，「全額消去・親会社負担方式」が採用される（図表15－26【C法】）。まず，経済的単一体説のもとでは，未実現の内部利益については，その全額を企業集団全体で取り扱うべきであり，「5」全額を消去し，かつ，そのうえで親会社がすべてを負担すべきという解釈もありうる。また同じことは，実は親会社説からもいえる。すなわち，親会社は，持分比率自体は100％ではないとしても，実質的に子会社をコントロールできる立場にあることから，未実現利益についてもその全額について親会社が責任を有すると捉えることもできる。このように考えると，「5」全額を消去し，そのうえで親会社がすべてを負担すべきとなる。具体的仕訳は，ダウン・ストリームの場合と同様に，「（借）売上10（貸）商品5，売上原価5」となる。そして，この仕訳をおこなった後の連結財務諸表は，**図表15－29**のようになる（設例の便宜上，連結修正仕訳をおこなう前に「非支配株主持分」が40だけ計上されていたと仮定する）。

図表15－29■設例15－11における「全額消去・親会社負担方式」採用後の連結財務諸表

連結損益計算書			連結貸借対照表		
売上原価	0	売上	0	**商品**	**5**
当期利益	0			［当初仕入額5］	資本金 ××
					非支配株主持分 40

　図表15－29に示されるとおり，「全額消去・親会社負担方式」のもとでは，連結貸借対照表の商品勘定残高は5となり，未実現利益の全額が消去される。そして，連結損益計算書の利益も0となる。これは，図表15－28と比較すると，まず，商品からすべての未実現利益が消去されている点では同じであるが，「損益」が計上されるかどうかという点で異なっていることがわかる。

第15章　連結会計 | 381

> **コラム15-1**　現行の会計基準における連結基礎概念の変遷

　連結基礎概念について，日本における会計基準の変遷をみると，従来は，親会社説が中心とされてきた。それが，（経済的単一体説に依拠する）国際会計基準へのコンバージェンスの流れの中で，徐々に経済的単一体説の考え方にシフトしてきており，採用される会計処理の方法も大きく変化してきている（であるから，制度上，「完全に親会社説の会計処理」や「完全に経済的単一体説の会計処理」にはなっていない）。このように，制度は絶対的なものではなく，常に変わりうることを理解しておこう。その意味では，当然のことながら，現行制度も今後変化していく可能性があるため，単に現行制度の会計処理を丸暗記するのではなく，その背後にある考え方を，他の方法と相対化するかたちで理解することが重要であるといえる。

　なお，連結基礎概念については，実は，親会社説や経済的単一体説以外の考え方も存在する。本書で取り扱った以外の他の考え方については，黒川（1998）が網羅的である。

9 ■ 持分法

　最後に本節では，持分法について学習する。**持分法**（equity method）とは，投資会社が，被投資会社の資本および損益のうち投資会社に帰属する部分の変動に応じて，その投資の額を連結決算日ごとに修正する方法をいう（「持分法基準」4項）。つまり，持分法は，投資会社に損益が生じたら，その損益の持分割合分を，投資勘定（たとえば「関係会社株式」など）をつうじて親会社に吸い上げる会計処理をいう。このため，持分法は，**「純額（一行）連結」**（one-line consolidation）ともよばれる。

9-1　持分法の適用範囲

　持分法の適用対象については，非連結子会社と関連会社がこれに該当する（**図表15-30**）。

図表15-30■持分法の適用対象

連結会計の対象	親会社		「合算→連結修正仕訳」の適用
	連結子会社	支配力基準	
	非連結子会社	**支配力基準**	持分法の適用
	関連会社	**影響力基準**	
	その他の会社		

382 | 第3部　財務会計の応用論点

　「**非連結子会社**」とは，すでに本章［＊3］で示したとおり，子会社に判定されたものの，(a)支配が一時的である場合，(b)連結により逆に利害関係者の判断を著しく害する場合，および，(c)重要性により，非連結となる場合（当該子会社を連結財務諸表作成において合算しない場合）の子会社をいう。また，「**関連会社**」とは，親会社および子会社が，出資，人事，資金，技術，取引等の関係を通じて，子会社以外の他の会社の財務および営業または事業の方針決定に対して重要な影響を与えることができる場合における当該他の会社をいう。これらの「非連結子会社」と「関連会社」が，持分法の適用会社となる。

　ここで，関連会社かどうかの判定は，「**影響力基準**」によって決することになる。「影響力」とは，先に関連会社の定義でみた「出資，人事，資金，技術，取引等の関係を通じて，子会社以外の他の会社の財務および営業または事業の方針決定に対して重要な影響を与えることができる場合」をいい，このような場合に「影響力がある」として，関連会社に判定されることになる（「持分法基準」第5項）。

　　［＊11］　関連会社については，更生会社，整理会社，破産会社等であって，かつ，当該
　　　　会社の財務及び営業又は事業の方針決定に対して重要な影響を与えることができない
　　　　と認められる会社は，これに該当しないものとする（「持分法基準」第5－2項）。つ
　　　　まり，持分法の適用対象外となる。
　　［＊12］　現行の会計基準における「影響力」の具体的判定基準は，以下のとおりである
　　　　（「持分法基準」第5－2項）。
　　(1)　議決権の100分の20以上を自己の計算において所有している場合
　　(2)　議決権の100分の15以上，100分の20未満を自己の計算において所有している場合
　　　　であって，かつ，次のいずれかの要件に該当する場合
　　　　①　役員等派遣（財務・営業または事業の方針の決定に関して影響を与えることが
　　　　　　できる者が，相手企業の代表取締役，取締役等に就任していること）
　　　　②　重要な融資・債務保証・担保の提供等を行っていること
　　　　③　重要な技術の提供
　　　　④　重要な営業・事業上の取引の存在
　　　　⑤　その他，財務・営業または事業の方針の決定に対して重要な影響を与えること
　　　　　　ができることが推測される事実の存在
　　(3)　自己の計算において所有している議決権と，自己と出資，人事，資金，技術，取
　　　　引等において緊密な関係があることにより自己の意思と同一の内容の議決権を行使
　　　　すると認められる者および自己の意思と同一の内容の議決権を行使することに同意
　　　　している者が所有している議決権とを合わせて，子会社以外の他の企業の議決権の
　　　　100分の20以上を占めているときであって，かつ，上記(2)の①から⑤までのいずれ
　　　　かの要件に該当する場合

第15章　連結会計 | 383

　［＊13］　また，第14章で学習した企業結合における「共同支配企業」についても，連結
　　上での持分法の適用が求められている（「企業結合基準」39項(2)）。

9－2　持分法の会計処理

次に，具体的な**設例15－12**により，持分法の基本的な考え方を学習しよう。

■ 設例15－12 ▷　**持分法の会計処理**

　以下の取引について，Ａ社の(1)個別財務諸表上の仕訳と(2)連結会計上あるべき仕訳を示し，両者の差分として(3)連結修正仕訳を示しなさい。
1．Ａ社は，Ｂ社の発行済株式の25％を250で購入した（代金は現金で決済）。
2．Ｂ社は，決算期末に当期純利益100を計上した。
3．Ａ社は，Ｂ社から配当金10を現金で受け取った。

≪仕訳≫

	(1)個別 F/S 上の仕訳				(2)連結上あるべき仕訳			
	借　　方		貸　　方		借　　方		貸　　方	
1	Ｂ社株式	250	現金	250	Ｂ社株式	250	現金	250
2	仕訳なし				Ｂ社株式	25(※1)	持分法による投資損益	25
3	現金	10	受取配当金	10	現金	10	Ｂ社株式	10

（※1）　Ｂ社の利益計上額100×Ａ社持株割合25％＝25

	(3)連結修正仕訳			
	借　　方		貸　　方	
1	仕訳なし			
2	Ｂ社株式	25	持分法による投資損益	25
3	受取配当金	10	Ｂ社株式	10

　設例15－12では，Ａ社は，Ｂ社の発行済株式の25％を保有するため，Ｂ社はＡ社の関連会社となり，持分法の適用対象となる。そのうえで，「(1)個別財務諸表上の仕訳」と「(2)連結会計上あるべき仕訳」（これが，持分法となる）を想定して，両者の差分として「(3)連結修正仕訳」を考える。

　まず2において，Ｂ社が利益を計上した場合は，個別財務諸表上は，特に仕訳をおこなわないものの，持分法では，その持分割合相当分（Ｂ社の利益計上額100×Ａ社持株割合25％＝25）を，投資勘定（「Ｂ社株式」）をとおしてＡ社に

取り込む仕訳をおこなうことになる（「(借) B社株式25 (貸) 持分法による投資損益25」）。よって，連結修正仕訳としては，持分法の仕訳「(借) B社株式25 (貸) 持分法による投資損益25」がなされることになる。なお，貸方に生じる「**持分法による投資損益**」は，連結損益計算書において，営業外損益の区分に計上される。

　また，３において，B社がA社に対して配当をおこなった場合には，個別財務諸表上は，「受取配当金」の計上をおこなうが，持分法では，その分だけ投資勘定（「B社株式」）が減少すると捉えるため，配当額だけB社株式を減じる仕訳をおこなう（「(借) 現金10 (貸) B社株式10」）。よって，連結修正仕訳としては，両者の差分として，「(借) 受取配当金10 (貸) B社株式10」がなされることになる。

　また，このような仕訳の違いを反映して，個別財務諸表上と，連結会計における持分法を適用した際の投資勘定（「B社株式」）の残高が，それぞれ異なることになる点には留意されたい。すなわち，設例15-12において，個別財務諸表上の「B社株式」の金額は，当初計上額の250のままであるが，他方，連結会計における「B社株式」の金額は，265（＝当初計上額250＋25－10）となっている。なお，このような違いからすると，B社の経営実態が反映されているという意味では，持分法によって投資勘定を評価することは理論的にはより望ましいといえる。よって，連結会計のみならず，個別財務諸表における測定の基礎としても，持分法を適用することが望ましいとする考え方もある。

　　　[*14]　たとえば，欧州のEuropean Financial Reporting Advisory Group（EFRAG）は，2014年に，「The Equity Method: A Measurement Basis or One-Line Consolidation ?」と題するショート・ディスカッション・シリーズ（Short Discussion Series）を公表し，持分法は，単なる一行連結なのか，それとも測定基礎の重要な基礎を構成するものなのかを議論している。

コラム15-2　連結キャッシュ・フロー計算書

　連結会計において，キャッシュ・フロー計算書をどのように作るかについては，いくつかの考え方がある。
　　考え方１：個別キャッシュ・フロー計算書の合算→相殺消去→連結キャッシュ・フロー計算書
　　考え方２：連結B/S・P/Lから作成（直接法：連結ベースの収益・費用を調整し収入支出を計算，間接法：連結ベースの税引前利益から出発し，

連結 B/S・P/L 項目の調整により作成）

　純理論的にはいずれもありうるが，しかし，実務的には，グループ会社のすべてが個別キャッシュ・フロー計算書を作成していない可能性もあるため，通常は，考え方 2 が採用されることが多い。

コラム15－3　　**セグメント情報の開示**

　連結財務諸表は，グループ会社全体の財政状態と経営成績を集約したものであるが，特に多角化・多国籍化しているグループであれば，さらにグループ全体を，（法人ごとではなく）ビジネス別や地域別など，経営者が重視している経営指標や意思決定のために設定している構成単位を基礎に分類し（このような分類の仕方を「**マネジメント・アプローチ**」という），それらごとの収益性や効率性を開示することは，投資家にとってより有用であるといえる。そこで，現行制度は，このような情報（これを「**セグメント情報**」という）を注記で開示することを要求している（「セグメント基準第17項」）。

【対話：考えてみよう】

　本章では，親会社説および経済的単一体説について学習したが，コラム15－1でも確認したとおり，現行の日本の会計制度は，全体としては，「親会社説→経済的単一体説」という流れにあるものの，完全に経済的単一体説に依拠した会計処理に統一されているわけではない。特に，8－3の「のれんの認識範囲」については，親会社説に依拠した「買入のれん説」を採用している（[＊8]を参照）。これをどのように理解したらよいだろうか。
　　考え方Ａ：会計制度の首尾一貫性の観点からすると，親会社説に依拠した「買
　　　　　　　入のれん説」ではなく，経済的単一体説に依拠した「**全部のれん説**」
　　　　　　　を採用するべきである。
　　考え方Ｂ：自己創出のれんの計上禁止に鑑みると，このまま「買入のれん説」
　　　　　　　に依拠するのが望ましく，「**全部のれん説**」を採用すべきでない。
　　これらについて，①投資家，②経営者，③監査人，それぞれの立場から，どのように理解したらよいだろうか。また，これら以外の考え方（考え方ＣやＤ）はあり得るだろうか。

■Readings■
連結会計の制度的側面に興味関心がある方へ
川本淳（2002）『連結会計基準論』森山書店
高須教夫（1996）『連結会計論―アメリカ連結会計発達史』森山書店

386 | 第 3 部　財務会計の応用論点

連結会計の理論的な考え方に興味関心がある方へ
黒川行治（1998）『連結会計』新世社
連結会計の実証研究に興味関心がある方へ
石川博行（2000）『連結会計情報と株価形成』千倉書房

■参考文献■
黒川行治（1998）『連結会計』新世社

▶読書案内：今後の学習のために

　本書の各章に関連した個別の関連書籍については，各章の最後に挙げた「**Readings**」のとおりであるが，最後に，本書全体の関連書籍についても挙げておこう。以下の書籍を，本書と並行して，もしくは本書を読んだ後に，ぜひ手にとってほしい。

1　財務会計の教科書

［１］　桜井久勝『財務会計講義（第26版）』中央経済社

［２］　藤井秀樹『入門　財務会計（第５版）』中央経済社

［３］　梅原秀継『財務会計論』白桃書房

［４］　山本達司『財務会計のファンダメンタルズ』中央経済社

　上記はいずれも，財務会計における定評のある教科書である。［１］は，網羅的で，かつ本書よりも会計基準や会計制度に寄り添った記述をしている。［２］は，制度派理論から，企業会計の基本的な考え方のみならず，会計基準の歴史的変遷などについても学習できる。［３］は，本書と同じく仕訳を重視した教科書である。［４］は，数式でスマートに財務会計を理解できる一冊。

2　財務会計の計算構造・仕訳

［５］　笠井昭次『現代会計論』慶應義塾大学出版会

［６］　石川純治『複式簿記のサイエンス（増補改訂版）』税務経理協会

　本書では，考えるツールとして仕訳を用いたが，その発想の根幹は，［５］をベースにしている。［６］は，キャッシュ・フロー計算書も含めて会計構造を議論する一冊である。

3　会計の歴史

［７］　Soll. J. *The Reckoning : Financial Accountability and the Making and Breaking of Nations.* Penguin. ジェイコブ・ソール（村井章子訳『帳簿の世界史』文藝春秋）

［８］　野口昌良・清水泰洋・中村恒彦・本間正人・北浦貴士編『会計のヒストリー80』中央経済社

　本書の背後にある会計の歴史的な変遷に興味を持たれた方には，これらの文献を

推奨したい。［7］は，世界的にも有名になった書籍で，広い意味での会計が，グローバル社会の中で，歴史的にどのように使われてきたのか（経済社会の中でどのような意味を持っていたのか），という点を理解できる。［8］は，会計の歴史初学者にやさしい教科書。

4　財務諸表の読み方

［9］　村上裕太郎『なぜ，会計嫌いのあいつが会社の数字に強くなった？―図だけでわかる財務3表』東洋経済新報社

［10］　中野誠『戦略的コーポレートファイナンス』日経文庫

［11］　Penman, S. *Financial Statement Analysis and Security Valuation* (5th edition), McGraw-Hill.（荒田映子・大雄智・勝尾裕子・木村晃久訳『アナリストのための財務諸表分析とバリュエーション』有斐閣）

　本書では，具体的な企業の財務諸表の読み方については，あえて提示しなかったが，その点も学んでみたいという方は，これらの文献を手に取るとよい。［9］は，ビジネススクールでの講義を元にしたもので，「比例財務諸表」という考え方が秀悦。［10］は，ファイナンス理論も併せて学ぶことができる良書。どちらも対話形式で読みやすい。さらに，それらの上級編といえるのが，［11］である。本格的な財務諸表分析の考え方を学ぶことができる良書である。

5　財務会計の制度性

[12]　Sunder, S. Rethinking Financial Reporting : Standards, Norms and Institutions. *Foundations and Trends® in Accounting* 11 (1-2): 1-118.（徳賀芳弘・山地秀俊監訳（2021）『財務報告の再検討―基準・規範・制度』税務経理協会）

[13]　斎藤静樹『会計基準の研究（増補改訂版）』中央経済社

　本書を読んで，会計の制度としてのあり方や歴史に興味を持たれた方は，これらの文献を紐解いてほしい。［12］は，伝統的な GAAP としての企業会計の成り立ちと，現代の国際会計基準を中心とする会計基準設計との関係性を丁寧に議論する。［13］は，難易度は高いが，学問としての財務会計のあり方を垣間見ることができる。

6　会計研究の世界標準のテキスト

[14]　Scott, W. R. & P. C. O'Brien. *Financial Accounting Theory*, 8th edition. Pearson education.（太田康広・椎葉淳・西谷順平訳『新版・財務会計の理論と実証』

中央経済社）

[15]　中野誠・加賀谷哲之・河内山拓磨編『財務・非財務報告のアカデミック・エビデンス』中央経済社

　本書を読んで，さらに「会計研究の世界を覗いてみたい！」と感じた人にとって，これらは必須文献である。[14]は，カナダ公認一般会計士協会の財務会計理論コースで定評のあるテキストであり，実証研究を中心にした「世界標準の会計学」を学ぶことができる。[15]は，特に証券市場に係る実証研究の最先端を，実務も意識したかたちで示す良書。「大学で教えていることを学ばなければ，実践では役に立たない時代」が到来しているとの編著者の言葉は，大いに共感できる。

7　財務会計・監査と人間心理

[16]　上枝正幸『経済学で考える制度会計』中央経済社

[17]　田口聡志『教養の会計学―ゲーム理論と実験でデザインする』ミネルヴァ書房

[18]　田口聡志『実験制度会計論―未来の会計をデザインする』中央経済社

[19]　田口聡志『企業会計の本質を巡って―プロトタイプとデジタル社会』税務経理協会

　本書では，十分に議論できなかったが，財務会計や監査を巡っては，当然のことながら，投資家や経営者の思惑や人間心理が密接に関係している。このことをゲーム理論と経済実験を用いて検討したのがこれらの文献である。[16][17]はテキスト，[18][19]は研究書で，いずれも経済学的手法を用いつつも，会計の本質とは何かを探っている。本書と対比しながら繙いてほしい。

あとがきと謝辞

　本書の基本コンセプトである「自分の頭で考える」,「仕訳で考える」のルーツは, 1998年4月, 筆者(田口)が大学院前期博士課程に進学し, 最初に履修した大学院科目「財務会計特論」にまで遡る。(後に指導を仰ぐことになる)担当の先生は, マンツーマンでなされたその講義の第1回目にて, 教室に入るなり, 有価証券時価評価の仕訳を板書して, 当時, 学術誌上で繰り広げられていた「有価証券時価評価論争」の論点を, 仕訳を使って説明してくださった。仕訳を使う説明はとてもわかりやすく, かつ説得的であったのを今でも覚えている。何より楽しそうに仕訳を書く先生の姿に, 私は驚き, そして魅せられた。

　当時の筆者は, 公認会計士の資格試験勉強をしていたものの,「仕訳」は暗記の対象でしかなかった。そして, 仕訳の羅列に辟易し, 会計が少し嫌いになっていた。だが, その第1回目の講義で, 仕訳の本当の姿, ないし本当の「力」を垣間見ることができた気がした。

　それからの毎週の講義では, 仕訳を使って, 先生とさまざまな学説を相対化し, 考え, 議論した。自分の頭を使って, 悩み, 考える会計学は, とても刺激的で楽しかった。

　その意味で, 本書は, 実は, 私個人のそのような会計研究の入口における原体験そのものであるといえる。筆者を, 会計研究の世界へといざなってくださった当該科目の担当の先生であった(そして筆者の大学院後期博士課程時代の指導教授であった)笠井昭次先生(慶應義塾大学名誉教授)に心よりお礼申し上げる。

　また, 筆者の研究者としての姿勢は, 学部・大学院前期博士課程時代の指導教授である小林啓孝先生(慶應義塾大学名誉教授・早稲田大学名誉教授), 故・澤悦男先生(元慶應義塾大学)からも受け継いでいる。3名のそれぞれに個性的な師匠に出会えたことは, 筆者にとって幸運だった。小林先生からは常識を疑うマインドを, 澤先生からは実務感覚としなやかさを, 笠井先生からは異端になることを恐れず突き進む力強さと真剣で斬り合う侍スピリットを, それぞれ賜った。それら3先生から賜った各要素が大きな化学反応を起こし, いまの筆者をかたち作っているといっても過言ではない。心からお礼申し上げたい。さ

らに，友岡賛先生（横浜商科大学，慶應義塾大学名誉教授），山本達司先生（同志社大学，大阪大学・名古屋大学名誉教授），德賀芳弘先生（京都先端科学大学，京都大学名誉教授），薄井彰先生（早稲田大学），工藤栄一郎先生（西南学院大学），奥村雅史先生（早稲田大学），坂上学先生（法政大学），中野誠先生（一橋大学），浅野敬志先生（慶應義塾大学）からは，いつもあたたかい言葉をかけていただいている。

　このような時代であるにもかかわらず（いや，このような時代であるからこそ?!），ともに「会計とはなにか」を考える喜びを分かち合ってくださる荒田映子先生（慶應義塾大学），廣瀬喜貴先生（大阪公立大学），澤井康毅先生（埼玉大学），木村太一先生（慶應義塾大学），澤田雄介先生（同志社大学）にもお礼申し上げる。

　最後に，本書を企画・編集してくださった㈱中央経済社の田邉一正氏にも，心からお礼申し上げる。本書執筆企画の開始が約10年前で，そこから，筆者なりの（ささいな，いや，大きな）こだわりと信念があり，なかなか筆が進まないこともあった（いや，筆が進まないことばかりで，ご迷惑をおかけしてしまった）。「自分の頭で考える」「会計学の本当の力を味わうことができる」一冊にしたいと，ひたすらこだわり続けた結果，気づけば約10年もの長期プロジェクトになってしまった。それでも田邉氏は，テキストに込める私自身の熱い想いやこだわりを，ひとつも否定することなくすべて前向きに受け止め，励ましてくださった。「先生自身の言葉で書けばよいのですよ」という田邉氏の声掛けに何度も救われた。まさに「編集者なくしてテキストなし」である。約20年前に，筆者の前任校にわざわざ「飛び込み」で来てくださり，それから「業界を変えるような仕事をしたい！」という筆者の（身の程知らずの！）野望にいつも寄り添ってくれ，さらには，2人で一緒に第58回日経・経済図書文化賞を賜った『実験制度会計論―未来の会計をデザインする』（中央経済社，2015年）出版から約10年が経ったいま，ふたたび田邉氏とともに，このように2人で1つの書籍を世に送り出せたことを，大変嬉しく，かつ有り難く思う。

　なお，本書は，科研費基盤研究（B）（課題番号：24K00310），科研費挑戦的研究（萌芽）（課題番号：22K18541）の研究成果の一部が含まれていることも付言し，御礼申し上げたい。

　また，私事ながら，筆者の約半世紀の人生は，本当に山あり谷あり，いいことも，辛いこともたくさんあった。自分の信じる道なき道を，ただひたすらに

走り続けてきたつもりだが，時には自分を見失いそうになることも，悔しさや絶望に涙することも多々あった。しかしその中でも，「人生プラスマイナスゼロだよ」と常に励まし支えてくれた家族に，こころからありがとうと伝えたい。

　最後に，本書をお読みくださった読者諸氏にとって，本書が，会計学の本当の力を知り，会計学がもつ（そして一般的にはあまり知られていない）知的な喜びや刺激を得るきっかけになれば幸いである。

2025年2月
粉雪が舞う京都にて
筆者記す

索　引

― 欧文・数字 ―

AR ································ 301
ASOBAT ······················ 84
CAPM ························· 30
CR ······························ 301
EBITDA ······················ 76
EMH ·························· 30
GAAP ······················ 15, 79
HR ······························ 301
IASB ···························· 79
ICO ···························· 268
IR ······························ 85
M&A ·························· 322
MPMs ························· 103
PPA ···························· 331
T フォーム ················ 11, 52

― あ 行 ―

アウトプット法 ··············· 139
アップ・ストリーム ············ 374
後入先出法 ················ 149, 154
アドバース・セレクション ········· 29
洗替法 ···················· 216, 233
在高計算 ··· 45, 50, 68, 70, 132, 142, 176, 194, 243
暗号資産 ···················· 236
意思決定機関 ················ 353
意思決定支援機能 ·········· 30, 31, 84
意思決定有用性アプローチ ········ 84
一時差異 ················· 235, 263
一取引基準 ·················· 299
１年基準 ···················· 99
一括法 ····················· 285
一般債権 ···················· 220
移転損益 ···················· 339
インプット法 ················· 139
売上原価対立法 ··············· 143
運用形態 ··············· 43, 45, 50, 53

― か 行 ―

買入のれん ·················· 331
買入のれん説 ················ 373
外貨建取引 ·················· 297
会計 ························· 3
会計期間 ············ 5, 60, 62, 63, 96
会計機能論 ················ 9, 32
会計公準 ···················· 57
会計公準論 ·················· 5
会計構造論 ················ 9, 41
会計主体論 ·················· 22
会計責任 ········ 19, 21, 32, 39, 40, 57
会計測定論 ················ 9, 57
会計の政治化 ················· 81
会社法 ···················· 85, 87
回収可能価額 ················ 179
回収基準 ···················· 127
確実性 ····················· 126
拡張の論理 ·················· 119
確定給付制度 ················ 249
確定拠出制度 ················ 249
確定債務 ···················· 241
確定性 ····················· 126
過去勤務費用 ················ 252
貸倒 ······················· 219
貸倒懸念債権 ············ 220, 221, 222

営業活動によるキャッシュ・フロー ······· 113
営業循環 ················· 125, 126
営業損益計算 ················ 102
影響力基準 ·················· 382
エイジェンシー関係 ············ 27
英米法アプローチ ·············· 82
オプション ················ 227, 230
オフバランス処理 ·············· 186
オペレーティング・リース ········· 187
親会社 ····················· 353
親会社説 ················· 364, 368
オンバランス処理 ·············· 186

索　引

貸倒引当金 …………………………… 219
割賦購入説 …………………………… 187
合併 …………………………………… 324
株式 …………………………………… 18
株式移転 ……………………………… 344
株式交換 ……………………………… 344
株式相互持ち合い …………………… 212
株式引受権 …………………………… 290
株式報酬費用 ………………………… 287
株主資本コスト ……………………… 44
株主資本等変動計算書 …… 11, 95, 290, 315
株主総会 ……………………………… 3
貨幣・非貨幣法 ……………………… 302
貨幣資本維持 ………………………… 24
貨幣性資産 …………………………… 119
貨幣的評価の公準 …………………… 58
為替換算調整勘定 ………… 315, 318, 319
為替予約 …………………… 297, 305, 306
関係的定義 …………………………… 239
監査 …………………………………… 5
換算 …………………………………… 297
換算のパラドックス ………………… 311
間接法 ………………………………… 113
管理会計 ……………………………… 6, 62
期間損益計算 …………………… 59, 73, 128
期間損益計算の連結環 ……………… 68
企業会計 ……………………………… 7
企業会計原則 …………………… 88, 275, 277
企業結合 ……………………………… 322, 323
企業実体の公準 ……………………… 58
期首 …………………………………… 96
擬制資産 ……………………………… 185
犠牲と成果の二面的損益計算 ……… 124
期待運用収益 ………………………… 252
期待値アプローチ …………………… 247
機能通貨 ……………………………… 298
基本財務諸表 …………………… 10, 95
基本等式 ………………… 239, 240, 273
期末 …………………………………… 96
逆取得 ………………………… 329, 343
キャッシュ・フロー・ヘッジ ……… 231
キャッシュ・フロー計算書 …… 11, 95, 112
キャッシュ・フロー生成単位 ……… 177
キャッシュ・フロー見積法 ………… 221, 222

キャッチアップ方式 ………………… 171
級数法 ………………………… 166, 169
狭義発生主義 ………………… 194, 205
記録 …………………………… 36, 39
均衡思考 ……………………………… 45
均衡思考体系 ………………… 240, 273
金銭債権 ……………………………… 219
金融資産 ……………………… 193, 197
金融商品 ……………………………… 196
金融商品取引法 ……………… 85, 86
金融負債 ……………………………… 259
金利スワップ ………………………… 226
偶発債務 ……………………………… 248
区分法 ………………………………… 285
クリーン・サープラス関係
　………… 10, 69, 75, 108, 265, 272, 313
繰延資産 ……………………… 158, 184, 279
繰延税金資産 ………………………… 235
繰延税金資産の回収可能性 ………… 267
繰延税金負債 ………………… 235, 305
繰延ヘッジ会計 ……………………… 231
繰延ヘッジ損益 ……………………… 232
繰延法 ………………………… 263, 265, 267
経営成績 ……………………… 10, 101
経済的資源 …………………………… 101
経済的実態 …………………… 64, 65
経済的単一体説 ……………… 364, 368
経済的負担 …………………………… 240
計算擬制的項目 ……………………… 68
経常損益計算 ………………………… 102
継続企業 ……………………………… 61
継続企業の公準 ……………………… 58
継続記録法 …………………………… 151
契約 …………………………………… 196
契約会計 ……………………………… 135
契約支援機能 ………………… 28, 31
契約負債 ……………………………… 138
経理自由の原則 ……………………… 80
決算日レート法 ……………… 302, 315
原因発生主義 ………………………… 245
減価償却 ……………………… 65, 157, 161
減価償却の３要素 …………………… 161
減価償却の自己金融作用 …………… 165
減価償却費 …………………………… 163

減価償却累計額 ·························· 163	再分類調整 ···························· 110
原価節約利得 ····················· 335, 337	財務会計 ······························· 6
原価配分 ······························· 144	財務会計の概念フレームワーク
原価配分基準 ·························· 161	········ 81, 82, 83, 85, 100, 101, 104, 119, 216
原価配分の原則 ······················ 144	財務会計の経済的機能 ················· 26
研究開発費 ··························· 182	財務活動によるキャッシュ・フロー ······ 114
現金主義会計 ·························· 66	財務構成要素アプローチ ··············· 200
減算の加算化 ·················· 43, 51, 52	財務諸表 ·························· 10, 95
原資産 ······························· 186	財務内容評価法 ················· 221, 224
原則主義 ······························· 89	先入先出法 ····················· 148, 154
減損 ··························· 176, 177	先物為替相場 ·························· 306
減損処理 ························· 157, 177	差金決済 ······························· 226
減損損失の戻入れ ······················ 181	残存価額 ······························· 161
減損の兆候 ··························· 177	残余利益モデル ························· 75
現地主義 ···················· 302, 310, 315	残留有効原価 ·························· 153
限定合理性 ··························· 42	時価 ······························· 202
公開会社 ······························· 86	時価評価 ······························· 213
公正価値 ······························· 202	時価ヘッジ会計 ························· 231
公正価値評価法 ······················ 290	時間 ··································· 63
公正価値ヘッジ ······················ 231	事業投資 ························· 124, 142
公認会計士 ··························· 85	事業分離 ···················· 322, 324, 338
合理的経済人 ·························· 42	自己株式 ······························· 279
コーポレートガバナンス・コード ········ 212	自己資本コスト ························· 20
子会社 ······························· 353	自己創出のれん ····················· 335, 374
国際会計基準 ········ 79, 83, 87, 181, 184, 202,	資産 ······························· 100
240, 274, 284, 293, 381	資産・負債両建方式 ····················· 256
固定資本減耗 ·························· 171	資産3分類論 ·························· 120
固定性配列法 ·························· 98	資産除去債務 ·························· 255
固定負債 ······························· 242	試算表 ······························· 41
個別法 ······························· 146	試算表等式 ·········· 53, 69, 111, 121, 240, 273
混合的測定 ··························· 119	資産負債観
コンバージェンス ····················· 83, 88	····· 69, 106, 108, 111, 121, 133, 149, 267, 293
	資産負債法 ····················· 263, 265, 267
= さ 行 =	自生的秩序 ························· 15, 79
	実価法 ······························· 217
在外子会社 ··························· 310	実現可能性原則 ························· 72
在外支店 ························· 310, 311	実現原則 ························· 71, 72, 126
債権債務の相殺消去 ····················· 357	実現主義 ······························· 119
財政状態 ························· 10, 97	実質貨幣資本維持 ······················· 24
財政状態計算書 ···················· 11, 101	実体勘定 ······························· 240
細則主義 ······························· 90	実体資本維持 ·························· 24
再調達価格 ··························· 25	質的特性 ······························· 84
再調達原価 ··························· 154	私的選択 ······························· 80
最頻値アプローチ ······················ 247	支配 ························· 100, 136, 326

支配力基準 ‥‥‥‥‥‥‥‥‥‥‥‥‥ 353	所有と経営の分離 ‥‥‥‥‥‥‥ 17, 39, 44
支払対価主義 ‥‥‥‥‥‥‥‥‥ 143, 158	仕訳 ‥‥‥‥‥‥‥‥‥‥‥‥‥‥‥ 11, 41
資本 ‥‥‥‥‥‥‥‥‥‥‥‥‥ 96, 271	新株予約権 ‥‥‥‥‥‥‥‥‥‥‥‥ 282
資本維持論 ‥‥‥‥‥‥‥‥‥‥‥‥ 23	新株予約権付社債 ‥‥‥‥‥‥‥ 282, 285
資本金 ‥‥‥‥‥‥‥‥‥‥‥‥‥‥ 277	新株予約権戻入益 ‥‥‥‥‥‥‥ 283, 289
資本剰余金 ‥‥‥‥‥‥‥‥‥‥‥‥ 277	真実性の原則 ‥‥‥‥‥‥‥‥‥‥‥ 88
資本的支出 ‥‥‥‥‥‥‥‥‥‥‥‥ 159	信用取引 ‥‥‥‥‥‥‥‥‥‥‥‥‥ 61
資本等式 ‥‥‥‥‥ 101, 107, 240, 273, 284	数理計算上の差異 ‥‥‥‥‥‥‥‥‥ 252
資本取引 ‥‥‥‥‥‥‥‥‥‥‥‥‥ 275	ストック・オプション ‥‥‥ 282, 284, 286, 293
社会的選択 ‥‥‥‥‥‥‥‥‥‥‥‥ 80	ストック計算 ‥‥‥‥‥‥‥‥‥‥‥ 125
収益 ‥‥‥‥‥‥‥‥‥‥‥‥‥ 62, 104	スムマ ‥‥‥‥‥‥‥‥‥‥‥‥‥‥ 43
収益・原価対応原則 ‥‥‥‥‥‥‥ 146, 185	正規の減価償却 ‥‥‥‥‥‥‥‥‥‥ 161
収益的支出 ‥‥‥‥‥‥‥‥‥‥‥‥ 159	税効果会計 ‥‥‥‥‥ 212, 233, 234, 262, 305
収益認識 ‥‥‥‥‥‥‥‥‥ 125, 133, 135	政策保有株式 ‥‥‥‥‥‥‥‥‥‥‥ 212
収益費用観 ‥‥‥ 69, 107, 108, 111, 121, 133, 267	生産基準 ‥‥‥‥‥‥‥‥‥‥‥‥‥ 127
収益費用の相殺消去 ‥‥‥‥‥‥‥‥ 357	生産高比例法 ‥‥‥‥‥‥‥‥‥‥‥ 168
修正国際基準 ‥‥‥‥‥‥‥‥‥‥‥ 87	正常営業循環基準 ‥‥‥‥‥‥‥‥‥ 99
主観のれん ‥‥‥‥‥‥‥‥‥‥‥‥ 120	静態論 ‥‥‥‥‥‥‥‥‥‥‥‥‥‥ 70
受託責任 ‥‥‥‥‥‥‥‥‥‥‥‥‥ 19	制度 ‥‥‥‥‥‥‥‥‥‥‥‥‥‥‥ 78
受託責任の解除 ‥‥‥‥‥‥‥‥‥‥ 17	セグメント情報 ‥‥‥‥‥‥‥‥‥‥ 385
取得 ‥‥‥‥‥‥‥‥‥‥‥‥‥‥‥ 326	設計的秩序 ‥‥‥‥‥‥‥‥‥‥ 15, 79
取得原価 ‥‥‥‥‥‥‥‥‥ 143, 158, 161	設備資産 ‥‥‥‥‥‥‥‥‥‥‥‥‥ 157
取得原価主義会計 ‥‥‥‥‥‥‥‥‥ 119	説明 ‥‥‥‥‥‥‥‥‥‥‥‥‥ 3, 4, 5
純資産 ‥‥‥‥‥‥‥‥‥‥‥‥‥‥ 100	ゼロクーポン債 ‥‥‥‥‥‥ 206, 260, 285
純資産等式 ‥‥‥‥‥‥‥‥‥‥ 111, 240	全部純資産直入法 ‥‥‥‥‥‥‥‥‥ 214
純資産の部 ‥‥‥‥‥‥‥‥‥‥‥‥ 272	全部のれん説 ‥‥‥‥‥‥‥‥‥‥‥ 374
純損益計算 ‥‥‥‥‥‥‥‥‥‥‥‥ 102	全部連結 ‥‥‥‥‥‥‥‥‥‥‥‥‥ 364
純利益 ‥‥‥‥‥‥‥‥‥‥ 104, 106, 110	全面時価評価法 ‥‥‥‥‥‥‥‥‥‥ 371
使用価値 ‥‥‥‥‥‥‥‥‥‥‥‥‥ 179	増価 ‥‥‥‥‥‥‥‥‥‥‥‥‥ 208, 209
償却原価 ‥‥‥‥‥‥‥‥‥‥‥‥‥ 208	総額主義 ‥‥‥‥‥‥‥‥‥‥‥ 99, 103
償却原価法 ‥‥‥‥‥ 206, 209, 223, 224, 259, 304	増資 ‥‥‥‥‥‥‥‥‥‥‥‥‥‥‥ 282
償却説 ‥‥‥‥‥‥‥‥‥‥‥‥‥‥ 334	属性的定義 ‥‥‥‥‥‥‥‥‥‥ 239, 241
使用権説 ‥‥‥‥‥‥‥‥‥‥‥‥‥ 188	測定 ‥‥‥‥‥‥‥‥‥‥‥‥‥‥‥ 63
条件付債務 ‥‥‥‥‥‥‥‥‥‥‥‥ 241	組織再編 ‥‥‥‥‥‥‥‥‥‥‥‥‥ 322
条件付き保守主義 ‥‥‥‥‥‥‥‥‥ 153	その他有価証券 ‥‥‥‥‥ 204, 211, 232, 266, 303
商品評価損 ‥‥‥‥‥‥‥‥‥‥‥‥ 151	その他有価証券評価差額金 ‥‥‥‥‥‥ 213
情報集約 ‥‥‥‥‥‥‥‥‥‥‥ 41, 42	損益計算 ‥‥‥‥‥ 45, 50, 68, 133, 142, 194, 243
情報の非対称性 ‥‥‥‥‥‥‥ 13, 18, 27	損益計算書 ‥‥‥‥‥‥‥‥‥ 10, 95, 101
正味売却価額 ‥‥‥‥‥‥‥‥‥ 152, 179	損益取引 ‥‥‥‥‥‥‥‥‥‥‥‥‥ 275
消滅の認識 ‥‥‥‥‥‥‥‥‥‥‥‥ 199	
剰余金の配当 ‥‥‥‥‥‥‥‥‥‥‥ 279	══ た 行 ══
将来加算一時差異 ‥‥‥‥‥‥‥‥‥ 263	
将来減算一時差異 ‥‥‥‥‥‥‥‥‥ 263	ダーティ・サープラス関係 ‥‥‥‥‥‥ 109
処分可能利益 ‥‥‥‥‥‥‥‥‥ 17, 20	対応原則 ‥‥‥‥‥‥‥‥‥‥‥ 73, 146

貸借対照表 ・・・・・・・・・・・・・・・・・ 10, 95, 97	認識の中止 ・・・・・・・・・・・・・・・・・・・・・・・・ 199
貸借対照表等式 ・・・・・・・・・・・・・ 107, 240, 273	年金資産 ・・・・・・・・・・・・・・・・・・・・・・・・・・ 250
退職給付 ・・・・・・・・・・・・・・・・・・・・・・・・・・ 249	のれん ・・・・・・・・・・ 87, 177, 181, 183, 279,
退職給付債務 ・・・・・・・・・・・・・・・・・・・・・・ 250	331, 334, 347, 360, 372
退職給付に係る調整額 ・・・・・・・・・・・・・・ 255	ノンキャンセラブル ・・・・・・・・・・・・・・・・ 187
退職給付に係る負債 ・・・・・・・・・・・・・・・・ 255	
退職給付引当金 ・・・・・・・・・・・・・・・・・・・・ 250	══ は 行 ══
退職給付費用 ・・・・・・・・・・・・・・・・・・・・・・ 250	
耐用年数 ・・・・・・・・・・・・・・・・・・・・・・・・・・ 161	パーチェス法 ・・・・・・・・・・・・・・・・・・ 327, 329
大陸法アプローチ ・・・・・・・・・・・・・・・・・・ 82	売価還元法 ・・・・・・・・・・・・・・・・・・・・・・・・ 148
ダウン・ストリーム ・・・・・・・・・・・・・・・・ 374	排出枠クレジット ・・・・・・・・・・・・・・・・・・ 236
棚卸計算法 ・・・・・・・・・・・・・・・・・・・・・・・・ 151	配当割引モデル ・・・・・・・・・・・・・・・・ 74, 196
棚卸減耗 ・・・・・・・・・・・・・・・・・・・・・・・・・・ 151	売買処理法 ・・・・・・・・・・・・・・・・・・・・・・・・ 340
棚卸資産 ・・・・・・・・・・・・・・・・・・・・・・・・・・ 142	売買目的有価証券 ・・・・・・・・・・・ 197, 204, 303
単式簿記 ・・・・・・・・・・・・・・・・・・・・・・・・・・ 47	派遣 ・・・・・・・・・・・・・・・・・・・・・・・・・・・・・・ 193
遅延認識 ・・・・・・・・・・・・・・・・・・・・ 252, 255	破産更生債権等 ・・・・・・・・・・・・・・・・ 220, 224
忠実な表現 ・・・・・・・・・・・・・・・・・・・・・・・・ 84	発生原則 ・・・・・・・・・・・・・・・・・・・・・・・・・・ 71
調達源泉 ・・・・・・・・・・・・ 43, 45, 50, 53, 240	発生主義 ・・・・・・・・・・・・・・・・・・ 62, 63, 74
直接法 ・・・・・・・・・・・・・・・・・・・・・・・・・・・・ 113	発生主義会計 ・・・・・・・ 62, 63, 66, 67, 71, 112, 161
低価基準 ・・・・・・・・・・・・・・・・・・・・・・・・・・ 152	払込資本 ・・・・・・・・・・・・・・・・・・・・・・ 271, 276
定額法 ・・・・・・・・・・・・・・・・・・・・・・ 163, 169	販売基準 ・・・・・・・・・・・・・・・・・・・・・・・・・・ 126
ディスクロージャー制度 ・・・・・・・・・・・・ 86	半発生主義会計 ・・・・・・・・・・・・・・・・・・・・ 66
定率法 ・・・・・・・・・・・・・・・・・・・・・・ 164, 169	引当金 ・・・・・・・・・・・・・・・・・・・・・・ 242, 256
デリバティブ ・・・・・・・・・・・・・・・・ 225, 306	非均衡思考 ・・・・・・・・・・・・・・・・・・・・・・・・ 45
テンポラル法 ・・・・・・・・・・・・・・・・・・・・・・ 302	非均衡思考体系 ・・・・・・・・・・・・・・・・ 240, 273
当期業績主義 ・・・・・・・・・・・・・・・・・・・・・・ 103	非支配株主損益 ・・・・・・・・・・・・・・・・・・・・ 369
統合報告書 ・・・・・・・・・・・・・・・・・・・・・・・・ 85	非支配株主持分 ・・・・・・・・・・・ 318, 363, 365
当座企業 ・・・・・・・・・・・・・・・・・・・・・・・・・・ 60	非償却説 ・・・・・・・・・・・・・・・・・・・・・・・・・・ 334
投資家 ・・・・・・・・・・・・・・・・・・・・ 29, 73, 84	費用 ・・・・・・・・・・・・・・・・・・・・・・・・・ 62, 104
投資活動によるキャッシュ・フロー ・・・・ 114	評価・換算差額等 ・・・・・・・・・・・・・・・・・・ 316
投資と資本の相殺消去 ・・・・・・・・・・・・・・ 356	評価性引当金 ・・・・・・・・・・・・・・・・・・ 220, 246
投資の成果 ・・・・・・・・・・・・・・・・・・・・・・・・ 101	表示通貨 ・・・・・・・・・・・・・・・・・・・・・・・・・・ 298
投資のポジション ・・・・・・・・・・・・・・・・・・ 97	費用性資産 ・・・・・・・・・・・・・・・・・・・・・・・・ 119
投資のリスクからの解放 ・・・・ 73, 120, 205, 216	ファイナンス・リース ・・・・・・・・・・・・・・ 187
動態論 ・・・・・・・・・・・・・・・・・・・・・・・・・・・・ 70	フォワード型デリバティブ ・・・・・・・・・・ 225
独立処理 ・・・・・・・・・・・・・・・・・・・・・・・・・・ 307	複式簿記 ・・・・・・・・・・・・・・ 11, 36, 39, 41, 51
トライアングル体制 ・・・・・・・・・・・・・・・・ 85	複式簿記機構 ・・・・・・・・・・・・・・・・・・・・ 3, 4
取替法 ・・・・・・・・・・・・・・・・・・・・・・・・・・・・ 171	負債 ・・・・・・・・・・・・・・・・・・・・・・・・ 100, 239
	負債性引当金 ・・・・・・・・・・・・・・・・・・・・・・ 246
══ な 行 ══	負債の公正価値評価の「パラドックス」・・・ 262
	付随費用 ・・・・・・・・・・・・・・・・・・・・・・・・・・ 143
二取引基準 ・・・・・・・・・・・・・・・・・・・・・・・・ 299	負数忌避 ・・・・・・・・・・・・・・・・・・・・・・・・・・ 51
二面性 ・・・・・・・・・・・・・・・・ 11, 43, 45, 57	負ののれん ・・・・・・・・・・・・・・・・・・ 333, 335
認識 ・・・・・・・・・・・・・・・・・・・・・・・・・・・・・・ 63	部分時価評価法 ・・・・・・・・・・・・・・・・・・・・ 371

部分純資産直入法 ······················· 214
ブラックウェルの定理 ··················· 42
振当処理 ······························· 307
フルペイアウト ························· 187
フレッシュ・スタート法 ··············· 327
フロー計算 ····························· 125
プロスペクティブ方式 ················· 171
粉飾 ··································· 353
分配可能額 ····························· 279
平均原価法 ····························· 150
べき分布 ······························· 247
ヘッジ会計 ····························· 230
ヘッジ目的 ····························· 225
包括主義 ······························· 103
包括利益 ··························· 106, 110
包括利益計算書 ················ 11, 95, 110
法人税法 ································· 85
法定実効税率 ··························· 264
簿価引継法 ····························· 341
保守主義 ··························· 153, 214
本源価値評価法 ························· 290
本国主義 ······························· 310

— ま 行 —

マネジメント・アプローチ ············· 385
満期保有目的の債券 ·········· 204, 206, 303
未償却残高 ····························· 163
無形固定資産 ··························· 158
無形資産 ······························· 181
無条件保守主義 ························· 153
名目貨幣資本維持 ······················· 24
名目勘定 ···················· 54, 240, 241, 273
明瞭性の原則 ··························· 103
目的適合性 ····························· 84
持株基準 ······························· 352
持分の継続 ····························· 326
持分の結合 ····························· 326
持分プーリング法 ··················· 327, 329
持分法 ································· 381
モラル・ハザード ······················· 28

— や 行 —

約定日基準 ····························· 199
有形固定資産 ··························· 158
有限責任 ································· 12
有限責任制度 ··························· 20
誘導法 ································· 70
予算 ··································· 7

— ら 行 —

リース ································· 186
利益 ······················· 12, 96, 102, 105
利益計算 ···························· 56, 61
利益剰余金 ····························· 277
利益操作 ································· 67
利益マネジメント ······················· 74
履行義務 ···························· 72, 136
履行義務の充足 ························· 136
リサイクリング ············ 110, 214, 234, 255
リスク・経済価値アプローチ ··········· 200
利息法 ································· 207
流動・非流動法 ························· 301
流動性 ································· 98
流動性配列法 ··························· 98
流動負債 ······························· 242
留保利益 ···························· 271, 276
臨時巨額の損失の繰延べ ··············· 185
ルカ・パチオリ ························· 43
連結会計 ···························· 322, 350
連結基礎概念 ············ 363, 364, 366, 381
連結キャッシュ・フロー計算書 ········· 384
連結子会社 ····························· 352
連結財務諸表 ··························· 349
連結修正仕訳 ······················ 351, 355
連結主体論 ····························· 364
連結精算表 ························· 350, 352
連結外し ······························· 353
連単分離 ······························· 255

— わ 行 —

割引現在価値 ······················ 75, 210

＜著者紹介＞

田口　聡志（たぐち・さとし）

同志社大学大学院商学研究科後期博士課程教授，博士（商学・慶應義塾大学），
公認会計士
慶應義塾大学商学部助手（有期），新日本監査法人（現：EY 新日本有限責任監査法人），
多摩大学経営情報学部教授などを経て現職。現在，㈱スペース社外取締役（監査等委員
会委員，独立役員），株式会社 GTM 総研取締役，グローリー監査法人社員。

＜主要業績＞

『デリバティブ会計の論理』税務経理協会，2005年
『心理会計学—会計における判断と意思決定』監訳，中央経済社，2012年
『実験制度会計論—未来の会計をデザインする』中央経済社，2015年（第58回日経・経済
　図書文化賞，第44回日本公認会計士協会学術賞，2017年日本ディスクロージャー研究学
　会学会賞）
『教養の会計学—ゲーム理論と実験でデザインする』ミネルヴァ書房，2020年（日本経済
　会計学会2021年度教育賞）
『企業会計の本質を巡って—プロトタイプとデジタル社会』税務経理協会，2025年
他多数

財務会計の思考法

2025年4月20日　第1版第1刷発行

<table>
<tr><td>著　者</td><td>田　口　聡　志</td></tr>
<tr><td>発行者</td><td>山　本　　　継</td></tr>
<tr><td>発行所</td><td>㈱中 央 経 済 社</td></tr>
<tr><td>発売元</td><td>㈱中央経済グループ
パ ブ リ ッ シ ン グ</td></tr>
</table>

〒101-0051　東京都千代田区神田神保町1-35
電話　03 (3293) 3371 (編集代表)
　　　03 (3293) 3381 (営業代表)
https://www.chuokeizai.co.jp
印刷／昭和情報プロセス㈱
製本／㈲ 井 上 製 本 所

©2025
Printed in Japan

＊頁の「欠落」や「順序違い」などがありましたらお取り替えいた
しますので発売元までご送付ください。（送料小社負担）

ISBN978-4-502-53101-9　C3034

JCOPY〈出版者著作権管理機構委託出版物〉本書を無断で複写複製（コピー）す
ることは，著作権法上の例外を除き，禁じられています。本書をコピーされる場合
は事前に出版者著作権管理機構（JCOPY）の許諾を受けてください。
JCOPY〈https://www.jcopy.or.jp　e メール：info@jcopy.or.jp〉

—— ■おすすめします■ ——

学生・ビジネスマンに好評
■最新の会計諸法規を収録■

新版 会計法規集

中央経済社編

会計学の学習・受験や経理実務に役立つことを目的に，
最新の会計諸法規と企業会計基準委員会等が公表した
会計基準を完全収録した法規集です。

《主要内容》

会計諸基準編＝企業会計原則／外貨建取引等会計処理基準／連結CF計算書
等作成基準／研究開発費等会計基準／税効果会計基準／減
損会計基準／自己株式会計基準／EPS会計基準／役員賞与
会計基準／純資産会計基準／株主資本等変動計算書会計基
準／事業分離等会計基準／ストック・オプション会計基準
／棚卸資産会計基準／金融商品会計基準／関連当事者会計
基準／四半期会計基準／リース会計基準／持分法会計基準
／セグメント開示会計基準／資産除去債務会計基準／賃貸
等不動産会計基準／企業結合会計基準／連結財務諸表会計
基準／研究開発費等会計基準の一部改正／会計方針開示、
変更・誤謬の訂正会計基準／包括利益会計基準／退職給付
会計基準／税効果会計基準の一部改正／収益認識基準／時
価算定基準／見積開示会計基準／原価計算基準／監査基準
／連続意見書　他

会 社 法 編＝会社法・施行令・施行規則／会社計算規則

金 商 法 編＝金融商品取引法・施行令／企業内容等開示府令／財務諸表
等規則・ガイドライン／連結財務諸表規則・ガイドライン
／四半期財務諸表等規則・ガイドライン／四半期連結財務
諸表規則・ガイドライン　他

関 連 法 規 編＝税理士法／討議資料・財務会計の概念フレームワーク　他

—— ■中央経済社■ ——